Bayerische Schlösser – Bewahren und Erforschen

Bayerische Schlösser
Bewahren und Erforschen

GERHARD HOJER ZUM 60. GEBURTSTAG

BAYERISCHE VERWALTUNG DER STAATLICHEN
SCHLÖSSER, GÄRTEN UND SEEN
MÜNCHEN 1996

Bayerische Verwaltung der staatlichen Schlösser, Gärten und Seen
Forschungen zur Kunst- und Kulturgeschichte
Herausgegeben von Gerhard Hojer

Band V
Bayerische Schlösser – Bewahren und Erforschen
Redaktion: Christoph Graf von Pfeil

gedruckt mit Unterstützung des
Ernst von Siemens-Kunstfonds

© 1996 Bayerische Verwaltung der staatlichen Schlösser, Gärten und Seen
Typografie, Gestaltung und Herstellung, Umschlaggestaltung: Frese, München
Lithographie: ReproLine, München
Druck und Bindung: Pustet, Regensburg
ISBN 3-9805250-0-7
Umschlagabbildung: Schloß Schönbusch bei Aschaffenburg

Inhalt

Inhalt

Vorwort

Viele Mitarbeiter der Schlösserverwaltung machen bei ihrer täglichen Arbeit kleine oder größere wissenschaftliche Entdeckungen. Diese können kaum in den »Amtlichen Führern« und nur selten in den wissenschaftlichen Sammlungskatalogen ausgebreitet werden. Wenn überhaupt, sind die Entdeckungen unter dem Namen der Autoren in verschiedensten Zeitschriften, bisher aber nicht im Namen der Bayerischen Verwaltung der staatlichen Schlösser, Gärten und Seen publiziert worden, die einer der größten öffentlichen Museumsträger in Deutschland ist.

Neue Erkenntnisse aus den Schlössern, Gärten, Seen und Kunstsammlungen in einem Aufsatzband zusammenzufassen, lag also nahe. Zudem stellte sich heraus, daß mehrere Mitarbeiter fast fertige Aufsätze in der Schublade hatten. Am Ende hat der große Erfolg der Tiepolo-Ausstellung in Würzburg, die von der Schlösserverwaltung 1996 ausgerichtet worden war, die Entstehung des vorliegenden, ersten Aufsatzbandes der Schlösserverwaltung ermöglicht: Der Ernst von Siemens-Kunstfonds war an der Finanzierung der Ausstellung maßgeblich beteiligt und hat aus den ihm zustehenden Einnahmen der Ausstellung großzügigerweise die Kosten dieses Bandes getragen. Im Sinne der Budgetierung hat die Arbeit der Schlösserverwaltung auf diesem Wege das erste Mal direkt eigene Früchte getragen. Ziel ist es, in unregelmäßigen Abständen kleinere oder größere wissenschaftliche Entdeckungen aus der Arbeit der Schlösserverwaltung einem größeren Kreis von Interessierten in weiteren Aufsatzbänden vorzustellen.

Unter den Autoren des Aufsatzbandes befinden sich derzeitige und ehemalige Mitarbeiter der Schlösserverwaltung, die über ein Thema aus dem vielschichtigen Arbeitsbereich der Schlösserverwaltung berichten. Das macht die Aufsatzsammlung auf den ersten Blick inhomogen, spiegelt jedoch die interessante Problemfülle wider. In der Liste der Autoren taucht ein Name nicht auf. Es ist der Name von Abteilungsdirektor Dr. Gerhard Hojer: Der Leiter der Museumsabteilung soll zu seinem 60. Geburtstag mit diesem Band überrascht werden. Gerhard Hojer hat nach dem Beginn eines Chemiestudiums im Fach Kunstgeschichte bei Theodor Müller 1964 an der Universität München promoviert. Seit 1968 arbeitet er bei der Schlösserverwaltung und ist seit 1975 Abteilungsleiter. Damit ist er schon heute der mit Abstand am längsten amtierende Leiter der Museumsabteilung, den die Schlösserverwaltung seit ihrer Gründung zu verzeichnen hat. In dieser Zeit hat Gerhard Hojer neue Wege beschritten: Er hat eine systematische Ankaufspolitik zum Ausbau der Sammlungen entwickelt und zu anschaulichen Ergebnissen geführt. Das geschah gegen die langjährige Meinung, die Kunstinventare der Schlösser seien historisch gewachsen und hätten damit keine Ergänzungen nötig. Einen weiteren Schwerpunkt setzte er mit dem Ausbau der Restaurierungswerkstätten, in denen nun fast jeder Materialverbund kompetent betreut werden kann. Last not least hat Gerhard Hojer den lang zurückliegenden Beginn der wissenschaftlichen Katalogbearbeitung neu aufgenommen und kräftig vorangetrieben.

Am Ende sei allen gedankt, die geholfen haben den Aufsatzband aus der Taufe zu heben. Besonderer Dank gilt der Werkstatt für Grafik und Fotografie von Herrn Peter Frese, der scharf kalkuliert und die Herstellungskosten im Rahmen gehalten hat. Frau Stefanie Bach hat einen guten Teil der Manuskripte auf Diskette geschrieben und damit geholfen, die Satzkosten erheblich zu drücken. Frau Eva Bauer hat mit organisatorischem Geschick dafür gesorgt, daß der Band pünktlich erschienen ist. Dr. Christoph Graf von Pfeil übernahm die Bürde der Redaktionsarbeit dankenswerterweise aus eigener Initiative und koordinierte die Beiträge der 16 Autoren bis zur Druckreife.

Egfried Hanfstaengl
Präsident der Bayerischen Verwaltung der staatlichen Schlösser, Gärten und Seen

ALBRECHT MILLER

Der Bildhauer des Harburger Altars

Zu einer Erwerbung für die Cadolzburg

Im Jahre 1989 wurde von der Bayerischen Verwaltung der staatlichen Schlösser, Gärten und Seen ein spätgotisches Apostelrelief erworben, das zur Ausstattung der ehemaligen Burgkapelle der Cadolzburg bestimmt ist (Abb. 1). Das 145,5 cm hohe und 47 cm breite, aus Lindenholz geschnittene Flachrelief befindet sich von der Holzsubstanz her in einem guten Zustand. Lediglich der vom rechten Arm herunterfallende Mantel weist einen kleinen Durchbruch auf. Außerdem ist das Attribut verlorengegangen, weshalb der Heilige nicht mit absoluter Sicherheit benannt werden kann. Höchstwahrscheinlich handelt es sich um den hl. Paulus. Dafür sprechen der Kopftypus und die Haltung der Hände. Die Linke umfaßte offenbar den Schwertknauf, während die Rechte die Parierstange an den Leib drückte. Das Relief weist beachtliche Reste der originalen Fassung auf. Der goldene Mantel war rot gefüttert, das Kleid zeigte ehemals kräftiges Grün.

Der auf einem geschichteten Rasensockel stehende Apostel wendet sich in einer Schrittstellung nach links, wobei das linke vorgesetzte Bein mit dem hoch angesetzten Knie und den von dort niederfallenden Vertikalfalten kompositionell eine pfeilerartige

*1. München, Bayer.
Schlösserverwaltung, hl. Paulus*

9

2. Harburg,
Schloßkirche,
hl. Michael

3. Gnotzheim,
Pfarrkirche,
Muttergottes

4. Stuttgart,
Württembergisches
Landesmuseum,
hl. Johannes Bapt.

Basis schafft. Der rückwärtige rechte Fuß verschwindet dagegen fast unter dem Kleid. Dem gegenüber erscheint der Kopf, der durch den langen, kräftig gewellten Vollbart optisch etwas vergrößert wird, sehr klein. Der Körper ist kaum erkennbar unter den lotrechten Faltenbahnen des Kleids und dem wildbewegten Faltenwerk des Mantels, der von beiden Armen gerafft wird. Vom abwärts weisenden rechten fällt er mit wirbelndem Saum nieder, über den angewinkelten linken Unterarm hängt er beiderseits in harten, winkeligen Faltenkaskaden hinab. Dieses lebhafte Bewegungsspiel wird durch den recht kompakten, in wenigen großzügigen Biegungen und Geraden angelegten Umriß zu einer großformigen Einheit zusammengefaßt. Der Bildhauer zeigt, wie die meisten seiner Zeitgenossen, wenig anatomisches Interesse und Verständnis. Die Körpermotive erscheinen ohne überzeugenden organischen Zusammenhang in das Faltensystem eingebunden.

Als Vorbilder dienten weitverbreitete oberrheinische Kupferstiche der 2. Hälfte des 15. Jahrhunderts. Das Schreitmotiv wurde übernommen von der

Johannesfigur der Kreuzigung des Meisters ES (L. 31). Die Mantelraffung über dem linken Arm war dagegen ein Lieblingsmotiv Martin Schongauers, der es bei der Darstellung verschiedener Heiliger verwendete (B. 23, B. 25, B. 34, B. 37, B. 54).

Die stilistische Einordnung des Reliefs bereitet keine Probleme. Die wirbelnden, scharfkantige Faltenbrechungen einfassenden Mantelsäume gehören zum Formenschatz des Veit Stoß, mit dessen Kunst unser Schnitzer in Berührung gekommen sein muß.

Die Durchsicht des mittelfränkischen Skulpturenbestandes brachte als nahe verwandtes Werk zutage eine etwa 150 cm hohe Muttergottesfigur, die vor ungefähr 60 Jahren aus einer Wegkapelle in Gnotzheim[1] in die dortige Pfarrkirche gebracht worden ist (Abb. 3). Nach Aufbringung einer neuen, entstellenden Fassung wurde sie hoch oben auf einer Konsole an der Südwand des Kirchenschiffs aufgestellt und damit eingehender Betrachtung und Untersuchung entzogen. Wie beim hl. Paulus schließt der breit ausladende, in langen Biegungen verlaufende Kontur die Figur blockhaft zusammen. Die Großflächigkeit wird jedoch überspielt durch das rauschende Faltenwerk des Mantels, das den Körper der Gottesmutter rundum bedeckt und nur den Halbmond mit dem außergewöhnlich sorgfältig modellierten Gesicht freigibt. Die Struktur der Brechungen ist identisch mit jener des Mantels des Apostels.

Beiden Figuren ist stilistisch anzuschließen ein 1986 vom Württembergischen Landesmuseum aus dem Schweizer Kunsthandel erworbener hl. Johannes Bapt. (Abb. 4)[2]. Die 153 cm hohe, rückseitig gehöhlte Lindenholzfigur weist unter neuerer Übermalung noch große Teile der alten Fassung auf.

Der Heilige steht mit leicht gegrätschten Beinen frontal auf einen polsterförmigen Sockel. Sein grimassenhaft angespanntes Gesicht wird gerahmt von buschigem, ausladendem Haupthaar und dem langen, wuchernden Vollbart. Der Täufer ist bekleidet mit einem zerfetzten Kamelfell, dessen Ende, der bärtige Kamelkopf, zwischen seinen Füßen auf der Erde ruht. Über dem Fell trägt er einen Mantel, der von der rechten Schulter geglitten ist und von beiden Armen emporgerafft wird, wobei ein wildes Gewoge schwingender und wirbelnder Säume entsteht, die harte Knitterfalten einschließen.

Vom Stuttgarter Johannes Bapt. führt der Weg der Stilkritik zu der mächtigen, breit angelegten Michaelsfigur in der Schloßkirche der Harburg im Ries (Abb. 2)[3]. Dieses 154 cm hohe, 66 cm breite, rückseitig gehöhlte, alt gefaßte Schnitzwerk zeigt kompositionelle Anlehnungen an den Stich Martin Schonbauers (B 58), wahrscheinlich diente jedoch eine motivisch näher verwandte, nicht mehr erhaltene Figur aus der Werkstatt des Veit Stoß als Vorbild.

Die Komposition wird dominiert durch die diagonal verlaufenden Faltenzüge des Kleides und des Mantels, der im Bereich der linken Hüfte in stumpfem Winkel umknickt und gegenläufig niederfällt. Die schräge, unstatische

Rücklage des Körpers wird aufgefangen durch die erhobene Rechte, die den Speer senkrecht in den Rachen Luzifers rammt. Den Schaft umschlingt der flatternde Mantel, der sich auf der anderen Körperseite über den Beinen des Teufels kräftig aufbauscht. Das gleichmäßige Oval des Gesichts umschließt eine Fülle großenteils frei herausgearbeiteter spiraliger Locken.

Der stilistische Zusammenhang zwischen den hier vorgestellten vier Skulpturen, die auch in den Maßen übereinstimmen, legt den Gedanken nahe, es könnte sich um Teile ein und desselben Altarwerks handeln. Am ursprünglichen Standort erhalten geblieben ist mit Sicherheit nur der hl. Michael als Kirchenpatron der Schloßkirche Harburg, der zweifellos aus dem in der Barockzeit abgebrochenen dortigen Choraltar stammt. Gnotzheim gehörte ehemals zur Grafschaft Oettingen. Eine Abgabe der Muttergottes aus der oettingischen Harburg für den Bildstock in Gnotzheim wäre unter dieser Voraussetzung nicht ungewöhnlich und gut vorstellbar. Die These der Zusammengehörigkeit wird weiter gestützt durch ein im Diözesanarchiv Augsburg aufbewahrtes Verzeichnis der Reliquien, die im 18. Jahrhundert in der Harburger Schloßkirche zwischen Altar und Wand im Boden aufgefunden wurden[4]. Der Text des Dokuments lautet:

>Specification derjenigen Heyligthümer und Reliquien welche auf dem Hochfürst: Oetting: Schloß Haarburg in der dortigen Schloßkirche zwischen dem Altar und der Wand unten im Boden eingemauert, und in einem Silbernen Kästgen, so in ein gelbseidenen Zeug eingenähet gewesen, verwahrt den 1.Xbr: dieses Jahrs gefunden worden, und zwahr.
1. Reliquiae Sanctor Apostolorum Petri, Pauli et Andreae
2. De Sepulchro Dei
3. De Spongia Dei
4. De Ligno Dei
5. De Praesepio Dei
6. De Sepulchro S. Mariae
7. Reliquiae S. Johannis Baptistae
8. Reliquiae S. Benedicti
9. Reliquiae S. Stephani
10. Reliquiae S. Laurenty
11. Reliquiae St. Sulpitii, St. Titiani, St. Martini, St. Bricii.
Dieses ist was man noch deutlich leßen und sehen kañ, obwohlen noch einige Schriften dabey seynd, welche aber wegen alterthums nicht mehr gesehen und gelesen werden können, dannen hero alles wied in das Silberne Kästgen, wie es geweßen, geleget word.<

Neben Maria sind auch Johannes Bapt. und Paulus in dem Verzeichnis erwähnt, weshalb sie als Altarpatrone sehr wohl in Frage kommen. Gehen wir davon aus, daß Maria, Michael und Johannes der Täufer im Schrein gestan-

*5. Kinding,
Pfarrkirche,
Petrus und Jakobus
am Ölberg*

den haben, so ergibt sich eine Schreinbreite von etwa 2,40 m und eine Höhe
von rund 2,8 m. Auf den Flügelinnenseiten hätten sich dann jeweils zwei Reliefs befunden, auf der einen Seite Petrus und Paulus, auf der anderen möglicherweise Stephanus und Laurentius. Die 5,6 m breite Chorapsis reicht für
die Aufnahme eines Flügelaltar dieser Größe völlig aus. Die Rekonstruktion
des Harburger Altars muß zunächst Hypothese bleiben. Die verschiedenen
Standorte und differierenden Erhaltungszustände verhindern weiterführende
Beobachtungen und Erkenntnisse. Die Restaurierung und Konfrontation der
Stücke im Rahmen einer Ausstellung könnten weiterhelfen.

Die Suche nach weiteren Werken des Harburger Schnitzers war wenig erfolgreich. In engem stilistischen Zusammenhang steht lediglich die Ölberg-
gruppe in Kinding (Abb. 5)⁵, die durch eine neue, verschmutzte Fassung
grob entstellt ist. Das knittrige, von schwingenden Säumen strukturierte Faltenwerk entspricht dem des Harburger Michaels und auch die unorganische,
ungelenke Armhaltung des schlafenden Petrus erinnert sehr an die eigentüm-
liche Armhaltung des Erzengels, die die einzige deutliche Schwäche der sonst
außerordentlich eindrucksvollen Skulptur darstellt.

6. Berching, Mariahilfkirche, Erbärmdegruppe

Für die Datierung der Skulpturen des Harburger Bildschnitzers ist ihr stilistisches Verhältnis zum Werk des Veit Stoß von entscheidender Bedeutung. Das dichtgedrängte, kleinteilige Faltenwerk und die Kleinheit der Köpfe erinnert an den Krakauer Altar, und zwar am deutlichsten an die Gruppe der Erhöhung Marias in der oberen Schreinhälfte und an einige der Flügelreliefs. Bei Johannes dem Täufer stellen sich Assoziationen zum mächtigen Apostel Andreas in St. Sebald in Nürnberg ein, der ins erste Jahrzehnt des 16. Jahrhunderts datiert wird und der einen großformigeren, stilistisch fortgeschritteneren Faltenwurf aufweist. Unser Bildschnitzer dürfte demnach nach der Rückkehr des Veit Stoß aus Krakau in den letzten Jahren des 15. Jahrhunderts mit dessen Kunst in Berührung gekommen sein. Dies legt die Datierung um 1500-1510 nahe. Dazu paßt auch das in diesen Jahren modische Perlendiadem des Erzengels Michael.

14

*7. Hemau, Pfarrkirche,
Enthauptung Johannes des Täufers*

*8. Hemau, Pfarrkirche,
Wunder des hl. Johannes Ev.*

9. Hemau, Pfarrkirche, Johannes auf Patmos

Ein ähnliches Verhältnis zu Veit Stoß läßt sich bei einem anderen, in der Oberpfalz faßbaren Bildhauer beobachten, der gleichfalls von der Veit-Stoß-Forschung kaum zur Kenntnis genommen worden ist. Ich spreche von jenem Schnitzer, der die beachtliche Gruppe des Schmerzensmanns zwischen Maria und Johannes in der Mariahilfkirche in Berching (Abb. 6)[6] und drei der vier Johannesreliefs in der Pfarrkirche zu Hemau (Abb. 7-9)[7] geschaffen hat. Er steht noch stärker als der Harburger Bildhauer in der Tradition des Krakauer Flügelreliefs. Die dort dominierenden kleinteiligen, großflächig ausgebreiteten Faltenkompositionen finden sich bei den oberpfälzischen Werken in Variationen wieder. Man vergleiche etwa den Evangelisten Johannes auf Patmos in Hemau mit dem Krakauer Verkündigungsengel oder den Berchinger Schmerzensmann mit Christus als Gärtner in Krakau. Das eigentümlich schwankende Stehen oder Schreiten des Schmerzensmanns, das sich erst in der Schrägansicht deutlich zeigt, hat Verwandtschaft mit dem in einer eigentümlich zappeligen Schrittstellung auferstehenden Christus in Krakau. Ich halte es für wahrscheinlich, daß der Bildhauer von Berching und Hemau ein Mitarbeiter des Veit Stoß am Krakauer Altar war und mit dem Meister nach Nürnberg zurückkam. Ob die Oberpfälzer Werke am Ende des 15. Jahrhunderts in der Nürnberger Werkstatt entstanden sind, oder von einen abgewanderten Gesellen geschaffen wurden, sei dahingestellt. Ich tendiere zu letzterer Annahme, da die Stücke vom neuen monumentalen Stil der 1499 datierten Volckamerschen Gedächtnisstiftung in St. Sebald keinen Reflex erkennen lassen, sondern ausschließlich den Krakauer Stil bis zur Manieriertheit fortsetzen.

ANMERKUNGEN

1 Die Kunstdenkmäler von Mittelfranken VI, Bezirksamt Gunzenhausen, bearbeitet von Karl Gröber und Felix Mader. München 1937, S. 77f.

2 Auktion Koller, 57/1, Zürich, 21. 11. 1985, Nr. 1405. – Württembergisches Landesmuseum, Neuerwerbungen 1986, in: Jahrbuch der Staatlichen Kunstsammlungen in Baden-Württemberg, 24. Bd., 1987, S. 199f.

3 Die Kunstdenkmäler von Schwaben III, Landkreis Donauwörth, bearb. von Adam Horn. München 1951, S. 301, 303

4 Die Kenntnis des Verzeichnisses und eine Kopie desselben verdanke ich Herrn Dr. Volker von Volckamer.

5 Die Kunstdenkmäler von Mittelfranken II, Bezirksamt Eichstädt, bearb. von Felix Mader. München 1928, S. 157, 161

6 Die Kunstdenkmäler von Oberpfalz und Regensburg, Heft XII, Bezirksamt Beilngries I., Amtsgericht Beilngries, bearb. von Friedrich Hermann Hofmann und Felix Mader. München 1908, S. 33, 49. – Karl Gröber, Die Plastik in der Oberpfalz. Augsburg 1924, S. VIII, 51

7 Die Kunstdenkmäler von Oberpfalz und Regensburg, Heft IV, Bezirksamt Parsberg, bearb. von Friedrich Hermann Hofmann. München 1906, S. 102 ff. – Karl Gröber, Die Plastik in der Oberpfalz. Augsburg 1924, S. VIII, 52 f.

KLAUS ENDEMANN

Ein Problem für Kunstwissenschaftler, ein Problem für Restauratoren

*Zur Diskussion um Datierung und Zuschreibung
des Kruzifixes von der Nürnberger Kaiserburg und
die Restaurierungsmethodik*

Der spätgotische, verschiedentlich Veit Stoß zugeschriebene[1] Kruzifixus im Chor der Kaiserkapelle der Nürnberger Burg ist ein Werk von merkwürdiger Doppelgesichtigkeit. Unbestreitbare Qualitäten wie die Körper- und Lendentuchmodellierung oder die stupend virtuose handwerkliche Ausführung stehen in einem unaufgelösten Gegensatz zu der etwas spannungslos wirkenden Komposition. Typisch stoßische Körperbildungen verbinden sich an dieser Skulptur mit einer für die Zeit in Deutschland ungewöhnlich funktionalen Anatomie von Muskeln und Skelett. Dazu wiederum will das nach der Reinigung von 1983 puppenhaft wirkende Gesicht nicht so recht passen. Zwiespältig ist der Eindruck auf den aufmerksamen Betrachter, und der augenscheinliche Unterschied zu den berühmten Kruzifixen des Veit Stoß in den beiden Nürnberger Hauptkirchen St. Sebald und St. Lorenz oder auch dem von Heinrich Slacker gestifteten in der Krakauer Marienkirche macht die geradezu schroffe Ablehnung einiger jüngerer Versuche, ihn dem großen Nürnberger Meister selbst zuzuschreiben, verständlich[2].

Mit so unterschiedlicher Beurteilung steht der Burgkruzifixus aber nicht allein. Bei näherer Betrachtung der Zuschreibungsbegründungen für andere urkundlich nicht gesicherte Werke zeigt sich, wie schwer es im Einzelfall sein kann, mit dem Instrumentarium der Stilanalyse allein zu überzeugen.[3] Das verwundert bei einem Künstler von so unverwechselbarer, ausgeprägter Eigenart. Daß das Werk des Veit Stoß schon immer ein besonders schwieriger Forschungsgegenstand war, zeigt die Literatur; warum, das läßt sich an Beispielen zeigen. Da sind die heute unbezweifelt eigenhändigen Skulpturen, die früher aufgrund formaler Kriterien dem Adam Kraft oder anderen Meistern zugeschrieben wurden, obwohl die lokale Tradition das eine oder andere davon schon immer als Werk des Stoß kannte. Erst die Entdeckung ihrer Signaturen oder schriftlicher Quellen hat sie seinem Œuvre wieder eingegliedert.

Das Problem wird nachdrücklich auch dadurch bezeichnet, daß für keine der Skulpturen aus Stoß' zweiter Nürnberger Zeit die vorgeschlagenen Datierungen allgemein akzeptiert sind und schließlich gelingt auch die Abgrenzung des Meisters zu seiner Werkstatt bzw. zu seinen Nachahmern oft nicht. Das hat seinen Grund in der oft allzusehr nur auf Stilkritik basierenden Ana-

1. Nürnberg, Margarethenkapelle auf der Kaiserburg. Kruzifixus im Chor,
Zustand vor der Restaurierung.

lyse, liegt u.a. aber auch daran, daß die zeitgenössische Nürnberger Plastik im Spannungsfeld der drei überragenden Meister Kraft, Stoß und Vischer nicht ausreichend erhellt ist[4]. Bezeichnenderweise ist es bis heute auch noch nicht gelungen, den frühen Stoß vor seinem Weggang nach Krakau 1477 überzeugend aus der Nürnberger Kunst herauszuschälen.

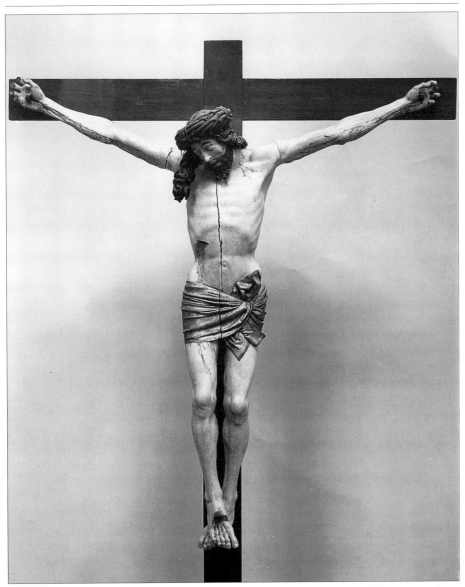

2. Margarethenkapelle, Kruzifixus nach der Reinigung 1983 mit der 2. Übermalung (Ü2).

Die Frage stellt sich, wie es zu erklären sei, daß ein durch die Zeiten hindurch im kollektiven Gedächtnis gebliebener, in seiner Kunstsprache so unverwechselbar und ›exzentrisch‹ erscheinender Künstler[5] in einzelnen seiner Werke nicht eindeutig wiederzuerkennen ist?

Die Suche nach einer Antwort gelingt m. E. nur, wenn man bereit ist, sich

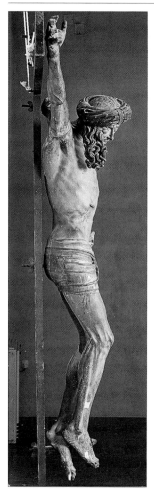

3. Margarethenkapelle, Kruzifixus vor der Restaurierung.

einerseits von der Mechanik der Stilanalyse mit ihrem Zwang zu chronologischen Ordnungen zu lösen. Andererseits ist es notwendig, sich von der Aura des Namens zu befreien, um einmal nüchtern kritisch die künstlerischen Leistungen von den Erwartungen zu trennen, die diese Aura provoziert[6].

Sich kritisch mit dem Werk auseinanderzusetzen kann wiederum nicht gelingen ohne die Person Veit Stoß mit ihrem Naturell hinter seinen Schöpfungen in den Blick zu nehmen. Stoß' spezifische Begabung, aufgenommene künstlerische Erfindungen zu höchsten Ausdeutungen weiterzuentwickeln, muß zusammen mit seinem ehrgeizigen Bemühen zu formaler wie technischer Perfektion gesehen werden. Sein Lebensweg und sein Schicksal sind ebenso zu berücksichtigen wie sein exaltierter, hartnäckiger Charakter und letztlich auch seine Grenzen. Man wird der gerühmten Leistung dieses großen Spätgotikers nur gerecht, wenn man in der Rückschau von seinem Werk nicht erwartet, was ihm kein Anliegen war.

Stoß war kein Neuerer wie Nikolaus Gerhaert, kein Avantgardist, als der er allzuoft gesehen wurde; weder Stilformen noch Typen hat er neu erfunden[7]. Seine Bedeutung lag vielmehr in der Fähigkeit, einer Idee letztgültige Formulierungen abzuringen und auf diese Weise der Kunst neue Perspektiven zu eröffnen. Bemerkenswert ist dabei, wie beharrlich er bei den in seiner Jugend aufgenommenen Stilformen blieb. Er entwickelte den Kanon zwar kaum weiter aber er perfektionierte ihn mit Hilfe seiner außerordentlichen Technik zu geradezu atemberaubenden Höchstleistungen[8]. Neuen Ideen und Stilströmungen verschloß er sich nicht, spürbar beeinflußt wurde er von ihnen aber kaum. Lediglich bei seinen Kruzifixbildern ist eine intensivere Auseinandersetzung mit zeitgenössischen Trends erkennbar. Sonst scheint sein Schaffen unberührt von dem sich gleichzeitig in Nürnberg und im weiteren süddeutschen Umfeld vollziehenden stilistischen und inhaltlichen Umbruch. Bediente er sich hier und da doch einmal neuer Formen wie beim Wickel'schen Kruzifixus, so blieben sie auf den jeweiligen Bildtyp beschränkt.[9]

Stoß' Stiltreue war wohl in seinem konservativen Charakter begründet: sie ist ein typisches Element seiner Kunst. Ein anderes ist in seinem reizbar lei-

denschaftlichen Temperament zu sehen, das ihn dem Rat als »unruwigen
hayllosen burger« erscheinen ließ
(1506). Mehrfach scheint dieser Zug
in den Quellen auf und er gewinnt
eine eigene Dimension, als Stoß hartnäckig sein Recht einzufordern suchte, nachdem der Betrug an ihm 1503
durch das Ratsgericht ignoriert, er
aber wegen der in dieser Sache be-
gangenen Urkundenfälschung verur-
teilt und gebrandmarkt wurde. Da
war er in seiner Ehre und in seinem
Vertrauen in die Gerechtigkeit der
herrschenden Ordnung so tief ver-
letzt, daß er bis zu seinem Tode un-
nachgiebig um Wiedergutmachung
stritt. Nicht zuletzt dafür galt er
dann wieder als Querulant, als »eyn
irrig und geschreyig man« (1527). Es
ist schon vorstellbar, daß das Gefühl
der Ohnmacht, des Ausgestoßen-
seins und des daraus erwachsenden
Selbstzweifels eine in seinem Charakter vielleicht angelegte oppositio-
nelle Haltung zur hartnäckigen
Rechthaberei auswachsen ließ. Wü-
tend und verbittert mußte er sich

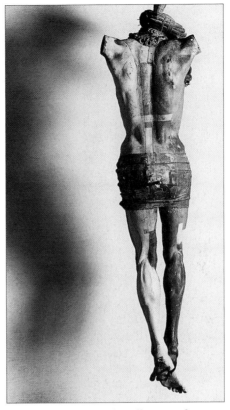

*4. Margarethenkapelle, Kruzifix,
Rücken während der Reinigung.*

und der Welt durch seine Kunst wie durch wirtschaftlichen Erfolg beweisen,
daß er Anerkennung verdiene.

Das ist ein wahrhaft tragischer Zug im Leben dieses als Künstler wie als
Bürger und Geschäftsmann so erfolgreichen Mannes. Bei aller Zuwendung
und Hilfe durch seine Freunde muß Stoß sich in seinem Groll einsam gefühlt
haben. Seine Kunst war in dieser Situation für ihn ein Weg sich mitzuteilen.
In Werken wie dem Kruzifix aus St.Lorenz meinen wir das zu spüren. In einer offensichtlich persönlichen und für Stoß ganz ungewöhnlich emotio-
nalen Auseinandersetzung mit dem Thema des qualvoll und schändlich am
Kreuz sterbenden, durch Rechtsbeugung verurteilten Heilandes scheint sein
eigenes Schicksal sublimiert. Solche Empfindungen mögen es gewesen sein,
die Stoß hier zu einer Formensprache verdichtet hat, die unter den späteren
besonders diese Skulptur zu einem Kunstwerk von überragendem Rang
werden ließ, ausdrucksstark und von ungewöhnlicher, suggestiver Kraft
(s. Kahsnitz 1984 Abb.7 bis 11).

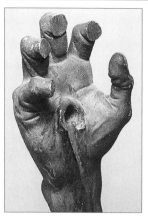

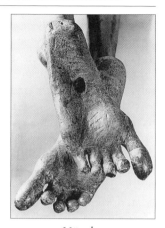

5. Margarethenkapelle, Kruzifixus, Hand Vorzustand.

6. Margarethenkapelle, Kruzifixus, Blick unter die Füße, Zustand während der Reinigung mit Probefreilegungen.

7. Nürnberg, St. Lorenz, Kruzifixus Füße zum Vergleich.

Diese Ausdrucksstärke ist *kein* durchgängiges Merkmal stoßischer Kunst. In dieser Hinsicht vergleichbar ist unter seinen Kruzifixen m.E. nur der von Heinrich Slacker gestiftete in der Marienkirche zu Krakau (siehe bei Kasprzyk 1989 nach Freilegung Abb. 2b, 4 u. 15).

Der am Kreuz sterbende Erlöser in der Gerhaert'schen Fassung hat Stoß augenscheinlich immer sehr beschäftigt. Daß er die Aufgabe nicht als Routinier anging, sie auf immer neue Weise zu bewältigen suchte, lassen die verschiedenen Variationen erkennen, von denen der Wickel'sche Kruzifixus aus St. Sebald sowie der ebenfalls Stoß zugeschriebene aus Hl. Geist im Germanischen Nationalmuseum, denen eine vergleichbare emotionale Emphase fehlt, mehr das Ringen um die formal letztgültige Gestaltung des am Kreuz ausgespannten Körpers zeigen. Daß dabei der Wickel'sche in Körper- und Lendentuchmodellierung unverkennbar Einflüsse aus der zeitgleichen Nürnberger Malerei (und Skulptur) verarbeitet, verdient, gerade weil Stoß sonst so beharrlich an seinem Stil festhielt, deutlich hervorgehoben zu werden.

Schon der Vergleich aller Veit Stoß sicher zuzuschreibenden Kruzifixe bestätigt, daß er auf Formeln verzichtete und auf der Suche nach ›seiner‹ Interpretation in den Ausdrucksmitteln wechselte. Der Verweis auf solche Abweichungen, die Rückgriffe auf ältere Stilformen und selbst Sprünge in der sonst so typischen Handschrift einschließen, bildet ein Kontinuum in der Literatur; Alfred Schädler widmet diesem Moment stoßischer Kunst gar einen eigenen Aufsatz[10].

Wohl aus diesem Grunde ist eine ›Entwicklung‹ in Stoß' zweiter Nürnberger Zeit so schwer zu erkennen. Immerhin war Stoß um die 50 als er 1496 in Nürnberg wieder neu begann. Von den Reliefs der Volckamer-Stiftung (und in mancherlei Hinsicht auch von den Kruzifixen) einmal abgesehen, zeigen seine Werke aus jener zweiten Nürnberger Phase einen sehr einheitlichen Charakter, werden unverwechselbar stoßisch. Seine Kunst reagierte zwar hin und wieder auf äußere Einflüsse, aufgenommen oder gar weiterentwickelt wurden solche Stilanregungen aber nicht; Stoß kehrte immer wieder zu seinem Vokabular, zu seiner Formensprache zurück. Wegen seiner gelegentlichen Stilrückgriffe und nicht zuletzt auch wegen seiner ›Ausbruchversuche‹ in eine ihm nicht gemäße Ausdrucksweise ist es schwer, eine Chronologie abzuleiten, bei der sich die Aufeinanderfolge logisch aus dem jeweils Vorhergehenden erschließt. An seinen sicher datierten Werken läßt sich eine Entwicklung kaum erkennen, allenfalls lassen sich Reaktionen auf Anlässe konstatieren. Wollte man versuchen, die Skulpturen seiner zweiten Nürnberger Zeit allein aufgrund ihres Stils in eine chronologische Abfolge zu bringen, es ergäben sich unterschiedliche Reihenfolgen[11].

Vernünftigerweise sind deshalb bei Zuschreibungen auch immer schon Merkmale seiner Kunst, die als ganz individuell stoßisch gelten können, berücksichtigt worden. Da sind besonders seine Physiognomien zu nennen, zum andern die manieriert gekünstelte Bewegung und Gestik seiner Figuren sowie seine Gewändersprache[12]. Für Stoß durchaus auch typisch ist außerdem die eigenwillig metallische Plastizität, besonders seiner ungefaßten Skulpturen[13] und eine Körperlichkeit, die seinen Figuren auch bei turbulentesten Faltenwirbeln oder extremer Verdrehung etwas Statuarisches verleiht. Einzig steht Stoß unter seinen Zeitgenossen überdies auch mit der Qualität seiner geradezu artistischen Handwerklichkeit. Betrachten wir die schon so oft diskutierte Autorschaft des Burgkruzifixus einmal unter diesem Blickwinkel.

Aus der Zahl der belegten und der zugeschriebenen Kruzifixe fällt der von der Kaiserburg durch zweierlei Besonderheiten aus dem Œuvre des Veit Stoß heraus, einmal durch die sonst nirgends (außer bei dem auf dem Krakauer Flügelrelief) vorkommende Haltung mit den eingeknickten Beinen. Außerordentlich ist zum andern die so genau und funktional wiedergegebene Anatomie.

Auf den ›unstoßischen‹ Typus – in der Auseinandersetzung um die Autorschaft das am häufigsten angeführte Gegenargument – soll hier nicht eingegangen werden. Alfred Schädler hatte bereits zurecht bemerkt, daß ein Künstler von der Originalität und der Qualität des Stoß sich nicht selbst kopiere[14]! Bei Stoß bestätigt sich diese Feststellung vor allem auch an seinen Kreuzbildern. Keiner seiner Kruzifixe wiederholt einen früheren, alle weichen sie in auffälliger, nicht selten irritierender Weise formal und inhaltlich voneinander ab. Dieses Suchen nach der gültigen Aussage schließt selbstverständlich ein Abweichen vom bevorzugten Typus ein.[15]

Die andere Auffälligkeit erscheint mir dagegen der genaueren Betrachtung wert, zumal sie in der Literatur zwar gelegentlich erwähnt, m.W. aber nirgendwo als eine Besonderheit gesehen wird, als die sie Aufmerksamkeit verdient – das genaue Naturstudium! Die Muskelfunktion an Körper und Armen z.B. ist beim Burgkruzifix zweifellos am hängenden männlichen Körper studiert[16] und sie ist mit der außerordentlichen, fast einem anatomischen Präparat nahekommenden Detailgenauigkeit bei der Bildung einzelner Körperteile zusammenzusehen. Da ist z.B. der Übergang von der dünnen Haut der Füße, die jeden Muskel, jede Venen- oder Sehnenbewegung durchscheinen läßt, zur dickeren Lederhaut der Sohlen überaus genau beobachtet. Die Stauchungen der starreren Lederhaut unter den Füßen scheint genau der leichten Fußneigung zu entsprechen; an den Zehen sind deutlich Deformierungen zu sehen, wie sie durch das Tragen von Schuhen verursacht werden. Ähnlich genau sind auch sonst Einzelheiten beobachtet. An den Armen z.B. sind die unter den äußeren Muskeln verlaufenden Sehnen und Muskelstränge durch leichte Hebungen und Streckungen erschreckend wirklichkeitsnah wiedergegeben.

Ähnliches findet sich in Stoß' Krakauer Zeit allein bei dem von Hinrich Slacker gestifteten Kruzifix in der Marienkirche.[17] Aber auch die späteren Nürnberger Werke – die Kruzifixe einmal ausgenommen – sind weit von solcher Körperauffassung entfernt. Beim Krakauer Marienaltar z.B. blieb Stoß bei der Körperanatomie wie bei den Physiognomien seiner Figuren noch bei tradierten spätgotischen Formeln (siehe Kepinski 1981 Abb. 53-75 und Lutze 1968 Abb. 12 bis 17). Diese Figuren zeigen eine musterbucharug schematisierte, typisierte Bildung der Gesichter, der Hände und Füße, wie man sie, ganz ähnlich entwickelt bei Michel Erhardt, Tilman Riemenschneider und anderen findet[18]. Stoß charakterisiert hier – noch ganz spätgotisch – durch attributive Kennzeichnung. Zur Illustration sei auf die von Alfred Schädler zusammengestellte Reihe von Petrusköpfen im Nürnberger Katalog von 1983 (S.32 und 33) verwiesen. In der Umsetzung von Naturbeobachtung ist z.B. der Nördlinger Kruzifix von 1462 mit seiner genau beobachteten Armmuskulatur und der überaus einfühlsam nachgebildeten Haut darüber schon ungleich fortschrittlicher – was die Hautdarstellung betrifft sogar im Vergleich mit dem von der Burg (siehe Baxandall 1984 Abb. 21).

Die späten Kruzifixe des Veit Stoß aus St.Lorenz, St.Sebald und auch der aus Hl.Geist zeigen dagegen zwar ganz ähnliche, an der Natur studierte Gestaltungen wie der Burgkruzifix. Im Vergleich mit diesem ist die Ausbildung des Details an den Füßen, den Händen, der Muskulatur bei jenen in der Ausführung aber großzügiger und weniger pedantisch naturgetreu. Alles an diesen Spätwerken ist auf Vollkommenheit der Gesamtwirkung und – man könnte im Sinne des Ideals der beginnenden Renaissance meinen – auf Schönheit abgestellt. Der Schönheit der plastischen Formung hat das Anatomische zu dienen. Diese späten Kreuze zeigen einen absolut souveränen Umgang mit den Gestaltungsmitteln, zu denen auch die Anatomie zählt. Insofern unterscheiden sie sich deutlich vom Burgkruzifix, bei dem der Anatomie eine Bedeutung zugemessen ist, die sie als besonderes Anliegen des Bildhauers erkennbar werden läßt. So, wie er trotzdem in zahlreichen Details mit den Späteren übereinstimmt, könnte man ihn als ›Studie‹, als Schritt auf dem Weg zu den Nachfolgenden betrachten.

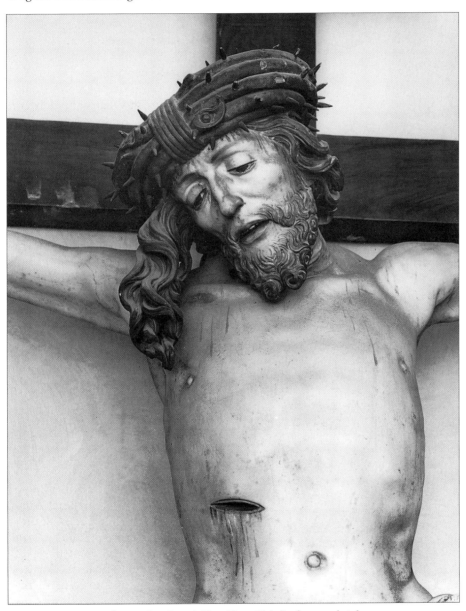

8. *Florenz Ognisanti,* Kruzifixus *Veit Stoß zugeschrieben.*

*9. Nürnberg, St. Sebald,
Volckamer-Stiftung, Kopf des Petrus
aus dem Abendmahlsrelief.*

*10. Nürnberg, St. Sebald,
Volckamer-Stiftung. Kopf eines Jüngers
aus dem Abendmahlsrelief.*

Von den Stoß zugeschriebenen Kruzifixen ist der aus OGNISANTI[19] in Florenz dem Burgkruzifix am ähnlichsten. Bei ihm finden sich, obwohl er mit seinen gestreckten Beinen den von Stoß bevorzugten Typ repräsentiert, nicht nur zahlreiche motivische Analogien und eine nahezu identische Körperbildung, der Ognisanti-Kruzifix zeigt auch ein verwandtes Bemühen um anatomische Richtigkeit. Zwar ist das Detail durch mindestens zwei dicke Übermalungen vergröbert, dennoch ist die Verwandtschaft frappant. Die Ähnlichkeiten dieser beiden Skulpturen untereinander scheinen mir indes genauso bemerkenswert wie ihre – gemeinsamen – Unterschiede zu den späteren Kruzifixen des Veit Stoß.

Zu der am Burgkruzifix zu beobachtenden Naturkopie gibt es im Werk des Veit Stoß eine bemerkenswerte Parallele in den Reliefs der 1499 fertiggestellten Volckamer-Stiftung. Erstaunlich weit und bei Veit Stoß sonst nirgendwo wieder **so** zu finden ist dort die Personencharakterisierung getrieben! Beim Abendmahlrelief zeigen physiognomische Individualität außer den Köpfen auch die Hände (siehe auch Kepinski 1981 Abb. 102-110 und Katalog Nbg. 1983 Abb. 145-155). Die Darstellung persönlicher Charakteristika z.B. der Haut oder des Haars ist dermaßen genau, dabei aber individuell verschieden, daß man glauben könnte, hier seien Gipsabdrücke menschlicher Gesichter und Hände kopiert worden.[20] Wieder ganz aus dem üblichen Formenrepertoire stoßischer Reliefkunst sind dagegen die Füße, die alle jene Merkmale zeigen, die wir schon von den Krakauer Figuren kennen.

26

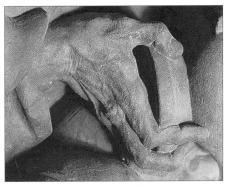

11. Nürnberg, St. Sebald, Volckamer-Stiftung. Hand des Petrus aus dem Abendmahls-Relief.

12. Nürnberg, St. Sebald, Volckamer-Stiftung. Hand des Johannes aus dem Abendmahls-Relief.

Stoß hat für das Abendmahlrelief der Volcka-mer-Stiftung ganz augenscheinlich verschiedene Physiognomien studiert. Ob die Nachricht Neu-dörfers[21], Stoß habe in der Abendmahlsszene Nürnberger Ratsherrn darstellen wollen glaubhaft ist oder ob es nur diese ungewöhnliche Detailge-nauigkeit war, die nachträglich, wie oft in Nürn-berg zu solcher Legendenbildung führte, sei da-hingestellt. Für die Portrait-These spricht, daß Stoß bei den Häschern der Gefangennahme bei gleicher Detailbesessenheit wiederum Typen zeigt, groteske Bösewichte. Könnte dieses, für Stoß un-gewöhnliche Interesse an portraithafter Darstel-lung seinen Grund vielleicht darin haben, daß er seine Ebenbürtigkeit mit Adam Kraft unter Be-weis stellen wollte, der 1496, im Jahr von Stoß'

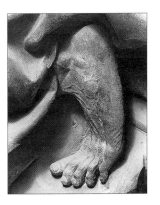

13. Nürnberg, St. Sebald, Volckamer-Stiftung. Fuß Christi aus dem Ölberg-Relief.

Rückkehr aus Krakau mit seinem großartigen Selbstportrait unter dem Sa-kramentshaus eine neue Ära in der Kunst Nürnbergs eingeläutet hatte?[22]

Im Physiognomischen gibt es zwischen dem Burgkruzifix und den Figu-ren der Volckamer-Stiftung durchaus Verwandtes, das sich in späteren Wer-ken des Veit Stoß nicht, zumindest nicht mehr *so* deutlich findet. Auf die Ähnlichkeit des Johannesgesichtes der Abendmahlsszene mit dem des Burg-kruzifix hat bereits Alfred Schädler hingewiesen[23]. Sie wird noch deutlicher, wenn man den Kopf des Schmerzensmannes dem unseres Kruzifixus gegen-überstellt (siehe Kepinski Abb. 110).

Vergleichbar deutlich sind die Ähnlichkeiten aber auch bei den Händen! Bei den Volckamer-Reliefs wird Stoß' Bemühen um ein wirlichkeitsnäheres Menschenbild gegenüber den noch ganz traditionell spätgotischen Figuren

*14. Nürnberg,
Margarethenkapelle auf
der Kaiserburg,
Zustand um 1900*

seiner Krakauer Zeit deutlich, zu denen ja auch die Bnin-Platte und selbst noch die Kasimir-Platte gehören (siehe Kepinski 1981 Abb. 57 u. 97). Stoß sucht bei den Sebalder Reliefs Individualität offenbar im Anatomischen[24]. Allerdings gelingt es ihm nicht wie Adam Kraft in seinem Selbstportrait Bewegung mit Proportion, beobachtete Physis mit sprechender Mimik zu verbinden. Auch das hat der Meister der Volckamer-Stiftung mit dem des Burgkruzifixus gemein!

Bei unterscheidbarer (allerdings auf Äußerlichkeiten beschränkter) Personencharakteristik hat Stoß es bei den Volckamer-Reliefs nicht bewenden lassen. Mit einem bis dahin in der Nürnberger Kunst unbekannten Naturalismus suchte er augenscheinlich verschiedene Lebensstufen und, wie es scheint, Schicksale in den durchwegs sehr alt gezeigten Apostelgesichtern darzustellen.[25] Daß sich der sonst so formsichere und handwerklich souveräne Meister bei der Übersetzung seiner Naturbeobachtungen immer wieder in Einzelheiten verlor, sich nur schwer davon lösen konnte, ist ein stoßisches Spezifikum, das bei der Unterscheidung von Werken anderer Meister hilft.

28

Was den unbestreitbaren Rang Stoß'scher Kunst ausmacht, wird durch Kritik einzelner Mängel seiner Werke – wenn es denn in den Augen der Zeitgenossen überhaupt welche waren – nicht geschmälert. Für die hier zu suchende Antwort auf die Zuschreibung ist es deshalb hilfreich nach unverwechselbaren Eigenheiten seiner Kunst zu suchen und da sind es zuallererst (neben den physiognomischen Ähnlichkeiten) die typischen Fehler, die ihn mit am sichersten von Zeitgenossen unterscheiden. Sie lagen offenbar in seiner Person begründet. Wilheln Bode hat solche Elemente der Kunst des Veit Stoß bereits benannt. Einige davon sind für alle Schaffensperioden und sowohl für seine Plastik, als auch für seine Mal- und Zeichenkunst charakteristisch, eben weil sie, wie die Handschrift zu seinem Personalstil gehören. Auf einige davon hat schon Bertold Daun hingewiesen, wenn er die »unmotivierten Faltengebilde«, die »unfreie und gezwungen wirkende Stellung der Gliedmaßen« oder »das Fehlen von wirklicher Empfindung und seelischer Bewegtheit« kritisierte.[26] Dieses Urteil, das aus dem Vergleich mit den zeitgleichen Werken der italienischen Hochrenaissance abgeleitet ist, erscheint aus heutiger Sicht einseitig und wird dem Künstler nicht gerecht. Stoß' Kunst kann nicht losgelöst von seiner Intention beurteilt werden und kein Geringerer als Giorgio Vasari war es, der uns mit seinem Staunen über die Figur des Hl. Rochus in der Kirche SS. Annunziata zu Florenz als eines ›Wunders in Holz‹ auf jenen Aspekt stoßischer Kunst hinweist, der den Zeitgenossen als ein wesentliches Element für den künstlerischen Anspruch erschien[27].

Stoß' Konzentrieren auf Einzelheiten, auf die handwerkliche Bewältigung unmöglich erscheinender Formen steht in offensichtlichem Zusammenhang mit seinen Problemen bei der Verbindung des Ganzen. So großartig seine Gewänderdramatik ist, seine Figuren darunter haben – anatomisch betrachtet – meist keine funktionstüchtigen oder aber disproportionierte Körper[28]. Diese fehlende Körperkenntnis und Stoß' Unvermögen zu organisieren sind ein anderes Charakteristikum seiner Kunst. Schon beim Krakauer Altar finden sie sich und sind auch noch am Bamberger zu beobachten. Stoß' auf Frontansicht gearbeitete Figuren sind von der Seite oder von hinten betrachtet in ihrer Statik meist nicht zu verstehen[29]. Allein in seinen Kruzifixen, den späten zumal, überwand er – von kleinen Unzulänglichkeiten bei der Proportionierung einmal abgesehen – dieses ›Problem‹. Da gelangen ihm Werke, in denen er Geist und Tiefe der Spätgotik mit dem neuen Körperverständnis der Renaissance zu überragenden Schöpfungen voller Kraft, Schönheit und Ausdruck glücklich verband, Werke, die auch vor den Augen der Folgegeneration bestehen konnten.

Bei beeindruckender Gesamtwirkung also und einem fast unglaublichen Raffinement der Ausführung wirken stoßische Körper bei analysierender Betrachtung deshalb wie zusammengesetzt – gut zu sehen auch bei den Volckamer-Reliefs. Die Bewegungen seiner Figuren sind selten natürlich, oft auch nicht organisch[30]. Emotion und Dramatik wird mehr von den Gewändern getragen, Aktion von der Gestik. Durch unnatürliche, verdrehte Bewegungen bis in die Finger und Zehen wirkt diese Gestik aber manieriert. Solche Eigenheiten – auch sie schon von Bode kritisiert – überwand Stoß nie und, dieses sei hinzugefügt, die gebändigte Dramatik italienischer Hochrenaissanceplastik vertrüge sich auch nicht mit seiner viel bewunderten Kunst.

Ähnliches gilt für die anatomische Proportion, die bei Stoß häufig nicht stimmt (siehe Lutze 1968 Abb 62 und Katalog Nbg. 1983 Abb. 155). Solch typisch stoßische Fehler zeigt nun auch der Burgkruzifix, dessen u.A. zu kleine Füße, von denen R. Kahsnitz sagt, ›daß der Heiland mit solchen Füßen nicht stehen könne‹ [31], Entsprechungen in den mal zu kleinen, oft auch zu großen Extremitäten beim Volckamer-Epitaph finden.

Außer bei seinen Werken ›nach der Natur‹ bediente sich Stoß in allen Phasen seines verfolgbaren Schaffens immer der gleichen Typen für seine Gesichter, Hände und Füße. Zusammen mit seiner sehr charakteristischen Gebärdensprache ist auch dieses unverwechselbar Stoßische bei Zuschreibungen m. E. zu berücksichtigen[32]. Dieser sofort als stoßisch erkennbare Gesichtstyp ist gekennzeichnet durch die hohe, seitlich oft noch herausgewölbte Blasenstirn, ausgeprägte Backenknochen (bei weiblichen Gesichtern sind es die vollen Wangen) und ein kugelig spitzes Kinn. In fast karikierender Übertreibung ist das ›Stoßische‹ seiner Figuren an den Münnerstädter Tafeln sowie in allen seinen Kupferstichen und Zeichnungen zu studieren (siehe Lutze 1968 Abb 52 u. 53).

Zu solchen Merkmalen zählt z.B. auch die schmale, bei männlichen Köpfen zwischen den Augen deutlich eingezogene Nase. Dies, wie auch die meist schrägen Augen, und vor allem die Bildung der Hände und Füße sind vielleicht unbewußt eingebrachte persönliche Züge. Stoß weicht von diesem Repertoire nicht einmal dann vollständig ab, wenn er portraitierend arbeitet (Oliesnicki-Platte, Kasimir-Platte und Volckamer-Stiftung)[33]. Daß Künstler ihren Figuren unbewußt die eigenen Züge verleihen, ist ein häufig zu beobachtendes Phänomen.

Zwischen den Volckamer-Reliefs und dem Burgkruzifixus lassen sich deutliche physiognomische Ähnlichkeiten auch sonst noch feststellen. Zwischen den einzelnen Figuren des Abendmahlreliefs z.B. ist sie unübersehbar, wenn man die Daumen, die Fingergliederungen, die Handrücken oder die Füße miteinander vergleicht und genau solche Details finden sich sehr verwandt auch beim Kruzifixus wieder. Bei den Figuren der Reliefs ähneln sich die Hände trotz des Bestrebens individuell zu differenzieren untereinander doch wieder sehr, sind so typisch stoßisch, wie jede Hand des Meisters als stoßisch zu erkennen ist, sei sie nun gemalt, geschnitzt oder gezeichnet. Und wie sich die Volckamer-Reliefs und der Burgkruzifix in ihren naturalistischen Tendenzen und in ihren physiognomischen Typen gleichen, so sehr unterscheiden sich *beide* – auch das Epitaph von späteren stoßischen Arbeiten[34]. Die Füße – bei den Volckamer-Reliefs zwar feiner im Detail – entsprechen indes noch ganz denen der Figuren des Krakauer Marienaltares. Dagegen hält sich der Schnitzer des Burgkruzifixus mit seiner Darstellung offensichtlich stärker an ein natürliches Vorbild. Und doch ist auch hier eine gewisse Verwandtschaft in der Auffassung nicht zu übersehen.

Ganz ungewöhnlich innerhalb der ja bereits zur Höchstform entwickelten spätgotischen Schnitztechnik ist beim Kruzifixus die stupende handwerkliche Ausführung! Sie ist Teil der künstlerischen Ausdrucksweise und nicht zu trennen von der vom Schnitzer ursprünglich gedachten Holzsichtigkeit (s.u.). Sie zeigt sich nicht allein in der einfühlsamen Weise, wie dem Lindenholz durch feinste Bewegungen der Oberfläche Leben und Atem verliehen wurde, im spürbaren Zug des über die angespannten Muskeln gestrafften Lendentuchs oder den tief ausgehobenen, metallisch scharf geschnittenen Haaren. Sie gewinnt darüberhinaus in einigen technischen Beobachtungen auch einen beachtlichen Indizienwert für die Zuschreibung! So ist z.B. die ganz *à jour* geschnitzte, seitlich frei herabhängende Haarlocke nicht, wie üblich angesetzt sondern mit dem Korpus aus einem Stamm geschnitten.[35] Um dies erreichen zu können, hat der Bildhauer auf der Rückseite der gegenüberliegenden Schulter das Holzvolumen durch eine Aufleimung vergrößern müssen. Im Ehrgeiz, die handwerklich wesentlich schwierigere Lösung zu meistern (ganz im Gegensatz zu den durchaus rationell orientierten, zeitüblichen Bildhauerpraktiken) wird ein typisch stoßischer Wesenszug sichtbar.

Ähnlich ›unnötige‹ Schwierigkeiten finden sich mehrfach. So sind z.B. die Zweige der eng geflochtenen Dornenkrone an einigen Stellen vollrund hinterschnittenen. In der tief ausgehobenen Mundhöhle ist die zur Seite gefallene Zunge hinter den nur vier Millimeter weit geöffneten Zähnen fast ganz ausgebildet (nur mit dem Technoskop zu sehen). Zu nennen wären hier auch die Durchbrechungen zwischen eng zusammenliegenden Zehen oder die unsichtbar bleibenden aber dennoch perfekt ausgeführten Hinterschneidungen dort, wo die Falten des Lendentuchs am Knoten zusammenlaufen[36]. Das ist eine Arbeitsweise, die auch innerhalb dieser an handwerklichen Meisterleistungen reichen Zeit ungewöhnlich sind, eben stoßisch.

Bei aller sensibelen Modellierung von Körper, Haar und Tuch sind die Formen doch klar und präzis.[37] Der Meister des Burgkruzifixus hat nicht versucht, jenen moderneren Zeitgenossen zu folgen, die der Bildhauerkunst durch Imagination des Stofflichen und selbst der Darstellung malerischer Effekte mittels einer raffiniert verfeinerten, illusionistischen Oberflächengestaltung neue Wege zu erschließen suchten[38].

In emanzipierender Abgrenzung seines eigenen Skulpturverständnisses gegen den spätgotischen Illusionismus der gefaßten Kirchenbilder einerseits und gegen die neuen Bestrebungen andererseits vertrat Veit Stoß in seinen ungefaßten Skulpturen eine eigene, unabhängig konservative Haltung. Michael Baxandall hat diesen ihm »weniger natürlich als stilisiert« erscheinenden Stil als »autoritär« bezeichnet,[39] und er trifft damit die eigenwillige, von klaren Linien bestimmte Art, in der Stoß seinen Figuren in ihren wirbelnden Mantelhüllen eine von der Natur unabhängige Wirklichkeit verlieh. Einen verwandten Geist glaube ich auch in der klaren Begrenzung von Silhouette und Binnenform beim Burgkruzifix zu erkennen; bei aller oben beschriebenen Naturbeobachtung übersteigt sein Naturalismus nie die durch den Stil gezogenen Grenzen.

Sollten diese Vergleiche überzeugen und Stoß könnte dennoch nicht als der Schnitzer des Burgkruzifixus in Betracht gezogen werden, dann muß die Frage nach der Autorschaft in die Suche nach dem in den 90iger Jahren in Nürnberg tätigen Künstler münden, der nahezu kongruent in Stillage, Stand seiner künstlerischen Entwicklung und Wesensart war wie Stoß. Zdzislaw Kepinski, Alfred Schädler und Ulrich Schneider haben sich für Stoß entschieden, Rainer Kahsnitz hält dagegen. Seine genaue und überzeugende Analyse des Charakteristischen stoßischer Kruzifixe[40] kann im Kontext des Œuvres aber nur einen Teilaspekt ausleuchten, als Argument für die Aussonderung des Burgkruzifixus aus dem Œuvre des ›Meisters der Kruzifixe‹ reicht sie allein m. E. nicht aus.[41]

II ZUR PROVENIENZ

Ungeklärt ist bisher die Herkunft der Skulptur. Auf der Burg wird sie erstmals 1836 von Albert Christoph Reindel mit folgender Notiz erwähnt: »Margarethenkapelle: Sie enthält nichts als auf dem Altar einen Christus am

Kreuz mit Maria und Johannes von geringerer Arbeit«.[42] Ein Stahlstich aus den vierziger Jahren gibt die Situation in der Burgkapelle so wieder, wie sie noch um 1890 bestand – mit zwei Kruzifixen im Mittelschiff der Unterkapelle. Beide Kreuze sind noch erhalten.[43]

Früher ist der sogenannte Burgkruzifixus den heute bekannten Quellen zufolge auf der Burg nicht nachweisbar. 1833 bis 35 hatte Carl Alexander von Heideloff die Kapelle rekonstruierend restauriert; alle Forscher, die sich bisher zur Herkunft äußerten, meinten übereinstimmend, daß Heideloff das Kreuz anläßlich

15. Nürnberg St. Sebald, Choraltar von 1663, Zeichnung von Chr. Wilder um 1820.

32

dieser Umgestaltung dorthin gebracht habe. Woher Heideloff das Kreuz genommen haben könnte, dazu gibt es bisher keine Antwort, allenfalls vage und sehr vorsichtig formulierte Vermutungen.[44]

Es ist nicht auszuschließen, daß wir im Kreuz von der Burg jenen verschollenen Kruzifixus vor uns haben, der 1663 aus der Frauenkirche nach St. Sebald in das neue Barockretabel des Neumarkter Kistlers Georg Wirschung transferiert wurde. Christoph Gottlieb von Murr zufolge stand dieses Kreuz zuvor auf der Empore der Frauenkirche.[45]

Joh. Carl Osterhausen beschreibt das Retabel 1819 kurz vor seinem Abbruch so: »In dem mittleren durchbrochenen Raum des 1665 (sic!) geschnitzten Altares, steht ein Kruzifix von Veit Stoß« und er nennt einen zweiten als er später fortfährt:

16. Wien, Kunsthistorisches Museum, G. Schweigger, Kruzifixus.

»Vor Sebald Grab steht ein, von Stoß geschnitztes Kruzifix, ein geachtetes Kunstwerk«.[46] Osterhausen ist der letzte von mehreren Autoren, die von zwei stoßischen Kreuzen in St. Sebald sprechen. Mit dem Abbruch des barocken Choraltars bei der Heideloff'schen Re-Gotisierung 1823 ist der erstere spurlos verschwunden.[47]

Zwei Kupferstiche des 17. Jahrunderts zeigen uns das Chorensemble mit den beiden Bildwerken. Danach zu entscheiden, welcher von den beiden der sog. Wickel'sche sei, ist bei der formelhaften Darstellung allerdings unmöglich. Anders eine 1820 datierte Zeichnung Christoph Wilders! Sie zeigt einen Korpus, der dem heutigen Burgkruzifix sehr viel ähnlicher ist, als z.B. dem Wickel'schen oder anderen stoßischen Kreuzen. Es ist in der Tat überraschend, wie genau Zeichnung und Skulptur in allen wesentlichen Elementen übereinstimmen: Haltung, Lendentuch-Raffung und Stellung von Kopf und Beinen!

Bleibt als offene Frage die Verbindung zu den beiden größeren Assistenzfiguren, von denen auch immer angenommen wird, es handele sich um jene aus der Frauenkirche, für die 1506 durch Ratsverlaß dem Veit Stoß »ein lyndten vergönnt wurde aus dem Wald nach der Waldsordnung zu zwei pilden unnder das Creutz zu Unnser lieben Frauen amm Marckt«. Zum Burgkruzifixus paßt ihre Größe nicht, der Wickel'sche kann das im Ratsverlaß genann-

 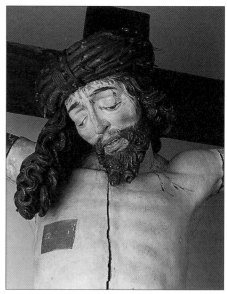

17. Margarethenkapelle, Kruzifixus,
Kopf im Zustand vor der Restaurierung.

18. Margarethenkapelle, Kruzifixus,
Kopf nach der Reinigung (Ü2).
Um die Proportionsveränderungen durch
die Farbgrenzen zu zeigen, ist das Foto
der Vorzustandsaufnahme nachgestellt.

te Kreuz schon deshalb nicht sein, weil er fest auf 1520 datiert ist.[48] Bei dem Kreuz für das die beiden Assistenzfiguren von Veit Stoß geliefert wurden, muß es sich ja nicht zwingend um ein von ihm selbst geschaffenes handeln. Denkbar wäre immerhin auch ein bereits vorhandenes, z.B. im Triumphbogen. Andererseits müssen die beiden heute in St.Sebald erhaltenen Figuren auch nicht die in jener Quelle benannten sein. Ihre Herkunft aus der Frauenkirche ist eine, wenn auch naheliegende Vermutung aufgrund der auffälligen Kongruenz von Quelle und Bestand.

Wilders Zeichnung bestätigt den Burgkruzifixus auch noch in einem anderen Punkt. Sie zeigt den Gekreuzigten um etwa 1/6 kleiner als die Assistenzfiguren. Das entspricht recht genau den tatsächlichen Größenverhältnissen: der Burgkruzifixus ist mit 156cm Körperhöhe um gut 20cm, d.h. um ca 1/8 kleiner als die 175cm bzw. 179cm messenden Sebalder Figuren.

Mit dem Abbruch des Altares 1826 verschwindet der Kruzifixus vollständig von der Bildfläche. Zehn Jahre liegen zwischen seiner letzten Bestätigung in St. Sebald und der frühesten Erwähnung eines Kruzifixus auf der Burg. Bis jetzt ist Wilders Zeichnung die genaueste Spur; sie und die Umstände sprechen dafür, daß es sich bei dem Kreuz der Zeichnung und dem Burgkruzifixus um einunddieselbe Figur handelt.[49]

III Das methodische Problem

Nach achtjähriger Unterbrechung wird z.Zt. die 1983 begonnene Freilegung der ersten Polychromie fortgesetzt.[50]

Zur Vorgeschichte: Für die Nürnberger Veit-Stoß-Ausstellung war 1982 außer der konservatorischen Versorgung auch die extrem dunkle Alterspatina abgenommen worden. Die danach sichtbar gewordene Bemalung, rauh, mit grobem Pigment, starkem Pinselprofil und einer an Bauernmalerei erinnernden Blutzeichnung (im Folgenden mit Ü2 = zweite Überfassung bezeichnet) tilgte durch ihre diffuse Oberflächen-Lichtreflexion die vorher durchaus noch erlebbaren plastischen Werte der Skulptur weitgehend.[51]

Auf dem Rücken des Gekreuzigten waren von Firnis und Schmutz getrübte Partien des Inkarnats und des Lendentuchs der älteren Fassung (im Folgenden mit Ü1 = erste Überfassung bezeichnet) unübermalt geblieben.[52] Nach Farbcharakter, Kolorit und allen erkennbaren maltechnischen Kriterien konnte es sich nur um die ursprüngliche, spätmittelalterliche Originalfassung handeln. Freilegungsproben, die ein bleiches, emailglattes Inkarnat zutage förderten, schienen diesen ersten Eindruck zu bestätigen. Die Entscheidung, diese künstlerisch wie auch technisch deutlich qualitätvollere Fassung freizulegen, fiel, als Untersuchungen erwiesen hatten, daß diese historische Schicht gut und nahezu vollständig erhalten sei.

Erste Zweifel am mittelalterlichen Ursprung dieser Fassung keimten, als sich in der für das Spätmittelalter ganz ungewöhnlich weichen, lösemittelempfindlichen aber dennoch splittrigen Farbe winzige Tröpfchen unvermischten braunen Harzes fanden.[53] Bei fortschreitender Aufdeckung wurde zudem, besonders an den wenigen durchgeriebenen Stellen[54] eine fast barock wirkende modellierende Malweise erkennbar: Auf einer nur hier und da unterlegten mattorangen Farbe war die zahnschmelzartig opake Inkarnatfarbe unterschiedlich dünn aufgetragen. Der hierdurch in Nuancen leicht bläulich durchspielende Grund erzeugt den Eindruck durchscheinender Haut,

19. Nürnberg, Margarethenkapelle, Kruzifixus, Fußunterseite. Freilegungsprobe mit orig. Blutzeichnung auf dem Holz. (siehe Farbtafel 1)

20. Nürnberg, Margarethenkapelle, Kopf des Kruzifixus im halb freigelegten Zustand (rechts Ü1). (siehe Farbtafel 3)

ein malerischer Effekt, der für die spätgotische Faßmalerei ungewöhnlich ist.[55] Zusammen mit den wie nachgeahmt gotisch wirkenden Blutläufen, den kastanienbraunen Haaren wie auch dem Verzicht auf blaue Wundhöfe u. Ä. erscheint diese Fassung unter den spätmittelalterlichen nach meiner Kenntnis einzigartig.[56]

Als auch noch eine Blutzeichnung unmittelbar auf dem Holz entdeckt wurde,[57] die sich durch eine Freilegungsprobe am Nagelloch unter dem linken Fuß bestätigte, war klar, daß es sich bei der anfänglich für mittelalterlich gehaltenen Fassung um eine sekundäre Interpretation handeln mußte.

Wenn nun die farbige Fassung nicht ursprünglicher Bestand und somit auch nicht Teil des künstlerischen Konzeptes war, wann konnte diese, auf den ersten Blick so kongruente Neuinterpretation dann entstanden sein? Eine erste Vermutung, sie könne der durch vielfache Rückgriffe auf Gotisches changierenden frühbarocken Periode zwischen 1580 und 1630 entstammen, ließ sich bisher noch nicht ausreichend überzeugend begründen.[58] In Betracht zu ziehen wäre auch eine farbige Fassung der vorher holzsichtigen Skulptur im Zusammenhang mit der Translozierung von der Empore der Frauenkirche in den Altar der Sebalduskirche (immer vorausgesetzt, daß die oben begründete Provenienzhypothese zutrifft).

Denkbar ist freilich auch, daß der nicht zu übersehende, deutlich gotische Charakter der Fassung bewußt mit Bezug auf die Figur angestrebt war. Erinnert sei in diesem Zusammenhang an die stilimitierenden ›Restaurierungen‹ Georg Schweiggers, der bekanntermaßen stoßische Kruzifixe auch als Vorbilder benutzte und der auch den Burgkruzifixus sehr gut kannte.[59] Schweiger,

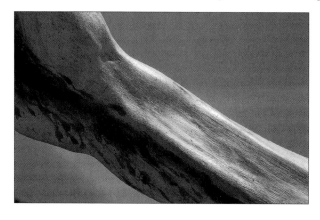

21. Nürnberg, Margarethenkapelle, Kruzifixus. Arm mit der gereinigten Ü2-Fassung. Im Streiflicht wird die feine Modellierung von Muskeln, Adern und Venen unter der rauhen Farbe erkennbar. (siehe Farbtafel 2)

der 1652 mit der Wiederherstellung des Wickel'schen Kruzifixus beauftragt war, ist als der »Nürnberger Lysipp« zumindest wohl beratend bei der Chorneuausstattung von St. Sebald 1663 hinzugezogen worden. Vielleicht war es sogar diese Gelegenheit der Überführung des Burgkruzifixus aus der Frauenkirche nach St. Sebald, bei der er ihn so gut studieren konnte, wie es der kleine Kruzifixus der Kunstkammer des Kunsthistorischen Museums Wien bestätigt.[60] Welcher historische Anknüpfungspunkt sich auch immer bestätigen mag, es steht außer Frage, daß es sich bei dieser sehr gut erhaltenen,[61] künstlerisch einfühlsamen Fassung um einen bedeutenden Wert handelt.

Die jetzt teilweise abgenommene zweite Farbfassung (Ü2), von den meisten Kennern wegen ihrer bescheidenen Qualität und ihres fast undefinierbaren Stils für ›Anfang 19. Jahrhundert‹ gehalten, könnte ihrer Maltechnik zufolge[62] und vor allem wegen der inzwischen eindeutig ermittelten Abfolge der Bemalungen von Kreuz und Korpus auch schon früher entstanden sein. Das wohl ursprünglich zugehörige Kreuz erhielt einen ersten schwarzen Leimfarbanstrich lange nach der ersten farbigen Bemalung des Korpus (Ü1). Eine dunkle zweischichtig aufgebaute Holzmaserierung wurde im Zusammenhang mit Ü2 aufgetragen[63] und eine noch spätere Lasur, bei der die Figur aber unberührt blieb, wurde ausgeführt, als das Kreuz mit seinem Fuß in einem ca 12cm tiefen Loch eingelassen war (Altarmensa der Burgkapelle?).

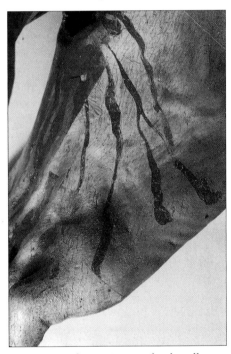

22. Nürnberg, Margarethenkapelle, Kruzifixus. Linker Fuß mit Teilfreilegung. Rechts Ü1 (auf dem frisch aufgedeckten Streifen ist noch die Ölgilbung durch Lichtabschluß zu sehen), links und oben Ü2 (siehe Farbtafel 4).

Ursprünglich, das zeigen die Befunde, war der Gekreuzigte holzsichtig gedacht, durch aufgemalte Blutläufe und Lippen und eine (bisher nicht nachweisbare[64]) Holztönung ›gefaßt‹. Zeitgenössische, auch stoßische Plastiken zeigen oft auch noch weitere farbige Akzente, sodaß gemalte Pupillen und sogar weiße Augäpfel, Zähne, eine grüne Dornenkrone usw. durchaus denkbar wären.[65]

Auf Einfarbigkeit und auf das modellierende Spiel des Lichtes waren Plastizität und Oberflächengestaltung angelegt. Nur von daher erklärt sich man-

37

che handwerkliche Bravourleistung bei den Hinterschneidungen wie bei den feinen und feinsten Durchbrechungen. Ihren künstlerische Reiz bezog die Skulptur aus dem Wechsel von den glatten, weich modellierten Flächen des Körpers zum schattenbildend scharfkantig geschnittenen Haar bzw. zu den hinterschnittenen, metallisch harten Faltenrundungen des Lendentuchs. Auf diese gliedernden Dunkelwerte, die wie die Lavierungen und ›Drucker‹ einer Federzeichnung modellierten, akzentuierten, pointierten, war auch die Proportionierung der Figur abgestellt.

Durch die farbige Fassung mit ihren Farbwechseln ist diese Sprache ausgelöscht und nur noch hier und da unter besonderer Beleuchtung zu erkennen. Die starken farbigen Zäsuren an Haar, Bart und Lendentuch nehmen dem Schattenspiel die gliedernde Funktion, machen es überflüssig und irritieren die ganz auf Hell-Dunkelwerte abgestimmten Proportionen (vergl. Abb. 1 u. 2 sowie 17 und 18).

Hinzu kommt die fremde Sprache der Materialien. Schon die relativ dünne, vom Faßmaler mit Fleiß und großem Einfühlungsvermögen nachgearbeitete Grundierung deckt feinste bildhauerische Akzente zu und nivelliert – unbeabsichtigt – subtile Bewegungen der Körpermodellierung.[66] Durch die unterschiedliche Lichtreaktion – das polierte Gold reflektiert an der äußersten Grenzfläche, die schmelzartige Inkarnatfarbe spielt das Licht weich und gebrochen zurück, während das matte Kastanienbraun der Haare jedes Licht schluckt und die geschnitzten Formen dadurch zur amorphen Masse zusammenfließen läßt – durch diese ganz andere Lichtreaktion ist die ursprünglich aktive Plastizität einer verfremdenden Stofflichkeit gewichen. Solche Werteumkehrung hat Stoß gemeint, als er seinen Sohn, den Prior des Nürnberger Karmelitenklosters anhielt, im Anniversarium des Klosters für das bestellte Retabel (Bamberger Altar) folgende Verfügung einzutragen: »Nullus prior faciat eam coloribus pingere facilliter. Causam sibi narrabunt omnes arteficiosi magistri in illa arte.«[67] Die Aufdeckung der von Stoß präparierten ursprünglichen Holzoberfläche auf dem berühmten Kruzifixus der Nürnberger Lorenzkirche wurde deshalb auch wie die Geburt eines neuen großartigen Kunstwerks empfunden.[68]

Was zu Urheberschaft und Entstehungszeit, zu den vermutlichen Vorstellungen des Künstlers wie über den Wert der historischen Neuinterpretationen zu sagen ist, alles unterstreicht die Bedeutung der Frage, was denn Ziel der laufenden Restaurierung sein kann und soll. Die Entscheidung,

ob das *Kunstwerk*, wie es sein Schöpfer plante (und das nach den heutigen Erkenntnissen unverletzt erhalten ist) Priorität haben soll oder

ob historische Veränderungen – hier also die erste Überfassung – einen solchen künstlerischen oder historischen Rang beanspruchen können, daß ihnen absoluter Denkmalschutz eingeräumt werden muß, sie gleicht einer Fahrt zwischen Skylla und Charybdis. Zu dieser Frage wurde im April 1995 ein Kolloquium einberufen, zu dem aus Kunstwissenschaft und Restaurierung mehrere ›Stoß-Experten‹ sowie einige erprobte ›Methodiker‹ beider Disziplinen eingeladen waren. Die hier zur Diskussion gestellte Entscheidung kann nämlich nach meiner Auffassung den Restauratoren weder allein überlassen noch zugemutet werden![69] Die in diesem Fall zu berücksichtigenden Gesichtspunkte sind, wie oben auszugsweise angedeutet, so vielschichtig, daß ein Urteil aus nur einer Perspektive mit Sicherheit wesentliche Entscheidungsgrundlagen übersähe. Das Problem auf Dehios Forderung zu ›konservieren und *nicht* zu restaurieren‹ zu beschneiden hieße, weil damit der Anspruch des ursprünglichen Kunstwerks *a priori* zugunsten der historischen Werte aufgegeben würde, einer fundamentalen Aufgabe der Denkmalpflege auszuweichen und damit den Anspruch auf öffentliche Akzeptanz aufzugeben.

Das Kolloquium hat sich, nicht zuletzt aus Zweifel an der späten Datierung der ersten Überfassung,[70] einstimmig für den Erhalt der historischen ersten Überfassung (Ü1) entschieden.[71]

ANMERKUNGEN

1 Zdzislaw Kepinski, Veit Stoß (Deutsche Übersetzung) Warschau 1981, S.75 – Datierung um 1515; Alfred Schädler, Stilkritische Bemerkungen zu den Skulpturen des Schwabacher Choraltares. in ›Der Schabacher Hochaltar.‹ 11. Arbeitsheft des Bayer.Landesamtes f.Denkmalpflege, München 1981, S. 92 – um 1500; ders. ›Stetigkeit und Wandel im Werk des Veit Stoß.‹ in Veit Stoß in Nürnberg, Ausstellungs-Katalog Nürnberg 1983, S 42 – um 1500 und Ulrich Schneider, Katalogtext zum Burgkruzifix ebd. S 290 f – um 1500.

2 R. Kahsnitz, Veit Stoß in Nürnberg. Eine Nachlese zum Katalog und zur Ausstellung. in Anzeiger des German. Nationalmuseums 1984. Kahsnitz sieht im Burgkruzifix ein Werk aus dem entfernteren Umkreis des Veit Stoß. Seine Analyse überzeugt allerdings nicht, weil er den Burgkruzifix nur mit den gesicherten großen Kruzifixen des Meisters in Krakau und Nürnberg vergleicht. Aber schon in der Gegenüberstellung mit anderen gesicherten Werken verliert diese Bewertung an Eindeutigkeit. Im Folgenden soll versucht werden, diese anderen, für das Verhältnis zu Werken des Stoß relevanten Aspekte aufzuzeigen.

3 Hierzu siehe besonders Eduard Isphording, Bekenntnisse und Erkenntnisse. Das Bild des Veit Stoß und seiner Kunst im 19.Jahrhundert. in Ausstellungs-Katalog ›Veit Stoß in Nürnberg‹ Nürnberg 1983, S 81 ff. Isphordings Überblick über die Beurteilung des stoßischen Werkes durch die Zeiten ist ungemein aufschlußreich in Bezug auf dessen Abhängigkeit vom Zeitgeschmack und der Ausrichtung der Forschung. Hierzu siehe auch Willibald Sauerländers Vorwort zum Band ›Veit Stoß. Die Vorträge der Nürnberger Symposions.‹ München 1985, S.6 ff.

4 Meisternamen sind nur wenige bekannt, ihre Œuvre sind nicht erarbeitet. Mit der Frage der Beziehungen der drei großen Nürnberger Plastiker untereinander hat sich die jüngere Forschung nach B.Daun 1897 m.W. nicht mehr beschäftigt. Bei den monographischen Arbeiten zu den genannten Künstlern wird das zeitgenössische Nürnberger Milieu nicht

oder nur marginal berührt. Zur zeitgenössischen Kunstproduktion in Nürnberg und Umland siehe neuerdings Stefan Roller: Verkannt und vergessen. Spätgotische Bildhauerkunst in Nürnberg von der Mitte des 15. Jahrhunderts bis Adam Kraft und Veit Stoß. Dissertation Berlin 1992.

5 Michael Baxandal, Veit Stoß, ein Bildhauer in Nürnberg. in Katalog Nürnberg 1983, wie Anm. 1, S. 17.

6 Es ist bemerkenswert zu beobachten, wie gleiche oder ähnliche bildnerische Phänomene in der Literatur positiv oder eher negativ beurteilt werden, je nachdem, ob die Autorschaft des Kunstwerks gesichert ist oder negiert wird. In zahlreichen Beiträgen gerade zu Veit Stoß ist nachzulesen, wie die Kritik mit dem Grad der Sicherheit von Zuschreibungen verstummt. In Einzelfällen wurden bei gesicherten Werken Qualitäten hineininterpretiert, die nicht nachzuvollziehen sind; man vergleiche hierzu die jüngere Literatur zu einigen signierten Werken (z.B. Rainer Brandl in Katalog Nürnberg 1983, wie Anm. 1, S. 162).

7 Dieses Urteil bezieht sich allein auf Stoß' Stil und Formensprache, ausdrücklich sind dabei seine szenischen Kompositionen ausgenommen.

8 Gerade diese seine ganz persönliche Leistung wurde Stoß von den an klassischer Kunst orientierten Kritikern als ›bizarr‹, ›knittrig‹, ›unruhig‹ usw. vorgeworfen.

9 Zum Wickel'schen Kruzifixus siehe weiter unten, S. 6.

10 A.Schädler, wie Anm. 1 (1983), S. 27 ff

11 Die sicher (oder durch Indizien gesichert) datierten Werke der 2. Nürnberger Periode sind der Reihenfolge nach: Volckamer-Epitaph (1498/99); Münnerstädter Tafeln (1504); Callimachusplatte (1507); Relief aus Langenzenn (1513); Raphael-Tobias-Gruppe (1516); Englischer Gruß (1517/18); Lazarus-Relief an St.Sebald 1520); sog. Wickel'scher Kruzifix (1520); Hl.Veit im Kessel (1520); Bamberger Altar (1520-23).

12 Siehe hierzu besonders Michael Baxandall, Die Kunst der Bildschnitzer, Tilman Riemenschneider, Veit Stoß und ihre Zeitgenossen. München 1984, S. 199 ff

13 Der Hinweis auf ›Erz‹ oder ›Bronze‹ als Materialeindruck angesichts stoßischer Figuren, zumal der Kruzifixe ist schon in Beschreibungen des 17. und 18. Jahrhunderts zu finden. Metallisch ist der Eindruck in der Tat bei der Raphael-Tobias-Gruppe, bei dem jetzt wieder in seiner ursprünglichen ›Fassung‹ erlebbaren Kruzifix aus St.Lorenz wie auch an den Reliefs des sog. Bamberger Altares.
Eva Zimmermann hat diese stoßische Plastizität in Abgrenzung zur stofflich genauen Oberflächennuancierung N.Gerhaerts als »eher aus einer einheitlichen Masse geformt« beschrieben. E. Zimmermann, Künstlerische Quellen der Kunst des Veit Stoß am Oberrhein. in: ›Veit Stoß‹ 1985 wie Anm. 3, S. 64

14 A. Schädler wie Anm. 1 (1981), S.45

15 Bei der Frage nach dem bevorzugten Typus darf nicht übersehen werden, daß die inhaltlichen Voraussetzungen für den am Kreuz wie überdehnt ausgespannten Christuskörper in einer besonderen Ausprägung spätgotischer Passionsfrömmigkeit lagen, für die Nikolaus Gerhaert die eindrucksvollste Darstellung gefunden hatte. (Ob es dazu auch einen Kult gab ist m.W. noch nicht erforscht.) Neben dieser waren, je nach Verwendungszweck oder aus ikonographischen Gründen weiterhin auch die traditionellen Darstellungsformen möglich und üblich.

16 Der Mann, der dem Bildhauer als Modell diente, hielt sich an Pflöcken oder Ringen in dieser Haltung. Die Arm- und Rückenmuskulatur zeigt entsprechende Anspannungen, sie können in dieser ›Aktion‹ z.B. nicht an einer Leiche studiert werden.
Zu bemerken ist ferner, daß der Bildhauer keinen ganzen Organismus studierte. Er setzte Teilbeobachtungen zu einem Bild zusammen, Teilbeobachtungen, die durchaus auch

an verschiedenen Modellen studiert sein können.

17 Bei dem bisher immer ›um 1491‹ datierten Slacker'schen Kruzifix finden sich – eingebettet in eine sehr durchdachte Gestaltung des Gekreuzigten und m.W. erstmals bei Stoß – anatomische Details sowie eine Hautdarstellung, die auf Naturstudium zurückgeführt werden müssen. Allerdings gilt dies nur für Einzelbereiche, nicht für die Figur in ihrer Gesamtheit. Diese Feststellung stützt sich auf die guten Aufnahmen bei Pawel Pencakowski. Kamienny Krucyfiks Wita Stwosza w Kosciele Mariackim w Krakowie. in: Folia Historiae Artium Bd. XXII 1986, S. 49 ff.

18 Die ›stupende Lebensnähe‹ oder die ›beobachteten realistischen Details‹ von denen A.Schädler (wie Anm. 1, 1983, S.30) spricht, können sich nur auf die Ausdruckskraft der Formeln beziehen. Schädler untermauert die von der Kunstgeschichtsschreibung schon früh angenommene künstlerische Herkunft des Stoß gerade auch mit dem Argument solcher übernommener Sprachformeln (S.32f).

19 Die Zuschreibung an Veit Stoß zuerst von Hermann Voß (1908), zuletzt durch A.Schädler, wie Anm. 1 (1983) S.42. und Jörg Rassmussen, »… far stupire il mondo«. Zur Verbreitung der Kunst des Veit Stoß. in Veit Stoß. Die Vorträge des Nürnberger Symposions. 1985, wie Anm.3, S. 114.

20 Schon beim Slacker'schen Kruzifixus sind Naturbeobachtungen verarbeitet, die am Marienaltar noch nicht, allenfalls andeutungsweise z.B. in der Gravur der Grundierung zu finden sind. Die Darstellung wettergegerbter, gealterter Haut beim Slacker'schen weist in die gleiche Richtung wie die Bemühungen am Volckamer-Epitaph.

21 Des Johann Neudörfer Schreib- und Rechenmeisters zu Nürnberg Nachrichten von Künstlern und Werkleuten daselbst aus dem Jahre 1547. Nebst der Fortsetzung des Andreas Gulden. Hrsg. von G.W.K. Lochner (Quellenschriften für Kunstgeschichte und Kunsttechnik des Mittelalters und der Renaissance Bd.10, Wien 1875)

22 Krafts Selbstbildnis ist in seiner persönlichen und künstlerischen Überzeugungskraft zweifellos eines der großartigsten Kunstwerke Nürnbergs.

23 A.Schädler, wie Anm. 1 (1981) S. 92.

24 Etwas naturhafter individuelle Züge zeigt das Gesicht des Olesnicki-Grabmals. Figur und Faltenbildung sind dagegen auffallend einfach.

25 Sehr gute Beobachtungen dazu sind bei Rainer Kahsnitz (Kat.Nr.20, wie Anm. 1, 1983, S. 255 f.) nachzulesen, in Ausstellungs-Katalog Veit Stoß in Nürnberg, München 1983. Kahsnitz' Einschätzung von Adam Kraft im Vergleich mit Stoß (S.255) ist allerdings gerade mit Blick auf Krafts Selbstbildnis nicht zu folgen.

26 Bertold Daun. Eine unbeachtete Arbeit des Veit Stoß. in: Jahrbuch der kgl. Preußischen Kunstsammlungen Bd. 21, 1900, S. 185 ff.

27 »E sebbene e‹ non hanno gli stranieri quel perfetto disegno che nelle chose loro dimostrano gl'Italiani, hanno nientedimento operato ed operano continuamente in giusa, che reducono le cose a tanta sottigiezza che elle fanno stupire il mondo: come si puo vedere in un'opera, o per meglio dire un *miracolo di legno*, di mano di maestro Janni franzese: il quale abitando nelle città di Firenze, la quale egli si aveva eletta per patria, prese in mondo nelle cose des disegno, del quale gli dilettò, la maniera italiana, che, con la pratica che aveva nel lavorare il legno, fece di tiglio una figura die San Rocco, grande quanto il naturale; e condusse con sottilissimo intaglio tanto morbidi e traforati i panni che la vestono, ed in modo cartosi, e con bello andare l'ordine delle pieghe, che si puo veder cosa piu maravigliosa. Similmente condusse la testa, la barba, le mani e le gambe di quel Santo con tanta perfezione, che ella ha meritato e merita sempre lode infinita da tutti gli uomini: e, che è piu, acciò si veggia in tutte le sue parti l'eccellenza dell'artefice, è stata conservata insino a oggi questa figura nella Nunziata di Firenze sotto il pergamo, senza alcuna co-

perta di colori o di pitture, nello stesso color di legname, e con la solita pulitezza e perfezione che maestro Janno le diede, bellissima sopra tutte l'altre che si veggia intagliata in legno.« nach Giorgio Vasari, Le vite de' piu eccellenti Pittori,Scultori et Architettori Italiani. Reprint Einaudi 1986

28 Besonders deutlich beim Andreas aus St.Sebald und bei der Raphael-Tobias-Gruppe im GNM.

29 Es sind solche »gravierende Mängel im Körperverständnis« und das nicht vorhandene »Verständnis für die Tektonik des Körpers« oder die »unglücklichen, ganz Un-Stoß-schen Proportionen«, die R.Kahsnitz den Burgkruzifixus »nicht nur aus dem eigenhändigen Œuvre sondern auch aus dem unmittelbaren Werkstattgut ausschließen« läßt (wie Anm. 2, S. 59.)

30 Auch dies ein Element, das R.Kahsnitz (wie Anm. 2, 1984) als Argument gegen die Autorschaft Stoß' anführt.

31 R.Kahsnitz wie Anm. 2 (1984) S.59.

32 Unter diesem Gesichtspunkt wird das sonst sehr stoßisch wirkende Ölberg-Relief im Nationalmuseum in Krakau m.E. zweifelhaft.

33 Ganz ohne Portraitstudien scheinen die Platten für Piotr von Bnin und die für Philippus Callimachus gemacht.

34 Bei so auffälliger Veschiedenheit wundern die älteren, hartnäckig immer wiederkehrenden Versuche nicht, die Reliefs aus dem stoßischen Werk auszugliedern und Adam Kraft zuzuschreiben (Lübcke, Bode). Mit Krafts Skulpturenstil haben sie allerdings noch weniger gemein.
Merkwürdigerweise entsprechen die beiden überlebensgroßen Eichenholzfiguren in den Fensterlaibungen über den Reliefs wieder ganz dem bekannten Bild von stoßischer Skulptur. Die Christusfigur ähnelt übrigens – bei weniger feiner, auf Fernsicht angelegter handwerklicher Ausführung – bis in Einzelheiten hinein dem Burgkruzifixus. Die Dornenkronen beider sind sogar in ihrer Flechtung so ähnlich, als seien sie nach dem gleichen Modell gearbeitet.

35 Den Beweis an der ringsherum unverletzt gefaßten Figur liefern die computertomographischen Aufnahmen. Sie zeigen, daß die Jahresringe bis in die feinsten Haarspitzen ungestört durchlaufen. Die Aufnahmen besorgte freundlicherweise Dr. Ernst Henkel mit seinem sehr engagierten Team von der radiologischen Abteilung am Krankenhaus des dritten Ordens in München-Nymphenburg.

36 Diese in staunenswerter Handwerkstechnik ausgeführten Details sind fotografisch kaum oder überhaupt nicht wiederzugeben. Sie sind auf wanderndes Licht oder den wandernden Betrachter angelegt. Heute sind diese schnitztechnischen Bravourleistungen zusätzlich durch die Bemalungen beeinträchtigt, feine Durchbrüche sind durch Farbe zugesetzt.

37 Heute durch die Fassung mit ihren eigenen Strukturen und ihrer anderen Lichtreflexion nicht erfahrbar.

38 Daß es sich bei dieser neuen Bildhauerkunst um ein Zeitphänomen handelt (das wesenhaft zur Einfarbigkeit gehört) wird durch das nahezu gleichzeitige Auftreten dieses Trend in weit voneinander entfernten Regionen bestätigt. Nach Nikolaus Gerhaert, der als frühester für diese plastische Gestaltungsweise in Deutschland faßbar ist, wären vor und um 1500 an Künstlern exemplarisch zu nennen: Jan van Halderen und Ludwig Juppe am Niederrhein; Tilman Riemenschneider, Nikolaus Weckmann oder die Monogrammisten HSR am Oberrhein bzw. J.P in Salzburg. Der hier beginnende Wandel in der Auffassung von Skulptur greift im 16. Jahrh. rasch um sich und endet in der ungemein suggestiven Stofflichkeit eines Georg Petel, eines Leonard Kern u.A.

39 M.Baxandall wie Anm. 12, S. 201 und 204

40 Rainer Kahsnitz, Veit Stoß, der Meister der Kruzifixe. in: Zeitschrift des Deutschen Vereins für Kunstwissenschaft, Bd. 49, 1995 (in Vorbereitung).

41 Ein Zettel, der in die verschlossene Rückenaushöhlung geklebt und jüngst geborgen wurde, war in dieser Frage – vorerst – wenig aufschlußreich. Der Zettel ist offenbar aus einer (Konstruktions)zeichnung oder einem Skizzenbuch gerissen worden. Er trug auf der einen Seite mehrere Namen, von denen sich einige um 1500 in Nürnberg nachweisen lassen. Die Namen waren jedoch durch das Herausreißen aus dem Skizzenblatt verstümmelt, sodaß sie für die Figur ohne Bedeutung sind. Auf der Verso-Seite trägt der Papierfetzen in charakteristischer Handschrift die bekenntnishafte Gebetformel ›passus est pro nobis‹. Event. läßt sich aus einem Schriftenvergleich ein Indiz für den Schreiber finden, der entweder mit dem Bildschnitzer oder mit dem Besteller identisch sein muß.

42 Albert Reindel, Plastische Werke in dem Schlosse auf der Burg, den dortigen Kapellen und in den übrigen meistens jetzt ungebrauchten Kapellen, sowie auf dem Rochus-Kirchhof. Manuskript HS 20 670 Germ.Nationalmuseum Nürnberg S.4 f. Die Bewertung »von geringer Arbeit« war von Reindel vermutlich auf die beiden heute verlorenen Assistenzfiguren bezogen.

43 Der Kruzifix unter dem Chorbogen hängt heute auf der Ostwand der Walburgiskapelle der Kaiserburg.

44 Max Loßnitzer, Veit Stoß. Die Herkunft seiner Kunst, seine Werke und sein Leben. Leipzig 1912, S. 135 f, Anm. 422. Loßnitzer berichtet von der frühesten Erwähnung durch Reindel 1836 und knüpft daran die Vermutung, daß Kreuz könne, da es vorher nirgendwo erwähnt sei, in dieser Zeit dort aufgestellt worden sein. Loßnitzer folgen alle späteren Kommentatoren, soweit sie zur Herkunft überhaupt Stellung nehmen.

45 Christoph Gottlieb von Murr, Beschreibung der vornehmsten Merkwürdigkeiten in des H.R.Reichs freyen Stadt Nürnberg. Nürnberg 1778. Murr übernahm die Herkunftsangabe: »wo es auf der Emporenkirche gestanden«, offenbar aus dem Nürnberger Zion von 1733, S. 7. Der gleiche Hinweis findet sich in der Neudörfer- Ausgabe von Fr. Campe von 1822. Ein zweites Kreuz in St.Sebald wird frühestens um 1700 in der ›Beschreibung der Reichsstadt Nürnberg mit geschichtlichen Notizen.‹ (GNM. Nürnberg Hs 16622) erwähnt: »Item (verfertigte Veit Stoß dasjenige Kruzifix), so ehedem bei unser lieben Frauen an der Pfarrkirchen gestanden, aber 1663 in den neuen Hauptaltar bei St. Sebald transferiert worden, wie noch vor Augen ist« (nach R.Kahsnitz 1963, S.278).

46 Johann Carl Osterhausen, Neues Taschenbuch von Nürnberg. 1.Auflage 1819, S.29. Das von Osterhausen genannte Datum 1665 ist ein Schreibfehler, die Rechnungen geben das 2 Jahre frühere Datum an.

47 Die angeblich durch Quellen belegte Herkunft des Rottweiler Kreuzes aus St.Sebald in Nürnberg (Urs Boeck, Der Rottweiler Kruzifix des Veit Stoß. in: Das Münster 12, 1959, S. 101 ff.) wird durch den Eintrag in das Rechnungsbuch des Heilig-Kreuz-Münsters von 1842/43 nicht gedeckt. Im Rechnungsbuch heißt es: »Kunsthändler Kieffer zu Nürnberg für einen Christus am Kreuze, von Veit Stoß, zum Hochaltar, durch Prof.Heideloff den 19.Oktober 1840, 400fl«.
Der Rottweiler Kruzifixus ist sicher unter dem Eindruck stoßischer Kreuze entstanden, aus der Stoß-Werkstatt selbst stammt er keinesfalls. Ein Vergleich erübrigt eine Begründung.

48 Die ältere Literatur ging davon aus, daß der Wickel'sche jener Kruzifixus sei, der 1663 aus der Frauenkirche in die Sebalduskirche transferiert worden war.

49 Bei einem Kolloquium zur Frage des Restaurierungszieles (siehe unten III Das methodische Problem), bei dem auch über die Zuschreibungsfrage und die Provenienz diskutiert

wurde (siehe Kunstchronik 10/1996) stellte Eike Oellermann die interessante These auf, nach der der Burgkruzifixus mit dem von Johann Jakob Schwarz 1737 in seiner ›Beschreibung und Abzeichnung aller in der Dominikanerkirche befindlichen Monumente‹ (Manuskript in der Stadtbibliothek Nürnberg) genannten identisch sei. Zu dieser Kreuzgruppe auf der Empore gegenüber der Loge Kurfürst Friedrich des Weisen von Sachsen gehöre als Assistenzfigur die sog. Nürnberger Madonna, die mit einer Höhe von 150cm genau zum Kruzifixus passe.

Abgesehen davon, daß von Murr das genannte Kreuz auf der Empore als aus Marmor beschreibt, ist die sog. Nürnberger Madonna (GNM Pl.210) in Stil, plastischer Auffassung und handwerklicher Technik so weit vom Kruzifixus entfernt, daß man, wollte man die These akzeptieren, nicht nur auf zwei verschiedene Bildhauer, sondern auch noch auf verschiedene Werkstattraditionen plädieren müßte.

50 Die zur Präsentation der freizulegenden Fassung noch zu erbringende Leistung wird bei *kontinuierlicher* Arbeitsmöglichkeit im Achtstundentag realistisch auf 52 Monate veranschlagt.

51 Einen Eindruck von der plastischeren Wirkung des schwarzen Vorzustandes vermitteln die Abbildungen bei Kepinski (wie Anm. 1) Taf. 132 bis 34 und Abb. 63.
In der Nürnberger Ausstellung hing der Kruzifixus in der Karthäuserkirche zudem im vollen Auflicht der Südfenster, sodaß auch kein Seitenlicht die Modellierung unterstützte. Die Figur wirkte flach und ungegliedert, das mag die sehr schroffe Ausgrenzung aus dem Stoß'schen Œuvre oder auch dem Werkstattgut unterstützt haben (siehe R. Kahsnitz, wie Anm. 2.).

52 Für die Neubemalung war die Figur nicht vom Kreuz genommen worden.

53 Die braunen splittrigen Tröpfchen treten an manchen Stellen häufig, an anderen kaum auf. Der Eindruck von Koniferenharz (Lärchenterpentin) konnte durch die Analyse zwar noch nicht eindeutig bestätigt werden, doch weist das Ergebnis – Terpen-Basis – in diese Richtung (Prof. Dr. E. Jägers 6. 05.1995).

54 Vor ihrer Übermalung ist die Fassung so perfekt gereinigt worden, daß auf der Fläche auch nicht kleinste Spuren von älteren Überzügen oder Patina geblieben sind. Das hat bei der Freilegung zu der Annahme geführt, es handele sich bei der Oberfläche mit ihrem weich verlaufenen Pinselprofil und dem emailartigen Glanz um das ungestörte Original. Erst als an Abseiten, wo schwer oder nicht zu reinigen war, Reste einer dichten Patina zum Vorschein kamen, ließ sich die Reinigung beweisen.
Die ›Patina‹ hat sich auf einem nachgewiesenen Leim-Überzug gebildet, dieser könnte nach einer Reinigungsaktion aufgetragen worden sein, da er die auch auf der Rückseite sehr sorgfältig ausgeführte Fassung dort nicht überzieht.

55 Solche Effekte sind aus der Tafelmalerei spätestens ab der Mitte des 16. Jahrhunderts bekannt und werden zu einem zeittypischen Gestaltungsmittel – auch in der Faßmalerei. Durch Zugabe von Lärchenterpentin erzielten die Maler einen glatten Verlauf und einen schmelzartigen Charakter der Farbe. Erinnert sei an den emailhaften Schmelz rubens'scher Malerei und an seine optischen Graueffekte, die auf eben dieser, im de Mayerne-Traktat 1620 beschriebenen Technik beruhen.

56 Zeitgenössische Nürnberger Fassungen – gut erhalten der um 1490 datierte, eher aber wohl um 1500 entstandene Kruzifix aus dem Kreuzaltar der Pfarrkirche in Schwabach (Kurt Pilz, Die Stadtkirche St. Johannes und Martinus in Schwabach. Schwabach 1979 S. 146 f.) – sowie auch die auf dem Kruzifix des Hl. Geist-Spitals (GNM) jetzt freigelegte zeigen Inkarnat-, Augen-, Haar- und Blutmalereien aus verschiedenen Nürnberger Werkstattraditionen, immer aber sind sie unverwechselbar ›zeittypisch‹. Im unmittelbaren Vergleich mit diesen wird der stilistische Abstand sehr deutlich. Der Unterschied zu

zeitgenössischen Fassungen zeigt sich folgerichtig auch in der Palette der Materialien und in ihrer Verarbeitung:

Analyse: Grundierung: Kreide-Leimgrund in mehreren Lagen, oberste Schicht mit Bleiweiß angereichert und Ölzugabe. Lösche: unpigmentierter Leim. Inkarnat: auf mattoranger Vorlegung (Komponenten nicht ermittelt) fast reinweißes Inkarnat: Bleiweiß und feinstes Rot (noch nicht identifiziert), Öl und Harz auf Terpen-Basis (noch nicht endgültig bestimmt). Blutzeichnung: Zinnober unvermischt in Öl. (vergleiche hierzu z.B. die Untersuchungen zum Englischen Gruß, zu den Rothenburger und Nördlinger Herlin-Altären, zum Schwabacher Altar u.a.m.)

57 Der erste Hinweis auf eine Bemalung auf dem Holz fand sich zwischen zwei eng stehenden Zehen, deren Zwischenraum durch die Grundierung überbrückt, freigeblieben war. Durch einen auf der Zehenunterseite in der Grundierung entstandenen Riß war die Blutfarbe (leuchtend roter Lack auf körnigem, hochtransparentem Substrat) zu sehen. Eine gleichartige Farbe fand sich in der engen hintersten Mundhöhle und in den Nasenlöchern, die von Ü1 ausgespart geblieben waren.

Analyse: Farblack auf der Basis von Krapp (Alizarin und Purpurin eindeutig identifiziert), verlackt mit Alaun auf farbloser Tonerde. Als Bindemittel ist ausschließlich Protein (= Leim) festgestellt (E.Jägers 6. 05. 1995).

58 Aus Nürnberg und Umgebung sind mir aus dieser Zeit keine Vergleichsbeispiele bekannt. In der süddeutschen Kunst dieser Zeit gibt es ›für den Stil‹ (Kolorit, Malweise und Binnenzeichnung) aber durchaus Analogien, z.B. bei den frühen Zürns, den frühen Weilheimern, bei Schwanthaler u.a.m. Gesicherte Material- und maltechnische Angaben sind für diese Zeit leider nicht in gleicher Fülle wie für das ausgehende 15. und frühe 16. Jahrh. publiziert. Zum Inkarnat vergleiche R. Becker, E. Emmerling, H. Portsteffen und M. Weis, Die Kreuzabnahmegruppe von Christoph Rodt aus Neuburg a.d. Kammel. Denkmalpflegeinformationen D Nr.6/17 München 1989, S. 11. Die dort beschriebene Inkarnatmalerei ähnelt Ü1 sehr in malerischer Auffassung und handwerklicher Ausführung.

59 Zu Schweigger-Restaurierungen von Stoßkruzifixen siehe Hans R. Weihrauch: Georg Schweigger und sein Neptunbrunnen für Nürnberg. in Anzeiger des GNM 1940-53, S. 121 und Anm. 29. Zur Vorbildlichkeit stoßischer Kruzifixe für Schweiggers eigene Werke siehe Theodor Müller: Veit Stoß, zur Geltung seiner Werke im 17. Jahrhundert. in: Zeitschrift des dt. Vereins für Kunstwissenschaft Bd. 9, 1942, S. 191 ff.

60 Inv.Nr. 9893, Korpus Birnbaumholz 30cm hoch; ich danke Herrn Direktor Dr. M. Leithe-Jasper für die Möglichkeit, das Figürchen aus der Nähe betrachten und fotografieren zu dürfen.
Der Burgkruzifixus war für dieses Kunstkammerwerk bis in kleinste Details von Kopf, Brust und Bauch vorbildlich. Im übrigen folgt das Figürchen im Typ wie in Details dem Wickel'schen Kruzifixus.

61 Der heutige Eindruck ist allerdings gegenüber dem ursprünglichen dadurch verzerrt, daß die ehemals rötliche Tönung des Inkarnats durch einen roten Farblack bis auf lichtgeschützte Partien der Rückseite völlig ausgebleicht ist. Dadurch erscheinen die Kontraste zwischen Inkarnatfläche und Haar bzw. Lendentuch überstark und die Binnenzeichnung wirkt wie ausgeschnitten.

62 Grob und ohne Grundierung aufgestrichene Farbe. Abtönungen (Wangenrot, bläuliche Wundhöfe usw.) ›naß in naß‹ in der sehr trockenen Farbe vertrieben, sodaß die Abtönungen stellenweise wie eine aufgelegte zweite Schicht wirken.

Analyse: Bleiweiß in Öl, ausgemischt mit sehr grobem Holzkohlenschwarz, Eisenoxidrot und grober Smalte.

45

63 Sie könnte auch anläßlich der Einfügung des Kreuzes in den Hochaltar von St. Sebald 1663 aufgebracht sein. Diese Hypothese war trotz ausführlichen früheren Untersuchungen erst nach jüngsten Beobachtungen möglich.

64 Eine Färbung oder ein Überzug war bisher nicht nachzuweisen, dennoch erscheint das Holz an den freiliegenden Stellen (Armansätze etc.) nicht roh. Für eine Behandlung spricht auch der auffällig seltene Anobienbefall bei dieser und anderen zeitgenössischen Nürnberger Skulpturen.

65 Der Kruzifix aus St. Lorenz in Nürnberg zeigt nur aufgemalte Pupillen und Blutläufe, der Hl. Andreas aus St.Sebald Pupillen und rote Lippen. Am Bamberger Altar sind die Zähne und die Augäpfel weiß, letztere mit rosa Konturen und pastos aufgemalten Pupillen. Schwarz gemalte Augenbrauen und rote Lippen sowie rote und grüne Saumapplikationen auf den Reliefs runden die Teilfassung ab. Eine vergleichbare Teilfassung zeigen auch schon die Steinreliefs des Volckamer-Epitaphs von 1499, siehe Eike Oellermann, Veit Stoß, Faßmaler seiner eigenen Werke? in: Veit Stoß, die Vorträge des Nürnberger Symposions. München, 1985 S. 169 ff. Dort auch die weitere Literatur.

66 Ganz überdeckt sind z.B. etliche tiefschattende Schwarzakzente an den Haaren, der Dornenkrone, dem Lendentuch und den Zehen.
Der glättende, wie ein Gummihandschuh nivellierende Effekt der Grundierung ist etwa mit der Spannungslosigkeit vieler neugotischer Serienfiguren zu vergleichen, deren perfekt kopiertem Stil die handschriftliche Eigenart und das individuell Zufällige fehlen.

67 Der vollständige Text lautet übersetzt: »Bruder Andreas Stoß, Prior dieses Klosters, aus Krakau (gebürtig), hat angeordnet, daß eine Tafel im Chor *nach neuer Art* durch seinen Vater, Meister Veit Stoß aufgestellt wird. Kein Prior soll sie ohne weiteres mit Farben bemalen lassen. Den Grund werden ihm alle in dieser Kunst bewanderten Meister sagen.« Meiner Schwester Stefanie Endemann danke ich für die kritische Neuübersetzung dieses in der Literatur verschieden gedeuteten lateinischen Textes.

68 1982 durch Eike Oellermann restauriert.

69 In Anbetracht der weitreichenden Folgen solcher Entscheidungen – beim Burgkruzifix hat die Fragestellung nur extremen Charakter – wäre die Kunstwissenschaft aufgerufen, sich öfter mit der Fragestellung wie mit der Entscheidungsbasis kritisch zu befassen. Das Interesse hierfür ist leider gering, selbst bei Museen und Instituten, wo im eigenen Hause restauriert wird (ich spreche aus Erfahrung). Dabei werden bei Restaurierungen an den Forschungsobjekten der Wissenschaft – nicht zuletzt aus Mangel an kritischer wissenschaftlicher Begleitung – Zustände produziert, die oft nicht mehr als ›historisch‹ bezeichnet werden können.

70 E. Oellermann hält die als Ü1 bezeichnete Fassung für ursprünglich konzipiert; sie müsse, nach event. kurzzeitiger Aufstellung des Kruzifix in holzsichtigem Zustand, in allenfalls geringem zeitlichen Abstand ausgeführt sein. Als stärkstes und bisher unwiderlegtes Argument führt er die augenscheinlich ursprüngliche Flügelschraube im Gesäß der Figur an, die in die fertige Lendentuchvergoldung eingeschraubt wurde.

71 Teilnehmer: M. Biesalski, BSV München; E. Emmerling, BLfD München; K. Endemann, BSV München; Prof. R. Kahsnitz, BNM München; Dr. M. Koller, BDA Wien; Dr. J. Kostowski, Wrozlaw Universität; Dr. H. Meurer, WLM Stuttgart; Dr. A. Miller, BSV München; E. Oellermann, Heroldsberg; Dr. St. Roller, LM Karlsruhe; Dr. A. Schädler, München; H. Westhoff, WLM Stuttgart. Kurzfristig abgesagt hatten: J. Haag, BNM München; Prof. M. Petzet, München; Prof. W. Sauerländer, München.

HORST H. STIERHOF

Decke und Seitenwände
verputzt und geweißt

Konzept und Konzepte zu Ottheinrichs
»Rittersaal« im Schloß Neuburg an der Donau

DER NEUE BAU

Herzog Fernando Alvaresz Alba (1507-82) ist in erster Linie aus Friedrich
Schillers dramatischem Gedicht »Don Carlos. Infant von Spanien« bekannt.
Weniger geläufig ist, daß Kaiser Karl V. den Herzog von Toledo im Jahre
1546 für Neuburg als Stadthalter einsetzte, der Pfalz-Neuburg wiederum an
die Familie Fugger verkaufen wollte. Kaiser Karl V. hatte Neuburg vor nunmehr 450 Jahren im September 1546 während des Schmalkaldischen Krieges
eingenommen; die Stadt wurde durch die kaiserlichen Truppen geplündert[1].
Pfalzgraf Ottheinrich (1502-59) weilte damals bereits zwei Jahre als Pen-
sionär der Neuburger Landschaft, die 1544 die Schulden des Pfalzgrafen
übernommen hatte, in Heidelberg und Weinheim[2]. Von dort aus erkundigte
er sich besorgt nach dem Zustande seiner Neuburger Residenz, mit deren
Ausbau der Pfalzgraf sich seit rd. 20 Jahren beschäftigt hatte.

Ottheinrich hatte 1527 begonnen, die Feste Herzog Ludwigs d. Gebarte-
ten, die dieser über hochmittelalterlichen Vorgängerbauten errichtet hatte[3],
im Sinne der »Deutschen Renaissance« auszubauen. Den Bauten an der Ostseite des Schloßareals, die in bescheidenen Resten noch im barocken Ostflügel stecken, folgten ab 1530 der Neue Bau mit der »gemalten Stube«
(Nordflügel mit Rittersaal), 1532/34 der Küchenbau an der Südseite des
Schloßhofes und ab etwa 1537 der Westfügel, der »Ottheinrichsbau«[4].

Dem Nordflügel dienten einerseits die nördliche Befestigungsmauer der
mittelalterlichen Burg, andererseits die südliche Befestigungsmauer der ehm.
herzoglichen Pfalz bzw. ihres Nachfolgers, des Benediktinerinnenklosters, als
Sockel. Solchermaßen kam er über dem östlichen Stadtaufgang zu stehen, der
im »Nadelöhr« unter dem Nordfügel hindurchführt. Fr. Kaes und R. H.
Seitz[5] haben das äußere Erscheinungsbild des Nordflügels rekonstruiert: ein,
vom Hof aus gesehen, viergeschossiger Trakt, hofseitig mit zweigeschossigen
Galerien, an den Stirnseiten, südlich der Fassadenmitte, mit Erkern über
sämtliche Geschosse. »Der Neue Bau bekam als oberen Abschluß kein Satteldach, sondern eine große Dachaltane mit einem umlaufenden, steinfarben
gefaßten Brüstungsgitter«[6]. Diese Rekonstruktion wurde zwischenzeitlich
durch die Entdeckung einer Ansicht und durch Befund bestätigt[7].

Pfalzgraf Philipp Ludwig ersetzte die Dachaltane zwischen 1580 und 1590 durch ein hohes Satteldach mit zwei bzw. drei Zwerchhäusern[8]. Das heutige Erscheinungsbild, das ein Ergebnis der Wiederherstellungsarbeiten nach 1987 ist, entspricht weitgehend jenem um 1600.

Die Gliederung der Ostfassade ist im wesentlichen noch die des 16. Jahrhunderts. Der Westfassade war nördlich des Erkers, d.h. über dem Stadtaufgang, am ersten Obergeschoß eine Loggia vorgelegt. Die zeichnerischen Rekonstruktionen dieser Fassade durch die Bauleitung der Militärbauten[9] 1910 wurden teilweise durch den Befund bestätigt: Von den beiden vorliegenden Varianten trifft die »Variante II«, die nördlich des Erkers eine breitgespannte Stichbogenarkade vorsieht, zu. Zum südlich des Erkers gelegenen Gang, der den Nordflügel über den Kapellenturm mit dem Westflügel verbinden sollte, liegen keine eindeutigen Befunde vor. Allem Anschein nach wurden an ihm sehr bald Veränderungen vorgenommen, vielleicht schon im Zusammenhang mit der Errichtung des Westflügels und der Schloßkapelle. Es ist nicht auszuschließen, daß die Galerien noch während des 16. Jahrhunderts geschlossen wurden, spätestens jedoch ab 1616, als eine geschlossene Verbindung zwischen Residenz und »Hofkirche« hergestellt wurde[10]. Durch die Vermauerung der Galerie entstand ein Vorbau vor der Westfassade des Nordflügels, der vom Straßenniveau bis zur Traufhöhe reicht.

Die Geschosse über dem Sockelgeschoß mit dem »Nadelöhr« waren bzw. sind gleichartig aufgeteilt: Den größeren, mehr als die Hälfte des Geschosses umfassenden westlichen, d.h. seinerzeit stadtseitigen Teil, nimmt ein zweischiffiger Raum ein, der östliche Teil des Geschosses ist nochmals in zwei, quer zur Längsachse liegende Räume, denen ein Gang vorgelegt ist, unterteilt. Die Erdgeschoßräume waren gewölbt, die Räume der oberen Geschosse hatten Flachdecken. Ob die vorgelegten Gänge in allen Geschossen gewölbt waren, kann nicht (mehr) gesagt werden. Die vertikale Erschließung übernahm ein Treppenturm an der Südostecke des Traktes, d.h. in der Nordostecke des Hofes, und – intern – eine Spindel zwischen den Obergeschossen. Das Treppenhaus im Zentrum des Nordflügels wurde erst nach 1868, als das Neuburger Schloß dem Militär übergeben wurde, eingebaut[11]. Es wird im Zuge der laufenden Renovierungsarbeiten erneuert und durch einen Aufzug im Treppenauge ergänzt werden.

Die Wiederherstellungsarbeiten im Inneren bzw. der Ausbau des Nordflügels zu Museumszwecken begannen 1991. Neben »Schauräumen« wie der »Silberkammer« und dem »Rittersaal« soll im Nordflügel ein Veranstaltungsraum mit der für Ausstellungen und Vorträge etc. erforderlichen Infrastruktur und Technik (2. Obergeschoß) und der erste Abschnitt einer Filialgalerie der Bayerischen Staatsgemäldesammlungen (3. Obergeschoß) eingerichtet werden.

OTTHEINRICHS BADEWANNE IN DER SILBERKAMMER?

Die Untersuchungen im Nordflügel zeitigten Überraschungen, die trotz der Mitte der 70er Jahre aufgefundenen Gemälde im 2. Obergeschoß[12] nicht zu erwarten waren und die mehr Fragen aufwerfen als sie beantworten.

Der östliche Erdgeschoßraum wird gewöhnlich als ehem. Silberkammer bezeichnet. Nach 1868 (oder 1928?) wurde hier eine Heizanlage eingebaut. Gemäß den Inventaren des 18. und frühen 19. Jahrhunderts erscheint die Nutzung als Silberkammer fraglich. Ev. waren hier Kaffeerösterei oder Konditorei untergebracht.

Nach Herausnahme der Vermauerung zwischen Raum und Erker und nach der Abnahme von späteren Überpuztungen präsentierte sich das Gewölbe des Erkers als gemauerte Ruine resp. Grotte. Der Gurtbogen und die ihn tragenden Pilaster zeigen ornamentalen Blattschmuck, einen die Fidel spielenden Putto auf einem Wagen (Abb. 1), Porträtmedaillons und das Wappen Ottheinrichs. Am Kreuzgratgewölbe des zweijochigen Hauptraumes, dessen Schlußsteine aus Stuck gleichfalls Ottheinrichs Wappen zeigen, wurden Wand- und Deckengemälde festgestellt.

Am Gewölbe ist wohl mit Medaillons wie im »Spiegelzimmer« des Schlosses Grünau zu rechnen. An der nördlichen Lünette wurden Stadt- und/oder Landschaftsvignetten festgestellt sowie eine szenische Darstellung »Loth und seine Töchter« (Abb. 2). Die Wand- und Deckengemälde sind, soweit die freigelegten Partien entsprechende Aussagen zulassen, in die Erbauungszeit zu datieren, d.h. etwa 1536/38 anzusetzen.

Das Ruinengewölbe des Erkers und das Wandgemälde ließen eine Grotten- bzw. Badanlage erwarten. Diese Erwartung wurde durch die Identifizierung des abgegangenen Beckens bestätigt. Es handelt sich um ein rechteckiges, in zwei Teilen aus Kalkstein gehauenes Bassin. Die Wandung ist mit ebenfalls aus Kalkstein bestehenden Längs- und Breitteilen erhöht. Das Becken mißt insgesamt 267 cm in der Länge, 106 cm in der Breite und 62 cm in der Höhe[13]. Vermutlich ist das Bassin zur Zeit der Pfalzgräfin Maria Amalia, der Witwe Karls II. Augusts von Zweibrücken, dem

1. Schloß Neuburg an der Donau, Nordflügel: Pilaster zwischen sog. Silberkammer und Grotte; nach Herausnahme der Vermauerung.

2. Schloß Neuburg an der Donau, Nordflügel: Loth und seine Töchter (?), Wandgemälde in der sog. Silberkammer, während der Freilegungsarbeiten.

Hoftapezierer Matthias Härtl überlassen worden, in dessen, nahe dem Schloß gelegenen Haus es entdeckt wurde[14]. Die Maße des Beckens stimmen mit Putzkanten in der Nordwestecke der sog. Silberkammer überein. Zudem ist ein ähnliches oder gleiches Becken im ältesten erhaltenen Grundriß des Neuburger Schlosses (Abb. 3) eingezeichnet[15].

Eigentümerin der »Badewanne Ottheinrichs« ist die Große Kreisstadt Neuburg an der Donau. Sie will das Becken für den Wiedereinbau im Nordflügel zur Verfügung stellen.

An der ursprünglichen Bestimmung der »Silberkammer« als fürstliche Badestube kann kein Zweifel bestehen. Die Wasserversorgung erfolgte – wie bei den Wasserspielen auf der Dachterrasse des Nordflügels – durch den Wasserturm im ehem. Rüsthof (an der »Amalienschule«), welchen Hans Knotz 1531 errichtete[16]. Die Abwässer der Badestube wurden über hölzerne Rinnen, die teilweise noch vorgefunden wurden, in den Stadtaufgang geleitet.

Die Befunde im westlich anschließenden Raum sprechen dafür, hier einen Nebenraum des Bades, insbesondere den Heizraum, zu vermuten. Zwischen beiden Räumen bestand eine direkte Verbindung, die, später vermauert, wiederhergestellt werden soll. Wohl noch während der Bauzeit wurde vom westlichen Raum ein Joch abgetrennt. Sehr wahrscheinlich wurde hier an der hofseitigen Außenwand ein (Back-)Ofen eingebaut.

Die Auffindung der Badestube im Nordflügel bestätigt verschiedene Nachrichten zu Bädern Ottheinrichs in seiner Neuburger Residenz. Bereits 1528 (?) wird im Zusammenhange mit Arbeiten des Hans Knotz »Das bad im graben und … bronnen« erwähnt[17]. Im Hofgarten, den Ottheinrich ab 1529 anlegen ließ und der 1633 während des Dreißigjährigen Krieges geplündert wurde ehe er im 19. Jahrhundert dem heuten »Alten Friedhof« bei St.

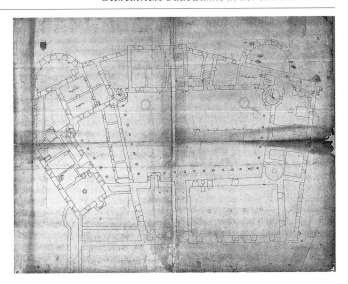

*3. Grundriß des
Schlosses Neuburg
an der Donau,
1. H. 17. Jahrhundert.*

Augustin weichen mußte, gab es ein »Bad bronnenwerkh«[18]. Im Jahre 1535
erteilte Ottheinrich Pankraz Labenwolf und Selbald Hirder den Auftrag zu
einem Brunnen im Vollbad mit dreizehn Wassersprühern, der nicht mehr als
acht Zentner wiegen sollte[19]. Die Jahresrechnung des Baumeisters Jörg Geb-
hart von 1535/36 nennt u. a. einen »Ofen im Vollbad« (Jörg Seiler), ein »Bad
im Garten und zwischen den Thorn und dem neuen Paw«, an Jobst Wagner
und Sohn aus München »costen so über die Stain selzams Gewechs ins new
Bad gehörig zubrechen«, »drei runde Venster ins Volpad auch in newen
Paw«[20]. Hinweis auf Rundfenster oder mögliche Veränderungen im Fenster-
bereich wurden keine gefunden.

Angesichts der noch ungebrochenen Bade- und Bäderleidenschaft des 16.
Jahrhunderts im allgemeinen und derjenigen Ottheinrichs im besonderen[21],
ist das Vorhandensein eines Bades in der Neuburger Residenz nicht weiter
verwunderlich. Überraschend ist aber die frühe Verbindung von Bad und
Ruinen- bzw. Grottenanlage. Die Befunde legen die Vermutung nahe, Ottheinrich habe im Nordflügel des Neuburger Schlosses ein Bad »all'antica«[22]
verwirklicht. Wenn das bisherige Konzept zur Baugeschichte des Neuburger
Schlosses zutrifft, dann muß die Anlage im Nordflügel wie die Gemälde in
die Erbauungszeit datiert werden und ist als ältestes Schloßbad im deutsch-
sprachigen Raum anzusehen. Ottheinrich mag durch Aufenthalte auf der
Burg Trausnitz, wo bereits 1495/96 im inneren Torwarthaus ein Wildbad bestand[23], und durch seine Badereisen zum einen, zum anderen durch seine Beziehungen zum Mantuaner Hof zur Anlage dieses Bades angeregt worden
sein. In jedem Falle ist das Neuburger Bad früher als die erhaltenen Bäder in
Schloß Ambras (1567)[24], in der Stadtresidenz Landshut (1567)[25] im Italienischen Anbau der Burg Trausnitz[26] (1573ff) und in Höchstädt (1589ff).

51

EINES DER SCHÖNSTEN UND SELTESTEN DENKMALE DES ALTERTHUMS

Bis zur Mitte des 19. Jahrhunderts scheinen die Eingriffe in die Substanz des Nordflügels vergleichsweise unbedeutend gewesen zu sein, während der Westflügel durch den Abbruch des hohen Satteldaches und der mit Terrakotta gegliederten Giebel 1824 seines architektonischen Charakters beraubt wurde. Offensichtlich war bei der Übergabe des Nordflügels an die Militärverwaltung auch die Ausstattung des Rittersaales, wie sie J. B. Graßegger in seiner Beschreibung 1827 festgehalten hat[27], noch vorhanden. Das Protokoll, das die Königliche Bauinspektion 1868 aufgesetzte (von Grundner), um den Zustand des Neuburger Schlosses festzuhalten, bestätigt grundsätzlich Graßeggers Angaben: »Wände verputzt und verkleidet mit einer 7' hohen gestemmten eichener Vertäfelung und alten auf Leinwand gemalten Bildern, schlecht.«[28] Diese Passage wurde von anderer Hand durchgestrichen und am Rande mit dem Vermerk versehen: »Decke und Seitenwände verputzt und geweißt«. Man hat den Eindruck, daß die Veröffentlichung von Graßeggers Beschreibung im 39. Jahrgang des Collektaneen-Blattes« des Jahres 1875 eine Kritik des Historischen Vereins an der Zerstörung des ehedem vielleicht schönsten Raumes im Neuburger Schloß war.

Der »Rittersaal« ist im ersten Obergeschoß des Nordflügels gelegen (Abb. 4). Die Bezeichnung »Rittersaal« scheint auf Graßagger zurückzugehen. Im Schloßinventar des Jahres 1801 wird der Raum – nach Meinung des Verf. – zutreffender als Ritterstube bezeichnet. Wahrscheinlich ist er identisch, mit der 1668 genannten »gemalten Stube«.

Der Raum mißt ohne Erker und Vorbau rund 13,70 : 11,70 m bei einer Höhe von rd. 4,70-4,80 m.

Nach der Schloßbeschreibung Grundners war der »Fußboden von fichtenen Brettern mit eichenem Kreuz, gut«. Demnach müßte er in vier Felder aufgeteilt gewesen sein. Denkbar ist, daß sich Grundner, so zuverlässig er sonst ist, hier geirrt hat. Wahrscheinlicher erscheint dem Verf., daß der Boden in sechs Felder unterteilt war, einmal in Längs- und zweimal in Querrichtung, dergestalt, daß die zwei Kalksteinsäulen über den Kreuzungspunkten standen. Fraglich ist aber, ob Grundner tatsächlich den originalen Boden gesehen hat, da der 1988 festgestellte Befund eher für einen Plattenbelag spricht. Diesen wird man sich nach den Vorbildern im Westflügel als rot-weißen Plattenbelag vorzustellen haben.

An den Längsseiten des Raumes befinden sich je drei Fenster in tiefen Nischen mit Segmentbogenabschluß oben. Die Westseite öffnet sich in den Erker mit Sternrippengewölbe und beiderseits des Erkers in ehem. Fensternischen. Die in der Längsachse des Saales stehenden Säulen und der Unterzug der Decke teilen den Raum in eine südliche, hofseitige, und eine nördliche, feldseitige, ehemals zum Rüsthof gewandte Seite. Zugleich unterteilen sie den Raum gemäß den drei Fensterachsen. Nach Graßegger waren an der asym-

*4. Schloß Neuburg an der Donau, Nordflügel: »Rittersaal« vor Beginn
der Wiederherstellungsarbeiten, Blick nach Westen, Foto 1972*

metrisch gestalteten Westseite ehemals ein Fenster und eine Türe. Diese Angabe ist nicht ohne weiteres mit Plänen von 1928[29] in Einklang zu bringen,
als der Nordflügel z.T. für schulische Zwecke adaptiert werden sollte.
Gemäß diesen Plänen waren zu Beginn des 20. Jahrhunderts wohl noch beide
Fensternischen erhalten und der Zugang zum Vorbau erfolgte über zwei Stu-
fen durch den Erker.

Die hofseitigen Fenster sind rechteckig, die feldseitigen stichbogenförmig.

Das Rotmarmorportal, das Loy oder Martin Hering zugeschrieben wird,
(dat. 1538) hat Graßegger noch in situ gesehen. Es wurde erst 1902 ausgebaut
und gelangte, nachdem es in die Silberkammer der Residenz München eingesetzt worden war, 1927 nach Schloß Berchtesgaden[30]. Das Türblatt, das im
Schloßmuseum Berchtesgaden mit dem Portal verwendet wird, wurde 1926
im Bereich Schloßkapelle/«Kaysers Gemach« gefunden und gehört nicht ursprünglich zum Portal, ist jedoch etwa gleichzeitig mit dem Portalgestell entstanden. Die Gesellschaft Alte Residenz Neuburg hat 1994 beschlossen, für
die Wiederherstellung des »Rittersaales« eine Kopie des Portals zu spenden.
Es scheint angezeigt, keine exakte, sondern eine vereinfachte Kopie in Kunst-
stein/Stuckmarmor anzufertigen[31].

Von der Ausstattung haben sich zwei runde Glasgemälde erhalten. Nach von Grundners Angaben waren sie 1868 noch in den Okuli der Nordseite eingebaut. Die Glasgemälde, die Jörg Breu d. J. zugeschrieben werden, stellen Das Opfer Abrahams und die Drei Männer im Feuerofen dar[32]. Sie sollen aus konservatorischen Gründen nicht mehr in Außenfenster eingebaut werden, sondern in die Rundfenster der Westwand, d.h. zwischen Saal und Vorbau, eingesetzt werden.

Als die Bayerische Schlösserverwaltung 1970 Schloß Neuburg von der Bundesvermögensverwaltung übernahm, waren sowohl die Vertäfelung als auch die Kassettendecke wieder eingebaut. Die Decke wurde 1941, die Vertäfelung nach 1958 wiedereingebaut. Beide waren 1868 entfernt worden[33] und sollten in den Georgirittersaal der Residenz München eingebaut werden[34]. Dieses Vorhaben wurde wohl nicht nur auf dem Papier, sondern de facto begonnen, ehe es aus noch nicht bekannten Gründen unterblieb. Als Relikte dieses Projektes haben sich einige nachgeschnitzte Konsolen erhalten, die beim Wiedereinbau der Decke in den »Rittersaal« mit verwendet wurden.

Vermutlich aus statischen Gründen wurde als Unterzug ein Eisenträger verwendet, wodurch der Unterzug tiefer kam und die Konsolen und Tartschen an den beiden Kalksteinsäulen abgearbeitet werden mußten. Diese Abarbeitung zerstörte nicht nur materiell Originalsubstanz, sondern auch ikonographisch, indem sie das heraldische Programm des Saales wesentlich amputiert. Nach Graßegger waren an den Kapitellen »das sächsische, an dem anderen der altbayerische (Wappenschild) doppelt, und das bischöflich speierische oder auch das Stadtwappen von Wien, weil in jedes derselben ein silbernes Kreuz in rothem Felde führt …«, angebracht. In letzten Falle irrte Graßegger. Das Wappen mit weißem Kreuz auf rotem Grund, wie es auch auf den Porträtteppichen Ottheinrichs und seines Bruders Philipp vorkommt, ist das Wappen von Savoyen. Im übrigen befinden sich diese Wappen auch an den vier Säulen zwischen Treppenturm und Altarnische am Westflügel. Es handelt sich um die Wappen der Großeltern Ottheinrichs. Im Erker des Rittersaales schließlich sind dreimal die Wappen von Pfalz-Bayern und einmal von Massowien angebracht, d.h. die Wappen der Großeltern angebracht. Die Wappen Ottheinrichs und seiner Gemahlin Susanna von Bayern an der westlichen Lünette des Erkers bzw. in der Bekrönung des Portales und das Wappen des Bruder Philipp – wahrscheinlich – hofseitig in einem Glasgemälde.

Der Einbau der Vertäfelung erfolgte über einer umlaufenden, auf U-Eisen ruhenden Sitzbank, die nicht wiederhergestellt werden soll. Die Vertäfelung wurde dergestalt in den Saal eingefügt, daß das Kapitell mit der Signatur Pihels an den Saaleingang kam. Da in dieser Laibung künftig die Portalkopie stehen wird, wird die Abfolge der Felder, die ohnehin nicht die originale ist, wiederum eine anderen sein müssen.

Noch mehr als in anderen Räumen des Schlosses Neuburg schmerzt der Verlust der Gemälde des »Rittersaales« nach 1868. Graßegger sah 1827 immerhin noch 9 von ehemals 13 »in schwarze Rahmen gefaßte Ölgemälde«, die zwischen Vertäfelung und Decke an den Saalwänden saßen. Die Gemälde ließen sich – vermutlich weil »wandfest« in den Neuburger Inventaren noch nicht nachweisen. Adam Horn und Werner Meyer haben die Überlieferung Graßeggers dahingehend interpretiert, daß ihr Rekonstruktionsvorschlag für den Rittersaal[35] kleinere, querformatige Gemälde, die einzeln gerahmt an der Wand hängen, zeigt. Tatsächlich belegen die aufgefundenen Dübel und die Oberflächenbefunde, daß die Gemälde die gesamte Breite der Mauerstreifen und die gesamte Höhe zwischen Vertäfelung und Decke einnahmen[36]. Sie waren von einer malerischen Behandlung ausgenommen worden. Diese Feststellung gilt auch für die Gemälde in den Fensterlaibungen, welche Graßegger erwähnt.

Die »Winkel zwischen diesen Bildern, der Decke und den Fensterbögen füllen Fresko gemalte Römerköpfe, grau in Grau mit runden gelben Einfassungen aus«. Sie wurden vermutlich noch vor 1868 übertüncht. Die zwischenzeitlich wieder freigelegten Wandgemälde stellen nicht, wie früher angenommen, eine Scheinarchitektur dar[37], sondern, wie nach der Reinigung feststellbar, eine gemalte Vertäfelung. D.h. Wandgemälde und Vertäfelung gehören zu einem Konzept.

Diese gemalte Vertäfelung setzt in ca. 2,20 m Höhe an. An den Fensterpfeilern und an den Laibungen der Fensternischen beschränkt sie sich auf ockerfarbene Rahmungen mit den gen. Imperatorenmedaillons in den Zwickeln oberhalb der Fensternischen (Abb 5). An der Rückwand der Fensternische scheinen über den Pilastern der Vertäfelung toskanische Pilaster zu stehen. Auf Höhe des Fenstersturzes tragen sie illusionistisch vorragende Deckplatten, auf denen mythologische oder allegorische Gestalten stehen, d.h. diese Figuren stehen beiderseits der Okuli. Die Wölbungen der mittleren Nischen der Längsseiten zeigen große ovale Bildfelder, das erste und letzte der Hofseite, ausgehend von einem längsrechteckigen Bildfeld in der Mitte, rechtwinkelige, durch Stege und Rahmen getrennte Felder, die entsprechenden an der Nordseite ausgehend von einem auf der Spitze stehenden Quadrat, dreieckige und unregelmäßig rechteckige Felder. An den Gewölben der südlichen Laibungen dienen die drei rechteckigen Felder als Bildfelder, während die übrigen Felder ornamental gefüllt sind, an der Nordseite zeigen die Sechseckfelder szenische Darstellungen, während Quadrat und Dreiecke ornamentale Füllungen haben. Die Scheinvertäfelung ist in Ockertönen gehalten, die Bildhintergründe waren ursprünglich blau (Smalte)[38], die Figuren und Füllungen sind in Weiß- und Grautönen angelegt.

Die Ovalbilder der mittleren Fenster stellen (südlich) Apoll und Daphne, nördlich Joseph und Potiphars Weib dar, das Ovalbild am Gewölbe der ehem. südlichen Fensternische der Westwand, Herkules, den flüchtenden Nessus erschießend. Am westlichen Rechteckfeld des westlichen Fensters der Südseite ist entweder Das Urteil des Paris oder – wahrscheinlicher – Diana und Aktäon dargestellt. Am östlichen Fenster der Nordseite sind wahr-

5. Schloß Neuburg an der Donau, Nordflügel: »Rittersaal«, östliche Fensternische der Nordseite, Zustand vor Beginn der Wiederherstellungsarbeiten.

scheinlich drei Fabeln des Aisop und zwei Narren, die »Strebkatzen ziehen« spielen[39], dargestellt (Abb. 6), im Gewölbe der westlichen Fensternische ein Bläser und ein Gaukler, der einen Bären führt, ferner zwei kämpfende Seekentauren.

Wahrscheinlich handelt es sich oberhalb des östlichen Fensters um die Fabeln Der Fuchs und der Affe, Krähe und Hund, Wolf und Kranich[40].

Auf dem linken Kapitell des ersten südlichen Fensters scheint ein Herkules oder ein Apollo zu stehen, als persönliches Attribut ist ein Bogen kenntlich. Das Attribut, das die Frauengestalt über dem rechten Kapitell ursprünglich in Händen hielt, ist nicht mehr feststellbar. Vielleicht stellt sie (im Falle eines Herkules auf dem gegenüberliegenden Kapitell) Omphale dar. Auf den Kapitellen des mittleren Fensters stehen zwei Löwen als Wappenhalter, auf jenen des westlichen Fensters Herkules und Antäus (links) bzw. Herkules und der Nemeische Löwe. Beiderseits des südlichen Rundfensters an der Westwand befinden sich zwei Kannen. Rechts des östlichen Fensters an der Nordwand steht eine Frau, deren Linke auf dem Kopf eines, ihr zu Füßen sitzenden Löwen ruht, links ist eine Frauengestalt zu erkennen. Die beiden Wappenlöwen neben dem mittleren Rundfenster erwiesen sich als Übermalung. Der

6. Schloß Neuburg an der Donau, Nordflügel: »Rittersaal«,
Deckengemälde in der östlichen Fensternische der Nordseite.

rechte Löwe überdeckte eine Frauen-
oder eine Männergestalt, der linke
eine Charitas. In der westlichen Nische der Nordseite traten nach Abnahme der Vermauerungen, die
1939[41] wegen des Einbaues eines
Speiseaufzuges vorgesetzt wurden,
eine Frau mit einer Säule (rechts,
Abb. 7) und ein Frauenkopf zutage.

Die Frau mit dem Löwen könnte
eine Allegorie der Stärke sein. Die
Frau mit der Säule dürfte in Überein-
stimmung mit der zeitgenössischen
Graphik, z.B. Burgkmaiers und So-

7. Schloß Neuburg an der Donau,
Nordflügel, »Rittersaal«, »Fortitudo«(?) in
der westlichen Fensternische der Nordseite,
Zustand während der Freilegung.

lis', eine Fortitudo darstellen. Allerdings müssen hier insofern Vorbehalte gemacht werden, als die Verwendung von Säule und/oder Löwe als Attribut der Fortitudo, die mit der »Stärke« identifiziert wird, nicht einheitlich ist[42]. Grundsätzlich könnte sie auch eine »Architektur« verkörpern (z.B. bei J. Amman)[43]. Hingegen wird man davon ausgehen können, daß die Frau mit den beiden Kindern eine Charitas darstellt.

Südlich neben dem Saaleingang sind unter einem Bogen Hofnarr und -Dame dargestellt[44]. An der anschließenden Südwand könnte ein Dudelsackpfeifer abgebildet gewesen sein[45].

ZERSTÖRT ODER NICHT FERTIG – DATIERUNG UND ZUSCHREIBUNG

Die südöstliche Saalecke macht den Eindruck, als habe man 1546, während der Plünderung des Schlosses die Gemälde »aus den Wänden gehauen und gebrochen[46]. Tatsächlich ist der Sachverhalt in der Südostecke des Saales, dort wo ursprünglich der Ofen stand, ein umgekehrter. Das Gemäldefragment, das ev. als Darstellung eines Dudelsackpfeifers zu bestimmen ist, stellt eine frühe Ausbesserung dar, auf der sich die Malerei erhalten hat. An der Einnahme Neuburgs im Jahre 1546 als einem terminus ante kann grundsätzlich nicht mehr festgehalten werden.

Stilistisch und motivisch lassen sich Dame und Narr mit den Jörg Breu d.J. zuzuschreibenden Wandgemälde in Schloß Grünau vergleichen, insbesondere mit der Ausmalung der »Brunftstube« und der »Flohstube«[47], scheinen aber auf den ersten Blick nicht mit der Scheinvertäfelung zusammenzupassen. Denkbar ist, daß wegen des Ofens in der Südostecke des Saales auf die Vertäfelung verzichtet wurde. Andererseits verbindet das Motiv der Illusion die Wandgemälde in Grünau und Neuburg: In der »Flohstube« scheint der Raum durch das Wandgemälde erweitert, die Wand durch ein illusionistisches Fenster geöffnet.

Ebenso wird man wegen der engen Zusammenhänge zwischen dem Hofnarrenbild und der Ausmalung von Schloß Grünau, wegen Übereinstimmungen zwischen dem Rittersaal des Schlosses Goldegg (nach 1536)[48] und der »gemalten Stube« des Neuburger Schlosses und der Einheitlichkeit des Konzeptes, an einer Datierung »ab 1537« festhalten müssen. Auch ist die Zuschreibung des Hofnarrenbildes an Jörg Breu d. J. nicht anzuzweifeln.

Die Beurteilung der Wandgemälde im »Rittersaal« wäre einfacher, wenn das Motiv des Narren, das zudem im 15. und 16. Jahrhundert in der Gestalt des Hofnarren ein sehr beliebtes war[49], in der Ritterstube« singulär wäre. Es taucht nochmals am Gewölbe der östlichen Fensternische der Nordseite in Gestalt des Strebkatzenspiels[50] auf. Der Maler läßt das Spiel zwei Narren spielen, denen er einen Eselskopf beigibt. Hans Bocksberger d. Ä. benutzte das Motiv 1542 im »Kindlfries« des Italienischen Saals der Landshuter Stadtresidenz als Kinderspiel. Im »Rittersaal« des Schlosses Goldegg taucht es als

»Landsknechtsliebe«[51] auf. Die Beschreibung, die Graßegger von den Gemälden in den Fensterlaibungen gibt (s. u.), könnte ebensogut eine solche der Lucretia im »Rittersaal« des Schlosses Goldegg sein, die bereits einem Mitglied der Familie Bocksberger zugeschrieben worden ist.

Ob aber Bocksberger den gesamten Saal ausgemalt hat, erscheint zweifelhaft. Da einerseits Zusammenhänge zwischen den Jagdbildern des Goldegger Rittersaales und des Landshuter Kapellenganges bestehen[52], dessen Ausmalung quellenmäßig für Hans Bocksberger d. Ä. belegt ist, und andererseits Zusammenhänge zwischen den Ornamenten und der »Strebkatz« im Neuburger »Rittersaal« bestehen[53], muß man an eine Beteiligung Bocksbergers an der Ausmalung des Neuburger »Rittersaales« oder an eine Zusammenarbeit Jörg Breus d. J. und Hans Bocksbergers d. Ä. denken. Wahrscheinlich wird man davon auszugehen haben, daß das Konzept für die Ausstattung der gemalten Stube noch während der Arbeiten geändert, aber bis 1544 oder 1546 nicht fertiggestellt wurde. Als Zeitpunkt der Änderung bietet sich 1538 oder unmittelbar danach an. Der Einbau des – wie Portalgestelle im Westflügel – 1538 datierten Portals war mit Schwierigkeiten verbunden. Diese ergaben sich insbesondere gangseitig im Anschlußbereich Saal- und Gangwand. Die Wandgemälde unmittelbar über und nördlich des Portals hingegen setzen letzteres bereits voraus.

Die Herkulesdarstellung im ehm. südlichen Fenster der Westwand ist ohne die in den anderen Laibungen erhaltene Rahmung ausgeführt. Vielleicht ist dieses Bild ein Indiz dafür, daß die Arbeit, ev. durch den Bankrott Ottheinrichs (1544) oder die Einnahme Neuburgs durch Karl V. (1546) unterbrochen und erst nach der Wiedereinsetzung Ottheinrichs in seine Rechte nach dem Passauer Vertrag (1552) fortgeführt wurden.

Ein gewisses Problem stellt die Vertäfelung dar. Gemäß der Signatur, ist sie ein Werk des Hans Pihel. Andere Schreibweisen des Namens sind Biebel oder Biebler[54]. Stilistisch ist sie in die 1530/40er Jahre zu datieren. Eine zweite Vertäfelung von Pichel, zu der sich ein signierter Entwurf[55] erhalten hat, zeigt den Klassizismus, der immer wieder an Werken aus dem Umkreis Philipp Ludwigs zu beobachten ist. Zwischen den beiden Vertäfelungen Pihels im Neuburger Schloß lägen somit rd. 40 Jahre: Wurde die Vertäfelung des sog. Rittersaales – wie beispielsweise auch die Sgraffitofassade – erst nach Ottheinrichs Tod fertiggestellt oder sollten wir es mit einem Früh- und einem Spätwerk des Meisters zu tun haben?

IN DER LUFT EINE HEIDNISCHE GOTTHEIT – DIE VERLORENEN GEMÄLDE

Graßegger konnte »schwer erraten, was die Oelgemälde, deren es 13 waren, wovon aber nur mehr 9 übrig sind, eigentlich vorstellen sollen.

Auf einem sieht man einen Pabst mit seinen Cardinälen abgebildet, der einem vor sich knienden polnischen oder ungarischen Fürsten eine Krone überreicht; auf einem anderen theilen im Vordergrunde rechts Mönche Almosen aus, links wird ein Stier niedergeschlagen, etwas zurück sitzt ein alter Mann auf einem Stuhle; hinter ihm befindet sich ein Schöpfbrunnen und derneben auf einer Seite ein Reiter, dessen Pferd von einem Fußgänger am Schweif gehalten wird, auf der anderen Seite ein Haus, vor welchem mehrere Menschen arbeiten; auf einem dritten zeigen sich mehrere bewaffnete Reiter, welche Reisende zu überfallen scheinen; – auf dem vierten sind körperliche Uebungen, Ringen und ein Zweikampf vorgestellt; – auf dem fünften beschäftigt man sich, wie es scheint, mit Astronomie; – auf dem sechsten unterhält man sich mit Musik und Tanz etc.

Auf mehren dieser Stücke wird oben in der Luft eine heidnische Gottheit wahrgenommen, die in einem Wagen fährt, z. B. Jupiter, Saturn u. von verschiedenen Thieren gezogen. Ob man wohl durch diese Gottheiten nicht die damals bekannten 7 Planeten, und durch diese Gemälde selbst die 7 freien Künste andeuten wollte?

Die größten und auch kenntlichsten von diesen Bildern sind rechter Hand beim Haupteingang in den Saal. Es sind zwei zusammengefügte Gemälde, welche mit einander eine Länge von 30 Fuß haben, und den Raub der Helena und die Eroberung von Troja vorstellen«.

Diese beiden Gemälde hätten nördlich an der Eingangswand tatsächlich Platz gefunden, da die Mauer zwischen Portal und Nordwand rd. 9m mißt. Eine gewisse Vorstellung vom Verlust der Trojagemälde können vielleicht Gerungs Gemälde Geschichte des Paris und Zerstörung Trojas oder das, nur fotografisch überlieferte, Wandgemälde Jörg Breus d. J. mit Szenen aus der römischen Geschichte (1544; Augsburg, Haus Annastraße 2) vermitteln[56]. Das Troja-Thema war im Neuburger Schloß nochmals vorhanden. Das Schloßinventar von 1668 verzeichnet u. a. »Zehn grosse Stuckh Tappezerey von Troia«. ferner »Ein stückh türkhische Tapezerey von Troia«[57].

Angesichts der Tatsache, daß Pfalzgraf Ottheinrich ein Enkel der Hedwig von Polen, der Gemahlin Herzog Georgs d. Reichen von Landshut war, wird es sich wahrscheinlich um die Krönung eines polnischen Königs gehandelt haben. Die Beschreibung dieses Gemäldes stimmt auffallend mit einem in schweizerischem Privatbesitz befindlichen, nach dem Vorbild von Georg Pencz geschaffenen Wirkteppich »Jupiter und seine Kinder« aus Ottheinrichs Besitz überein, dessen Maße dem Verf. leider nicht bekannt sind.

Graßeggers Vermutung, ein Teil der Gemälde könnte die Planeten darstellen, trifft vermutlich zu. Seine Mitteilungen lesen sich z. T. wie eine Beschreibung der Sieben Planeten und ihr Einfluß auf die Planetenkinder von Pencz[58]. Die Vorstellung vom Einfluß der Planeten auf Charakter und Schicksal war während des 16. Jahrhunderts[59] eine geläufige. Ottheinrich selbst fühlte sich als Venuskind[60]. Als Illustration hierfür sei auf das Relief des Parisurteils von Thomas Hering verwiesen[61]. Das Schloßinventar von 1668 nennt neben der Serie von Troja-Teppichen einen »Baldagin von golt und zweyerley Farben, darin daß bayrisch Wappen, undt ein Historie von einem Ritter, darbey 3 frauenbilder stehen samt dem ... stück ...«. Sehr wahrscheinlich handelte es sich um einen Baldachin aus Ottheinrichs Besitz mit der Darstellung des Parisurteils. Entsprechend sind auch die Planetendarstellungen an der Fassade des Ottheinrichbaues umgestellt, daß Venus in der Mittelachse über der Charitas und dem Porträtmedaillon des Bauherren zustehen kommt[62]. Zumindest die Charitas ist im »Rittersaal« am Mittelfenster der Nordseite dargestellt.

Auch die Überlegungen Graßeggers bezüglich der Gemälde in den Fensterlaibungen dürften zutreffen: »Die Gemälde ober dem Getäfel in den Fenster-Vertiefungen, gleichfalls in schwarzen Rahmen gefaßt, enthalten auf hellblauem Grunde Abbildungen von merkwürdigen Personen aus dem alten Testamente, welche in mehr als gewöhnlicher Lebensgröße, doch nur zur Hälfte und in den sonderbarsten Costümen vorgestellt und zur Seite mit ihrem Namen bezeichnet sind. Man findet hier den König David, Assa, Josaphat, die Heerführer Josua, Gedeon, Jephte, – die Jahel, die Judith etc.«

Unterstellt man, daß in allen Fensternischen je zwei Helden und Heldinnen des Alten Testaments dargestellt waren, so überlieft Graßegger exakt die Hälfte der Namen, d.h. 8 von 16, resp. 4 von 8 Fenstern. Ob die restlichen 8 Gestalten gleichfalls dem Alten Testament entnommen waren oder der Antike, muß, solange die Gemälde nicht gefunden oder identifiziert sind, dahingestellt bleiben. Falls Graßegger die Hälfte überliefert haben sollte, dann hatten die biblischen Gestalten wohl an der Nordseite ihren Platz, da zum einen hier die Josephs-Szene dargestellt ist, zum anderen die beiden erhalten Glasgemälde vermutlich bis 1868 hier eingebaut waren.

Folgt man Graßeggers Überlieferung, so waren im »Rittersaal« Planeten und ihr Einfluß auf die menschlichen Tätigkeiten und Berühmte Männer und Frauen des Alten Testaments (und der heidnischen Antike?) dargestellt. Offenbar wurde aber bei den Folgen, seien es Taten des Herkules, die Tugenden oder die Huomini Famosi, auf die kanonischen Zahlen verzichtet[63]. Die Anzahl z.B. der Wappen und der Imperatorenmedaillons werden nochmals erhöht durch entsprechende Reliefs an den Kapitellen der Vertäfelung und den Konsolen der Saaldecke.

Hofnarr und -dame scheinen die derb-frivohle Thematik des Jagdschlosses Grünau fortzusetzen. Im Zusammenhange des »Rittersaales« möchte man den Narren eher als Hinweis auf die Vanitas verstehen[64], in Verbindung mit den (moralisierenden), Tugendprogrammen (?) eher als Wissenden und Warner[65]. Nicht auszuschließen ist ein religiöser Hintergedanke. Der Narr galt im Mittelalter als außerhalb der göttlichen Ordnung stehend, der Gott leugnet und die Menschen zur Sünde verführt[66]. Im »Rittersaal« wird den beiden, das Strebkatzziehen spielenden Narren, ein Eselskopf beigegeben. Auf einem Holzschnitt von Urs Graf »Die Lutherisch Sterbkatz« erscheint das Spiel gleichfalls[67]. Narr und Esel waren während der Reformation von beiden Seiten beliebte Schimpfwörter[68].

Trotz aller Unsicherheit aufgrund der lückenhaften Überlieferung und des reduzierten Bestandes lassen sich die Grundgedanken des Programms erkennen. Es sind einmal Planetendarstellungen und ihr Einfluß auf den Menschen zusammen mit Monatsdarstellungen und/oder Darstellungen der freien Künste, berühmte Männer und Frauen des Alten Testaments, Tugendallegorien einschließlich des Tugendhelden Herkules und moralisierende Darstellungen. Hierzu sind auch die Fabeln zu rechnen, deren moralische Aussage z.B. auch Luther sehr schätzte. Ottheinrich zögerte nicht, sich und seine Familie beginnend mit den Großeltern in den Zusammenhang mit den Huomini Famosi und antike Imperatoren zu stellen.

Diese Zusammenstellung von Bestimmung, Tugend und Familie-Abstammung und Tugend (=Virtus) scheint bezeichnend zu sein und ist wohl unter dem Gesichtspunkt der vorenthaltenen Kurwürde Ottheinrichs zu sehen[69].

Vermutlich wird man davon ausgehen können, daß in der »gemalten Stube« des Neuburger Schlosses kein kanonisches Programm verwirklicht wurde, wie nur geringfügig später in den Räumen der Stadtresidenz Landshut[70]. Auch scheint zweifelhaft, daß für den gesamten Bau ein maßgebendes, sich über alle Räume erstreckendes Programm bestand. Mit allen erdenklichen Vorbehalten könnte das Thema »Venus(kind)« der sich durchziehende Gedanke sein. Dafür spricht auch der Einbau des Bades im Nordlfügel: Auf Darstellungen der Venuskinder oder des Planeten Venus und der Venuskinder finden sich regelmäßig Badeszenen[71].

Weiterhin gibt es keine Hinweise auf einen Urheber des Programms. In Neuburg käme dafür einzig Ottheinrichs Rentschreiber Hans Kilian[72] in Frage, der die erste Druckerei in Neuburg einrichtete und bei dem Paracelsus seine Schriften hinterlegte[73]. Von einer Einflußnahme Ottheinrichs ist auszugehen.

DER STOLZ DER BAYERISCHEN SCHLÖSSERVERWALTUNG?

Die Wände der »gemalten Stuben« waren bis 1868 durch die Vertäfelung, die hölzerne wie die gemalte, und die Leinwandgemälde verkleidet, d.h. sie waren als aesthetisch eigenwertige, repräsentative Schauwand dargestellt[74]. Der Verlust der Gemälde i.J. 1868 stellt eine reizvolle Aufgabe innerhalb des Wiederherstellungskonzeptes der »Ritterstube« dar. Man kann nur hoffen, daß Graßeggers Wunsch in Erfüllung geht: »Würde dieses nur in etwas wieder ausgebessert und ersetzt, es wäre dieser Rittersaal eines der schönsten und seltensten Denkmäler des Alterthums, die Bewunderung der Fremden und der Stolz der Einheimischen«.

ANMERKUNGEN

1 Druffel, August von: Des Vigilius van Zwicken Tagebuch des schmalkadischen Donaukrieges, München 1877. – Pölnitz, Götz von: Die Fugger; Tübingen 1970, 225

2 Seitz, Reinhard H.: Staats- und Klostergutsverkäufe zur Tilgung der pfalz-neuburgischen Landesschulden in den Jahren 1544-1557; Neuburger Kollektaneenblatt 133, 1980, S. 61-79.

3 Die Veröffentlichung des Grabungsergebnisse durch T. Mittelstraß steht noch aus.

4 Zusammengefaßt bei Kaeß, Friedrich und Seitz, Reinhard H.: Das Schloß Neuburg an der Donau. Der Bauzustand um 1550 und die späteren Veränderungen. Aus Anlaß der Eröffnung des Schloßmuseums Neuburg an der Donau hg. vom Heimatverein – Historischen Verein Neuburg a. d. Donau; Neuburg a. d. Donau 1987. Stierhof Horst H. und Haller Petra: Schloßmuseum Neuburg an der Donau (amtlicher Führer); München 1991, S. 5ff

5 W.v

6 Kaeß/Seitz, 1987, S. 10

7 Freundlicher Hinweis von R. H. Seitz und J.H. Biller

8 Kaeß/Seitz, 1987, S. 12. Das Dach weist hofseitig 2, donauseitig 3 Zwerchhäuser auf

9 Historischer Verein Neuburg a.d. Donau

10 Zimmer, Jürgen: Hofkirche und Rathaus in Neuburg a. d. Donau. Neuburger Kollektaneenblatt 123, 1971, S. 45. Seitz, Reinhard H. und Lidel, Albert: Die Hofkirche Unserer Lieben Frau zu Neuburg an der Donau; Weißenhorn 1983, S. 41f

11 Horn, Adam und Meyer Werner: Die Kunstdenkmäler von Schwaben V. Stadt- und Landkreis Neuburg an der Donau; München 1958, S. 247

12 Stierhof, Horst H.: Eine Allegorie der Beständigkeit von Jörg Breu d. J. in Schlosse zu Neuburg an der Donau; Ars Bavarica 7, 1977, 39-42

13 Maße und Angaben z. Technik und Befund werden den Restauratorinnen G. Zobl und Y. Erb verdankt. Ihnen ist auch für zahlreiche Gespräche in der »Silberkammer« zu danken.

14 Die Familie des Hoftapezieres hat nachweislich Mobiliar von Pfalzgräfin Amalie bzw. aus ihrer Hinterlassenschaft erhalten (vgl. Stierhof, Horst H.: Zweibrücken und Neuburg. In: Das Herzogtum Pfalz-Zweibrücken und die Französische Revolution; hg. von Wilhelm Weber, Mainz 1989, 65-70.
Die Rettung des Becken ist Matthias Schieber, dem Vorsitzenden des Historischen Vereins Neuburg und Kreisheimatpfleger zu danken.

15 BHStA, PLS 3580

16 Fitzek, Roman: Die Geschichte der Wasserversorgung der Stadt Neuburg a. d. Donau und der Hofwasserleitung vom 16. bis ins 19. Jahrhundert. In: 100 Jahre städtische Wasserversorgung in Neuburg a. d. Donau, herausgegeben von den Stadtwerken Neuburg a. d. Donau, Neuburg an der Donau 1990, S. 67ff

17 Horn/Meyer, S. 172f

18 Fitzek, 1990, S. 65

19 Fitzek, 1990, S. 66

20 Horn/Meyer, S. 177

21 Reitzenstein, Alexander von: Ottheinrich von der Pfalz; Bremen 1939, S. 132ff

22 vgl. Kiby, Ulrika: Bäder und Badekultur in Orient und Okzident. Antike bis Spätbarock; Köln 1995, S. 116. Vgl. auch Arnold, Susanne: Baden und Badewesen im Mittelalter; Denkmalpflege in Baden-Württemberg 25, 1996, 23-29

23 Kiby, 1995, S. 223

24 Kiby, 1995, S. 222f

25 Hartmann, Ulrich: Der sogenannte Küchenbau. In: Der Italienische Bau – Materialien und Untersuchungen zur Stadtresidenz Landshut. Herausgegeben von Gerhard Hojer, München und Landshut 1994, 137-152.
Erstaunlich erscheint, daß angesichts der engen Beziehungen zwischen dem Italienischen Bau und dem Palazzo del Te nicht von Anfang an ein Bad vorgesehen war. Es erscheint denkbar, daß dieses analog zum Pal del Te in den Mezzaninräumen im Südteil des italienischen Baues war.

26 Kiby, 1995, S. 223 (Kiby datiert das Bad 1580-90). Die Arbeiten am Italienischen Anbau begannen n. Baader 1573 (Baader, Berndt Ph.: Der bayerische Renaissancehof Herzog Wilhelms V. (1568-1579); Leipzig Straßburg 1943, S. 278)

27 Graßegger, J. B.: Der alte Rittersaal in der Residenz zu Neuburg. Wochenblatt der Stadt Neuburg 8. Jan. 1827, nachgedruckt im Collektaneen-Blatt für die Geschichte Bayerns (=Neuburger Kollektaneenblatt) 39, 1875, 52-56

28 Bayerische Verwaltung der staatlichen Schlösser, Gärten u. Seen, Abt. III. Hausinventar des Königlichen Schloßgebäudes in Neuburg a. D.

29 Historischer Verein Neuburg an der Donau,

30 Horn/Meyer, 1958, 249. Reindl, Peter: Loy Hering. Zur Rezeption der Renaissance in Süddeutschland; Basel 1977, D 15, S. 452f

31 Mit der Anfertigung der Kopie wurde S. Roser/Regensburg betraut

32 Historischer Verein Neuburg an der Donau, Kat. Ausstellung »475 Jahre Fürstentum Pfalz-Neuburg«, herausgeg. von Max Oppel und Horst H. Stierhof, München 1980, Nr. 24

33 Horn/Meyer, 1958, S. 190f, 248

34 Bayerische Verwaltung der Staatlichen Schlösser, Gärten und Seen, Abt. IV. Baumgartner, Georg: Der Königlich-Bayerische Hausritterorden vom Heiligen Georg, München 1979, Kat. Nr. 84. Kat. Ausst. »475 Jahre Fürstentum Pfalz-Neuburg«, Kat. Nr. 29

35 Horn/Meyer, 1958, S. 248

36 Den Restauratoren E. Groß und R. Schuwerkh wird herzlich für die eingehenden Gespräche über die Befunde gedankt.

37 Stierhof, 1972, S. 15. Die Wandgemälde wurden 1910 (wieder)entdeckt.

38 Frdl. Hinweis von R. Schuwerkh

39 Frdl. Hinweis von R. Schuwerkh. Die Strebkatzen ziehen, mit einem Strangkatzen ziehen: Nach Schmeller in Zwietracht mit jemandem Leben. Kommt vermutlich von einem mittelalterlichen Spiele her (Schmeller, J. Andreas: Bayerisches Wörterbuch, Bd. II, Stuttgart und Tübingen 1928, s. 345; frdl. Hinweis Dr. A. Huber, München)

40 Binder, Wilhelm: Die Äsopischen Fabeln; Berlin-Schönesberg N. 1855. – Könneker, Barbara: Die Rezeption der aesopischen Fabeln in der deutschen Literatur des Mittelalters und der frühen Neuzeit. In: Die Rezeption der Antike, hg. von August Buck, Hamburg 1981, S. 209-224. – Dithmar, Reinhard:; Luthers Fabeln und Sprichwörter; Darmstadt 1995

41 Beim Abbruch wurde eine Liste der beteiligten Maurer Gefunden. Frdl. Hinweis von S. Meier und H. Eberle, Staatliche Schloßverwaltung Neuburg an der Donau

42 Kat. Burgkmaier. O'Dell-Franke, Ilse: Kupferstiche und Radierungen aus der Werkstatt des Virgil Solis, Wiesbaden 1977

43 Werner, Alfred: 293 Renaissance Woodcuts for Artists and Illustrators – Jost Amman's Kunstbüchlein; New York 1968, Taf. 69

44 Stierhof, 1972, S. 16

45 Frd. Hinweis Fr. Gille und Herr Schuwerkh

46 Stierhof, 1972, S. 15

47 Schloß Grünau, Flohstube, Prunftstüblein. Horn/Meyer, 1958, S. Burmeister, Enno: Jagdschloß Grünau; Neuburger Kollektaneenblatt 41ff. – Bernrieder, Monika: Die Wandmalereien im Jagdschloß Grünau unter Ottheinrich; Magisterarbei, München 1990 (Manuskript)

48 Zaisberger, Friederike: Der Rittersaal im Schloß Goldegg; Salzburg 1981, s. 28. Fuhrman hat die Ausmalung einem Mitglied der Fam. Bocksberger zugeschrieben (Fuhrmann, Franz: Salzburger Kunststätten, hg. von Walter Frodl, Klagenfurt-Wien 1956, S. 80

49 Metzger, Werner: Hofnarren im Mittelalter, Konstanz 1981, S. 7

50 s. Anm. 39

51 Zaisberger, 1981, S. 77

52 Zaisberger, 1981, S. Stierhof, Horst H.:Hans Bocksberger d. Ä. in Neuburg und Landshut – Versuch einer Bestandsaufnahme. In: Der Italienische Bau – Materialien und Untersuchungen zur Stadtresidenz Landshut. Herausgegeben von Gerhard Hojer, München und Landshut 1994, S. 204ff

53 Stierhof, 1994, S. 206ff

54 Horn, Meyer, S. 845

55 München, Geheimes Hausarchiv, Pfalz-Neuburgische Akten 2544/4
Eine vergleichbare Vertäfelung auf dem Ganzfigurenporträt des Pfalzgrafen Wolfgang, Schloß Berchtesgaden, dargestellt (WAF B Ia 63)

56 Eichler, Anja Franziska: Mathis Gerung (um 1500 – 1570). Die Gemälde; Frankfurt am Main 1993, S. 27ff. – Löcher, Kurt: Malerein in Augsburg 1530-1550. In: Welt im Umbruch. Augsburg zwischen Renaissance und Barock, Bd. II. Herausgegeben von , Augsburg 1980, 23-30

57 München, Geheimes Hausarchiv; Pfälzer und Pfalz-Neuburger Akten Nr. 2691. Inventar des Schlosses Neuburg an der Donau Schloßinventar 1668.
Zum Parisurteil s. El-Himoud-Sperlich, Inge: Das Urteil des Paris. Studien zur Bildtradition des Themas im 16. Jahrhundert; Phil. Diss. München 1977

58 Meister um Albrecht Dürer, Ausstellungskatalog, Nürnberg 1961 (=Anzeiger des Germanischen Nationalmuseums Nürnberg 1960/61), Kat. Nr. 285

59 Hauber, A.: Planetenkinder und Sternbilder. Zur Geschichte es menschlichen Glaubens und Irrens. Straßburg 1916, 230f. Ferner: Seznec, Jean: Das Fortleben der antiken Götter. Die mythologische Tradition im Humanismus und in der Kunst der Renaissance; München 1990, 38ff

60 Hartlaub, G. F.: Zur Symbolik des Skulpturenschmuckes am Ottheinrichsbau; Wallraf-Richarts-Jahrbuch 16, 1952, 174ff

61 Reindl, 1977, C1, S. 419ff. Die Bedenken Reindls bezüglich der Identifizierung mit Ottheinrich kann Verf. nicht teilen.

62 Hartlaub, 1952, 174ff

63 Vgl. Bulst, Wolfger A.: Der »Italienische Saal« der Landshuter Stadtresidenz und sein Darstellungsprogramm; Münchner Jahrbuch der bildenen Kunst 3.F. Bd. 26, 1975, S. 123-176. Ferner: Wyss. Robert L.: Die neun Helden. Eine ikonographische Studie; Zeitschrift für schweizerische Archäologie und Kunstgeschichte 17, 1957, 73-106
Im Italienischen Bau der Stadtresidenz Landshut scheint selbst Zahl der ausgemalten Räume auf 12 festgelegt zu sein.

64 Metzger, 1981, S. 35ff

65 Metzger, 1981, S. 45ff

66 Metzger, 1981, S. 15ff

67 Frdl. Hinweis R. Schuwerkh

68 Schimpfwörter des Reformationszeitalters

69 Zu Virtus als Legitimation vgl.: Müller, Jan-Dirk: Der siegreiche Fürst im Entwurf des Gelehrten. Zu den Anfängen eines höfischen Humanismus in Heidelberg. In: Höfischer Humanismus, hg. von A. Buck, Weinheim 1989, S. 31ff. – Schmitt, Annegrit: Der Einfluß des Humanismus auf die Bildprogramme fürstlicher Residenzen. In: Höfischer Humanismus, herausgegeben von August Buck, Weinheim 1989, 215-257

70 Kronthaler, Helmut: Die Ausstattung der Landshuter Stadtresidenz unter Herzog Ludwig X. 1536 – 1543; München 1987. – Spitzelberger, Georg: Der geistesgeschichtliche Hintergrund der Bildausstattung in der Landshuter Stadtresidenz; In: Der Italienische Bau – Materialien und Untersuchungen zur Stadtresidenz Landshut. Hg. von Gerhard Hojer, München und Landshut 1994, S. 153-171

71 vgl. Hauber, 1916

72 Seitz, Reinhard H.: Hans Kilian – erster Buchdrucker zu Neuburg an der Donau – und seine Malernachkommen Mang und Philipp Kilian. In: Hans Kilian – Buchdrucker im Dienste Ottheinrichs und der Reformation; Schrobenhausen 1994, S. 18ff

73 Kerscher, Hans: Neuburg an der Donau und Paracelsus, Neuburger Kollektaneenblatt 136, 1984, 25-54

74 vgl. Gebeßler, August: Der profane Saal des 16. Jahrhunderts in Süddeutschland und den Alpenländern; Phil. Diss., München 1957, S. 54ff

LORENZ SEELIG

Zwei Prunkwaffen Kurfürst Karl Albrechts aus der Gewehrkammer der Münchner Residenz

Prunkwaffen bildeten einst ein prominentes Element fürstlichen Kunstbesitzes. Aufwendig gearbeitete Rüstungen, Degen oder Gewehre galten als bevorzugte Gaben im Rahmen des regen Geschenkaustausches zwischen den Höfen.[1] Unter den bedeutenden Gewehrkammern, die durch Erwerbungen wie durch Präsente konstituiert und erweitert wurden, ist auch die der Wittelsbacher zu nennen, die über Jahrhunderte in der Münchner Residenz beheimatet war. Erst kurz vor dem Ende der Monarchie, im Jahr 1913, wurden vom Obersthofmeisterstab sämtliche Feuer- und Blankwaffen sowie Jagdaccessoires dem Bayerischen Nationalmuseum zur angemessenen Ausstattung des Jagdsaals überwiesen[2] (allein die orientalischen Waffen gelangten in das nachmalige Staatliche Museum für Völkerkunde). Da es sich hier um einen historischen Komplex – ähnlich etwa wie die Schatzkammer oder die Silberkammer der Münchner Residenz – handelt, konnte die im Bayerischen Nationalmuseum verwahrte Gewehrsammlung nicht beliebig vergrößert, sondern nur behutsam durch einzelne Ankäufe ergänzt werden. Vorrangiges Ziel war es, insbesondere solche Stücke zurückzuerwerben, die sich früher in der Gewehrkammer der Münchner Residenz befunden hatten.

Im Jahr 1990 nun gelang der Ankauf einer Prunkbüchse,[3] die das Gegenstück zu einer 1913 aus der königlichen Gewehrkammer in das Bayerische Nationalmuseum gelangten Feuerwaffe darstellt (Abb. 1 und 2).[4] Die jetzt erworbene Steinschloßbüchse, die offensichtlich schon sehr früh der Münchner Gewehrkammer entfremdet worden war, tauchte im 19. Jahrhundert in England auf. Das 1862 im South Kensington Museum (dem nachmaligen Victoria and Albert Museum) ausgestellte Gewehr[5] wurde 1888 aus der hochbedeu-

1. Steinschloßbüchse mit Ziffer »1«, Gesamtansicht, Joseph Nies, Mindelheim, um 1735, Bayerisches Nationalmuseum, München

67

2. Steinschloßbüchse mit Ziffer »1«,
Gesamtansicht, Joseph Nies, Mindelheim, um 1735,
Bayerisches Nationalmuseum, München

tenden Sammlung Londesborough versteigert.[6] 1983 gelangte es erneut zur Versteigerung[7] und kam in Privatbesitz, bis das Bayerische Nationalmuseum 1990 die Büchse aus dem Münchner Kunsthandel zu erwerben vermochte.

Das nun zusammengeführte Paar, das auf dem Schwanzschraubenblatt die gravierten Ziffern »1« und »2« trägt, bildet ein im Umfang seines figürlichen Dekors ungewöhnliches Zeugnis der Herrscherikonographie, deren Bildelemente auf zwei ausgesprochenen Prunkwaffen zur Anwendung gelangen. Nicht zufällig beziehen sich die Darstellungen auf Kurfürst Karl Albrecht von Bayern, der – wohl entschiedener als jeder andere Regent der bayerischen Wittelsbacher – sich der propagandistischen Darstellung seiner Person wie seiner Dynastie annahm.[8] Gerhard Hojer hat dies mit der Analyse des Programms der Reichen Zimmer der Münchner Residenz unter Beweis gestellt.[9] So mag der Kurfürst auch für Objekte mit entsprechender Thematik, die ihm möglicherweise als Präsente dargebracht wurden, besonders empfänglich gewesen sein. Überdies war Karl Albrecht – gleich seiner Gemahlin Maria Amalia – ein leidenschaftlicher Jäger, wie in der Monographie Gerhard Hojers über die Amalienburg des Nymphenburger Parks dargelegt worden ist.[10]

Das etwa um 1735 anzusetzende Gewehrpaar geht auf den wohl 1688 in Innsbruck geborenen, späterhin in Mindelheim tätigen und dort 1767 verstorbenen Büchsenmacher Joseph Nies zurück;[11] bislang sind 19 signierte Arbeiten etwa aus dem Zeitraum zwischen 1730 und 1760 bekannt,[12] die aus dem Besitz der bayerischen Kurfürsten Karl Albrecht und Max III. Joseph stammen, aber auch auf die Gewehrkammern der Fürsten von Thurn und Taxis[13] wie der Reichsäbte von Ottobeuren zurückgehen. Joseph Nies zählt zu jenen

3. Steinschloßbüchse mit Ziffer »1«, hinteres Laufende und Schaftansatz von oben,
Joseph Nies, Mindelheim, um 1735, Bayerisches Nationalmuseum, München

vorwiegend für die Höfe tätigen Büchsenmachern, die nicht manufakturmäßig arbeiteten, sondern stets nur verhältnismäßig wenige, doch höchst aufwendige Prunkwaffen individuellen Charakters in hoher handwerklicher Perfektion fertigten. Als stilistische Besonderheit des Mindelheimer Kunsthandwerkers kann die äußerst aufwendige Dekoration mit umfangreichen Bildprogrammen gelten. Im Gegensatz zu anderen Büchsenmachern wählt Nies bevorzugt figürliche oder gar szenische Darstellungen, denen sich die ornamentalen Elemente unterordnen. Die in Nies' späteren Lebensjahren entstandenen Gewehre, deren Programme sich etwa auf Kurfürst Max III. Joseph und dessen Gemahlin Maria Anna beziehen, zeigen vornehmlich gravierten Dekor. Dagegen ist bei den insbesondere für Kurfürst Karl Albrecht gefertigten Werken der Zierat überwiegend in vergoldetem, partiell auch versilbertem Messing ausgeführt, kombiniert mit geschnittenem Stahl und anderen Materialien, wie etwa Perlmutter. Im Zusammenklang mit der Nußholzschäftung wie mit der Bläuung des Laufes ergibt sich somit eine außerordentlich reiche Farbwirkung. Der höchst aufwendige Dekor erscheint insgesamt freilich recht schwerfällig – es fehlt die noble Eleganz des Zierats, die besonders die französischen Steinschloßgewehre der gleichen Jahrzehnte auszeichnet.

Wie es oft bei kunsthandwerklichen Arbeiten der Fall ist, greift Nies vor allem auf graphische Vorlagen zurück, die er den speziellen Gegebenheiten der Gattung der Handfeuerwaffen anpaßt. Im Hinblick auf das hier behandelte Gewehrpaar kann, als weitaus wichtigste Bildquelle, die 1718 von der Dillinger Jesuitenuniversität veröffentlichte Festschrift »Höchste Welt- und Krieges-Häupter« benannt werden,[14] die den fürstlichen Heerführern des 1716-1718 gegen die Türken geführten Feldzuges mit insgesamt zwölf Kupferstichtafeln huldigt (Abb. 14-20). Deren Radierungen führte Jakob Andreas Fridrich nach Entwürfen von Johann Georg Bergmüller und Melchior Steidl aus. 1719 dienten die gleichen Blätter zur Illustrierung der Dillinger These »Pallas sagata et togata, Hungariae servatrix, Serviae liberatrix«.[15] Speziell Bergmüller erwies hier sein Talent, »komplizierte … Aussagen über allegorische oder historische Einkleidung anschaulich zu machen«, wie Bruno Bushart formulierte.[16]

4. Steinschloßbüchse mit Ziffer »2«, hinteres Laufende und Schaftansatz von oben, Joseph Nies, Mindelheim, um 1735, Bayerisches Nationalmuseum, München

69

5. Steinschloßbüchse mit Ziffer »1«, Schaftansatz von oben, Joseph Nies, Mindelheim, um 1735, Bayerisches Nationalmuseum, München

Unter den auf den Kupferstichen Dargestellten findet sich auch Kurprinz Karl Albrecht (Abb. 15), der – zur Verbesserung der politischen Beziehungen zwischen Österreich und Bayern nach dem Ende des Spanischen Erbfolgekrieges – zusammen mit seinem jüngeren Bruder Ferdinand Maria Innozenz an der zur zweiten Eroberung Belgrads 1717 führenden Kampagne teilnahm.[17]

Am Beispiel des Münchner Gewehrpaares läßt sich exemplarisch die Vorgehensweise eines herausragenden Büchsenmachers des 18. Jahrhunderts erkennen. Dabei hat die Auszierung solcher Prunkwaffen überlieferte Konventionen zu beachten. Beispielsweise findet sich auf der Oberseite des Laufes und des Kolbenhalses – als dem gleichsam vornehmsten Platz in der Hierarchie der Dekoration – oft das Porträt oder das Monogramm desjenigen Fürsten, dem die Waffe gewidmet ist. Im Falle der Nies'schen Gewehre treten weitere Gestalten hinzu, die des Herrschers Bildnis oder Initialen in einen programmatischen Kontext einbeziehen.

Das Gewehr mit der Nummer »1« trägt oben auf dem Lauf (Abb. 3) – ausgeführt in Silber in Relieftauschierung – die Gestalt der Göttlichen Vorsehung, die auf Wolken über dem kurbayerischen Wappenschild thront; das auf das Wappen gerichtete Szepter der Divina Providentia wird von einem Schriftband umzogen, dessen Inschrift am Gewehr nicht zu entziffern ist. Hier kommt die graphische Vorlage zu Hilfe. Denn Nies' Figur geht auf das dem Augsburger Fürstbischof Alexander Sigismund aus dem Haus Pfalz-Neuburg gewidmete Blatt zurück, das am Beginn der Kupferstichfolge der »Höchste Welt- und Krieges-Häupter« steht (Abb. 14).[18] Die Radierung zeigt auf dem Schriftband die Inschrift: »Ego ducam et reducam Eum ad Te«,[19] die das Wirken der Göttlichen Vorsehung als bestimmender Macht verdeutlicht.[20] Ferner erweist der Vergleich, daß – gegenüber dem Stich – das Porträt des Fürstbischofs durch das kurbayerische Wappen ersetzt ist, während der

Putto statt des geistlichen Krummstabs das weltliche Schwert führt. Anstelle des zweiten Puttos findet sich nur ein geflügeltes Engelsköpfchen, das gleichsam als Stütze unter das Wappen gesetzt ist.

Das Pendant zur Göttlichen Vorsehung, die eine zentrale Rolle in der Ikonographie katholischer Fürsten[21] – namentlich bei den Habsburgern[22] wie bei den Wittelsbachern[23] – spielt, bildet auf dem mit der Ziffer »2« bezeichneten Gewehr die Gestalt der Muttergottes (Abb. 4). Die Figur Mariens verweist darauf, daß der bayerische Kurfürst, gleich dem gesamten Kurfürstentum, unter dem Schutz der Jungfrau als »Patrona Boiariae« steht. Das ebenfalls in Tauschierung ausgeführte Silberrelief folgt der Prägung des sog. Mariahilf-Gnadenbildes Lucas Cranachs des Älteren in der Innsbrucker Stadtpfarrkirche[24] – hier ist daran zu erinnern, daß Joseph Nies aus Innsbruck stammt. Das Innsbrucker Gnadenbild wurde in zahlreichen Kopien verbreitet, unter denen jene der Münchner Peterskirche insbesondere die Verehrung des Hauses Wittelsbach erfuhr.[25] Das Mariahilf-Gnadenbild, das Maria sitzend darstellt, vertritt den Typus der Halbfigur. So sah sich Nies gezwungen, für die ganzfigurige Darstellung der stehenden Muttergottes die untere Hälfte hinzuzuerfinden; die Gestalt ist hier deutlich schwächer gebildet.

Der Platz auf dem Lauf unterhalb der Göttlichen Vorsehung bzw. der Muttergottes ist dem vom Kurhut überfangenen Spiegelmonogramm CA des Kurfürsten zugewiesen. Seitlich wird das

6. Steinschloßbüchse mit Ziffer »1«, Kolbenkappe von oben, Joseph Nies, Mindelheim, um 1735, Bayerisches Nationalmuseum, München

Monogramm eingefaßt von kriegerischen Trophäen: europäischen Trophäen links (das heißt auf der heraldisch rechten und somit bevorzugten Seite) und türkischen Trophäen rechts. Solcher Dualismus prägt den gesamten Dekor der beiden Gewehre. Die beiden langgestreckten Felder zu seiten der Schwanzfeder, mit deren Hilfe der Stahllauf im Holzschaft befestigt wird, zeigen – kompositorisch geschickt eingefügt – die stehenden Gestalten der Pallas sagata und der Pallas togata mit den Attributen von Krieg und Frieden. Darunter ist die Gestalt der Fama plaziert, die den Ruhm des Kurfürsten verkündet.

Die Figuren der zweifachen Pallas wie auch der Fama sind wörtlich aus dem Blatt der »Höchste Welt- und Krieges-Häupter« übernommen, das Karl Albrecht gewidmet ist (Abb. 15).[26] Auf dem Stich erscheint die Ruhmesgöttin – mit der Inschrift »Assurgit in ausos patrios« – unmittelbar über dem Bildnis

*7. Steinschloßbüchse mit
Ziffer »1«, Kolbenwange,
Joseph Nies, Mindelheim,
um 1735, Bayerisches
Nationalmuseum, München*

des Kurprinzen. Auch auf dem Gewehr hat Fama oberhalb des unten zu be-
schreibenden Porträts des Kurfürsten Platz gefunden, doch in weniger direktem kompositorischem Bezug. Die Gestalten der einerseits mit dem Sagum,
dem Feldherrenmantel, und anderseits mit der Toga, dem Friedensgewand,
bekleideten Minerva[27] gehören zur Thematik des Doppelaspektes kriegerischen und friedlichen Wirkens des Herrschers,[28] die auch weitere Darstellungen der beiden Gewehre bestimmt.

Zuunterst findet sich auf dem Kolbenhals das Bildnis Karl Albrechts in
zwei unterschiedlichen Versionen. Die gesamte Rahmung beruht auf dem genannten Karl Albrecht-Blatt der »Höchste Welt- und Krieges-Häupter«:
Links hält die mit dem Kurhut versehene Gestalt der Bavaria das Bildnismedaillon des Herrschers; sie wird von einem Putto begleitet, der mit der erho-
benen Rechten den dem siegreichen Feldherrn geltenden Lorbeerkranz faßt.
Rechts erscheint ein weiterer Putto, der hier das Porträtmedaillon mit zu stützen scheint. Ikonographische Relevanz kommt den beiden Löwen zu, deren
Gestalten direkt auf das Karl Albrecht-Blatt zurückgehen. Der große Löwe
rechts, der den mächtigen Halbmond vernichtet, repräsentiert Kurfürst Max
Emanuel, der in den Jahren 1683-1688 gegen die Türken ins Feld gezogen
war. Auf den Löwenvater blickt ehrfürchtig der junge Löwe, der einen weit
weniger großen Halbmond ebenfalls mit der Pranke zerbricht. Auf dem Stich
wird die Beziehung zwischen Max Emanuel und Karl Albrecht zusätzlich
durch die Inschrift »Probat, quali sit origine natus« verdeutlicht (er erweist,
aus welchem Ursprung er geboren ist). Die Darstellung der zweimaligen Einnahme Belgrads – 1687 unter Mitwirkung Max Emanuels, 1717 im Beisein
Karl Albrechts – unterstreicht zudem die Parallelisierung zwischen Vater und
Sohn.[29] Das Löwengleichnis findet sich etwa auch auf einer 1716 datierten
Medaille Kurprinz Karl Albrechts.[30] Für die Sklaven lassen sich keine Vorbilder nachweisen.

8. *Steinschloßbüchse mit Ziffer »1«, Kolbenlade, Joseph Nies, Mindelheim, um 1735, Bayerisches Nationalmuseum, München*

Während die Rahmung des Bildnisses auf dem Werk »Höchste Welt- und Krieges-Häupter« basiert, entsprechen die beiden Porträts nicht dem Bildnis des Blattes. Dies verwundert nicht, da der 1718 ausgeführte Kupferstich Karl Albrecht als jugendlichen Kurprinzen vor Augen führt. Im Augenblick der Anfertigung der beiden Prunkgewehre befand sich Karl Albrecht dagegen bereits etwa im vierten Lebensjahrzehnt.

Das mit der Ziffer »1« versehene Gewehr stellt Kurfürst Karl Albrecht im Dreiviertelporträt nach links dar (Abb. 5). Zu vergleichen ist ein von dem Regensburger Stecher Andreas Geyer 1728 ausgeführtes Blatt.[31] Auch Porträtstiche von Bernhard Vogel[32] und Joseph Mörl nach Franz Joseph Winter[33] lassen sich zum Vergleich hinzuziehen. Das die Ziffer »2« tragende Pendant zeigt dagegen den Kurfürsten im Profil nach links (Abb. 4). Vergleichbar sind etwa Münzbildnisse der Jahre zwischen 1734 und 1740. Wohl erstmals 1734 macht sich im Münzporträt die scharfe Akzentuierung der Mundpartie und der stark gebogenen Nase bemerkbar.[34]

Die fürstlichen Bildnisse sowie die wichtigsten allegorischen Darstellungen, die zumeist in antikischem Modus gehalten sind, befinden sich somit in der Hauptachse auf der Oberseite der Gewehre. Dagegen wird der Schaft, der größere Flächen aufweist, für szenische Kompositionen in zeitgenössischem Gewand genutzt. Am Ende des Kolbens, an der sog. Kolbenkappe, findet sich ein Relief, das offensichtlich Karl Albrecht als Feldherrn mit zwei Offizieren zeigt (Abb. 6). Eine unmittelbare Vorlage aus dem Bereich der Darstellungen Karl Albrechts läßt sich nicht benennen. Doch kommt ein Kupferstich des Johann August Corvinus nach Sébastien Leclerc und Georg Philipp Rugendas d. Ä. in dem dem Spanischen Erbfolgekrieg gewidmeten Stichwerk »Repraesentatio Belli«, das wohl 1715 erstmals erschien, der Formulierung Joseph Nies' recht nahe.[35] Generell begegnet der Typus häufig in der Kunst Ludwigs XIV.; hier wird der Monarch stets als befehligender Feldherr vor Augen ge-

*9. Steinschloßbüchse mit Ziffer »1«,
Schloßgegenplatte, Joseph Nies,
Mindelheim, um 1735, Bayerisches
Nationalmuseum, München*

*10. Steinschloßbüchse mit Ziffer »1«,
Schloß und Schloßplatte, Joseph Nies,
Mindelheim, um 1735, Bayerisches
Nationalmuseum, München*

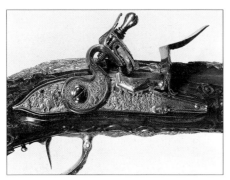

*11. Steinschloßbüchse mit Ziffer »2«,
Schloß und Schloßplatte, Joseph Nies,
Mindelheim, um 1735, Bayerisches
Nationalmuseum, München*

führt.[36] Der über der Bildkartusche befindliche kaiserliche Adler, der den Halbmond zerbricht, stimmt wörtlich mit dem entsprechenden Motiv des Blattes Kaiser Karls VI. in den »Höchste Welt- und Krieges-Häupter« überein (Abb. 16).[37]

Die Kolbenwange trägt eine ganz unterschiedlich konzipierte Darstellung des Kurfürsten. Technisch gesehen, handelt es sich um eine flache Silberplatte, da an der Stelle, wo der Kolben an die Wange des Schützen angelegt wird, kein stark erhabenes Relief appliziert werden kann. Die in den Kolben eingelassene Silberplatte (Abb. 7), die silhouettierend ausgeschnitten ist, zeigt in feiner Gravierung den Kurfürsten mit erhobenem Degen vor der von Osten her gesehenen Haupt- und Residenzstadt München.[38] Die als Quellnymphe gegebene Personifikation der Isar scheint Bewunderung für den Monarchen zum Ausdruck zu bringen, wie es oft für Flußgottdarstellungen gilt.[39] Der Kurfürst tritt hier wohl als Beschützer der Haupt- und Residenzstadt in Erscheinung, der der Kapitale des Kurfürstentums eine sichere und friedliche Existenz gewährt[40] (schon wenig später freilich, während der kurzen Kaiserjahre Karl Albrechts, sollte München den österreichischen Truppen preisgegeben werden). Gewöhnlich ist im Falle solcher Gravierungen auf Gewehrbeschlägen anzunehmen, daß es sich um die Leistung eines professionellen Stechers, nicht aber des Büchsenmachers selbst handelt. Da Nies aber vielleicht als Kupferstecher ausgebildet war[41] und auch andere Werke seiner Hand qua-

12. Steinschloßbüchse mit Ziffer »2«, Abzugbügel von unten, Joseph Nies, Mindelheim, um 1735, Bayerisches Nationalmuseum, München

litätvolle Gravierungen aufweisen, kann die in Silber gestochene Darstellung auf dem Prunkbüchsenpaar versuchsweise Nies zugeschrieben werden. Ikonographisch zu vergleichen ist ein von Johann Elias Ridinger geschaffenes Blatt, das gleichfalls Karl Albrecht mit gezücktem Degen vor der Stadt München zeigt;[42] nach Aussage der Legende ist das Blatt freilich schon nach der Erlangung der Kaiserkrone durch Karl Albrecht entstanden.

Unterhalb der gravierten Silberplatte finden sich zwei Löwen zu seiten einer Waffentrophäe mit einem europäischen Helm und zwei Turbanen; darunter werden vier türkische Sklaven mit deutlichen Gebärden des Erschreckens sichtbar. Diese hier auf zwei Ebenen aufgeteilte Darstellung variiert das bemerkenswerte Blatt mit dem Titel »Virorum Immortalitati« aus den »Höchste Welt- und Krieges-Häupter« (Abb. 17), das den im Türkenkrieg der Jahre 1716-1718 gefallenen hohen Offizieren gilt. Das Thema des »Ex Utroque Caesar« wird in der zwischen den vier Türkensklaven befindlichen Kartusche aufgegriffen, die das von Ölzweigen umzogene Schwert zwischen Palmzweigen zeigt. Das ölzweigumwundene Schwert bildet eine knappe Formulierung des kriegerischen und des friedlichen Aspektes der Herrschaft, wie sie vornehmlich in der Emblematik begegnet.[43] Das Motiv findet sich auch auf dem Blatt Prinz Manoels von Portugal in den »Höchste Welt- und Krieges-Häupter« (Abb. 18).[44] Ob Nies es von dort übernommen hat, muß offen bleiben.

13. Steinschloßbüchse mit Ziffer »2«, Kolbenende von unten, Joseph Nies, Mindelheim, um 1735, Bayerisches Nationalmuseum, München

14. Alexander Sigismund von Pfalz-Neu-
burg, Fürstbischof von Augsburg, Kupfer-
stich, Jakob Andreas Fridrich nach Johann
Georg Bergmüller, Augsburg, 1718, in:
»Höchste Welt- und Krieges-Häupter«,
Bayerische Staatsbibliothek, München

15. Kurprinz Karl Albrecht von Bayern,
Kupferstich, Jakob Andreas Fridrich,
Augsburg, 1718, in:
»Höchste Welt- und Krieges-Häupter«,
Bayerische Staatsbibliothek, München

Dementsprechend wird eine nicht unmittelbar militärische, sondern (nur scheinbar) friedliche Tätigkeit des Herrschers auf der Kolbenlade vorge-führt,[45] die sich auf der entgegengesetzten, der rechten Seite des Kolbens fin-det (Abb. 8). Der mit dem Kurhut gekrönte Kurfürst thront neben einem Tisch, auf dem ein Kruzifix steht. Vor dem Herrscher erscheinen vier vor-nehm gewandete Herren, deren vorderster – wohl einen Befehl entgegenneh-mend – sich verneigt. Der eigentliche Sinn der Szene wird erst durch den Ver-gleich mit der graphischen Vorlage faßbar: Das querrechteckige Feld des Blattes, das Karl VI. gewidmet ist (Abb. 16), zeigt – in sehr ähnlicher Darstel-lung – die Übergabe des Feldherrenstabes und damit des Oberbefehls durch den Kaiser an Prinz Eugen,[46] mit der eher auf Prinz Eugen als auf Karl VI. zu beziehenden Beischrift »Asiae Terror«. Die den Kartuschenrahmen einfassen-den Putti sind möglicherweise dem Puttenpaar nachgebildet, welches das Bildnismedaillon des Prinzen Ferdinand Maria Innozenz hält (Abb. 19).[47] Der rechts gebeugt sitzende Sklave ist dem Gedenkblatt »Mortuorum memo-riae« entnommen (Abb. 20).[48]

16. Kaiser Karl VI., Kupferstich, Jakob Andreas Fridrich, Augsburg, 1718, in: »Höchste Welt- und Krieges-Häupter«, Bayerische Staatsbibliothek, München

17. Gedenkblatt für die im Türkenkrieg der Jahre 1716-1718 gefallenen hohen Offiziere, Kupferstich, Jakob Andreas Fridrich, Augsburg, 1718, in: »Höchste Welt- und Krieges-Häupter«, Bayerische Staatsbibliothek, München

Die Schloßplatte (Abb. 10 und 11) und die Schloßgegenplatte (Abb. 9), die stets eine stark gelängte Form besitzen, eignen sich besonders zur Aufnahme friesartig komponierter Szenen (so finden sich dort bei Jagdgewehren beispielsweise oft Jagddarstellungen). Gemäß der übergreifenden Motivik wählt Nies Reiterkämpfe zwischen europäischen und türkischen Truppen. Das genannte Stichwerk zeigt zwar zahlreiche Darstellungen dieses Themas, doch befindet sich darunter keine unmittelbare Vorlage für die von Nies gefertigten Reliefs. Gleiches gilt für die europäisch-türkische Kampfszene auf dem Abzugbügel (Abb. 12). Daneben sind auf einzelnen Messingbeschlägen Hinweise auf den osmanischen Gegner plaziert: Dort finden sich ein Pfeilköcher, ein Turban und ein Roßschweif (Abb. 13). Gerade dem osmanischen Würdezeichen des Roßschweifes (tuğ) kam, gewiß aufgrund seines exotischen Charakters, aus europäischer Sicht spezielle Bedeutung zu.[49]

Hingegen lassen sich für die beiden unterschiedlichen Darstellungen auf den stählernen Hähnen des Gewehrpaares (Abb. 10 und 11) Vorbilder in dem genannten Stichwerk anführen, die zur Verdeutlichung der jeweiligen Motive

77

18. Prinz Manoel von Portugal, Kupfer-stich, Jakob Andreas Fridrich, Augsburg, 1718, in: »Höchste Welt- und Krieges-Häupter«, Bayerische Staatsbibliothek, München

19. Prinz Ferdinand Maria Innozenz von Bayern, Kupferstich, Jakob Andreas Frid-rich nach Melchior Steidl, Augsburg, 1718, in: »Höchste Welt- und Krieges-Häupter«, Bayerische Staatsbibliothek, München

beitragen können. Auf der Büchse Nr. 1 (Abb. 10) findet sich eine einen Turm beschießende Kanone, die nach der Kartusche auf dem Blatt »Mortuorum memoriae« – mit der Beischrift »Sic exspirasse, decorum est« – kopiert ist (Abb. 20);[50] der einstürzende Turm scheint auf dem Kupferstich mit dem Halbmond bekrönt zu sein. Die Büchse Nr. 2 (Abb. 11) zeigt auf dem Hahn einen Löwen, der gegen Pfeile anspringt. Die entsprechende Szene des Blattes »Virorum Immortalitati« (Abb. 17) trägt die Beischrift: »Per tela, per arma, per ignes«.[51] Im Falle des Nies'schen Gewehres ist zweifellos der bayerische Löwe gemeint. Da aber das Blatt »Virorum Immortalitati« sich nicht auf Kur-bayern und die Wittelsbacher bezieht, ist der Löwe dort wohl als Sinnbild der Großmut[52] oder der Tapferkeit zu verstehen. Dasselbe Motiv findet sich auch – in wesentlich weniger präziser Ausführung – auf einer gravierten Perl-mutterplatte, die ein Radschloßgewehr Joseph Nies' aus dem Besitz Kurfürst Karl Albrechts ziert;[53] hier handelt es sich um eine der schweren Scheiben-büchsen, wie sie bei den Scheibenschießen verwendet wurden, an denen sich oft auch Repräsentanten der Höfe beteiligten.[54]

20. Gedenkblatt für die im Türkenkrieg der Jahre 1716-1718 gefallenen Offiziere, Kupferstich, Jakob Andreas Fridrich, Augsburg, 1718, in: »Höchste Welt- und Krieges-Häupter«, Bayerische Staatsbibliothek, München

Es ist charakteristisch für die Vorgehensweise des Mindelheimer Büchsenmachers, daß solche Nebendarstellungen emblematischen Charakters, wie sie sich gerade bei inhaltlich komplexen Blättern finden, in der Gattung der Prunkgewehre auf isolierte Partien beschränkter Größe übertragen werden. Zumindest im Falle der Darstellung des feuernden Geschützes mag ein inhaltlicher Aspekt hinzukommen, da der auf den Feuerstahl aufschlagende Hahn das Zündkraut entzündete, das wiederum die eigentliche Ladung zur Explosion brachte.[55]

Das hier vorgestellte Gewehrpaar bildet geradezu ein Kompendium verschiedener Motive der Ikonographie Kurfürst Karl Albrechts. Zugleich erweisen die beiden Prunkgewehre, daß auch die – ungeachtet ihrer einstigen Wertschätzung – heute generell wenig beachteten Zeugnisse der Büchsenmacherkunst sich in den Kreis jener Kunstgegenstände einordnen können, die dem Herrscherlob dienen. Gerade in der Münchner Residenz, unweit der Ahnengalerie und der Reichen Zimmer François de Cuvilliés', gelangte das komplexe Programm des Gewehrpaares einst adäquat zur Geltung.[56]

79

ANMERKUNGEN

1 Lorenz Seelig: Prunkvolle Jagdwaffen aus vier Jahrhunderten. Die historische Gewehr-sammlung des Bayerischen Nationalmuseums. In: Weltkunst 60, 1990, S. 3345-3351, sie-he S. 3347; insbesondere zu Gesandtengeschenken siehe: Silber und Gold. Augsburger Goldschmiedekunst für die Höfe Europas. Ausstellung im Bayerischen Nationalmuse-um München 1994. Katalog, München 1994, S. 40-41.

2 Seelig 1990 (wie Anm. 1), S. 3346.

3 Inv.-Nr. 90/22 (Länge gesamt 92,5 cm, Länge Lauf 56 cm, Kaliber 15 mm, 7 Züge); Seelig 1990 (wie Anm. 1), S. 3350, Abb. S. 3348; Münchner Jahrbuch der bildenden Kunst 3.F. 42, 1991, S. 189-190, Abb. 6.

4 Inv.-Nr. 13/564 (Maße wie Gegenstück); Erwin Schalkhaußer: Handfeuerwaffen. Jagd-gewehre, Scheibenbüchsen, Pistolen (Kataloge des Bayerischen Nationalmuseums Mün-chen XIX). München/Berlin 1988, S. 180-183, Nr. 185; dieses zweifellos ursprünglich im Besitz Karl Albrechts befindliche Gewehr war auf nicht bekannte Weise schon im 18. Jahrhundert aus der Münchner Gewehrkammer entfernt worden und kam – nach Aus-kunft des in der Museumsabteilung der Bayerischen Verwaltung der staatlichen Schlös-ser, Gärten und Seen befindlichen Zweibrücker Gewehrkammerinventars – erst im Jahr 1800 dorthin zurück (Erwin Schalkhaußer: Joseph Nies, Büchsenmacher in Mindel-heim. In: Waffen- und Kostümkunde 1978, S. 107-128, siehe S. 113); das nun erworbene Pendant Inv.-Nr. 90/22 wird bei der Eintragung des Jahres 1800 nicht erwähnt.

5 Special Exhibition of Works of Art ... on loan at the South Kensington Museum, June 1862. London 1862 (verbess. Auflage London 1863), S. 364, Nr. 4675; später wurde das Gewehr 1875 im Alexandra Palace in London ausgestellt (William Chaffers: The Alex-andra Palace, Muswell Hill. 1875. Catalogue of the Londesborough Collection of Arms and Armour. London 1875, S. 36, Nr. 947), nach frdl. Mitt. von Stuart W. Pyhrr, The Metropolitan Museum of Art, New York.

6 Versteigerungskatalog Christie's, London, 4.-6. und 9.-11. Juli 1888, Nr. 373, nach frdl. Mitt. von Stuart W. Pyhrr; zur Sammlung siehe auch Lorenz Seelig: Die Gruppe der Di-ana auf dem Hirsch in der Walters Art Gallery. In: The Journal of the Walters Art Gal-lery 49/50, 1991/92, S. 107-118, siehe S. 107, 112/13.

7 Versteigerungskatalog Sotheby's, Hever Castle, 5. Mai 1983, Nr. 83.

8 Lorenz Seelig: Die Ahnengalerie der Münchner Residenz. In: Quellen und Studien zur Kunstpolitik der Wittelsbacher vom 16. bis zum 18. Jahrhundert. München/Zürich 1980, S. 253-327, siehe S. 262-267.

9 Gerhard Hojer: Die Kaiserikonologie der Reichen Zimmer in der Münchner Residenz. In: Wahl und Krönung in Frankfurt am Main. Kaiser Karl VII. 1742-1745. Ausstellung im Historischen Museum Frankfurt a.M. 1986. Katalog, Frankfurt a.M. 1986, Bd. 1, S. 141-142.

10 Gerhard Hojer: Die Amalienburg. Rokokojuwel im Nymphenburger Schloßpark. Mün-chen/Zürich 1986, S. 13-14.

11 Schalkhaußer 1978 (wie Anm. 4), S. 107-128.

12 Siehe das Werkverzeichnis bei Schalkhaußer 1978 (wie Anm. 4); als 19. Exemplar ist ein Steinschloßstutzen mit dem Porträt Karl Albrechts hinzugekommen, der sich 1990 im Münchner und 1993 im Braunschweiger Kunsthandel befand.

13 Die bei Schalkhaußer 1978 (wie Anm. 4), S. 113-115, Nr. 4, Abb. 9-10 beschriebene Steinschloßbüchse der Regensburger Gewehrkammer wurde 1993 vom Bayerischen Na-tionalmuseum erworben (Inv.-Nr. 93/893).

14 Höchste Welt- und Krieges-Häupter, Welche den Fried-brüchigen Türckischen Hoch-

muth durch zwey Feld-Züge in Ungaren Also gedemüthiget, daß er in dem dritten den Frieden Bittlich suchen und annemmen müssen. Augsburg und Dillingen 1718; siehe Kurfürst Max Emanuel. Bayern und Europa um 1700. Ausstellung im Alten und Neuen Schloß Schleißheim 1976. Katalog, München 1976, Bd. 2, S. 229-230, Nr. 514-515.

15 AK Max Emanuel 1976 (wie Anm. 14), Bd. 2, S. 230, unter Nr. 514.

16 Bruno Bushart: Johann Georg Bergmüller 1688-1762. Maler und Freskant. In: Lebensbilder aus dem Bayerischen Schwaben. Bd. 13, Weißenhorn 1986, S. 174-198, siehe S. 180; zu den »Höchste Welt- und Krieges-Häupter« ebd. S. 183; zu Bergmüllers Tätigkeit für die Druckgraphik siehe auch Ausstellungskatalog Johann Georg Bergmüller 1688-1762. Ausstellung im Schloß Türkheim 1988. Katalog, Weißenhorn 1988, S. 50-89.

17 Peter Claus Hartmann: Karl Albrecht – Kaiser Karl VII. Glücklicher Kurfürst, unglücklicher Kaiser. Regensburg 1985, S. 37-40.

18 Höchste Welt- und Krieges-Häupter 1718 (wie Anm. 14), Tafel nach Titel.

19 Nach Tobias 5, 16 (dort spricht der Engel diese Worte zum Vater des Tobias).

20 Zur Divina Providentia in der Ikonographie Max Emanuels siehe Lorenz Seelig: Aspekte des Herrscherlobs – Max Emanuel in Bildnis und Allegorie. In: AK Max Emanuel 1976 (wie Anm. 14), Bd. 1, S. 1-29, siehe S. 12 und ebd. Bd. 2, S. 210, Nr. 477 (zu dem Max Emanuel gewidmeten Blatt aus der 1715 veröffentlichten »Fortitudo Leonina« siehe jetzt auch Peter Grau: Hercules Bavarus. Zum Freskenprogramm im Kurfürstensaal des Klosters Fürstenfeld. In: Amperland 32, 1996, Heft 1, S. 273-285, siehe S. 284, Abb. 20).

21 Sibylle Appuhn-Radtke: Das Thesenblatt im Hochbarock. Studien zu einer graphischen Gattung am Beispiel der Werke Bartholomäus Kilians. Weißenhorn 1988, S. 116.

22 Franz Matsche: Die Kunst im Dienst der Staatsidee Kaiser Karls VI. Ikonographie, Ikonologie und Programmatik des »Kaiserstils«. Berlin/New York 1981, Register, S. 588.

23 AK Max Emanuel 1976 (wie Anm. 14), Bd. 2, S. 210, Nr. 477.

24 Max J. Friedländer und Jakob Rosenberg: Die Gemälde von Lucas Cranach. Berlin 1932, S. 88, Nr. 317; Gerhard P. Woeckel: Pietas Bavarica. Weißenhorn 1992, S. 152.

25 Woeckel 1992 (wie Anm. 24), S. 156-160.

26 Höchste Welt- und Krieges-Häupter 1718 (wie Anm. 14), Tafel nach S. 22; AK Max Emanuel 1976 (wie Anm. 14), Bd. 2, S. 229-230, Nr. 514.

27 Zur zweifachen Personifikation Minervas siehe Rudolf Wittkower: Transformations of Minerva in Renaissance Imagery. In: Journal of the Warburg Institute 2, 1938/39, S. 194-205 sowie Appuhn-Radtke 1988 (wie Anm. 21), S. 68 und 144.

28 Zusammenfassend siehe Matsche 1981 (wie Anm. 22), Halbbd. 1, u.a. S. 294-295; Appuhn-Radtke 1988 (wie Anm. 21), S. 67-71, 120, 144, 154.

29 Siehe auch: Höchste Welt- und Krieges-Häupter 1718 (wie Anm. 14), Text S. 25.

30 AK Max Emanuel 1976 (wie Anm. 14), Bd. 2, S. 229, Nr. 513.

31 München, Münchner Stadtmuseum, Inv.-Nr. Re 6073.

32 München, Münchner Stadtmuseum, Inv.-Nr. M Ia/206.

33 München, Geheimes Hausarchiv, Wittelsbacher Bildersammlung, Inv.-Nr. B. X 75 85.

34 Die Münzen und Medaillen des Gesammthauses Wittelsbach. Bd. 1, München 1901, S. 283-286; Bayerische Glanzstücke. Numismatische Kostbarkeiten. Eine Sammlung der Bayerischen Landesbank. München o.J., S. 30-33.

35 Werner Schwarz: Repraesentatio Belli – Eine Kupferstichfolge zum Spanischen Erbfolgekrieg aus dem Augsburger Verlag Jeremias Wolff. In: Zeitschrift des Historischen Vereins für Schwaben 84, 1991, S. 129-184, siehe S. 159, Abb. 11.

36 Fabian Stein: Charles Le Brun. La tenture de l'Histoire du Roy. Worms 1985, u.a. S. 86-90.

37 Höchste Welt- und Krieges-Häupter 1718 (wie Anm. 14), Tafel nach S. 6.

38 Vgl. die annähernd gleichzeitig, um 1730, von Friedrich Bernhard Werner gezeichnete Ansicht Münchens von Osten – mit leicht unterschiedlichem Blickwinkel –, welche die Vorzeichnung zum Stich Johann Georg Ringlins bildet (Volker Duvigneau: Münchner Stadtbilderbuch. Ansichten aus drei Jahrhunderten. München 1994, S. 12, Nr. 1).

39 Appuhn-Radtke 1988 (wie Anm. 21), S. 140, 146.

40 Vgl. etwa – wenn auch in differierendem Sinnzusammenhang – Georg Walchs Stich, der König Gustav II. Adolf mit gezücktem Schwert vor Augsburg zeigt (Porträt 1. Der Herrscher. Ausstellung im Westfälischen Landesmuseum für Kunst und Kulturgeschichte Münster 1977/78. Katalog, Münster 1977, S. 197, Nr. 162).

41 Schalkhaußer 1988 (wie Anm. 4), S. 107.

42 München, Münchner Stadtmuseum, Inv.-Nr. 28/300; ein weiteres Exemplar in München, Geheimes Hausarchiv, Wittelsbacher Bildersammlung, Inv.-Nr. B. X 14 16; siehe auch: AK Porträt 1977 (wie Anm. 40), S. 93, Nr. 27.

43 Arthur Henkel und Albert Schöne (Hrsg.): Emblemata. Handbuch zur Sinnbildkunst des XVI. und XVII. Jahrhunderts. Stuttgart 1967, Sp. 1500-1501.

44 Höchste Welt- und Krieges-Häupter 1718 (wie Anm. 14), Tafel nach S. 26.

45 Als Parallele sei hier auf eine von Joseph Nies um 1740 für Karl Albrecht gearbeitete Radschloßbüchse im Bayerischen Nationalmuseum verwiesen (Schalkhaußer 1988 [wie Anm. 4], S. 96-97, Nr. 73, Abb. S. 97 oben), die auf der Schloßgegenplatte die Reliefdarstellung »Die Frauen Roms, vor Coriolan um Schonung der Stadt bittend« zeigt; das Thema gilt als Beispiel der »clementia« eines Feldherrn.

46 Höchste Welt- und Krieges-Häupter 1718 (wie Anm. 14), Text S. 9.

47 Höchste Welt- und Krieges-Häupter 1718 (wie Anm. 14), Tafel nach S. 54.

48 Höchste Welt- und Krieges-Häupter 1718 (wie Anm. 14), Tafel nach S. 40.

49 Badisches Landesmuseum Karlsruhe. Die Karlsruher Türkenbeute. München 1991, S.69; siehe auch die beiden Roßschweife auf dem Papst Clemens XI. gewidmeten Blatt (Höchste Welt- und Krieges-Häupter 1718 [wie Anm. 14], Tafel vor S. 1).

50 Höchste Welt- und Krieges-Häupter 1718 (wie Anm. 14), Tafel nach S. 40, Text S. 46.

51 Höchste Welt- und Krieges-Häupter 1718 (wie Anm. 14), Tafel nach S. 34, Text S. 39.

52 Höchste Welt- und Krieges-Häupter 1718 (wie Anm. 14), Text S. 38-39 spricht hier vom großmütigen Löwen.

53 Siehe Anm. 45.

54 Julius Bernhard von Rohr: Einleitung zur Ceremoniel-Wissenschafft der großen Herren. Ausg. Berlin 1733, S. 853-858.

55 Siehe Johannes K.W. Willers: Die Jagdwaffe im 18. Jahrhundert. In: Die Jägerey im 18. Jahrhundert. Colloquium Pommersfelden vom 29. Mai bis 1. Juni 1988. Heidelberg 1991, S. 91-100, siehe S. 94.

56 Die Studie beruht auf einem Referat, das am 30. Oktober 1992 auf der Tagung der Gesellschaft für Historische Waffen- und Kostümkunde e.V. in München gehalten wurde.

BURKARD VON RODA

Das Franckensteinsche Tafelservice des Bamberger Hofes von 1752

Ein verlorenes Augsburger Silberservice des Rokoko[1]

Vorbemerkung: Der Bamberger Seesbrücke und ihrem von Ferdinand Dietz geschaffenen Figurenschmuck – dem bedeutendsten Auftrag, den der Bamberger Hof unter Fürstbischof Johann Philipp v. Franckenstein initiierte – hat Gerhard Hojer im 26. Bericht des Bayerischen Landesamts für Denkmalpflege 1968 einen eingehenden Aufsatz gewidmet. Der folgende Beitrag schlägt beiläufig den biographischen Bogen in die frühen Jahre der Laufbahn des Jubilars zurück.

BESTELLUNG UND FINANZIERUNG

Johann Anton Philipp v. Franckenstein, von 1746-1753 Fürstbischof von Bamberg und unmittelbarer Nachfolger des bedeutenden Friedrich Carl v. Schönborn, gab beim Augsburger Silberhändler Johann Michael Rauner ein neues Tafelservice für den Bamberger Hof in Auftrag. Am 22. September 1751 wurde darüber der Vertrag geschlossen. Nähere Einzelheiten über den Umfang der Bestellung und über den Zahlungsmodus gehen aus dem Protokoll der Hofkammer vom 31. Januar 1752 hervor.[2] Nach der Verhandlung mit dem Beauftragten des Silberhändlers, mit Namen Mayer, wurde festgelegt, Rauner werde innerhalb von vier Monaten, bis Ende Mai 1752, vollständig liefern:

»... folgendes recht feines wohlausgearbeitetes poliertes Augsburger Prob-Silber gemäß denen vorgelegten und gnädigst benehmigten besonders

Johann Philipp v. Franckenstein, Fürstbischof von Bamberg (1746-1753), Schabkunstblatt von Gabriel d. J. Bodenehr, Augsburg, nach der Vorlage von Johann Georg Ziesenis. Staatsbibliothek Bamberg

mit dem Hochfürstlich Bamberger Signet bezeichneten Rissen ...«, nämlich: drei silberne Surtout, also Tafelaufsätze, von zusammen 250 Mark, also über einen Zentner Gewicht, die Mark zu 22 Gulden gerechnet, sowie silberne Schüsseln und Teller samt weiterem Zubehör über ein Gesamtgewicht von 1226 Mark, das sind rund 286 kg, die Mark zu 20 Gulden gerechnet.

Durch die Übergabe von älterem, zum Einschmelzen bestimmtem Silber waren Rauner mehr als die Hälfte, nämlich 16'079 Gulden des Gesamtpreises bereits im voraus bezahlt worden. Auf den Restpreis von 14'066 Gulden sollten noch ein zur Aushändigung bestimmtes vergoldetes Lavoir und ein vergoldeter Kredenzteller, außerdem einige Gestecke Messer angerechnet werden.

Des weiteren wurde in dem Protokoll festgehalten, daß Rauner als Zahlungsmittel sowohl Silber als auch Bargeld akzeptiere, jedoch mit der Einschränkung der Bargeldzahlung in Goldmünzen, nämlich in »Teutschen Carolinen à 10 fl, sie mögen fallen oder steigen«.[3] In einem (nicht mehr beiliegenden) Pro Memoria verpflichtete sich der Silberhändler, »die französische neue Schild Louis d'or ... umb 9 fl 55 Kr Rhein.« anzunehmen und das Service termingerecht zu liefern. Die von Rauner nach Bamberg überschickten Probemuster sollten – mit dem Auftrag, die silbernen Glocken zu den Schüsseln leichter zu verfertigen – wieder nach Augsburg mit zurückgegeben werden.

Über die noch offene Finanzierung des neuen, Ende Mai 1752 erwarteten Tafelservice wurde von der Hofkammer im April noch einmal beraten[4]: Durch den Verkauf von Getreidevorräten aus den herrschaftlichen Ämtern sollte nach dem Willen des Fürstbischofs der noch fehlende Restbetrag von rund 14'000 fl aufgebracht werden. Der Erlös daraus: nämlich aus Herzogenaurach 3500 fl, aus Lichtenfels 965 fl, aus Schlüsselau 916 fl, aus Wachenroth 335 fl, aus Neunkirchen 258 fl und nochmals aus Lichtenfels 875 fl, reichte jedoch noch nicht einmal aus, diese Summe zur Hälfte zu decken. Darauf machte die Kammer den Vorschlag, anstelle weiterer Kornverkäufe 200 bis 300 Bäume aus dem Knetzgau an holländische Holzhändler zu verkaufen.

Erst im August, inzwischen war das Silber längst geliefert, konnte schließlich die leidige Zahlungsangelegenheit Franckensteins abschließendes Plazet finden[5]: 4000 fl sollten aus dem Getreideverkauf verwendet, 4000 Reichstaler dagegen auf ein Jahr verzinslich aufgenommen werden, das heißt also für die Neuanschaffung wurden Schulden in Kauf genommen. Dies war dem Fürstbischof lieber, als noch einmal eine größere Anzahl von älteren Stücken aus der Silberkammer zu opfern. Lediglich mit der Abgabe einiger weniger Stücke erklärte er sich einverstanden: So erhielt Michael Rauner auf Abschlag aus der Bamberger Silberkammer noch: »zwey Gundenettes mit 6 Leuchter, die zwey andere mit 5 Leuchter, die zwey Mohren, der eine mittlere Mohr und Blumenkreuz, zwey Pfauen, zwey Drachenköpf mit übrigen eingehörigen von 85 Marck 19 Loth 6 Quint ...«.

DIE TAFELAUFSÄTZE

Schon nach weniger als der Hälfte der vereinbarten Zeit, nach acht Wochen bereits, hatte der Bamberger Hof die Hauptstücke der Bestellung am 27. März 1752 in Empfang nehmen können:[6] Zwei der drei bestellten Tafelaufsätze, die »zwey kleinere silberne Surtouts«, oder »plats ornements«, wie sie auch vom Silberhändler selbst bezeichnet werden. Es handelte sich, dem Zeitgeschmack des Rokoko entsprechend, um kunstvoll gestaltete silberne Platten mit Ständern für Karaffen, Kannen und Gewürzbüchsen, die, wie in unserem Fall, nach dem geltenden spanisch-habsburgischen Zeremoniell, auch als »Spanische Salzfässer« bezeichnet wurden. Rund 35 kg sollte die größere Ausführung schwer sein und damit einen der bedeutendsten Augsburger Surtouts des Rokoko, den 1763 gelieferten, heute im Bayerischen Nationalmuseum in München aufbewahrten großen Tafelaufsatz des Hildesheimer Silbers (ca. 19 kg), bei weitem übertreffen. Als einzige Augsburger Surtouts, die sich als dreiteiliges Ensemble erhalten haben, sind die ehemals fürstbischöflichen Hildesheimer Stücke für unseren Fall das wichtigste Referenzbeispiel.[7]

Zwar fielen diese sicher aufwendigsten Stücke des Franckensteinschen Tafelservice bereits 17 Jahre später, 1769, der Neuanschaffung des Seinsheimschen Tafelservice zum Opfer, doch wurden wenigstens die zugehörigen Gefäße noch zurückbehalten, sodaß der Eintrag im Inventar von 1774 eine Vorstellung davon geben kann: So waren vom größeren Surtout damals noch zwei Senfkannen mit Löffelein, zwei Zuckerbüchsen und vier Karaffen, von den zwei kleineren Surtouts zusammen nochmals die selbe Anzahl der gleichen Teile vorhanden.[8] Mit Senf- und Zuckergefäßen waren also die Bamberger Tafelaufsätze – noch über die Hildesheimer Beispiele hinaus – jeweils doppelt bestückt.

Auch auf die zwei großen »spanischen Salzfässer«, die damals am Würzburger Hof in Verwendung waren, sei zum Vergleich in diesem Zusammenhang hingewiesen. Jedes ebenfalls über 30 kg schwer, entsprachen sie an Gewicht etwa dem großen Bamberger Surtout, auch wenn ihre Anschaffung wohl noch in die 40er Jahre zurückging. Sie bestanden aus einer großen unteren, oval-ausgeschweiften Platte mit Holzkern, einem auf vier Piedestalen ruhenden Aufsatz mit vier weiblichen Figuren, die einen in Zieraten gebildeten Baldachin mit den Händen trugen, den ein Löwe mit einem Schild – vermutlich als Schönborn'sches Wappentier – bekrönte.

Dazu gehörten noch ein weiterer Aufsatz mit vier doppelten Armleuchtern und an Gefäßen zwei Zuckerbüchsen, zwei Senfkännlein, zwei Gewürz- und/oder Salzbüchsen. Leider wurden auch diese Tafelaufsätze bei der Bestellung des neuen Würzburger Tafelservice 1766 eingeschmolzen.[9]

Trotz der prompten Lieferung der Bamberger Surtouts gab es 1752 ein Nachspiel: Die zwei kleineren Ausführungen hatten ein Übergewicht von zusammen 66 Mark; jeder war mit fast 19 kg um immerhin knapp 8 kg zu

schwer, damit natürlich auch entsprechend teurer als vereinbart. Der Fürstbischof ließ bei Rauner reklamieren, doch wußte sich der Silberhändler
geschäftstüchtig zu rechtfertigen:[10] »... daß bey einem solchen Extra mühsa-
men, und von viel 100 Stücken zusammengesetzten Marck es im menschlichen Vermögen nicht stehet, es accurat auf ein vorgesetztes Gewicht zu erraten.« Und er versicherte, »daß nichts anderes geschieht, als dem Werk die
erforderliche Stärcke und was der Wohlstand erfordert zu geben«.

DER UMFANG DES FRANCKENSTEINSCHEN TAFELSERVICE UND ERGÄNZUNGEN BIS 1773

Das für den Bamberger Hof 1752 in Augsburg erworbene Tafelservice wurde
von Franckensteins Nachfolgern, zunächst von Fürstbischof Conrad Franz
v. Stadion (1753-1757), dann von Adam Friedrich v. Seinsheim (1757-1779)
übernommen und in Gebrauch gehalten. Freilich gab es unter der anspruchs-
vollen Hofhaltung des Schönborn-Neffen Seinsheim, wie wir schon 1762 erfahren, »bey jezuweiligen Gallatägen und anwesenden Fremden« Engpässe,
sodaß der Hof bei bestimmten Anlässen nicht darum herum kam, Silber aus
der Stadt auszuleihen.[11]

Über den Umfang des Franckenstein-Tafelsilbers läßt sich im einzelnen
erst aus den im Staatsarchiv Bamberg aufbewahrten Silberkammerinventaren
der Jahre 1770 und 1774 ein Bild gewinnen, die Adam Friedrich v. Seinsheim
im Zusammenhang mit der Neuanschaffung eines zusätzlichen Tafelservice
neu anlegen ließ:

Das »Hochfürstlich Franckensteinsche(s) Tafelservice, mit dergleichen
Wappen gestochen, so Anno 1752 neu angeschafft worden ist«, steht darin als
das ältere der beiden damals zur Verfügung stehenden Bamberger Service
nach den Insignien und dem Kirchensilber an erster Stelle verzeichnet. Es
umfaßte danach mit den Bestecken über 500 Teile und wog an Silbergewicht
rund 1100 Mark, also ca. fünf Zentner. Es entsprach der für 40 Gedecke aus-
gelegten Bestellung des Würzburger Hofes von 1766:[12] »Was zu 1 Service vor
1 Tafel vor 40 Couverts erforderlich seyn will ...« und bestand aus 168, in 14
Dutzend gezählten Tellern und 60 Bestecken, darunter sechs vergoldete Löffel, Gabel und Messer für den Gebrauch des Fürstbischofs. Ferner aus zwei
Suppentöpfen mit zwei zugehörigen Untersätzen und Löffeln, zwölf runden
mittelgroßen Schüsseln mit sechs Warmhalteglocken, acht runden kleineren
Schüsseln mit vier Warmhalteglocken, acht ovalen kleinen Schüsseln mit vier
Warmhalteglocken, acht Platten mit vier Warmhalteglocken, acht Terrinen
mit Untersätzen und vier Warmhalteglocken, vier großen Kredenztellern,
vier kleinen Kredenztellern, vier Soßenschalen, zwanzig Salzfässern.

Zum Tafelservice gehörten auch noch 24 Tafelleuchter mit dem gravierten
Frankensteinschen Wappen sowie drei ebenso gekennzeichnete, jedoch 1746
datierte Kaffee-Tabletts.

Bemerkenswert ist, daß – abgesehen von der Einschmelzung der drei Tafelaufsätze 1769 – das Franckensteinsche Tafelservice unter der Regierung Seinsheim komplett gehalten und durch Austausch einiger Teile oder Ergänzungen den Bedürfnissen angepaßt wurde. So ließ man noch 1773, als das neue Seinsheimsche Tafelservice bereits zur Verfügung stand, acht Schüsseln mit Glocken ersetzen,[13] 1770 und 1774 zwei Suppenschüsseln, zwei Platten, zwei Löffel, sechs Bestecke und ein Dutzend Teller noch zusätzlich zum vorhandenen Bestand ergänzen.[14]

Die nachgefertigten und ergänzten Stücke wurden konsequenterweise nicht mit dem Wappen Seinsheims als Auftraggeber, sondern nach Zugehörigkeit mit dem Franckensteinschen Wappen graviert. Persönlich monierte der Fürstbischof 1769 die offenbar an verschiedenen, auch älteren Stücken noch fehlende Kennzeichnung: »Wir haben schon längstens verlangt, daß auf jenes von unserem Regierungs-Vorfahren Weyland Fürsten Philipp Anton v. Franckenstein angeschaffte bambergische Hofsilber dessen Wappen theils wegen mehrerer Anständigkeit, theils auch der Sicherheit halber gestochen werden solle …«. Für die offensichtlich schon länger überfällige Maßnahme hatte er auch bereits einen bestimmten Mann im Auge: Ein »seiner Geschicklichkeit halber angerühmter Graveur, Chur-Maynzischer Artillerie-Unteroffizier hat sich in Bamberg eingefunden, der für jedes Stück 20 Kreuzer rhein. sowie Kost und Quartier verlangt«.[15]

So gab es aufgrund der dargestellten Umstände im Bamberger Hofsilber Teile, die das Wappen des 1753 bereits verstorbenen Fürstbischofs Philipp Anton v. Franckenstein trugen, obwohl sie über 20 Jahre nach dessen Tod erst entstanden oder gekauft wurden. Für diesen ungewöhnlichen Sachverhalt sind jedoch keine Beispiele mehr erhalten.

Die im Siebenjährigen Krieg durch den Preußeneinfall in Bamberg verursachten Verluste, obwohl das Franckensteinsche Service kaum betreffend, rechtfertigten für Fürstbischof Adam Friedrich v. Seinsheim die Neuanschaffung eines zusätzlichen, neuen 500teiligen Tafelservice im Jahre 1770 und eines 45teiligen Konfekt-Spiegel-Service 1766. Beide Augsburger Silberservice, das Franckensteinsche und das Seinsheimsche, wurden, abgesehen von den 1769 eingeschmolzenen Tafelaufsätzen, in der Neuen Residenz Bamberg und im Bamberger Sommerschloß Seehof benutzt und bildeten einen wichtigen Bestandteil der fürstlichen Repräsentation eines der bedeutenderen geistlichen Höfe in Deutschland. Während das ältere Franckenstein-Tafelservice unter Fürstbischof Franz Ludwig v. Erthal 1795, also vor der Säkularisation, zusammen mit dem damals noch vorhandenen Zimmersilber des Bamberger Hofes eingeschmolzen wurde,[16] überstand ein Teil des Seinsheimschen Silberservices die Enteignung des Hochstifts Bamberg zugunsten des Kurfürstentums Bayern 1802 und fand sogar, mit neuen Wappen versehen, am Münchner Hof weitere Verwendung.[17] In der Silberkammer der Residenz München ist dieser Teil bis heute erhalten.

DAS SCHICKSAL DES BAMBERGER HOFSILBERS IM SIEBENJÄHRIGEN KRIEG 1757/1758. SEINE FLÜCHTUNG NACH WÜRZBURG UND BRUCHSAL, SEINE VERPFÄNDUNG UND VERSCHLEPPUNG NACH MAGDEBURG

Zur Vervollständigung der Geschichte des Franckensteinischen Tafelservice soll noch auf die nur fünf Jahre nach der Anschaffung eintretenden Kriegsereignisse und deren Folgen für das Bamberger Hofsilber eingegangen werden. Dabei erhält die Bedeutung des Silbergeräts – einmal nicht als Tafelzier, sondern als Geldreserve – vor allem durch die vom Fürstbischof persönlich umsichtig erkundeten und mit einer Evakuierung bis an den Oberrhein rechnenden Rettungsmaßnahmen Gewicht.

Nur einen Monat nach dem Regierungsantritt von Fürstbischof Adam Friedrich v. Seinsheim in Bamberg[18] spitzte sich die Lage im Siebenjährigen Krieg derart bedrohlich zu, daß sowohl der Landesherr als auch das Domkapitel die Kirchen- und Staatsschätze nicht länger in der ungeschützten Stadt wissen wollten. Die Preußen hatten die kaiserlichen Truppen am 6. Mai 1757 nach Prag zurückgeschlagen und schickten sich nun an, mit 1500 Mann Fußvolk und 300 Husaren, fünf Kanonen mit sich führend, von der Oberpfalz her plündernd auch fränkisches Gebiet heimzusuchen.[19]

Auf die Mitteilung vom Einfall dieses aus zwei Bataillonen bestehenden Freikorps in das bambergische Pflegeamt Vilseck hin, faßte das Bamberger Domkapitel am 20. Mai 1757 den Beschluß, den Domschatz und das domkapitelsche Archiv zu verpacken, um es nach Würzburg schaffen zu lassen.[20] Zusammen mit wertvollem Hochstiftsbesitz, so einem Teil des Hofsilbers und ausgewähltem Archivgut, wurde die kostbare Fracht auf dem Schiff des bambergischen Schiffmanns Johann Messerschmitt auf dem Main dorthin transportiert; der Transport wurde abschließend mit 89 fl statt der verlangten 129 fl entlohnt.

Der Fürstbischof selbst hatte sich schon einige Tage vorher um die notwendigen Vorkehrungen gesorgt und seinem Bruder davon vertraulich Mitteilung gemacht:[21] »... ich werde doch bey der engsten Geheimbe bedacht seyn, die hiesige Pretiosa und Archiven packen zu lassen, damit man solche bey der geringsten weitern Gefahr salviren könne, denn Bamberg ist offen, mithin wäre ein Streif von etlich 100 Husaren höchst gefährlich ...«.

Trotz der Geheimhaltung sprach sich die Vorsichtsmaßnahme schnell herum, und Panikstimmung verbreitete sich unter den Bambergern, wie wir ebenfalls aus einem Brief des Fürstbischofs erfahren:[22] »... Mit meiner Abreys ist eine solche Furcht in Bamberg kommen, daß alles fliehet und ihre Sachen in Sicherheit ohne Ursach salviret, viele Ursach dörfte seyn, daß aus Beysorg den Domschaz, mein Archiv und mein Silber zur Sicherheit hieher nach Würzburg bringen lassen ...«.

Angesichts der dramatischen Ereignisse im folgenden Jahr 1758, als die preußischen Truppen nicht nur in bambergisches Hochstiftsgebiet einfielen, sondern nach erzwungener Kapitulation die Stadt Bamberg selbst besetzten,[23] sollten sich die getroffenen Vorsichtsmaßnahmen als wohl berechtigt erweisen. Wenigstens die kostbarsten Stücke, so vor allem aus dem Domschatz, blieben so erhalten; freilich konnte nicht verhindert werden, daß in der Stadt verbliebenes profanes und kirchliches Silbergerät im Gewicht von rund 26 Zentnern in feindliche Hände fiel und mitgenommen wurde – dabei allein mehr an Hofsilber, als bei der Säkularisation 1802 noch vorhanden sein und Kurbayern zufallen sollte.

Die drohende Gefahr zeichnete sich bereits im Januar 1758 soweit ab, daß dem Fürstbischof auch Würzburg nicht mehr ausreichend Sicherheit zu bieten schien. So erkundete er die Möglichkeit, die Würzburger und Bamberger »Archives und Kostbarkeiten« in kurpfalzbayerisches Gebiet, nämlich in die Festung Rothenberg bei Nürnberg, auszulagern und bat deshalb seinen Bruder, den Kriegsminister am Münchner Hof, um Vermittlung. Dieser schlug jedoch seinerseits Ingolstadt vor.[24]

Erst ein halbes Jahr später – die Preußen hatten gerade Bamberg besetzt – war es dann wirklich soweit, daß die wichtigsten Urkunden, Kanzleiakten, ein Teil des Hofsilbers und die Domschätze beider Hochstifte tatsächlich fremder Obhut anvertraut wurden.[25] Am 7. Juni 1758 kamen mehrere Wagenladungen mit dem kostbaren Gut in Begleitung des Würzburger Hofrats und Archivars Christoph Balthasar Faber und des Subkustos Hofmann in Bruchsal an, um dort in sicheren Hofgebäuden bis zum Rücktransport am 14. Juni – der Bamberger Schätze erst am 10. Juli – Verwahrung zu finden. So ernst wurde die Lage eingeschätzt, daß der Fürstbischof auch für seine eigene Person beim Fürstbischof von Speyer mit Brief vom 2. Juni um Zuflucht ersuchte.

Von der zunächst in Aussicht genommenen Speyrer Festung Philippsburg hatte der Speyrer Fürstbischof Franz Christoph von Hutten abgeraten, da dort die Lagerung in den feuchten Gebäuden den Archivalien würde schaden können. Stattdessen bot er selbst seine Bruchsaler Residenz an und zog weiter in Erwägung, bei auch dort drohender Kriegsgefahr in die Stadt, bzw. Burg Langenargen am Bodensee auszuweichen, die unter Verwaltung des Hochstifts Speyer stand. Als möglicher Zufluchtsort wurde sogar auch die eidgenössische Stadtrepublik Basel vorgeschlagen.

Von Bamberg aus hatte unterdessen der kommandierende preußische General von Driessen, der von der Hofküche verköstigt wurde und dessen Truppen vor der Stadt täglich 7000 fl Verpflegungskosten verursachten, dem Fürstbischof nach Würzburg seine Bedingungen mitteilen lassen: Solle die Stadt Bamberg unzerstört bleiben und auch Würzburg unbehelligt gelassen werden, so verlange er zwei Millionen Reichstaler Kontribution sowie 500 Nachschubpferde.

Obwohl der daraufhin am 5. Juni in Bamberg unverzüglich im Haus des Vizedoms v. Rotenhan ausgearbeitete Kapitulationsentwurf unter anderem nur die Zahlung von einer Million Reichstaler vorsah, ging der General noch am selben Tag auf dieses Angebot ein. Da er jedoch eine nur dreitägige Frist setzte, wurde ungeachtet dessen, daß auch noch die Entscheidung des Fürstbischofs aus Würzburg abzuwarten war, in Bamberg bereits alles unternommen, die ungeheure Summe aufzutreiben. In der höchsten Not – die Gelder der Hofkammer und der fürstlichen Obereinnahme waren erschöpft – wurde beschlossen, alles bei Hof und in den Kirchen noch vorrätige Silbergerät einzusammeln, ausgenommen Monstranzen, Ziborien und Kelche.

Noch am 5. Juni konnten die damit beauftragten fünf Hofräte das requirierte Silbergerät in der Hofkapelle der Neuen Residenz (heute Lesesaal der Staatsbibliothek) abliefern:[26] Mit dem Hofsilber zusammen waren es 5565 Mark, – fast soviel, wie 1803 an Würzburger Silber insgesamt als Säkularisationsgut nach München abgeführt werden sollte.[27] Der Geldwert entsprach mit 111'310 fl jedoch nur gut einem Zehntel der von den Preußen verlangten Summe. Es war vorgesehen, dieses Silber unter einer preußischen Eskorte nach Nürnberg zu transportieren, um es zu vermünzen oder Geld dafür aufzunehmen.

Doch nahmen die Ereignisse einen anderen Lauf. Der Fürstbischof schlug eine harte Linie ein und zeigte sich – von Würzburg aus – unter Berufung auf seine Reichspflichten keineswegs gewillt, die Vorschläge seiner Bamberger Räte zur Kapitulation zu akzeptieren, obwohl sich der Feind bereits auf die Vorschläge eingelassen hatte. Ja er wollte sogar noch das nach Nürnberg bestimmte Silber erhalten wissen.

Daraufhin ließ der preußische General seine Bamberger Verhandlungspartner kurzerhand als Geiseln nehmen und erzwang so die Herausgabe von 171'534 fl Bargeld[28]. Am folgenden Tag, dem 9. Juni, wurde der fürstliche Hofkeller geplündert, das Hof- und Kirchensilber in Kisten verpackt, vor einer gemischten Kommission versiegelt und auf Wagen geladen. In der selben Nacht um 2 Uhr brachen die preußischen Truppen dann schließlich nach zehntägiger Besetzung mit dem erpreßten, in 12 Fässern und einer eisernen Truhe verstauten Geld, den Geiseln und dem Silber als Pfand für die nicht bezahlte Kontribution in Richtung Bayreuth auf.

Aus Hof schrieben die Geiseln im Auftrag des Prinzen Heinrich am 15. Juni an den Fürstbischof, er solle sich erklären, ob er nun zur Zahlung der geforderten Million Reichstaler bereit sei. Bis zum Eintreffen einer Antwort sollten sie mit der Beute nach Leipzig gebracht werden. Dort angelangt, wurden zwei von ihnen nach Bamberg entlassen, um nochmals persönlich auf die Zahlung der Kontribution hinzuwirken. Auch die Sendung eines Bamberger Beamten mit den Schlüsseln zu den Kisten mit dem Silber, angeblich um dessen genaues Gewicht nochmals festzustellen, wurde verlangt.

Die Forderungen der Preußen blieben ohne Erfolg. Stattdessen wurde durch kaiserliche und durch des Pfalzgrafen Friedrich Vermittlung der Austausch der Bamberger Geiseln erreicht, sodaß diese am 10. Oktober aus Magdeburg in Bamberg eintrafen.[29] Auch auf einen letzten preußischen Kompromißvorschlag, gegen sofortige Zahlung von zwei Dritteln des Wertes das geraubte Silber herauszurücken, war Fürstbischof Adam Friedrich v. Seinsheim nicht eingegangen, da die nach Magdeburg transportierten Kisten teilweise geöffnet worden waren und die Vollständigkeit in Frage stand. Dennoch gab er die Hoffnung nicht ganz auf, zumal die Heimkehrer positive Nachricht zu bringen schienen: »...Wegen meinem mir abgenommenen Kirchen- und Hofsilber haben sie so viel mitgebracht,« schrieb Seinsheim am 15. Oktober aus Würzburg an seinen Bruder, »daß vielleicht sich Gelegenheit ergeben werde, auch dieses wiederum zurückzuschaffen.«[30] Doch sollte diese Hoffnung leider unerfüllt bleiben.

Anmerkungen

1 Der Beitrag stützt sich auf Vorarbeiten des Verfassers während der Tätigkeit als Referent unter Herrn Dr. Gerhard Hojer in der Museumsabteilung der Bayerischen Schlösserverwaltung 1979-1984. Er ergänzt die zur Geschichte des Bamberger Hofsilbers bisher veröffentlichten beiden Beiträge: Burkard v. Roda, »... doch daß es sich gut putzen lasset ...« Das Bamberger Tafelservice. Augsburger Silberarbeiten des 18. Jahrhunderts. In: Kunst und Antiquitäten IV, 1989, S. 66-73 und Burkard v. Roda, »Thaten dieser Art in den Jahrbüchern der Menschheit ewig werden«. Die Einschmelzung Bamberger Hofsilbers unter Franz Ludwig von Erthal 1795. In: Renate Baumgärtel-Fleischmann (Hg.), Franz Ludwig von Erthal. Fürstbischof von Würzburg und Bamberg 1779-1795. Bamberg 1995, S. 292-294

2 Staatsarchiv Bamberg, B 53, 335, ohne die im Protokoll genannten Beilagen

3 Ein Carolin ist eine zuerst im Jahre 1732 von Kurfürst Carl Philipp von der Pfalz geschlagene und dann in Deutschland, namentlich in Bayern, Württemberg, Baden, Hessen vielfach nachgeprägte Goldmünze, welche geringhaltiger, aber schwerer als der vorherrschende Dukaten ausgebracht wurde und dessen Wert zwischen 21 und 27 Mark schwankte. (Nach H. Halke, Handwörterbuch der Münzkunde, Berlin 1909, S. 61)

4 Staatsarchiv Bamberg, B 53, 335, Extractus aus Hofkammerprotokoll 1752, 20. April

5 Staatsarchiv Bamberg B 53, 335, Extractus aus Hofkammerprotokoll 1752, 14. August, Nr. 37

6 Staatsarchiv Bamberg, B 53, 335, Extractus aus Hofkammerprotokoll 1752, 10. April

7 Reinhold Baumstark und Helmut Seling (Hg.), Augsburger Goldschmiedekunst für die Höfe Europas. München 1994, S. 547 ff. (Bearb. Lorenz Seelig). – Manfred Boetzkes und Lorenz Seelig (Hg.), Die fürstliche Tafel. Das Silberservice des Hildesheimer Fürstbischofs Friedrich Wilhelm von Westphalen. Hildesheim, München 1995, S. 116-132

8 Inventar 1774, Franckensteinsches Tafelservice, Nr. 31-38

9 Staatsarchiv Würzburg, Hofkammerprotokoll 1766, 11. Januar: »Hofsilber altes, und dessen Verschmeltz- und Verprägung zu Geldsorten, und Anschaffung eines Neuen Service betreffend«, dabei eine Aufstellung der bereits am 18. Dezember 1763 von der Silberstube abgegebenen Stücke. Die als erstes genannten Surtouts werden darin beschrieben und im Inventar 1747, fol. 61, pos. 1 nachgewiesen.

10 Staatsarchiv Bamberg, B 53, 335, Extractus aus Hofkammerprotokoll 1752, 20. April sowie Kopie des Schreibens Rauners vom 14. April 1752, ebenda

11 Staatsarchiv Bamberg, B 53, Nr. 342, fol.42 ff. Hofkammerprotokoll Geh. Kab. 1762, 1. Februar

12 Staatsarchiv Würzburg, Hofkammerprotokolle 1766, 13. Januar, fol. 124-132, Silber Accord mit Michael Rauner in Augsbrug betreffend

13 Dafür wurden, mit Verweis auf das Inventar von 1768, Num. 10 und Num. 16, die dort aufgeführten acht »Triangel Schüssel mit vier Glocken ad 41 Marck 2 Quint und 20 Salzfässer Schauffelein verwendet«.

14 Inventar 1774, Nr. 29-30 und Nr. 39-42

15 Staatsarchiv Bamberg, B 53, Nr. 350, fol. 24, Hofkammerprotokoll Geh.Kab., Schreiben des Fürstbischofs aus Würzburg vom 5. April 1769

16 Burkard v. Roda, 1995 (wie Anm. 1)

17 Burkard v. Roda, 1989 (wie Anm. 1)

18 Adam Friedrich v. Seinsheim war bereits am 7. Januar 1755 zum Fürstbischof von Würzburg gewählt worden. Er regierte beide geistliche Staaten, wie bereits mehrere seiner Vorgänger, bei getrennter Verwaltung. Zur Seinsheimzeit siehe umfassend: Burkard v. Roda, Adam Friedrich von Seinsheim, Auftraggeber zwischen Rokoko und Klassizismus. Zur Würzburger und Bamberger Hofkunst anhand der Privatkorrespondenz des Fürstbischofs (1755-1779). Neustadt/Aisch 1980, insbesondere S.44 ff.

19 Johann Looshorn, Geschichte des Bisthums Bamberg. Nach den Quellen bearbeitet. Bd. 1-7. München und Bamberg, 1986-1910, S.211

20 Looshorn, a.a.O., S. 209

21 Adam Friedrich v. Seinsheim an Joseph Franz v. Seinsheim in einem privaten Schreiben 1757, 15. Mai, aus Bamberg. (Die im folgenden mehrmals zitierte Korrespondenz befindet sich im Gräflich Seinsheimschen Familienarchiv Schloß Sünching bei Regensburg.)

22 Adam Friedrich v. Seinsheim an Joseph Franz v. Seinsheim, 1757, 22. Mai, aus Würzburg

23 Ausführlich zum Kriegsgeschehen, dabei auch zum Schicksal des Hof- und Kirchensilbers, siehe: Karl Anton Schweitzer, Der preußische Einfall im Bamberger Fürstbisthume in den Jahren 1757-1759. 1. Beilage zum 28. Bericht des Historischen Vereins Bamberg 1865, Bamberg 1865, S.1-71

24 Adam Friedrich v. Seinsheim an Joseph Franz v. Seinsheim, Brief vom 1. Januar 1758 aus Würzburg und Joseph Franz an Adam Friedrich von Seinsheim, Brief vom 11. Januar 1758 aus München

25 Zum folgenden siehe: Schweitzer, a.a.O. S.58, Flüchten der Bamberger und Würzburger Kostbarkeiten

26 Von der fürstlichen Hofkammer 2672 Mark, vom Domstift 990 Mark, von Stift St. Stephan 231 Mark, vom Stift St. Gangolph 330 Mark, darunter eine Madonna mit Kind, ein hl. Gangolph und ein hl. Johannes d. T., vom Stift St. Jakob 145 Mark, von der Pfarrkirche St. Martin 220 Mark, vom Jesuiten Kollegium 226 Mark und vom Dominikanerkloster 138 Mark.(Nach Schweitzer, a.a.O., S.47)

27 Aus Würzburg wurden am 25. Juni 1803 5818 Mark Silber und 2700 Kronen Gold aus Hof- und Kirchenbesitz als Säkularisationsgut an die Münze nach München abgeliefert. (Nach Leo Günther, Der Übergang des Fürstbistums Würzburg an Bayern, das Ende der alten und die Anfänge der neuen Regierung. Leipzig 1910, S.128)

28 Geiseln waren: Der Statthalter v. Werdenstein, der Hofkanzler v. Karg, der Geheime Rat v. Rotenhan, der Oberstallmeister v. Redwitz, außerdem der Weihbischof Heinrich Joseph Nitschke und der Prior des Benediktinerklosters Michelsberg. (Nach Schweitzer, a.a.O., S.51)

29 Laut einem Brief von Adam Friedrich v. Seinsheim an Joseph Franz v. Seinsheim vom 15. Oktober 1758 aus Würzburg. (Dagegen teilt Schweitzer, a.a.O., S.70, die Rückkehr der Geiseln im September mit.)

30 Seinsheimkorrespondenz, ebenda

ALFRED ZIFFER

Wie ein Stil entsteht
Die Möblierungsgeschichte der
Bayreuther Schlösser

In Zusammenhang mit der Überarbeitung des Amtlichen Führers zum Neu-
en Schloß Bayreuth war es die Aufgabe des Verfassers, Bestand und Text miteinander abzustimmen. Dabei stellte sich vor Ort heraus, daß bereits durch-
geführte Objekttransferierungen nachzutragen waren oder Neuzugänge
eingearbeitet werden sollten. Besonders im Bereich des Kunsthandwerks und
der Möbel eröffneten sich Differenzen zwischen dem Inventar von 1966,
dem aktuellen EDV-Inventar und den Angaben im Amtlichen Führer (AF)
aus dem Jahr 1985. Das Hauptinteresse galt dem mit über 200 Inventarnummern relativ umfangreichen Möbelbestand, der zu einem großen Teil als
»Bayreuth«, also lokaler Provenienz entstammend, apostrophiert war. Um
mit einem Stil vertraut zu werden, ist jedem Kunsthistoriker das genaue
»Hinsehen« klassische Grundlage der Beurteilung. Hieraus ergab sich jedoch
kein überzeugend geschlossenes Bild einer Möbellandschaft, geschweige
denn einer ortsansässigen Werkstatt. Der große und im Kunsthandel so wert-
bildende Name »Spindler« klang durch die Räume und suchte nicht zum ersten Mal nach seiner Berechtigung.[1]

Ein Aspekt der bereits eingeleiteten Museumskonzeption »Das Bayreuth der
Markgräfin Wilhelmine«[2] galt der Rekonstruktion jener Ausstattung, die zu
Lebzeiten der Markgräfin vorhanden war oder in ihrem Auftrag angefertigt
wurde. Zu diesem Zweck wurde bereits 1992 von Regine Gerisch eine
grundlegende Recherche nach den in öffentlichem Besitz befindlichen Inventaren des Alten Schlosses der Eremitage und des Neuen Schlosses erarbeitet.[3]
Während man bei den Schlössern der Eremitage auf zeitgleiche Archivalien
und sogar auf Äußerungen der Markgräfin in ihren Memoiren zurückgreifen
konnte, blieb die kurze Blütezeit des Neuen Schlosses zwischen dem Baubeginn 1754 und dem Tod des letzten Bayreuther Markgrafen Friedrich 1763
im Dunkel, da das früheste bisher bekannte, jedoch nicht das gesamte Gebäude umfassende Inventar erst aus dem Jahr 1785 stammt. Bereits damals
wirken die Räume nur sparsam möbliert. Es folgten in den Jahren 1789, 1793
(Teil-) und 1798 weitere Inventare, die von Frau Gerisch in mühevoller
Kleinarbeit nach den einzelnen Räumen geordnet, den jeweiligen Bestand

aufführen. 1813 erstellte der Bayreuther Bauinspektor Carl Christian Riedel ein Hausinventar, das die bis dahin gültige Raumnummerierung übernahm, jedoch die Möblierung nur marginal berücksichtigte. Bekannt und in obiger Arbeit eingearbeitet wurden weiters Inventare von 1865 und 1907, die jeweils neue Raumnummern verwendeten und derartige Veränderungen der Möblierungen belegen, daß man in vielen Fällen den Raum kaum mit einem früheren Zustand in Verbindung bringen konnte. Hier setzte die nachfolgend skizzierte Forschungsarbeit ein.

Einerseits galt es, die Vorgänge zwischen 1798, bzw. 1813 bis 1865 zu klären, andererseits den heutigen Bestand über das Inventar von 1966 mithilfe des bislang nicht berücksichtigten Inventars von 1929 mit den Angaben aus dem Jahr 1907 in Verbindung zu bringen. Diese »Zangenbewegung« führte bald zu dem Schluß, daß es im Jahr 1892 ein bislang verschollenes Inventar gegeben hat, das Schlüsselcharakter hatte, wie wir sehen werden. Drei Archive halfen, wenigstens in groben Zügen, unsere Wissenslücken zu schließen: Das Hauptstaatsarchiv (betreffend Bauakten), das Geheime Hausarchiv in München und das Archiv der Schloß- und Gartenverwaltung Bayreuth, das bis dahin wenig Beachtung gefunden hatte. Bevor einzelne Möbel und Objekte näher betrachtet werden, skizziere ich die Möblierungsgeschichte des Neuen Schlosses in gebotener Kürze.

BAYREUTH WIRD BAYRISCH

Am 30. Juni 1810 fiel die Markgrafschaft Bayreuth durch Kauf endgültig an das Königreich Bayern. Zu diesem Zeitpunkt war Johann Schnegg (geb. 1737 in Drosselfeld, ab 15.2.1784 Hoftapezier, gest. 11.11.1817) seit 15.10.1785 Kastellan des Alten und Neuen Schlosses.[4] Es gab also kaum einen besseren Zeitzeugen für die wechselvollen Jahre, die seit der Abdankung Markgraf Alexanders von Ansbach über Bayreuth hereingebrochen waren. Auftragsgemäß erstellte Schnegg 1812/13 ein Inventar über den Inhalt des Neuen Schlosses, das derart dürftig ausfiel, daß man von München aus mehrfach anfragte, ob es wirklich vollständig sein. Schneggs Antworten verdienen des Zitats: »*Die Ursache, daß sich im Königl. Residenz Schloß zu Baireuth so wenig Vorrath an Matrazen, Decken, weißer Wasch und kein Küchengeschirr mehr befindet, ist diese. Noch unter der Preußischen Regierung wurde der größte Theil der guten Matrazen, Federbetten, Decken, nur feinen weißen Tafel und Waschzeug auf erhaltenen königl. Befehl nach Berlin gesandt, und ebenso wurde ein großer Theil des vorhandenen Kupfergeschirres zur damaligen königl. Goldmünze in Baireuth abgeliefert. Im verflossenen Jahr 1812 wurde wieder alles noch vorhandene Meublement, welches sich nicht in wirklichem Gebrauch befand, sowie der übrige Vorrath an Bett, Matrazen, weißer Wasch, dann Kupfer und Zinn, für Rechnung der Königl. Baierischen Schul-*

dentilgungs Comission verkauft und blieb nicht mehr zurück, als in dem schon übergebenen [...] Verzeichnis enthalten ist.«[5]

In München konnte man die bescheidene Ausstattung des Schlosses, in dem sich nur Verwaltungsräume und Wohnungen des Personals befanden[6], kaum glauben. Darauf Schnegg: *»Es ist dies neue Inventar so wie möglich war nach einer älteren, zwar von Ao. 1798, weil die Kgl. Schloßverwaltung keine andere in Händen hat, aufgenommen worden, allein es könnte unmöglich sogleich dabei die Differenz des gegenwärtigen Bestandes gegen den damaligen genau dargestellt und erwiesen werden. Bey Aufnahme jener alten Inventur war das Königl. Residenz Schloß immer unbewohnt, und blieben die Möbels auf den vorgeschriebenen Plätzen ohne andere Vertheilung nach Gebrauch. Allein seit jenen Jahren bis jetzt gegenwärtig konnte solches nicht mehr befolgt werden. Durch die fortwährende, verschiedene Bewohnung der königlichen Schlösser, wurden mehrere Zimmer nach neuem Geschmack umgeändert. Nur das Meublement nach Gefallen von einem Zimmer in das andere zum Gebrauch vertheilt. Auch war schon im Jahr 1802 ein Verkauf wieder entbehrlicher Schloß Meubles und Effecten angestellt, im verflossenen Jahr 1812 wurde wieder eine Auktion gehalten und der größte Theil der vorhandenen Meubles verkauft, ohne Beiziehung des alten Inventars, sondern wie sich solche theilweise in denen Zimmern und im Vorrat befanden, über alles dieses hat die Königl. Schloßverwaltung kein Verzeichnis erhalten«.*[7]

Die erwähnte Versteigerung mag dem Obersthofstab nicht gegenwärtig gewesen sein, doch König Max I. hatte sehr wohl davon erfahren und von Graf Türheim, dem damaligen Kreiskommisär, Aufklärung und Einhalt gefordert. Doch zu spät, wie ein Brief Graf Türheims beweist: *»Allerdurchlauchtigster Herr pp. haben mir mit allerhöchsten Rescript vom 19. d.M. einen Bericht des Obersthofmeisterstabs zur Erläuterung mittheilen zu lassen geruht, in welchem derselbe (ich) darauf anträgt, einem vermeintlich vorfindenden Verkaufe der Mobiliarschaft in dem hiesigen Residenzschloße sogleich Einhalt zu thun und im Allgemeinen zu verordnen, daß dergleichen Ausleerungen der Residenzen und Schlösser durch Versteigerungen, ohne Vorsichten und Vernehmung des Stabs, nicht weiter mehr angehen.*

Ich habe unter Zurückgabe dieses Berichts hierauf folgendes in Ehrfurcht zu gedenken.

Das Mobiliare in dem nach Euer K.M. erst jetzt erlassenen allerhöchsten Bestimmung unter der Oberleitung dieses Stabs stehenden Residenz Schlosses hieselbst, wurde gleich diesem so wie allen und jeden Aerarial Gebäuden in dem ehemaligen Fürstenthum Baireuth als Domaine für seine Majestät den Kaiser der Franzosen im Jahr 1807 in besonderen Besitz genommen und als solche in der Folge an E.M. verkauft.

E.M. geruhten [...] am 20. August 1811 die Errichtung der Staats Schuldentilgungs Komission, der sämtliche baireuthische Domainen als Fonds angewiesen wurden, und es mußten also diese Mobilien – so wie alle der Admi-

nistration entbehrliche Gebäude bisher als dispenables Eigenthum der Staatsschulden Tilgungskomission angesehen werden.

Dagegen geschah es denn auch, daß nach deren Anordnung und zu ihrem Besten ein Theil der entbehrlichen alten Mobilien und Effekten, welche die Vorrathskammern des hiesigen Schlosses anfüllten und durch den Gebrauch der vom Jahre 1806 bis 1810 darin wohnenden französischen Autoritäten sehr abgenutzt wurden, im August d.J. zur öffentlichen Versteigerung kamen.

Sie bestand in alten metallenen Geschirren, etwas längst aus der Mode gekommenen Porzellain, in Spiegeln, ganz unbrauchbaren Schreinergeräth, etwas weißen Zeug und Betten, dann einigen schlechten Kupferstichen und Gemälden.

Rücksichtlich der Qualität dieser Objekte habe ich devotest zu bemerken, daß diese Meubles beinahe sämtlich vor und während der Regierungszeit des im Jahre 1763 bereits verstorbenen Herrn Markgrafen Friedrich zu Baireuth angeschafft wurden. Unter der Regierung des letzten Baireuthschen Markgrafen Herrn Fried. Christian, verwendete man hierauf wenig oder nichts, und da mit dessen Ableben im Jahre 1769 das Fürstenthum an Ansbach fiel, von welcher Zeit an zu Baireuth kein Hof mehr residierte; so wurde auch damals, wie unter der Preuß. Regierung, für die Unterhaltung des Schloß Mobiliars nur höchst notdürftig gesorgt.

An Silbergeräth war von dieser Zeit an hier nichts mehr vorhanden. Alles noch gute und brauchbare weiße Zeuch nebst Betten mußte auf speziellen königl. Befehl im Jahre 1798 nach Berlin geschafft werden.

Die Gemälde Sammlung dahier war von jeher unbedeutend. Das Beste davon wurde zu Anfang vorigen Jahres mit Euer Koeniglichen Majestät Genehmigung in die Filialgalerie zu Nürnberg abgegeben, ein kleiner Theil der besseren und durch die Zeit weniger verdorbenen Gemälde befindet sich noch in einzelnen Zimmern des Schlosses.

Was von dem Mobiliare überhaupt verkauft wurde, war von so schlechter Beschaffenheit, daß es mit Ehren in einem königl. Gebäude nicht füglich mehr gebraucht werden konnte. Ein Tafeltuch mit 12 Servietten erzielte im Durchschnitt 1,30 fl bis 3 fl.

Neben dem Alter dieser Mobilien ist wohl der schlechte Zustand derselben zunächst darin zu suchen, daß das hiesige Schloß vier volle Jahre hindurch der Sitz aller französischen Autoritäten und einer Menge hoher franz. Offiziere mit ihren Gefolgen war, welche alles als ihr erobertes Eigenthum ansahen.

Der Erlös aus den verkauften Objekten, deren Taxe im Ganzen
3,830 fl 14 kr rheinisch
beträgt, berechnet sich auf
6,621 fl 32 kr rh.
Daß bei diesem Verkaufe durchaus nichts verschleudert wurde, geht daraus hervor, daß unter andern 13 zweitheilige beinahe sämtlich beschädigte

Trumeaus und Spiegel, welche für 804 fl geschätzt waren, und wofür bei dem <u>*einzelnen*</u> *Verkauf*

2,076 fl rhein.

geboten wurden, darauf zurückbehalten worden sind.

Von den in dem hiesigen Schlosse <u>*noch vorhandenen*</u> *wenigen Mobilien und Effekten gehört ein Theil dem Lande, auf dessen Kosten derselbe während der französ. Administration des ehem. Fürstenthums Baireuth angeschafft werden mußte.*

Von dem, was zum Schlosse selbst noch gehört, sind einige ordinaire Tische und Sessel p. für die Bureaux des General-Kommisariats und der Finanz Administration verwendet, zu deren Unterbringung ein anderes Lokal als dieses Schloß zu Baireuth nicht existiert.

Ich habe bereits die Anordnung getroffen, daß über sämtliches noch vorhandenes Mobiliare sowohl dahier als auf der Eremitage ein vollständiges Inventarium aufgenommen werde, und ich werde euer königl. Majestät eine Ausfertigung hiervon allerunterthänigst einsenden.« [8]

Die Frage nach Altbestand von Möbeln aus der Zeit der Wilhelmine hat sich nach Kenntnis dieses Briefes fast erübrigt. Es folgten Jahre voller Klagen und Bitten von Bayreuth nach München, den schlechten Einrichtungszustand zu bessern. Immer wieder wurden Neuanschaffungen und Reparaturen vorgeschlagen, besonders im textilen Bereich der Rouleaux, Vorhänge und Polsterbezüge.

FÜRSTLICHES QUARTIER

Das Neue Schloß diente hauptsächlich als Absteigequartier fürstlicher Persönlichkeiten, wodurch jedesmal ein beträchtlicher Wirbel entstand, da man geeignetes Mobiliar bei Adel, Bürgerschaft und Handel zum Teil unter Androhung von Restriktionen (gegen jüdische Möbelhändler) entleihen mußte. Nicht nur die Restaurierung der Leihgaben erhöhte die Kosten dieser Besuche, sondern auch die Verpflegung der Gäste.[9]

So reiste die verwitwete Kaiserin Maria Feodorowna von Rußland, Witwe Zar Pauls, in Begleitung des Erbgroßherzogs von Weimar am 11.10.1818 »unter Jubel und lebe hoch« nicht mit mit den avisierten 50, sondern mit 78 Personen Begleitung an und bezog für eine Nacht die drei Gobelinzimmer als Vor-, Wohn- und Schlafzimmer. Der Großherzog bezog die sog. Christianzimmer. Das Essen, das sich die meisten Gäste im Zimmer servieren ließen (wofür zahlreiche Dienerschaft erforderlich war), kochte der Gartwirt vom Goldenen Anker in der Schloßküche. Als Dank erhielten Offizianten und Dienerschaft »einen brillanten Ring und eine goldene Tabatiere, 2 goldene Repetir Uhren mit Ketten, ein Paar brillantene Ohrgehänge und 150 Dukaten.[10]

Bei der regierenden Kaiserin Elisabeth von Rußland, die mit nur 55 Personen Gefolge vom 15. bis 17.1.1819 hier übernachtete, gesellte sich als Besucherin noch die Großfürstin Constantin aus Coburg hinzu. Diesmal hatte man zur Ausstattung des offenbar fast unmöblierten Markgräfinnenflügels »10 Diwans und Canapes nebst 64 Sessel, 7 Comods und 4 Secretairs, 12 schöne Bettstellen mit und ohne Vorhänge, nebst einer beträchtlichen Anzahl von Tischen, Toiletten, Nachttischchen und Spiegeln alles theils von Mahagoni theils von Kirschholz beinahe ganz neu oder doch in bestem Stande, mehrere moderne schöne Uhren von Bronce und 78 silberne Leuchter nebst 2 silbernen und vergoldeten Lavoirs samt Kannen von den hohen Herrschaften und Privaten erhalten.«[11]

Der nächste Gast blieb etwas länger im Schloß wohnen. Herzog Pius von Birkenfeld logierte incognito seit 24.11.1819 in zwei Bayreuther Gasthöfen, bis er am 5.12. für ein knappes Jahr die Christianzimmer bezog, bevor er im Dezember 1820 über Sanspareil und Bamberg nach Triesdorf übersiedelte. Wieder stand das Schloß leer, und da man in München keinen Bedarf sah, wurden alle Bitten um standesgemäße Möblierung abgelehnt.

HERZOG PIUS IN BAYREUTH

Als Herzog Pius am Dezember 1822 wieder das Neue Schloß bezog, das er bis zu seinem Tod im August 1837 bewohnen sollte, hatte eine weitere Versteigerung von Mobiliar und Gemälden stattgefunden. Während uns das anschließend erstellte Inventar vom Herbst 1822 fehlt, gibt eine detaillierte Liste nach Möbeltypen Aufschluß über den Umfang der Aktion. Aus fast allen Räumen des Schlosses wählte und taxierte man »zu alte, für die gegenwärtige Zeit gar zu plumpe (erg. Möbel) übel passender Form«[12], die häufig mit den Bemerkungen »sehr alt und mangelhaft« oder »sehr alt, unförmlich und beschädigt« versehen wurden und uns den kunsthistorischen Verlust an Rokokomöbeln verdeutlichen. Zu erwähnen sind neben furnierten Kommoden aus Nußbaumholz mit Messingbeschlägen, »vier ganz vergoldete Sessel mit vergoldeten Gestellen und zerissenem roth damasten Überzügen zu 10fl«, ein »Schreibtisch von Zedernholz furniert mit gelben Beschlägen und schwarzen Leder bezogen zu 15fl«, eine »Schreibkomod von fournierten Zedernholz mit kleinen Schubfächern und messingenen Beschlägen zu 8fl« oder ein »lakirter chinesischer Schrank mit kleinen Schubfächern und messingen Beschlägen zu 8 fl« (mit großer Sicherheit war es jener »schwarz lackierte, chinesische Schrank, gehört der Frau Markgräfin«, der noch 1785 im Pagodenkabinett stand). Aus dem Vorrat wählte man »zwey englische Spieluhren in schwarzen Gehäuse zu 80 fl, zwey große Schlaguhren in messingen und mit Schildkrot garnirten Gehäuse zu 60 fl, ein Schlaguhr in vergoldeten hölzernen Gehäuse zu 20fl, eine Nachtuhr mit durchbrochenem Zifferblatt zu 14 fl und zwey kleine Reise Uhren mit fournirten Gehäuse von Zedernholz zu 20fl.« Bei der »Zimmerwand Bekleidung von furnirten Zedernholz zu 10fl« handelt es sich ebenfalls relativ sicher um das Geschenk Friedrich des Großen an seine Lieblingsschwester anläßlich der Erbauung des Schlosses. Insgesamt 24 Gemälde taxierte man zwischen 40kr (Die Weiße Frau von Plassenburg) und 1,12fl (Die russische Kaiserin Katharina).[13] Ihr Verkauf scheint jedoch unterblieben zu sein.[14]

Obwohl für Herzog Pius einige neue Möbel, darunter auch ein runder Speisetisch zum Ausziehen, angeschafft wurden[15], zeigen die Inventarwerte von 1820/21: 8892,48fl und 1824/25: 2292,15fl den dramatischen Verlust an historischer Substanz. Der Anschaffung eines »2-sitzigen Canapes mit ovaler Rückwand mit lilla Mollamoor bezogen« im Etatsjahr 1824/25 stand die Ausmusterung »derjenigen Möbels, welche wegen der schlechten Beschaffenheit und alten ganz geschmacklosen Form ihrer Gestelle der Reparatur nicht mehr fähig sind« entgegen.[16] Immerhin umfaßte die Abgabeliste 21 Sessel, 5 Stühle, 2 Tabourets, 2 Canapees und 2 Nischencanapees, teils farbig gefaßt, teils vergoldet. Man kann davon ausgehen, daß das Rokoko systhematisch ausgemerzt wurde. Doch wofür sollte es Platz machen? In den Räumen von Herzog Pius, d.i. der Markgrafenflügel, befanden sich 1829 neben (älteren?) Sitzgarnituren aus lackiertem Weichholz auch solche von Nußbaum- und Kirschholz (wohl modernerer Art) in seinem »Wohnzimmer« (heute Raum 20). Im »Großen Zimmer mit blauer Tapete« (heute Räume 15+16), im »Zimmer mit Haud'lice Tapete« (heute Raum 13) und im »Zimmer mit roth damastner Tapethe« (heute Raum 21) standen geschnitzte und vergoldete Pfeilerkonsolen an ihrem Platz.[17]

Wirkliche Verbesserungen der Möbelausstattung setzten erst im Etatsjahr 1825/26 ein und lassen sich bis 1843/44 anhand einer detaillierten Liste verfolgen.[18] Die vermutlich in Bayreuth gefertigten Sitzgarnituren, Betten, Nachttische, Klapp- sowie Säulentischchen aus geschliffenem und poliertem Kirschbaum- oder Nußbaumholz repräsentierten ihrer Beschreibung nach einen schlichten Biedermeierstil. Ausgefallener war »ein Sekretär von Mahagoniholz, die innere Einrichtung mit Spiegel und Säulen von Alabaster, nebst Jahreszahl 1831 in römischen Ziffern von Alabaster« zum Preis von 80 fl oder im Etatsjahr 1832/33 eine Garnitur, bestehend aus einem Kanapee, vier Fauteuils und acht Sesseln von »weißem Ahornholz und mit Brasilienholz eingelegt samt zwei Spieltischen mit herabhängenden Klappen« des Bayreuther Schreiners Heinrich Stelzner, die im Jahr 1900 nach München gesandt wurden, um »evtl.« in der Villa Ludwigshöhe Verwendung zu finden, die nicht mehr nachgewiesen werden kann.[19] Ebenfalls in diesem Jahr kam »eine Pariser Pendul Uhr mit alabasternem gotischen Gehäus nebst Glassturz« für 72fl ins Schloß, die der einzige Ausstattungsgegenstand ist, der sich bis heute hier – wenn auch im Depot – befindet (BayNS.U 13). Die Pendule ist, erinnert man sich an die Versteigerung der oben angeführten Uhren, denn auch das einzige Exemplar in einem 1838 aufgenommenen Inventar, das nach Gattungen angeordnet ist.[20] Da keine Raumnummern angegeben sind, ist eine Rekonstruktion einzelner Ausstattungen unmöglich. Insgesamt dominieren jedoch Möbel im Bierdermeierstil, durchsetzt von lackierten, geschnitzten Sitzmöbeln und einigen (wohl älteren) Kommoden aus Zedernholz. Die Summe der Neuanschaffungen zwischen 1825 und 1844 betrug 5999,33 fl, die der ausgeführten Reperaturen 2695,51 fl.

SINN FÜR HISTORISCHES

Bedeutende Veränderungen in der Möblierung unter Max II. Joseph, der immerhin vom 17. Juni bis 9. Juli 1851 sowie zwischen dem 29. Juni und 2. Juli 1860 im Neuen Schloß Hof hielt, fanden nicht statt. Vermutlich in Zusammenhang mit der Einrichtung des Bayerischen Nationalmuseums begann man sich für historisches Mobiliar zu interessieren. Am 30. Januar 1853 erließ König Max II. Joseph von Rom aus den Befehl: »Es ist mir Bericht darüber zu erstatten, ob und wo in den der Zivilliste vorbehaltenen Gebäuden Rococo-Meubel von bedeutenderer Schönheit vorhanden sind, und soll dabei angegeben werden, ob ganze Garnituren oder nur einzelne Stücke sich vorfinden.«[21] Der Bayreuther Verwalter mußte zur Abgabe seines Berichts erst gemahnt werden, bevor er am 14. Juni 1853 schrieb: »daß unter den k. Schlössern zu Bayreuth und Eremitage vorhandene Meubels im Rococostyl keine von ganz vorzüglicher Schönheit sich vorfinden. Künstliche Arbeit mit schönen Hölzern eingelegt, und mit Metallverzierung kommt gar nicht vor, das vorhanden ist mehr oder weniger gelungenes Schnitzwerk vergoldet oder lackiert und mit Vergoldung geziert. Diese sind …«[22] Erst in einem zweiten Schreiben wurde geklärt, daß sich alle bisher gelisteten Möbel in der Eremitage befänden, während im Neuen Schloß nur »26 Stück Pfeilertische mit Marmorplatten, die Gestelle mit Schnitzwerk mehr oder weniger verziert, theils ganz vergoldet, theils lackiert und mit Gold geziert« vorhanden waren. Als wandfeste Ausstattungsstücke blieben sie am Ort, während am 29.8.1868 an das Nationalmuseum nach München»zwei Porte-Chaisen / unbrauchbar« aus dem »Gewölbe im K. Schloß-Portal« geschickt wurden[23], dort jedoch nicht mehr nachweisbar sind.[24] Heute von Interesse wären auch »Zwei Kästen von Mahagoniholz mit messingenen Beschläge, jeder in zwei Theile, der obere Theil mit einem Schubfächer, mit Spiegelglas versehen, welche früher schon zum Kgl. Schloße gehört wieder angekauft zu 310 fl«, die am 4.8.1868 für das Toilett- und Schlafzimmer (heute Raum 15 + 16) angeschafft wurden. Ihre Spur verliert sich nach einem Transfer 1927 in das Depot der Münchner Residenz erst nach dem Zweiten Weltkrieg.[25] 1878 schlug man jedoch ein Angebot des orstansässigen Kaufmanns Wilmersdürfer über »zwei Comoden, welche aus den Zeiten der Markgrafen und aus dem Schloße Bayreuth stammen, [...] dieselbe sind mit verschiedenen Holz eingelegt, mit

Bronze Verzierungen umgeben und neu restauriert« zum Preis von 2000 Mark aus.[26]

Zwischen 1850 und 1883 bemühte man sich, durch die Anschaffung von Vorhängen oder Rouleaux, dem Aufpolstern und/oder Neuanstrich mit Öl-farbe vorhandener Sitzgarnituren oder dem Polieren verkratzter Kommoden die Räume ansprechend zu gestalten. Die Anwesenheit »feindlicher Trup-pen« aus Preußen erforderte 1866 die Anschaffung von »4 Stück blecherne Leuchter« und »3 Dutzend leinene Handtücher«, doch zerbrachen die Besat-zungstruppen einiges an Sanitärkeramik und bedienten sich bei ihrem Abzug aus dem textilen Vorrat des Schlosses.[27] Nach dem Umbau des ehemaligen Audienzzimmers in das Schlaf- und Toilettenzimmer (heute Raum 15 + 16) zwischen 1866-1870 kamen aus der Residenz München »1 Canape, früher Kirschbaum poliert, nun weiß gefaßt mit roth Cretonne bezogen« und »6 Fauteuils geschnitzt, weiß gefaßt u. roth Cretonne gepolstert« (Schlafzim-mer[28]) und »1 Canapee geschnitzt, weiß + blau gefaßt (:von Aschaffenburg, war nicht inventarisiert:) mit blau Cretonne bezogen« (Toilettzimmer). Be-reits hier zeichnet sich die zukünftige Moblierungsmethode ab: Transferie-rungen aus oder via München ex anderen Residenzen. 1883 kam aus der Re-sidenz eine Kiste mit Uhren, darunter die »große Stockuhr in Holzgestell mit weißen Säulen und Spielwerk (BAyNS.U 12), die seit 1988 in Nymphenburg auf ihre Restaurierung wartet.

DER HISTORISMUS DER PRINZREGENTENZEIT

Der große Sprung, der bis in die Gegenwart seine Spuren in Bayreuth hinter-ließ, begann im Jahr 1890. Nachdem im August 1889 anläßlich der Bayreu-ther Festspiele die Hofhaltung für das deutsche Kaiserpaar und Prinzregent Luitpold Leihnahmen aus Bamberg, Würzburg und der Residenz erforder-ten[29], war man des umständlichen Aufwands und der anschließenden Rekla-mationen der verschiedenen Inventarverwaltungen überdrüssig und be-schloß, eine adäquate Ausstattung für das Neue Schloß zusammenzustellen. 1890 erhielt der Schloßverwalter Siegler die Genehmigung, nach Ansbach zu fahren, um dort »entbehrliche Inventargegenständen zu besichtigen«[30], die dann via München mit Objekten aus der Residenz, Schloß Berg und »aus der Rücklaßmaße der verlebten Freifrau von Gumppenberg á conto des Etats pro 1890 angekauft« im Sommer des Jahres geliefert wurden.[31]

Im folgenden Jahr wiederholte Siegler diese Reise und dehnte sie bis nach Würzburg und Aschaffenburg aus. Aus den jeweiligen Möbeldepots und den unbewohnten Räumen wählte Siegler Möbel im Rococostil aus, die durch farblich abgestimmte Neufassung, bzw. Ölanstrich aufeinander und zu den Stuckdekorationen der zukünftigen Aufstellorten durch ortsansässige Hand-werker passend gemacht wurden. Bei dieser Gelegenheit wurden sämtliche alte Inventarbezeichnungen gründlich ausgemerzt, die uns heute so hilfreich wären. Durch diese Überarbeitung und anschließende Neupolsterung entstanden aus unterschiedlichen Relikten des 18. Jahrhunderts neue Garnituren, die zwar nicht im Detail, jedoch in der Optik den Ansprüchen des Historismus genügten. Sämtliche Schritte wurden von München aus genehmigt, häufig Stoffreste für die Polsterung zugesandt oder sogar die Restaurierung übernommen. Fast das gesamte Schloß – das Parterre für Bedienstete, die Bel Etage für Herrschaften – wurden binnen kurzem zum »Nobelhotel« ummöbliert, in dessen Zimmern neben Bett, Nachttisch, Waschtisch und Spiegel stets eine Sitzgarnitur vorhanden zu sein hatte. Selbst die Hofküche, 1893 ins Parterre verlegt, wurde zur entsprechenden Bewirtung der Gäste instandgesetzt, und von Konditorei, Gardemenage und Spülküche ergänzt.[32] Diesen tiefgreifend veränderten Zustand würde das oben erwähnte Inventar von 1892 dokumentieren, das leider nicht erhalten ist. Sein Verlust ist deshalb so bedauerlich, da sich sämtliche »altes Inventar«-Angaben bis in das Jahr 1929 auf dieses Verzeichnis beziehen. Das 1907 angelegte Inventar war deshalb vonnöten, da nach 1892 derart viele Transferierungen innerhalb des Schlosses vorgenommen worden waren, daß man kaum noch wußte, was wo stand.[33] Durch Veränderungen der Gestelle und Neupolsterung ist es jedoch trotzdem heute nicht immer möglich, besonders bei Sitzgarnituren, jede Veränderung nachzuvollziehen.

REKONSTRUKTIONEN

Die zahlreichen baulichen Maßnahmen dienten entweder einer wohnlichen Raumgestaltung (die ehemaligen Vorzimmer Wilhelmines, später Gobelinzimmer) oder wurden im Sinne einer Rekonstruktion des historischen Bestandes unternommen (z.B. ab 1898 das Abnehmen der Decken- und Wandverkleidungen im ehemaligen Schlafzimmer Wilhelmines, später Japanisches Zimmer). In diesem Zusammenhang wurde das Neue Schloß auch mit später z.T. »wandfesten« Gegenständen von München aus versorgt, wie Wandbespannungen, Gobelins, Spiegel oder Supraport-Gemälden, die den Raumeindruck prägend veränderten. Im Bemühen, dem Rokoko im Neuen Schloß durch zahlreiche Restaurierungen vorhandener Konsoltische und Sitzmöbeln Vorrang einzuräumen, schied man 1908 erstmals »Möbel im Biedermeierstil« aus und schickte sie ins Gardemeuble nach München.[34] Ebenso verfuhr man 1914 mit Biedermeiermöbeln aus der Eremitage, die entweder im Neuen Schloß magaziniert oder im Parterre zur Ausstattung einfacher Gästezimmer herangezogen wurden.[35]

DAS NEUE SCHLOSS ALS MUSEUM

Als nach dem Ende der Monarchie die Verwaltung des ehemaligen Kronguts, heute Bayerische Verwaltung der staatlichen Schlösser, Gärten und Seen, die

Verantwortung übernahm, wurde sie um eine kunstwissenschaftliche Abteilung erweitert, die »den früher mehr nach den wechselnden Bedürfnissen einer Hofhaltung verwalteten Kunstbesitz nach wissenschaftlichen Gesichtspunkten zu sichten« und für die Öffnung der Schlösser den Bestand neu ordnete. In einem Resümee wies Heinrich Kreisel zum Neuen Schloß darauf hin, daß die 1922 begonnene Wiederherstellung der markgräflichen Wohn- und Repräsentationsräume 1925 das Obergeschoß in neuer Ausstattung der Öffentlichkeit übergeben werden konnte. »Die Einrichtung wurde nach historischen Gesichtspunkten durchgeführt und durch markgräfliche Möbel aus den Depots vervollständigt«.[36] Kreisel hatte offensichtlich keinerlei Kenntnis über die erst 20 bis 30 Jahre zurückliegenden Veränderungen und hielt die Mehrzahl des Vorhandenen für historischen Altbestand. Unter seiner Regie wurden das 2. Vorzimmer und das Audienzzimmer der Wilhelmine (heute Raum 4 und 5) mit Gobelins ausgestattet, um sie dem ersten Vorzimmer (heute Preußisches Familienzimmer, Raum 3) anzugleichen, das diese Veränderung erst 1897 erfahren hatte. Ebenfalls erst von Kreisel wurden in Raum 6 die Decke mit den Spiegelscherben und in Raum 7 die Golddecke freigelegt. Das Erdgeschoß zwischen Meyern'sches Palais bis einschließlich Italienischer Bau war 1932 Besuchern zugänglich.[37] »Sehr umfangreiche Restaurierungsarbeiten« galten der »merkwürdigen Farbenskala« der Räume im Italienischen Bau, die »sich in einem ruinösen Zustand befunden hatten. [...] Ihre Möblierung war bei dem Überwiegen der wandfesten Ausstattung von geringerer Bedeutung. Die Einrichtung wurde mit vorhandenen Stücken vorsichtig und diskret durchgeführt.« Kreisel verschwieg, daß er die transferierten Objekte aus den Depots von Schloß Nymphenburg, Schloß Berchtesgaden und der Residenz teilweise vollständig mit farblich entsprechenden Öllacken anstreichen ließ und sie dadurch derart ihrer bayreuthischen Umgebung anpaßte, daß die süddeutsch/pfälzische Provenienz völlig verunklärt wurde. Immerhin kann man dem Inventar von 1929 entnehmen, daß das Neue Schloß reichlich mit Rokokomöbeln ausgestattet war, während das Biedermeier praktisch verschwunden ist. Die Lösung liegt in einem großen Abverkauf dieser »einfachen« Gebrauchsmöbel an Privatpersonen und umfangreichen Transferierungen nach München zur Benutzung in Büros, wo dasselbe Schicksal zahllose Möbel aus fast allen Residenzen erwartete.[38] »Dem gesamten Bestand, den bereits die Kunstgeschichte, nicht aber das Museumswesen entdeckt hatte, drohte ein Versickern in Diensträumen und Privathaushalten«.[39] Der Öffentlichkeit erhalten blieben Einzelstücke und Ensembles, die im Tausch oder als Dauerleihgabe an das Münchner Stadtmuseum gingen, um damit Münchens vermeintlich bürgerliche Wohnkultur zu dokumentieren.[40]

VERLUSTE

Bedeutende Abgänge verzeichnete das Inventar des Neuen Schloßes letztmals durch den Zweiten Weltkrieg. Listen belegen die Zerstörung und Ver-
schleppung durch Besatzer und einquartierte Flüchtlinge aus dem Bergungs-
depot in der Plassenburg. Einzelstücke und Teile größerer Garnituren
wurden 1949 zur Möblierung des Alten Schlosses der Eremitage verwendet,
dessen Bestand fast gänzlich bei einem gezielten britischen Bombenangriff
auf das Neue Schloß der Eremitage zugrunde gegangen war, das neben den
ausgelagerten Möbeln auch ein nationalsozialistisches Bildarchiv barg.

Bayreuth – München im Detail

Es sprengt den Rahmen dieser Zusammenfassung, die Provenienz jedes einzelnen Inventargegenstandes darzustellen, der sich heute im Neuen Schloß
befindet. Trotzdem soll ein Rundgang durch die Räume auf jene Objekte
verweisen, die bislang als »Bayreuth« klassifiziert in die Kunstgeschichte
Eingang gefunden haben oder tatsächlich als solche entdeckt werden konnten. Soweit derzeit möglich, gibt die Neuauflage des Amtlichen Führers auch
Auskunft zu weiteren Ausstattungsstücken.

PREUSSISCHES FAMILIENZIMMER (RAUM 3)

Das ehemalige äußere Vorzimmer der Markgräfin war vermutlich mit jenem
Zedernholz vertäfelt, daß 1831 versteigert wurde. Erst anläßlich einer Neu-
gestaltung 1897 wählte man aus dem Gardemeuble der Münchner Residenz
vier Gobelins als Wandbekleidung und drei Gemälde als Supraporten[41], die
durch neu gemalte Randstreifen des Münchner Malers Schultze zur Fensterseite hin ergänzt wurden. Beachtung verdient das Kommodenpaar, das bisher
als Werk der Gebrüder Spindler bezeichnet wurde (Abb. 1).[42] Die blütenför-
migen Medaillons und geschwungenen Rahmungen um ein horizontal wie
vertikal symmetrisch aufgeklapptes Furnierbild ließen auf ein Frühwerk der
großen Bayreuther Schreiner schließen. Das elegante Pärchen kam jedoch
erst 1883 aus Schleißheim nach Bayreuth, damals als »2 Commoden, Nußbaum, eingelegt, mit weißen Broncebeschlägen«.[43] Diese Benennung der Beschläge, die im Jahr 1892 anläßlich einer Restaurierung durch den Bayreuther
Schreiner Müller vergoldet wurden, bestätigt ihre Herkunft, denn die Kommoden werden in den Schleißheimer Inventaren von 1874, 1867, 1833 und
1824 stets »mit weißer Gürtlerarbeit verziert« geführt.[44] 1817 war die Beschreibung ausführlicher: »2 Commoden von Nußb. Holz, jeder mit 2
Schubladen zum Sperren, dabei die Handgriff, Schildchen, dann das Eckbe-

*1. Kommode aus einem Paar, Nußbaumwurzelmaser mit Intarsien aus schattiertem
Ahorn, vergoldete Bronzebeschläge, süddeutsch um 1770, ehemals Schloß Schleißheim
(siehe Farbtafel 6)*

schläg unter dem vorderen Blatt, und Füße von versilberter Gürtlerarbeit«.[45]
Ihr Standort war damals das Große Kabinett der Kurfürstin (heute Raum
20), in welchem sie 1770 erstmals nachweisbar sind: »2 Nußbaumene Co-
modkästen jeder auf 4 geisfüßen stehend, und mit versilberten Schuhen, Eck-
stücken, Schildten und Handhaben von Messing versehen, welche A⁰ 1769
Neu beygeschafft worden.«[46] Ein in den Proportionen und dem Schwung
der Lisenen vergleichbares Kommodenpaar befindet sich bis heute in
Schleißheim (Vorzimmer der Kurfürstin, Raum 17) und verweist auf eine gemeinsame Werkstatt.[47] Bereits an dieser Stelle sei darauf hingewiesen, daß
sämtliche »Spindler-Kommoden« im Neuen Schloß entweder Nachkriegs-
Ankäufe oder Leihgaben des Landschaftsmuseums Kulmbach sind.

Demnächst werden die Spiegelpfeiler auf der Fensterseite wieder zwei
Konsolen zieren, die wir für den ursprünglichen Bestand halten.[48] Das Paar,
von dem eine Konsole vor dem Krieg in die Eremitage transferiert als Kriegsverlust abgeschrieben, jedoch später aus Bruchstücken wieder zusammengesetzt und aufgestellt wurde[49], entspricht jenem Konsolenpaar im ehemals ersten Vorzimmer des Markgrafen im Südflügel mit Schilfkolben an den Beinen

und einer flügelförmigen Rocaille auf der vorderen Zarge[50], das in allen Inventaren hier verzeichnet ist. Da es keinen Raum im Schloß gibt, der eine Aufstellung von vier Konsolen, die jeweils als Paar symmetrisch aufeinander in der Schnitzerei bezogen sind, erlaubt, halten wir eine historische Plazierung in den jeweils ersten Vorzimmer des Damen- und Herrenflügels für glaubhaft.

ZWEITES GOBELINZIMMER (RAUM 5)

Das ehemalige Audienzzimmer Wilhelmines besaß bereits 1789 keinen Thronsessel mehr und diente im 19. Jahrhundert als Schlafzimmer, das weiblichen Besuchern zur Verfügung stand und mehrfach umgestaltet wurde. Zu den beachtenswerten Möbeln gehört wiederum ein Kommodenpaar mit geometrischer Würfenmarketerie, das sich sicher seit 1822, vermutlich jedoch schon – einzeln aufgeführt – in früheren Inventaren nachweisen läßt. Trifft diese Vermutung auf Altbestand zu, so verwirrt weniger das Augsburger Buntpapier von Johann Wilhelm Meier (1713-1784) als der bisher nicht aufgeschlüsselte Schlagstempel »NANCY« auf der Vorderkante der obersten Schublade.[51]

Die Kommoden werden von Stühlen flankiert, die als »vielleicht Spindler, um 1755/60«[52] oder »Bayreuth, um 1750«[53] klassifiziert wurden. Es handelt sich hierbei um Teile aus zwei Stuhlsätzen von ehemals 40 (jetzt 39, ein Stuhl geplündert) Speisesesseln, die heute aufgeteilt im Palmenzimmer und der Eremitage (Raum 2) Platz gefunden haben.[54] Sie repräsentieren einen fränkischen Stuhltyp[55] und stammen aus Schloß Ansbach. Nach Bayreuth kamen sie 1929 aus dem Gardemeuble der Münchner Residenz, wohin 1897 zunächst 22, 1899 dann 18 Stühle aus Ansbach verbracht worden waren.[56] Die beiden Garnituren zeigen kleine Unterschiede in der Zargenschweifung und Lehnenhöhe. Auf einigen Stühlen befindliche schwarze Pinselnummern, bzw. blaue Schablonennummern verweisen auf das Ansbacher Inventar von 1865, sie lassen sich jedoch bis in das Jahr 1807 archivalisch an verschiedenen Standorten nachweisen und gehören gewiß zum dortigen Altbestand, da solche Gebrauchsstühle vermutlich nach dem Aussterben der Bayreuther Linie nicht zur Verwendung in Ansbach erforderlich waren.

SPIEGELSCHERBENKABINETT (RAUM 6)

Im Spiegelscherbenkabinett, dessen klassizistische Deckenverkleidung erst zu Beginn der 20er Jahre wieder abgenommen wurde[57], kann man den krausen Exotismus der Wilhelmine am besten studieren. Deshalb fällt die Abschreibung des kleinen Tischchens mit Rautenmarketerie aus Rosenholz und einer Metallkante als Bayreuther Erzeugnis nicht sehr ins Gewicht.[58] Das Möbel stammt aus der Residenz München und wurde dort als »1 Tisch von

Olivenholz eingelegt, auf 4 gebogenen Füßen, eine Schublade m. Beschläge und Einfassung von weißem Gürtlermetall« anschaulich beschrieben.[59] Das der Beschlag kein Schlüsselloch ziert, sondern ebenso blind aufgesetzt ist wie die seitlichen Zierelemente, scheint eine Überarbeitung des 19. Jahrhunderts vorzuliegen. Das optisch nicht unähnliche, vom Toiletten- zum Schreibtisch umgearbeitete Pendant gegenüber besitzt ebenfalls manipulierte Beschläge, taucht auch erst im Gardemeuble der Residenz 1874 auf und kam 1925 aus München nach Bayreuth.[60] Tatsächlich scheinen beide Möbel derselben Münchner Restaurierungswerkstatt ihr heutiges Aussehen zu verdanken.

Die im AF 1957 als »einfache Rokokostühle (Bezüge erneuert)« beschriebenen Stühle besitzen in Wahrheit eine weit edlere Abkunft. Sie gehören aufgrund ihrer roten Inventarnummern »Lit. A. No. 11« zur Erstausstattung des Speisesaals Max III. Josephs in der Münchner Residenz und wurden 1769 (fol. 45v) beschrieben: »30 Sessel mit geschnittenen, Weiß grundiert und zier vergoldeten gestellen auf geis füssen. Die Siz und Ruckwände daran seynd vilfärbig geblumt und mit Kreuzel Nad gestücket«.[61]

Salon mit der Golddecke (Raum 7)

»Als alter Inventarbestand« bewertet, fiel stets der Damensekretär mit verspiegeltem Aufsatz aus Rosenholz mit gravierten Zinneinlagen und vergoldeten Bronzebeschlägen in diesem Raum auf.[62] Man schrieb ihn Spindlers zu, da sie »nicht erst in Potsdam als Ebenisten gearbeitet haben, sondern schon in Bayreuth eingelegte Möbel gefertigt haben.«[63] Da nur der Glaube, es wäre Bayreuther Altbestand, Auslöser dieser Betrachtung war, unterstützen einerseits die Archivalien auf eine Transferierung aus München im Jahre 1890[64], andererseits stilkritische Vergleiche auf gesicherte Werke des Ansbacher Kunstschreiners Martin Schuhmacher und die Datierung auf etwa 1740. Der Standort des Möbels vor 1868 liegt weiterhin im Dunkel.

Gleichzeitig mit dem Schreibmöbel wurde 1890 auch die kleine zweischübige Kommode aus geometrischem Rosenholzfurnier mit Marmorplatte transferiert, die in der Münchner Hofwerkstatt um 1750/60 entstanden sein dürfte.[65]

Japanisches Zimmer (Raum 8)

Die Entdeckung und Restaurierung des einzigartigen Wand- und Deckenstucks im Jahr 1898[66] erforderte eine entsprechende Möblierung des Raumes, der einst das Schlafzimmer Wilhelmines war.

2. Fauteuil aus der Sitzgarnitur im Japanischen Zimmer, Bayreuth, um 1755. Fassung 1903 vollkommen erneuert.

3. Tisch mit geschnitztem, vergoldeten Gestell
und Marmorplatte, Bayreuth, um 1755

Man entschied sich nach Abschluß der Arbeiten zur Möblierung als Salon, wofür eine (heute die einzige) Bayreuther Sitzgarnitur – ehemals in der Eremitage – herangezogen, allerdings durch Anpassung an die Wandfassung farblich vollkommen verändert wurde (Abb. 2).[67] Stilistisch mag die 1899 erfolgte Transferierung der zwei Pfeilerkonsolen aus der Würzburger Residenz[68], die 1900 neu gefaßt wurden und neue Marmorplatten erhielten[69], für diesen Raum befriedigen. Nachdem 1903 die Arbeit an Möbeln und Wandflächen abgeschlossen war[70], fertigte der Bayreuther Bildhauer Arthur Geier 1905 den heutigen Tisch samt Fassung.[71]

Im Zuge der Neukonzeption wurde nun ein schmaler, allseitig reich mit geriestem Muschel- und Rocaillewerk beschnitzter Tisch, dessen Marmorplatte vielleicht sogar ursprünglich ist, aus der Eremitage hierher transferiert (Abb. 3).[72] Obwohl er sich im Alten Schloß der Eremitage seit 1785 nachweisen läßt, kann er aufgrund seiner asymmetrischen Komposition nicht für die dortigen Räume entstanden sein, deren dekorativer Stuck noch der Symmetrie des Hochbarock verhaftet ist. Ein Vergleich zwischen der Zargenschnitzerei und den Rocailleformen des Thrones der chinesischen Göttin Kuan Yin im Zentrum der Decke erlaubt hingegen zumindest eine ästheti-

4. Detail aus der Decke des Japanischen Zimmers

5. Fauteuil, Louis Cresson gestempelt, Paris, um 1740, Fassung erneuert

sche und zeitliche Nähe zu dieser Ausstattung (Abb. 4). Die Zuschreibung an Johann Georg Ziegler (gest. 1749) läßt sich demnach nicht mehr halten und sollte in Johann Schnegg geändert werden.

PASTELLZIMMER (RAUM 9)

Im Pastellzimmer entpuppten sich die »Rokokoarmlehnsessel mit Rohrgeflecht, Bayreuth, um 1760« bei entsprechender Beachtung ihres Schlagstempels auf der rückwärtigen Zarge als Teile einer exzeptionell umfangreichen Sitzgarnitur des Pariser Stuhlmachers Louis Cresson, um 1740 (Abb. 5). Leider ist auch sie nach Bayreuther Manier in einzelne Gruppen und Grüppchen zerteilt worden.73 Faßt man den Bestand an gestempelten und ungestempelten (wohl im 18. Jahrhundert ergänzten) Fauteuils und Stühlen zusammen, ergibt sich die stolze Zahl von 12 Fauteuils und 8 Stühlen. Da sich in diesem Fall keine Transferierungen nachweisen ließen, gehört dieses einzigartige Ensemble mit großer Sicherheit zum historischen Bestand der Bayreuther Schlösser.

ALTES MUSIKZIMMER (RAUM 11)

In diesem Raum dominiert die Decken- und Wandgestaltung, doch besitzt die stets aufgrund ihres schlechten Erhaltungszustandes als »Stühle mit Rohrgeflecht, um 1765« abqualifizierte Sitzgarnitur kunsthistorischen Schlüsselcharakter. Die Sitzbank und die vier Fauteuils[74] schmückt auf der Zarge ein Blütenmotiv mit drei dünnen Blättern, das sich bei genauem Hinsehen noch auf acht weiteren Fauteuils finden ließ, die nach dem Krieg quer durch die Bayreuther Schlösser verteilt wurden.[75] Diese eigentlich beachtliche Garnitur eines Kanapees (Abb. 6) und 12 Fauteuils kam in den 20er Jahren sukzessive aus Nymphenburg und (via München) aus Berchtesgaden, wurde teilweise für die Ausstattung des Italienischen Baus farblich verändert und durch die Aufteilung ihres Garniturcharakters enthoben. Die ursprüngliche Provenienz lag allerdings nicht in Bayern, wie ein Vergleich zu einer Reihe von Fauteuils zeigt, die in der Versteigerung des Markgrafen von Baden angeboten wurden.[76] Es läßt sich wohl stimmig schließen, daß die Bayreuther Bestände im Zuge der Übersiedelung Karl Theodors 1777 oder Max IV. Josephs 1799 aus der Pfalz nach Süddeutschland gelangten und zunächst in Nebenresidenzen mehr verwahrt als genutzt wurden.

Im Alten Musikzimmer stehen zwei nicht zugehörige, jedoch ausgezeichnet geschnitzte Stühle bei dieser Garnitur[77], deren Vervollständigung zu einem Sechser-Satz durch Paare in der Eremitage und Sanspareil möglich ist.[78] Allesamt in den 20er Jahren transferiert, könnte die Garnitur bei einer einheitlich abgestimmten, weiß-goldenen Fassung zu einem exemplarischen Ensemble pfälzischer Schreinerkunst werden[79], da auch sie im Katalog Baden-Baden Vergleichsstücke besitzt.[80]

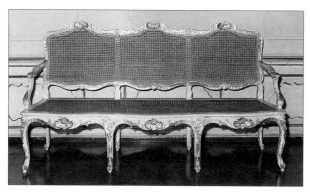

6. Kanapee aus einer weiß-gold gefaßten Garnitur, südwestdeutsch (oder Straßburg), um 1765

GOBELINSAAL (RAUM 13)

Nach Kriegsverlust der beiden vergoldeten Pfeilerkonsolen[81] verzeichnete erst der AF 1972 die zwei Konsoltische[82], die sich durch ihre eigenwillige Anpassung der Füße an den Boden auszeichnen (Abb. 7) und dem Bildhauer

7. *Konsoltisch,
weiß-gold gefaßt,
ergänzte Marmorplatte,
Bayreuth, wohl
Johann Schnegg,
vor 1758*

Johann Anton Dorsch um 1770 zugeschrieben werden[83], und fügt hinzu »einer erneuert«.[84] Hier schleicht sich jedoch die Vorstellung ein, es wäre eine 1:1 Kopie angefertigt worden, während es sich in Wirklichkeit ehemals um einen rechteckigen Tisch mit tief angesetztem Kreuzsteg handelt, der erst um 1901 aus der Eremitage ins Neue Schloß transferiert wurde (Abb. 8).[85] Das Möbel stand in der Eremitage nach Inventareinträgen seit 1785[86], doch spricht die asymmetrische Behandlung der Zargen und der sehr ähnlich gestaltete Kreuzsteg wie bereits bei dem erwähnten Tisch im Japanischen Zimmer für eine Anfertigung im Zusammenhang mit dem Neuen Schloß vor 1758. Ich halte es für denkbar, daß die Eremitage vom Neuen Schloß einige Möbel erhielt, nachdem die Hinterlassenschaft der Wilhelmine aus diesen Räumen abtransportiert worden war.[87] Im Zweiten Weltkrieg wurde der Tisch an einer Längsseite zu einem Drittel stark beschädigt und verlor seinen

8. Historische Aufnahme nach 1901 mit den ursprünglich rechteckigen Tisch aus Abb. 7

Kreuzsteg, der einer Wiederverwendung als Konsole (jetzt am rechten Pfeiler) auch entgegengestanden hätte. Der linke Tisch ist eine neuzeitliche Kopie.

Die Neukonzeption entfernte aus diesem Raum die geschnitzte Sitzgarnitur »Bayreuth, um 1765«[88], die sich als Teil jener zwei Garnituren herausstellte, die 1890 aus dem v. Gumppenberg'schen Nachlaß angekauft wurden.[89] Da sich auch in München, im Direktionsbüro des Landesamts für Denkmalpflege, eine identische Garnitur befindet, sicherte eine Überprüfung ihrer Inventaretiketten im Fahrnisverzeichnis der Residenz diese Provenienz: »um 1850, aus dem Palais Gumppenberg, Hotel Continental«.[90] Es handelt sich um Möbel im Stil des frühen Historismus, die entweder in München oder Frankreich entstanden sein könnten.

Als Ersatz für die Sitzmöbel dient derzeit ein spektakuläres Kommodenpaar, wovon eine Hälfte 1929 aus München in die Eremitage, die andere Hälfte ins Neue Schloß und später nach Sanspareil gebracht wurde (Abb. 9).[91] Durch die geschwungenen Seitentürchen, den locker vom niedrigen Fußgestell abzuhebenden Korpus und die geometrischen Bandintarsien, die leicht voneinander differieren, reihen sich die Kommoden in eine Gruppe gleichgestalteter Möbel, die sich heute in Schloß Nymphenburg und Berchtesgaden befinden, jedoch soweit nachweisbar im 18. Jahrhundert alle in Schleißheim standen.[92] Ihre Entstehung in der Münchner Hofwerkstatt um 1740 ist anzunehmen.[93]

9. Kommode mit Seitentüren aus einem Paar, Nußbaumfurnier mit Bandintarsien aus Ahorn und Zwetschge, vergoldete Bronzebeschläge, München, um 1730/40 (siehe Farbtafel 6)

PAGODENKABINETT (RAUM 14)

Den Raum schmückt heute ein reich bemalter Lackkabinettschrank, 1. Viertel 18. Jahrhundert, der aus dem Besitz der Familie von Kotzau stammt[94] und im Zuge des Museumskonzepts aus dem Kunsthandel erworben wurde, um dem Inventar von 1785: »1 schwarz lackierter, chinesischer Schrank, gehört der Frau Markgräfin«[95] inhaltlich und optisch gerecht zu werden.

*10. Pultschreibtisch,
heute braun-gold gefaßt,
süddeutsch, um 1755*

BRAUNER SALON (RAUM 15)

Außer dem Thronsessel im ehemals mit dem folgenden Raum als Audienz-zimmer dienenden Zimmer befanden sich 1785 hier »11 Fauteuils mit wei-ßen, dann goldenen und bunten Blumen lackierten Gestellen, Sitz- und Rückwände mit ponceau Samt und vergoldeten Nägeln beschlagen«.[96] Ihr Eindruck war sicher leichter und lebendiger, als die dunkelbraune Fassung mit Gold, die den heutigen Sitzmöbeln eigen ist, um aus Resten größerer Garnituren durch gleiche Polsterung ein einheitliches Ensemble zu schaffen. Ein Blick auf die Zargen zeigt jedoch deutliche Unterschiede. Ein Wiederer-kennen bieten das Kanape[97], dessen Pendant im Japanischen Zimmer steht, sowie die Stühle, die wohl zeitgenössische Kopien der gestempelten Cres-son-Möbel sind.[98] Immerhin handelt es sich auch bei den Fauteuils um Bayreuther Altbestand, wenn auch ehemals in der Eremitage befindlich.[99]

Einen empfindlichen Verlust dürfte die Abschreibung des bereits im AF 1957 »vielleicht Spindler« zugeschriebenen Damenschreibtisches sein, dessen erst Ende des 19. Jhs. mit aufgenagelten Schnitzereien verzierte Pultdeckel mit viel Aufwand nach dem Krieg erneuert wurde (Abb. 10).[100] Eine wahre Fülle von Inventaretiketten und -nummern auf der Unterseite läßt seinen »Lebenslauf« eindeutig rekonstruieren: auf einem Umweg über das Garde-meuble der Residenz kam das »Schreibkastl« 1928 in seinem heutigen Zu-stand nach Bayreuth. Bis 1865 gehörte es zum Bestand von Schloß Nym-phenburg, der es 1857 listet: «1 dergl. (Schreib) Pult, geschnitzt und braun lackiert mit dergl. Klappe, innen von eingelegt, poliert Nußbhlz, mit mehre-ren drgl. Schubläden, mit Bronzehandhaben u. Schildchen«. Im Glasergang und im Zimmer des Kammermusikus läßt sich das Möbel bis 1818 als »1

Schreibkastl v.h.H. mit grauen Schnitzwerk und blau lackiert, inwendig 6 Schubladen mit bronz. Handhaben, und mit schwarzen Leder belegt« nachweisen. Kalkuliert man eine Verschmutzung der Oberfläche ein, könnte es sich um einen der beiden »Schreibkästen von Bildhauer Arbeit, weis und blau laquiert« handeln, die sowohl 1774 als auch 1784 im blau lackierten Kabinett des Kurfürsten standen, das 1800 neu möbliert war.

Mag man auch eine »Verwandtschaft der Dekorationsweise – flacher Golddekor auf dunkel lackiertem Fond« mit dem gegenüberstehenden Tisch assoziieren[101], so war doch Kreisels Schluß, daß beide Möbel für »diesen Raum« gefertigt wurden und deshalb von Spindler sein müßten, irrig.[102] Auch wenn sich die billige Imitation von Nußbaumholz durch Lasur gut mit den finanziellen Problemen des Bayreuther Markgrafenhofes erklären läßt, entstand sie erst kurz vor dem Transfer des Tisches aus der Eremitage im Jahr 1899. Davor verzeichnen nicht nur das Inventar der Eremitage, sondern auch Einträge im Inventar von Berchtesgaden – woher das Möbel 1885 kam – seit 1852 einen »Tisch von Nußbaumholz, eingelegt und vergoldet«.[103] Die eingelegte Tischplatte ging übrigens erst im Zweiten Weltkrieg zugrunde und wurde mit der schwarzen Marmorplatte eines Kirschbaumtischchens ersetzt, das seinerseits den Weltkrieg nicht überlebte.

BILDERZIMMER (RAUM 16)

Kurz gesagt handelt es sich bei dem leicht voreinander unterschiedlichen Kommodenpaar, die seit 1957 als »Bayreuth (vielleicht Spindler), um 1750/60« bezeichnet wurden[104], um einen Prototyp der Münchner Hofkommode, wie er in Appartements der Residenz und Nymphenburgs weit verbreitet war. Alte Inventarbezeichnungen auf diesen, wie auf ähnlichen Kommoden in der Eremitage[105], Berchtesgaden und Nymphenburg verweisen auf eine zahlenmäßig kaum zu erfassende Gruppe von Kommoden, die im Zusammenhang mit den Möbeln des 17.-18. Jahrhunderts der Münchner Residenz demnächst vorgestellt werden.

PALMENZIMMER (RAUM 17)

Im Palmenzimmer konnte im Zuge der Neukonzeption ansatzweise das frühere Aussehen rekonstruiert werden. Auffällig waren bei der Begutachtung die freigelassenen Flächen an den Fensterpfeilern unterhalb der Spiegel, daß sie keine vergoldeten Schnitzereien in Blatt- und Schilfformen aufwiesen wie die gegenüberliegende Wand. Diese dreieckigen Aussparungen und große Bohrlöcher in der Wandverkleidung wiesen auf ehemals hier befindliche Konsolen hin, die das Inventar von 1785 als »5 Tische aus Streitberger Marmor mit vergoldeten Konsolen« bezeichnete, die zwischen 1793 und 1813 verschwanden. Aufgrund der Form, der Höhe und der Ästhetik könnten die beiden naturalistisch als Baumstrünke geschnitzten Konsolen mit weißen »Streitberger« Marmorplatten die Reste dieser Fünfergruppe sein, die nun wieder am zweiten und fünften Fensterpfeiler angebracht wurden (Abb. 11).[106]

MUSIKZIMMER (RAUM 19)

Im Musikzimmer entstand durch von München veranlaßte Änderungen ein Raumeindruck, der sich vom ursprünglichen Zustand vermutlich stark unterscheidet. Lediglich die Decke bewahrte ihr historisches Aussehen. Die ehedem unverkleideten Wände erhielten 1894 eine Bespannung aus Genueser Samt, die zuvor in Veitshöchheim war und neben den Fenstern durch gemalte Imitationen ergänzt wurde. Der Kamin kam erst 1891 aus der darunterliegenden Bildergalerie hierher, erhielt dann den Spiegel darüber und wurde 1898 mit dem schmiedeeisernen Gitter versehen.

Die Neukonzeption sieht für diesen Raum Musikinstrumente aus der Zeit

11. Konsole in Form eines naturalistischen Baumstrunks aus einem Paar, goldgefaßt, weiße Marmorplatte, Bayreuth, um 1755 (siehe Farbtafel 5)

der Markgrafen vor, wobei die jetzt ausgestellte Traversflöte mit Quantz' schem Auszug, die um 1750 in der Potsdamer Werkstatt des Friedrich Gabriel Kirst entstanden ist, einen sinnreichen Anfang macht, da Quantz der Flötenlehrer von Friedrich d. Großen und dem Bayreuther Markgraf Friedrich gewesen ist.[107]

SCHLAFZIMMER (RAUM 20)

Der bereits erwähnten Reise des Schloßverwalters Siegler nach Ansbach von 1890 ist die qualitativ hervorragende Sitzgarnitur diesem Raum zu verdanken.[108] Ihr originärer Standort war seit 1807 (und wohl auch davor) das Audienzzimmer (Ansbach, II. Etage, R 35). Der geschlossene Eindruck dieses Ensembles, das um 1760 entstanden sein dürfte, wird durch den dazugestellten Tisch im Neobarockstil verfremdet, der aus dem v. Gumppenberg'schen Nachlaß stammt (s.o.).

In diesem Raum steht auch eine klassizistische Deckelvase mit aufgewölbten Handhaben, deren runder Reliefstempel WEDGWOOD & BENTLEY ETRURIA sie als englisches Erzeugnis um 1775/80 ausweist.[109] Friedrich Hofmann hielt sie – trotz Wissens um ihren Transfer 1925 – für ein Erzeugnis der Bayreuther Fayencemanufaktur, die um 1810 auch schwarze Ware hergestellt haben soll.[110] Sie stammt aus Schloß Nymphenburg, wo sie sich seit 1818 nachweisen läßt, ebenso wie das derzeit deponierte Paar Kaminvasen mit Henkeln und Lorbeerfries[111], das im Wittelsbacher Album auf einem Aquarell des Billardzimmers von Friedrich Ziebland 1820 dargestellt sind.

RESÜMEE

Das heutige Erscheinungsbild des Neuen Schlosses ergibt sich aus zwei voneinander unabhängigen Elementen: der Raumarchitektur mit Stuck und Wandgliederung sowie der später hinzugefügten Ausstattung. Der Stilkritiker sollte sein Augenmerk also stets »nach oben« lenken, wo sich der krause, oftmals bizzare Stil Wilhelmines gut ablesen und sich an einigen ausgefallenen Objekten verifizieren läßt.

So führt die Spur einer 1995 in die Eremitage verbrachten Kommode[112], die im AF 1957 als »in Rokokoformen« zum Stilmöbel abgetan[113] im Schlafzimmer (Raum 20) stand, zum Altbestand des Neuen Schlosses am Sonnentempel (Abb. 12). Ihr historischer Standort war dort seit mindestens 1785 das »grün laquürte Zimmer mit vergoldeter Vertäfelung«, dessen Aussehen sich die Kommode mit einem (zwischen 1882 und 1902 weiß gefaßten) »grünen Fond und vergoldetem Laubwerk« anpaßte.[114] Datiert man das Möbel in die Bauzeit des Neuen Schlosses, so zeigt sie in Proportion und mit ihren girlandenförmigen Lorbeergehängen einen eigenwilligen Rokokostil antikisch-italienischer Prägung, der von der Reise des Markgrafenpaares im Jahr 1754/55

*Abb. 12 Kommode, heute weiß-gold gefaßt,
ursprünglich grün-weiß-gold, Bayreuth, um 1755*

beeinflußt sein dürfte. Ebenso spiegelt eine schwer einzuordnendes Gefäß aus bronziertem Ton mit abnehmbaren Oberteil, das ursprünglich keinen Boden besaß und durchgehend hohl war, den originellen Geschmack Wilhelmines.[115] Inventarrecherchen ergaben, daß es sich dabei um eine »Ofenvase« aus dem Schlafzimmer des Markgrafen handelt, die einen eisernen Kanonenofen bekrönte, weshalb sie als Hohlform aus Ton geeignet war, der Hitze standzuhalten. Nachdem der Ofen entfernt worden war, wurde das Objekt zur Dekoration benutzt. Auf der Schulter der im französischen Stil der Regence (vgl. Entwürfe von Berain) gehaltenen Vase liegt eine grimasseschneidende Maske, die in Malereien in den Sockelvertäfelungen im Audienzzimmer Wilhelmines im Alten Schloß der Eremitage ihren Vergleich findet.

*Abb. 13 Ofenvase
aus Ton, vergoldet,
Bayreuth um 1755*

117

Das Beispiel des Neuen Schlosses in Bayreuth und seine Möblierungsgeschichte werfen ein neues Licht auf den Begriff »Altbestand«, der bei historischer Forschung bisher den Stellenwert der Authentizität besaß. Nicht jedes Herrscherhaus besaß im 19. Jahrhundert so viele Residenzen wie die Wittelsbacher, doch könnten Recherchen in den – vergleichsweise jungen – Quellen vor und nach der Jahrhundertwende auch in anderen Regionen vergleichbare Ergebnisse bringen. Zukünftige Forschungen zu Beständen des 18. Jahrhunderts sollten deshalb auch Quellen der jüngeren Vergangenheit entsprechendes Gewicht zumessen.

ANMERKUNGEN

1 Sigrid Sangl, Spindler?, in: Yearbook Furniture History Society 1991, Leeds, 1992, p. 22-34
2 siehe hierzu ausführlich P. O. Krückmann, »Das Bayreuther Museumskonzept« in, Journal der Bayerischen Verwaltung der staatlichen Schlösser, Gärten und Seen, München 1995, S. 100-107
3 Regine Gerisch, Rekonstruktion der Ausstattung des Alten Schlosses der Eremitage zu Bayreuth und des Neuen Schlosses in Bayreuth vom 18. Jahrhundert bis heute anhand der Schloßinventare, München, 1992, Maschinenmanuskript (Archiv der SV)
4 GHA, Nr. 162, Nr. 1, Brief Kgl. Finanz Administration des ehemaligen Fürstenthumes Baireut vom 21.12.1811 an der Obersthofmeisterstab München
5 GHA, Nr. 162, Nr. 1, Brief Schnegg vom 4.11.1813 nach München
6 GHA, Nr. 162, Nr. 1, Liste der Bewohner vom 1.10.1813
7 GHA, Nr. 162, Nr. 1, Brief Schnegg vom 10.12.1813 nach München
8 GHA, Nr. 160, Brief Türheim vor dem 5.3.1813 nach München
9 SV Bayreuth, Rechnung über die durch Aufnahme und Bewirtung Ihrer Maiestaet der verwitweten Kaiserin von Rußland im königlichen Schloße zu Baireuth sich ergebenen Kosten, am 10ten Oktober 1818 nebst Bericht und Zubehör (letzerer fehlt heute)
10 GHA Nr. 161, Nr. 4, Bericht der Verwaltung vom 19.10.1818 nach München
11 GHA Nr. 161, Nr. 4, Bericht der Verwaltung vom29.1.1819 nach München
12 GHA Nr. 161, Nr. 5, Vorschlagsliste zur Versteigerung vom 5.7.1821 nach München
13 GHA Nr. 161, Nr. 6, Verzeichnis über diejenigen Möbels und Effekte, des K. neunen und alten Schloßes zu Baireuth, welche sich zum Verkauf eignen.
14 sie sind noch im Inventar von 1838 enthalten, siehe unten.
15 GHA, Nr. 161, Nr. 8 Abrechnung vom 25.3.1823 über 461,8_fl
16 GHA Nr. 161, Nr. 10
17 SGV Bayreuth, Verzeichnis der in dem Appartement Sr. K. Hoheit des Prinzen Herzog Pius befindliche königl. Meubles und Effekte, aufgenommen den 18ten Februar 1829
18 SGV Bayreuth, A Auszeige über die seit dem Regierungs-Antritte Seiner Majestät unsers allergnädigsten Königs, vom Jahre 1825/26 bis zum Jahre 1843/44 inclusiv, bei dem Ameublement des königl. Schloßes zu Bayreuth sich ergebenen Zugange, respve neuen Anschaffungen nebst Kostenbrechnung derselben nach den Jahresrechnungen
19 SGV Bayreuth, Zu- und Abgangs-Journal zum Inventare des K. Schloßes Bayreuth 1894-1907, bzw. Aufforderung zur Abgabe vom 22.5.1900

20 SGV Bayreuth, Inventarium des im Königlichen Schloße in Bayreuth befindlichen herrschaftlichen Ameublements, nach der Verschiedenheit der Benennung der Meubles zu-
sammengestellt. Aufgenommen im Jahre 1838.

21 HStA, Schlv 328

22 HStA, Schlv 328, »A. 12 Pfeilertische mit Marmorplatten unter welchen 5 reich und
schön gearbeitete, 4 einfach und 3 [???] und nicht ge[???] sind.

B. 2 Ecktischchen mit Marmorplatten – gut gearbeitet

C. 1 Spiegelrahmen – gut.

D. Garnituren von Kanapee, Fauteuils u. Taburetts.

a 1 Kanapee, 6 Fauteuils – ordinär

b 2 Fauteuils – ganz gewöhnlich

c 5 dito – nicht brauchbar

d 1 Kanapee und 4 Fauteuils, blaßgelb lackiert mit Vergoldung – gut.

e 6 Fauteuils – einfach

f 1 Ruhebett mit 4 Fauteuils – einfach

g 1 kleines Kanapee mit 6 Sessel – einfach

h 4 Fauteuils – dito

i 4 Fauteuils lackiert mit Gold – gut

k 4 Fauteuils mit 3 Taburetts – dito

l 2 Fauteuils grün mit Vergoldung – dito

m 5 dito gelb mit Gold – gewöhnlich

n 2 Taburetts – gut«

23 SGV Bayreuth, Zu- und Abgangs Journal zum Inventare des königl. Schloßes Bayreuth
vom Jahre 1865/66 bis inclus. [erg. 1874]

24 freundliche Auskunft Frau Dr. Sangl, auch der Zugang läßt sich nicht mehr rekonstruieren

25 SV Nymphenburg, Res.Mü. Abt. III, Depot Bd. I, 1929, fol. 252, Lit. C Schreibsekretä-
re, Nr. M19+20, dahinter Standort Depot, mit Bleistift »Odyssee G.M.«, von fremder
Hand »fehlt«

26 SGV Bayreuth, Etat Möblierung pro 1877/78, Brief vom 11.10.1878 nach München

27 SGV Bayreuth, Zu- und Abgangs Journal zum Inventare des königl. Schloßes Bayreuth
vom Jahre 1865/66 bis inclus. [erg. 1874]

28 das passende Bett »Kopf, Fuß u. Seitentheile mit rothem Cretonne austapeziert nebst
Federmatraze« kam zus.mit Matrazen, Polster, Couvert und einem Ofenschirm erst am
16.1.1873

29 SGV Bayreuth, Akt Hofhaltungen o.Nr., Bamberg, Uhren, Vasen, Girandolen, Gemälde; Würzburg, Teppiche, Bettvorlagen, Möbel, Bettzeug; Residenz München, Tische,
Lampen, Schreibgarnituren, Papierkörbe, Aschenschalen, Zündholzständer, Kleider-
ständer, Spanische Wände, Spiegel, Leuchter.

30 SGV Bayreuth, Inventar Vervollständigung Fach 6 Akt 2, Brief vom 23.5.1890 München
an Bayreuth

31 SGV Bayreuth, Inventar Vervollständigung Fach 6 Akt 2, Verzeichnis vom 12.6.1890

32 SGV Bayreuth, Inventar Vervollständigung Fach 6 Akt 2, Genehmigung von München
am 10.1.1893

33 SGV Bayreuth, Inventar von 1907 mit Angabe des Standorts von 1892

34 SGV Bayreuth, Verzeichnis über die aus dem K. Schlosse Bayreuth an den K. Oberst-
hofmeistertabe in München abgegebenen Inventargegenstände

35 SGV Bayreuth, Verzeichnis der im Jahre 1914 von Eremitage nach Bayreuth transferierten Inventargegenstände

36 Rudolf Esterer und Heinrich Kreisel, Instandsetzung und Ausgestaltung der staatlichen bayrischen Schlösser in Franken, in: Deutsche Kunst und Denkmalpflege, Jg. 1934, S. 17

37 Esterer/Kreisel, S. 17/18

38 SGV Bayreuth, Einträge der Abgänge im Gattungsinventar von 1901

39 Hans Ottomeyer, Zopf- und Biedermeiermöbel. Katalog der Möbelsammlung des Münchner Stadtmuseums unter Mitarbeit von Eva Langenstein, München 1991, S. 8

40 Ottomeyer 1991, S. 119, Nr. 30; S. 1140f, Nr. 47; S. 173, Nr. 91

41 SGV Bayreuth, Möblierung pro 1897, Brief vom 3.3.1897 von München nach Bayreuth »Da sich 4 Gobelins gefunden haben, bin ich noch auf die Suche nach Bildern über die 3 Thüren als Surports gegangen und habe auch da Glück gehabt.«

42 AF 1972, S. 37; BayNS.M 60+61

43 SGV Bayreuth, Transferierungsliste 1884

44 SV Nymphenburg, Nr. 232, 230, 229 und 228

45 SV Nymphenburg, Nr. 226, fol. 45

46 SV Nymphenburg, Nr. 223, fol. 41

47 Inv.Nr. S.N.S. M 2-3

48 Inv.Nr. BayNS.M4 und BayEr.M32

49 BayEr.M32

50 BayNS.M22+M23; Kreisel 1956, S. 28, Abb. 30; Kreisel/Himmelheber II 1980, Nr. 710

51 BayNS.M62+63

52 AF 1957, S. 37

53 Kreisel/Himmelheber II 1980, Nr. 714

54 BayNS.M110-115, M176-202; BayEr.M7,1-6 in Raum 2

55 Heinrich Kreisel, Fränkische Rokokomöbel, Darmstadt 1956, S. 29, Abb. 27

56 SV Nymphenburg, Gardemeuble Residenz München 1874, Nr. x2, fol. 31, Nr. 1209 und fol. 33, Nr. 1229

57 Friedrich Hofmann, Bayreuth und seine Kunstdenkmale, München 1902, S. 76, Abb. 86 Zustand des Raumes mit abgehängter Decke

58 BayNS.M11

59 SV Nymphenburg, Gardemeuble Residenz München 1874, Nr. x2, fol. 123

60 SV Nymphenburg, Gardemeuble Residenz München 1874, Nr. x2, fol. 45; Zwischen 1916 und 1923 in der Hauptmöbelkammer von Schloß Nymphenburg, dann wieder Residenz, Depot.

61 siehe hierzu die demnächst erscheinende Publikation über die Möbel des 17. und 18. Jhds. der Münchner Residenz

62 BayNS.M49

63 Kreisel 1956, S. 30

64 SV Nymphenburg, Gardemeuble Residenz München 1874, Nr. x2, fol. 74; bereits im Gardemeuble von 1868 (SV Nr. 69, fol. 25, Nr. 1885) nachweisbar.

65 BayNS.M65

66 SV Nymphenburg, Bauakte Bayreuth 316 b 1/3, Brief vom 6.5.1898 von Bayreuth an kgl. Schlossverwaltung München, «... Schon längst bestand die Vermutung, daß im Zimmer No. 34, I. Etage des Kgl. Schlosses zu Bayreuth hinter den, mit Leinwand und blauer Tapete bespannten Wand- und Plafondflächen sich schönere Stuckverzierungen befinden würden.

Nun wurde auf Anordnung des Herrn Hofbaurat Handl in einer zünftigen Ecke ein kleines Stück losgelöst worauf schöne Verzierungen sich entpuppten.

Daraufhin wurde auf weitere Anordnung des Herrn Hofbaurat die ganze Bespannung sowie die eingezogenen spanischen Wände entfernt, was folgendes Resultat ergab:

Die Wände sind durch vergoldete Stuckleisten in Füllungen geteilt, die Stuckleisten um-
rankt von vergoldeten und in Lasurfarben gefaßten Laub-, Blumen- und Kaktusgewin-
den.

In Mitte der Füllungen fliegende Reiher, dann sonstige Vögel, auf den Blumenranken
sitzend.

Sockel vertäfelt mit vergoldeten Karniesleisten, welche ersterer wie auch Wände und
Decke in grünlicher Ölfarbe gestrichen sind.

Aus den Ecken des Plafonds wachsen Rosen und Palmbäume, deren Stämme vergoldet
und deren Blätter und Blüten in Lasurfarbe gestrichen sind.

In der Mitte unter einem, an Palmen aufgehängten Baldachin eine auf einer goldenen
Muschel sitzende weibliche Figur, deren Gewanddraperien vergoldet und deren
Fleischteile in weißem Gips gehalten sind; darunter ist ein in Lasurfarbe gehaltenes
Wasser.

Über den Türen sind Sourportfüllungen mit Blumenranken und Vögel.

Die Zwischendecke bestand aus einem Gitterwerk in Holz, an welchem die Leinwand-
decke befestigt war und welche etwa 40 cm von der Stuckdecke frei lag.

Die Wand gegen der Kanzlei ist durch Versetzen von Thüren am meisten beschädigt;
das Übrige ist alles verhältnismäßig gut erhalten und es sind nur jene Stellen beschädigt,
an denen die Holzleisten zum Wandbespannen befestigt waren. Dieses Zimmer wird zu
den reichsten und reizvollsten im Kgl. Schlosse zu Bayreuth zählen.

Vermutlich sind in den zwei angrenzenden Zimmern Nr. 33 und 32 ähnliche Arbeiten
hinter einer Holzverschalung welche mit gefärbter Tapete beklebt ist, verborgen; dieses
wird auch bei den beiden Plafonds der Fall sein, was zu einer Nachforschung und Untersuchung Anlaß geben dürfte. gez. Kaspar Knorr, kgl. Schloßverwalter«.

Diese Arbeiten wurden erst in den 20er Jahren unternommen.

67 BayNS.M129-135, M136-138
68 SGV Bayreuth, Etat und Möblierung pro 1899
69 SGV Bayreuth, Etat und Möblierung pro 1900
70 SGV Bayreuth, Etat und Möblierung pro 1903
71 BayNS.M12, SGV Bayreuth, Etat und Möblierung pro 1905
72 BayEr.M29; Kreisel 1956, S. 28, Abb. 28
73 Neues Schloß, Raum 9: BayNS.M139-141; Raum 15: BayNS.M163-166; Raum 16:
BayNS.M172-175; Raum 19: BayNS.M210-211; Eremitage, Raum 28: BayEr.M5.01-05.
Morgenländischer Bau Sanspareil, Raum 4, SaMB.M22-23. Die dankenswerte Zusammenstellung erarbeitete erstmals Frau Müller-Bechtel während eines Praktikums bei der
Schlösserverwaltung.
74 BayNS.M143.01-05
75 Eremitage, Raum 5: BayEr.M4.01-02; Neues Schloß, Depot: BayNS.M247-248; Morgenländischer Bau, Sanspareil, Raum 6: BayNS.M249-252
76 Auktionskatalog Baden-Baden, Sothebys, Bd. I, Nr. 109
77 BayNS.M143.06-07, wohl süddeutsch, um 1760
78 Eremitage, Raum 5: BayEr.M4.03-03; Morgenländischer Bau, Sanspareil, Raum 5:
SaMB.M24-24.01
79 zumal die erst vor einigen Jahren erfolgte Restaurierung der Stühle in der Eremitage
sich bereits von der Grundierung zu lösen beginnt. Unrestauriert – und dadurch wohl
Maßstab – scheinen die Stühle im Musikzimmer des Neuen Schlosses zu sein.
80 Auktionskatalog Baden-Baden, Sothebys, Bd. I, Nr. 149
81 Kreisel 1956, S. 28, Abb. 29 ohne Hinweis zwischenzeitlichen auf Kriegsverlust
82 BayNS.M24-25

83 Kreisel/Himmelheber II 1980, Nr. 711

84 AF 1972, S. 54

85 Hofmann 1902, S. 79, Abb. 89 (Standort: Erstes Gobelinzimmer)

86 Inventar von 1785, o.S.: »im Zimmer neben dem Music-Zimmer: 1 Konsoltisch mit 4 Füßen, ganz vergoldet, mit einer rotgestreiften Marmorplatte«

87 Testament der Wilhelmine, Geh. Staatsarchiv Preussischer Kulturbesitz in Merseburg, HA Rep. 43 N1, Nr. 7

88 AF 1957, S. 49, Inv.Nr. BayNS.M152-156

89 BayNS.M101-102, 104; BayEr.M1,1-7

90 SV Nymphenburg, Fahrnisverzeichnis III, Depot, M227-287, davon zwei Stühle (282, 285) nach dem Krieg in die Eremitage

91 BayEr.M47 und SaMB.M3

92 Inv. Schleißheim, 1770, Lit. E No. 1, Apartement Herzog Clemens in Baiern

93 auch hierzu den Katalog der deutschen Möbel in der Münchner Residenz 17. – 18. Jahrhundert

94 Sigrid Sangl, »Ich bin Herr über das Meinige …«, Zu einem fränkischen Lackkabinett-schrank in Sanspareil, in: Weltkunst, Heft 13, 1. Juli 1992, S. 1780-1785

95 Staatsarchiv Bamberg, KDK Rep. C 9 IV, Nr. 2000: Consignation über sämtliche in dem hiesig hochfürstl. alten und neuen Schloß vorhandene Meubles und Geräthschaften, wie solche in den Zimmern bei der am 15. Aug. 1785 vorgenommenen, nachmahligen Revision richtig vorgefunden und beschrieben wurden.

96 Inventar Neues Schloß 1785, Staatsarchiv Bamberg, KDK Rep. C 9 IV, Nr. 2000

97 BayNS.M167

98 BayNS.M163-166

99 BayNS.M165-168

100 BayNS.M50

101 BayNS.M27

102 Kreisel 1956, S. 29, Abb. 34, 35

103 SV Inventare von Berchtesgaden 1852, Nr. 2280; 1863, Nr. 2280; 1881, Nr. 76 (alte Nr. 2280). Das Möbel trägt auf dem Gestell innen ein ovales Etikett mit Krone und 2280 in Tusche.

104 BayNS.M67 und 68

105 BayEr.M49, 51, 52

106 BayNS.M30+32

107 BayNS.V13

108 BayNS.M215-221

109 BayNS.K13

110 Friedrich Hofmann, Geschichte der Bayreuther Fayencefabrik St. Georgen am See, Augsburg 1928, S. 92

111 BayNS.K 10+11

112 BayNS.M69, Eremitage Raum 3

113 AF 1957, S. 54

114 Inv. Eremitage 1785, o.S.: »Ein Comod mit 3 Schubfächern grün lacquiert mit weiß und vergoldeten Laubwerk, auch weiß marmorner Platten«

115 SaMB.K1

BRIGITTE LANGER

Zwei Möbel des Pariser Ebenisten Etienne Doirat aus Schloß Schleißheim

Zwei französische Möbel des frühen 18. Jahrhunderts, Werke des Pariser Ebenisten Etienne Doirat (lebte gegen 1670-1732), die der Pariser Händler Granier 1727 in das Neue Schloß Schleißheim lieferte, stehen im Zentrum dieses Beitrags. Dabei handelt es sich um eine ehemals prunkvolle Kommode, deren Aussehen nur noch in alten Fotografien überliefert ist, da sie im Zweiten Weltkrieg vollständig zerstört wurde. Nur noch einige spärliche Relikte sind von ihr überkommen. Das andere Möbel ist ein Konsoltisch, heute in der Bamberger Residenz ausgestellt, der in seiner Gesamtwirkung durch den Verlust der Stegverstrebungen samt ihrer figürlichen Bekrönung von vergoldeter Bronze ebenfalls beeinträchtigt ist.[1]

Was diese Möbel dennoch so interessant macht, ist der nicht allzu häufige Fall, daß ihre Geschichte, also Besteller und Auftragssituation, Lieferant und Bestimmungsort, mittels Rechnungen und historischer Inventareinträge lückenlos aufgeschlüsselt werden kann. Da sich die Rechnungen für die wesentlich umfangreicheren Lieferungen französischer Möbel des frühen 18. Jahrhunderts in die Münchner Residenz nicht erhalten haben, bildeten die beiden Möbel Doirats für Schloß Schleißheim in der Aufschlüsselung dieses Möbelbestandes für den 1995 erschienenen Bestandskatalog eine wichtige Argumentationshilfe.[2]

Deshalb soll ihre Geschichte hier ausführlich dargestellt werden, zumal sie ehemals zur bedeutenden Ausstattung des Paradeappartements des Kurfürsten im Neuen Schloß Schleißheim gehörten. Zum anderen ist dies auch ein Beitrag zur Erschließung des Werkes von Etienne Doirat, der zu den großen Pariser Kunstschreinern am Übergang von der Stilepoche der Régence zum Rokoko zählt.

DIE KOMMODE

Das wertvollere Möbel war zweifelsohne die Kommode, deren Aussehen in Vorkriegsaufnahmen überliefert ist (Abb. 1, 2). Sie gelangte zusammen mit dem Konsoltisch 1926 aus der Residenz München in die Neue Residenz Bamberg, wo sie im Zweiten Weltkrieg vollständig zerstört wurde. Erhalten

1., 2. Kommode von Etienne Doirat für Schloß Schleißheim, Paris, 1727,
Aufnahmen um 1936 vor der Zerstörung der Kommode im Zweiten Weltkrieg

sind von ihr heute nur noch die drei Schubladenfronten mit Teilen des Bronzedekors sowie die beiden vorderen Stollen ohne Beschläge, von denen einer auf der Stirnseite den Stempel des Ebenisten »E. DOIRAT« trägt.[3]

Die Kommode repräsentiert in ihrem mächtigen, kastenförmigen Korpus auf kurzen, ganz von Bronze verkleideten Füßen und drei von auffallend dicken Traversen getrennten Schubladen einen frühen Typus aus der Stilepoche der Régence. Ungewöhnlich für diesen dreischübigen Kommodentypus ist die Ausstattung mit Seitenschränkchen, die den Zwischenraum, der sich aus den geraden Seitenstücken der Schubladen und der Trapezform des Korpus ergibt, ausfüllten. Diese Ausstattung mit Seitenschränkchen ist eher für die zweischübige Kommode auf hohen Beinen charakteristisch, deren Ausformung vor allem Charles Cressent entwickelt hat.[4]

Die Kommode war auf der Oberfläche nicht mehr furniert, wie es für die Kommoden des Louis XIV-Stiles charakteristisch ist, sondern bereits mit einer Marmorplatte gedeckt, die die Schweifungen von Front und Seiten des Korpus nachzeichnete und an den vorderen, gerundet vorspringenden Stollen geohrt war.[5]

Das Furnier der Kommode bestand ausschließlich aus Königsholz, einer zur Zeit der Régence als Furnier beliebten Palisanderart, das in geometrischen Mustern versetzt war. Die Schubladenfronten zierte innerhalb von Bandwerkumrahmungen Gitterwerk mit in Kreuzfuge versetzten Füllungen in der Art eines Diamantschliffmusters, die Stollen waren gebändert, die Seiten, soweit auf den Fotos erkennbar, gegenständig zur Achse diagonalfurniert.

Die einfache Parkettierung bildete den Grund für den üppigen, schweren Bronzedekor mit zahlreichen figürlichen Beschlägen. Auffallend ist zunächst die strenge Rahmung der Schubladenfronten und Seitentüren durch schmale Bronzeleisten mit Eierstabdekor, die an den Ecken durch Agraffen akzentuiert werden. Die sechs Schubladengriffe waren als gedrehte Ranken aus Eichenlaub und Eicheln beiderseits des mittleren Schildes gebildet. Die teil-

weise noch erhaltenen Schlüsselschilde im Zentrum der Schubladen zeigen ein Motiv nach Bérain, bei dem
beiderseits des Schlüsselloches
Sphingen auf C-Bögen lagern, deren
Oberkörper in der Art von Espagnolettes – Frauenbüsten in spanischer
Tracht – ausgestaltet sind. Die Seitentüren zierten große Rosetten aus
Akanthusblättern.

*3. Konsoltisch von Etienne Doirat
für Schloß Schleißheim, Paris, 1727,
Aufnahme vor der Restaurierung ohne
Säulenbeine und mit provisorisch
rekonstruiertem Steg
(siehe Farbtafel 8)*

Reicher figürlicher Schmuck
zeichnete die vorderen Stollen und
die Schürze aus. Die vorderen Bronzefüße zierte ein sorgfältig ausgear-
beiteter Löwenkopf, üppig umrahmt
von Akanthusranken. Die Eckbron-
zen waren mit Weinlaub umkränzte Satyrn auf punziertem Schild, die nach
unten in kräftigen Rankenkonsolen ausliefen. Die rückwärtigen Stollen, die
auf den Fotos nur schlecht erkennbar sind, waren nur ornamental verziert.
Die Schürze besetzte eine geflügelte, weibliche Maske, beiderseits flankiert
von üppig mit Blumen gefüllten, von Flatterband umwundenen Füllhörnern.

DER KONSOLTISCH

Der Konsoltisch ist nur ein Torso seiner selbst (Abb. 3). Verloren und nach
1945 nur provisorisch rekonstruiert, sind die Stegverstrebungen, die die Beine des Tisches miteinander verbinden. Deren mittleres Pult war ehemals von
einem Bronzeputto in Gestalt des Apollo mit der Leier bekrönt, der ebenfalls
zu den bleibenden Kriegsverlusten gerechnet werden muß. Verloren geglaubt
und nun glücklicherweise wiedergefunden, sind die beiden Säulenbeine, die
die vorderen Ecken der Tischschmalseiten akzentuierten. Sie wurden ehemals richtiggehend aus der Zarge herausgebrochen, ihre Zapfen sitzen noch
im Tischrahmen. Ihre spiralförmig kannelierten Bronzefüße konnten dagegen nicht mehr aufgefunden werden. Der Konsoltisch besitzt noch eine
alte Platte von hellgrünem, weiß geadertem Marmor.

Die behutsame Wiederherstellung des Tisches nach dem alten Bestand, der
in einer Vorkriegsaufnahme (Abb. 4) überliefert ist, wird derzeit in den Restaurierungswerkstätten der Bayerischen Schlösserverwaltung vorbereitet,
wobei auf die figürliche Pultbekrönung, für die es kein Modell mehr gibt,
wohl verzichtet werden muß. Für die Rekonstruktion des Steges und den
Nachguß der bronzenen Säulenfüße gibt es jedoch – neben dem Foto – Muster und Modelle, denen die Wiederherstellung folgen kann.

So hat der Konsoltisch Doirats ein berühmtes Vorbild, das von André-

4. Kommode und Konsoltisch von Etienne Doirat vor den Kriegszerstörungen in der Neuen Residenz Bamberg, Aufnahme K. Gundermann, Würzburg, um 1935

Charles Boulle (lebte 1642-1732) in einer Zeichnung (Abb. 5) entworfen, in einem zwischen 1710 und 1720 zu datierenden Stich (Abb. 6) publiziert und in vielen Exemplaren in seiner Werkstatt gefertigt wurde.[6] Auch am bayerischen Hof war dieser Tischtypus, den Boulle als mit Metall/Schildpatt-Marketerie verziertes Möbel entwarf, in einem Exemplar aus dem Atelier Boulles vertreten, das lange Zeit zur Ausstattung der Residenz München gehörte (Abb. 7).[7] Den Tischtypus hat man später, besonders in der Epoche des Frühklassizismus, gerne kopiert.[8] Das exakt datierbare Möbel Doirats zeigt, daß er schon zu Lebzeiten Boulles nachgeahmt und stilistisch umgedeutet wurde. Die späteren, frühklassizistischen Kopien folgen dagegen viel genauer dem Originalmodell.

Dieser Tischtypus ist charakterisiert durch seine komplizierte, an den Schmalseiten gerade verlaufende, vorne geschweifte und über den Beinen eingeschnürte, bzw. verkröpfte Tischform. Er wird von sechs Beinen, vier geschweiften und zwei säulenförmigen, getragen, die durch Stegverstrebungen miteinander verbunden sind. Diese Verstrebungen münden in der ursprünglichen Form an die geschweiften Beine spitzwinkelig an, während sie um die dazwischen angebrachten Säulenbeine herumgeschlungen sind.[9] Sie verlaufen rückseitig gerade und zwischen den Beinen konkav eingeschwungen, wobei das mittlere Pult eine – jeweils unterschiedlich gestaltete – Bekrönung auf-

weist. Boulle gab schlicht eine go-
dronierte Bronzeabdeckung des Pul-
tes als Vorgabe. Doirat bekrönte das
in dieser Weise gestaltete Pult – vergleichbar den Stegbekrönungen ge-
schnitzter Wandkonsolen des Rokoko – mit der Bronzefigur eines Putto
in Gestalt des Apollo, der die Linke
auf seine Leier stützt (vgl. Abb. 4).
Die Tischplatte konnte mit Leder bezogen (Abb. 7), wie hier mit einer
Marmorplatte gedeckt oder marke-
tiert sein.

Die sich nach unten verjüngenden
Säulenbeine sind wie bei Boulle po-
lygonal ausgebildet, wobei die fünf
nach außen gerichteten Flächen der
achteckigen Beine in der Mitte eine
eingelegte Messingleiste aufnehmen.
Die Außenflächen der geschweiften
Beine sind gekehlt und haben eine
breit abgefaste Kante. Eine Weiterentwicklung Doirats gegenüber dem
stilistisch früher zu datierenden Entwurf Boulles ist die Auszeichnung
der vorderen Mitte durch eine bogig
ausgeschnittene Schürze und die
stärkere Schweifung der Tischfront.

Der fortgeschrittenen Stilstufe
entspricht, daß der Konsoltisch nicht
mehr in sogenannter Boulle-Technik
mit Metall/Schildpatt-Marketerien
versehen, sondern mit Königsholz
furniert ist, das seine, die Form ak-
zentuierende Streifung durch Flader-
schnitt erhält. Es ist an den geschweiften Beinen zur Außenkante
diagonalfurniert und an den durch
Bronzebänder gefelderten Schubladenfronten fischgrätartig zur Achse
versetzt. Die Möbelrückseite ist
nicht unverkleidet belassen, sondern
etwas schlichter mit Palisander fur-

*5. Zeichnung eines Konsoltisches,
André-Charles Boulle zugeschrieben,
Paris, Musée des Arts Décoratifs*

*6. Stich des Konsoltisches
von André-Charles Boulle aus dem
Stichwerk von Jean Mariette*

*7. Konsoltisch, Werkstatt des
André-Charles Boulle, Paris, um 1720-32,
München, Bayerisches Nationalmuseum,
Ebenholz, Schildpatt und Messing,
77 x 118 x 47,5 cm*

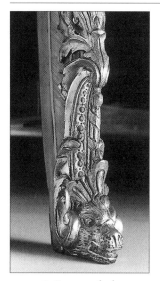

*8. Bronzeschuh
des Konsoltisches*

niert, so daß das Möbel unter Umständen auch frei stehen könnte.

Was die Bronzen anbelangt, so erinnert neben den exakt nach Boulle kopierten, aber wenig qualitätvoll ausgeführten Satyrmasken an den oberen Einschnürungen der rückwärtigen Säbelbeine nur noch der Bronzezierat der Säulenbeine an das Ausgangsmodell Boulles, nämlich die verlorenen, spiralförmig kannelierten Bronzefüße, deren Blattendungen über den Steg fielen, sowie die Kapitelle in Form von Akanthusblättern, die in die verkröpfte Zarge hinaufgreifen und die Beine mit dem Tischkasten verklammern. Bei Boulle umfassen sie die gesamte Höhe der Zarge, bei Doirats gegenüber dem Original etwas vergrößerter Ausführung reichen sie dagegen nicht ganz bis unter die Marmorplatte.

Die vier geschweiften Beine münden in Bronzeschuhe mit Löwenfratzen, die eine ureigene Erfindung Doirats sind (Abb. 8). Schmale Messingschienen, die die Beinaußenkanten schützen, verbinden sie mit den von Lorbeer bekränzten Frauenbüsten auf kräftigen, punzierten Konsolen, die anstelle von Boulles Satyrmasken den oberen Abschluß der vorderen Beine bilden und die von Doirat an vielen Möbeln verwendet wurden (Abb. 9).

Wie an der Kommode sind die fünf Felder des Tisches zwischen den Beinen durch Bronzeleisten mit Eierstabdekor und Eckagraffen gerahmt, wobei

9. Frauenbüste an den vorderen Beinen des Konsoltisches (siehe Farbtafel 7)

10. Beschlag der Schürze des Konsoltisches

sich vorne und an den Schmalseiten drei Schubladen befinden. Die Felder werden nochmals durch eingelegte Messingleisten nachgezeichnet. Die Schlüsselschilde auf allen fünf Feldern, wovon zwei blind sind, sind von Ranken umrahmte weibliche Masken. Besonders hervorgehoben ist die Schürze, die eine mit Weinlaub umkränzte Bacchusmaske aufweist, die von punzierten C-Bögen und Akanthusblattwerk gerahmt wird (Abb. 10).

Der in kombinierter Stollen- und Rahmenbauweise konstruierte Tisch hat Stollen aus Eiche, Füllungen und Friese aus Nadel- und Obstholz. Die Schubladen sind aus Nußbaum konstruiert. Der Stempel »E. DOIRAT« befindet sind auf der Unterseite der Zarge.

DIE AUFSTELLUNG DER MÖBEL IM NEUEN SCHLOSS SCHLEISSHEIM

Die beiden Möbel Doirats können in der historischen Ausstattung des Neuen Schlosses Schleißheim genau lokalisiert werden. Dies läßt sich aus den historischen Schloßinventaren zur Möblierung rekonstruieren, die bis in das Jahr 1755 zurückreichen und damit den Standort der Möbel 28 Jahre nach ihrer Lieferung verzeichnen.

Die Kommode ist aufgrund ihrer Beschreibung erstmals im Schleißheimer Inventar von 1761 im Schlafzimmer des Paradeappartements des Kurfürsten zweifelsfrei zu identifizieren. Die Beschreibung nennt ihre eindeutigen Charakteristika, die ungewöhnliche Form mit drei Schubladen und zwei Seitenschränkchen, das exotische Furnierholz und die Marmorplatte: »1 Fournirter Comod Kasten von Indianischem holz, mit 3 verspörten Schubläden und 2 seiten Thierln, alles mit Bronze d'orée garnirt, worauf eine Marmorstainerne Blatten liegt.«[10]

11. Parade-schlafzimmer des Kurfürsten in Schloß Schleißheim, mit möglichem Standort der Kommode an der Eingangswand anstelle des Konsoltisches (siehe Farbtafel 8)

12. Kommode von Etienne Doirat in den Trierzimmern der Residenz München, Aufnahme von Georg Böttger um 1893/95

Der entsprechende Eintrag im frühesten Möbelinventar des Schleißheimer Schlosses von 1755 ist dagegen kurz und wenig aussagekräftig: »1 Comoth mit Mössing und Vergolten beschlächt, darauf ein Marmorstaines blath.« Dieses Inventar ist in seinen Beschreibungen insgesamt relativ ungenau, weshalb die Identifizierung des Eintrags mit der Kommode, zumal er eine Marmorplatte nachweist, nicht unwahrscheinlich ist.

Die Kommode, von der es seit dem Eintrag im Schleißheimer Inventar von 1817 heißt, sie habe eine rote Marmorplatte, befand sich bis 1869 im Paradeschlafzimmer des Kurfürsten in Schloß Schleißheim. Auch die konstante Aufstellung spricht dafür, daß dies ihr Bestimmungsort war. Vermutlich stand sie an der Eingangswand genau dem Kamin gegenüber (Abb. 1). Der heute dort aufgestellte Konsoltisch gehört nicht zur Originalmöblierung. Erst 1869 wurde sie in die Residenz München gebracht, wo sie in den Trierzimmern Aufstellung fand (Abb. 12) und von wo sie um 1926 in die Neue Residenz Bamberg weiterwanderte.

Der Konsoltisch Doirats läßt sich aufgrund seiner ehemaligen Pultbekrönung in Gestalt eines Putto als Apollo leicht identifizieren und so findet er sich im Schleißheimer Schloßinventar von 1761 im sogenannten ›Roten Cabinet‹ des Paradeappartements des Kurfürsten, beschrieben als »1 Consoll auf 6 füssen von Chinesischem holz eingelegt, mit 3 verspörten Schubläden, durchaus mit Bronze d'orée garniert, mit einer unten auf dem Creutz befündtlichen Figur, dem Appollo mit einer harpfen vorstellend«, samt »1 daraufligendes Marmorstainernes Tisch blat«.[11]

Dieses Kabinett ist ein Eckraum im südlichen Risalit des Schlosses, dessen Decke mit Jagdallegorien bemalt ist und dessen Wände mit Lyoneser Damast und wertvollen Seidenwirkereien nach Watteau aus der Pariser Gobelinmanufaktur bespannt sind (heute Raum 10, Abb. 13).[12] Zwei Fenster weisen zur Parkseite, eines nach Süden. Der korrekte Aufstellungsort des Konsoltisches wäre der Trumeaupfeiler zwischen den Fensterachsen zum Park, dem gegenüber sich der Kamin befand. Sowohl über dem Konsoltisch als auch über dem Kamin waren mehrteilige hohe Wandspiegel angebracht.

Im frühesten Inventar von Schloß Schleißheim aus dem Jahr 1755 wird am Fensterpfeiler des Roten Kabinetts »1 Comoth von Ebenholz, mit 6 fissen und vergoltem beschlächt, darauf ein Marmorstaines Blath« beschrieben. Auch wenn das Furnierholz nicht mit dem des Möbels übereinstimmt, scheint es sich wohl doch um den ebenfalls sechsbeinigen Konsoltisch zu handeln, da die Beschreibungen in diesem Inventar – wie bereits angedeutet – eher unbeholfen gehalten sind.

Die Schwierigkeiten, die man mit der Bezeichnung dieses Möbeltypus hatte, zeigt auch die Beschreibung im Inventar von 1770, dessen Inventarnummer »Lit F No. 8« nun auch auf dem Konsoltisch selbst aufgemalt ist: »1 Consoll in form eines Komod Ka-

13. Rotes Kabinett im Appartement des Kurfürsten in Schloß Schleißheim, links angeschnitten der Trumeaupfeiler als ehemaliger Standort des Konsoltisches

sten auf 6 Füssen. Von Chinesischem Holz eingelegt, mit 3 forderen und 2 versperten Seiten Schubläden, durchauß mit Bronze d'orée reich garnieret, mit einer unten auf den Kreutz befindlichen Figur, den Apollo mit einer Harpfe vorstellend, ebenfalls von Bronze d'orée, samt 1 darauf liegenden Marmorsteinernen Blatte.«

Damit war das Möbel in seiner Zwitterform zwischen Konsole, die doch eigentlich nur ein zweibeiniges, mit dem Rahmen des Trumeauspiegels als Einheit konzipiertes, rein dekoratives Möbel darstellte und einem selbständig stehenden und funktional benutzbaren Möbel, wie es dieser Tisch war, charakterisiert.

DIE ABRECHNUNG GRANIERS ÜBER ZWEI MÖBEL FÜR SCHLEISSHEIM

Im Bayerischen Hauptstaatsarchiv hat sich eine Rechnung des Pariser Händlers J. Granier über Lieferungen von Spiegeln, Kaminen, vergoldeten Bronzen und einigen Möbelstücken an den kurfürstlichen Hof in München erhalten.[13] Sie ist von Kurfürst Karl Albrecht (reg. 1726-45) und Granier mit Datum vom 10. November 1728 gemeinsam unterzeichnet. Die Waren waren bereits, wie aus dem Vortext hervorgeht, am 27. Oktober 1727 geliefert worden. Neben Lieferungen für die Residenz München, für Schloß Nymphenburg und für Schloß Fürstenried verzeichnet die Rechnung auch Ausstattungsstücke für das von Kurfürst Max Emanuel (reg. 1680-1726) erbaute Neue Schloß Schleißheim.

Darunter befanden sich auch zwei Möbelstücke, eine große Kommode von 5 Fuß[14] Länge für das Paradeschlafzimmer, furniert mit indischem Königsholz und ausgestattet mit vergoldeter Bronze und Marmorplatte, für den Preis von 2000 Livres (»Pour la grande chambre à Coucher de parade une grande Comode de cinq pieds de long de bois violet des indes garnie tout de bronse dorée dor moulu avec Le dessus de marbre neret«) und ein Schreibtisch für das kleine Kabinett des Paradeappartements, ebenfalls von Königsholz, vergoldeter Bronze und mit einer Marmorplatte der Sorte Vert campan, für 1500 Livres (»Pour le petit cabinet de Lapartment de parade entre les deux croisez un bureau de bois violet des indes tout garni de bronse doré dor moulu avec Le dessus de marbre vert campan«).

Unvermittelt drängt sich der Gedanke auf, daß es sich dabei um die Möbel Doirats handelt. Ihre Charakterisierung in der Rechnung – das exotische Furnierholz bois violet (Königsholz), die Ausstattung mit vergoldeter Bronze und Marmorplatten – stimmt mit den Möbeln überein. Auch der Preis erscheint für Pariser Luxusmöbel dieser Größenordnung adäquat. Zuletzt überzeugt schließlich der in der Lieferung ebenfalls angegebene Bestimmungsort, das kurfürstliche Paradeschlafzimmer für die Kommode und der Trumeaupfeiler im kleinen Kabinett desselben Appartements für das »Bureau«, als das der Konsoltisch zu identifizieren ist.

Die Bezeichnung des Konsoltisches als ›Bureau‹, also Schreibmöbel, widerspricht dieser Annahme nicht, da es sich dabei immer um ein furniertes Schreinermöbel handelte, während man als Konsolen zu dieser Zeit – wie oben dargelegt – zumeist geschnitzte und vergoldete oder farbig gefaßte Bildhauermöbel bezeichnete. Auch war der Konsoltisch ja mit drei Schubladen in der Zarge versehen. Im übrigen gibt es tatsächlich keinen Schreibtischtypus mit einer Marmorplatte. Auch der oben erwähnte Konsoltisch dieses Typs aus der Boullewerkstatt (Abb. 7) wurde im Inventar der Residenz München von 1769 als »Schreib Tisch« bezeichnet.

Die Lieferung der Möbel im Oktober 1727 läßt annehmen, daß die Möbel kurz zuvor angefertigt worden sind, d.h. daß sie von Kurfürst Karl Albrecht nicht nur bezahlt, sondern auch bestellt worden waren, der damit dem Neubau seines verstorbenen Vaters Max Emanuel noch einige Ausstattungsstücke nach modernstem Pariser Geschmack hinzufügte.

Gleichzeitig lieferte Granier, der insbesondere als Spiegelhändler tätig war, im Auftrag Karl Albrechts für Schleißheim auch die Kaminspiegel für Antichambre und Schlafzimmer und die beiden mehrteiligen Trumeauspiegel für das Audienzzimmer des Kurfürsten, für das Appartement der Kurfürstin den Trumeauspiegel im Schlafzimmer und den Kaminspiegel im Audienzzimmer sowie einen kleinen Spiegel für das Blaue Kabinett im Erdgeschoß. Hinzu kamen drei Paar Wandappliken für nicht näher bezeichnete Räume.[15]

Die Paradeappartements von Kurfürst und Kurfürstin im Neuen Schloß Schleißheim sind in der Beletage beiderseits der Galerie auf der Parkseite angeordnet. Das nach Süden verlaufende Appartement des Kurfürsten, das auch Rotes Appartement genannt wurde, besteht aus Antichambre, Audienzzimmer, Schlafzimmer und Großem Kabinett, dem sich das Rote Kabinett und das ›Cabinet der Flämändischen Mahlereyen‹ anschließen. Es war 1722–26 eingerichtet worden.

Die Möblierung des kurfürstlichen Appartements, über das uns die frühen Inventare von 1755, 1761 und 1770 Auskunft geben, wurde anfangs – zumindest was die inneren Räume betrifft – kaum verändert. Antichambre und Audienzzimmer enthielten Sitzmöbel und einfache Spieltische, das Schlafzimmer neben dem Paradebett und der großen Kommode eine vergoldete Sitzgarnitur aus einem Kanapee, zwei Fauteuils, zwölf Tabourets und einem Kaminschirm. Das Große Kabinett nahm einen Schreibtisch auf, das Rote Kabinett neben dem Konsoltisch nur noch einen Fauteuil. Das Niederländische Malerei-Kabinett war nicht möbliert. Im gesamten Appartement des Kurfürsten befand sich keine einzige geschnitzte Konsole an den Fenster- oder Trumeaupfeilern.

Bei dem Schreibtisch für das Große Kabinett, also das Konferenzzimmer des Kurfürsten, handelte es sich entweder um einen heute im Bayerischen Nationalmuseum befindlichen Schreibtisch, der seit 1755 nachweislich in diesem Raum stand, oder aber um den wesentlich aufwendigeren und mit dem Monogramm Kurfürst Max Emanuels ausgezeichneten Schreibtisch im Besitz des Wittelsbacher Ausgleichsfonds, der zu dieser Zeit im Erdgeschoßappartement nachzuweisen ist.[16] Beide Möbel sind Schreibtische nach französischem Muster im Typus des Bureau plat, die noch von Max Emanuel bestellt und in München geschaffen wurden.

Sein Sohn Karl Albrecht ergänzte dagegen die Ausstattung – wie in wesentlich größerem Umfang in seiner Residenz in München – um französische Möbel. Die teuren Pariser Luxusmöbel fanden dem Zeremoniell gemäß in den innersten und bedeutendsten Räumen des Paradeappartements Aufstellung, dem Paradeschlafzimmer und einem der intimen Kabinette.

DIE MÖBEL IM 19. UND 20. JAHRHUNDERT

Die Kommode verblieb bis 1869 im Schleißheimer Paradeschlafzimmer. Der Konsoltisch ist bis 1811 an seinem Bestimmungsort nachzuweisen. Danach wurde er in das Schlafzimmer im Appartement »ehemals Ihrer Durchlaucht

*14. Gemälde von Pankraz Körle,
Auktion Sotheby's London 27.5.1985,
Losnr. 124, 75 x 58,5 cm*

Herzogin« verbracht, wo er 1817-69 stand. Hier zeigt ihn auch ein Gemälde des Münchner Genremalers Pankraz Körle (1823 München – 1875 München), das 1985 im Kunsthandel auftauchte (Abb. 14).[17] Körle, der an der Münchner Kunstakademie studiert hatte, lebte nach einem Aufenthalt in Wien 1846-48 wieder in München.[18] Zu seinen bevorzugten Bildmotiven gehörten Interieurstudien aus den Schlössern Schleißheim und Nymphenburg, die er – wie auch hier – mit Figuren anekdotisch staffierte. Auf dem Gemälde ist auch einer der acht kleinen, frühklassizistischen Eckfauteuils zu sehen, die erst 1880 aus Schloß Schleißheim in die Residenz kamen, weshalb das Bild wohl tatsächlich ein Schleißheimer Interieur zeigt.[19]

Unter König Ludwig II. (reg. 1864-86) gelangten Konsoltisch und Kommode 1869 in die Münchner Residenz, wo beide Möbel kurzzeitig für die Ausstattung der restaurierten und neu eingerichteten Trierzimmer verwendet und in demselben Raum aufgestellt wurden, ehe sie schließlich 1926, anläßlich der Einrichtung der Schloßmuseen, in die Neue Residenz Bamberg gelangten. Diese letzte Transferierung der beiden bedeutenden Schleißheimer Prunkmöbel hat schließlich den ursprünglichen Kontext vergessen lassen, für den sie einmal vom bayerischen Kurfürsten bestellt worden waren.

Während des Zweiten Weltkrieges wurden Kommode und Konsoltisch mit den Möbeln aus der Bamberger Residenz 1942-45 in der Plassenburg ob Kulmbach ausgelagert. Seit dieser Zeit fehlen die Stegverstrebungen des Konsoltisches und das Blindholz der Kommode, so daß man geneigt ist, anzunehmen, daß diese Möbel nicht Opfer von Brandbomben wurden, sondern daß ihre ›weniger‹ wertvollen Bestandteile – wie es für manche Möbel überliefert ist – in diesen Notzeiten als Brennholz verwendet wurden.

Seitdem gingen auch die beiden Säulenbeine des Konsoltisches ab, die jedoch – wie ein Brief aus dem Jahr 1952 dokumentiert – ohne Beschläge wiedergefunden wurden und angebracht werden sollten. Vielleicht weil die Bronzefüße fehlten, ist dies bis heute nicht geschehen. Die Wiederherstellung findet nun, 50 Jahre nach der Zerstörung, statt.

DER PARISER KUNSTSCHREINER ETIENNE DOIRAT

Etienne Doirat gehört zu den wenigen Ebenisten der ersten Hälfte des 18. Jahrhunderts, die ihre Möbel mit ihrem Künstlerstempel kennzeichneten, was in Frankreich kraft Verordnung erst 1743 zur Pflicht erhoben und von den Zünften kontrolliert wurde. Weder Charles Cressent noch Antoine-Robert Gaudreaus, die beiden großen Meister der Stilepoche der Régence in der französischen Möbelkunst, signierten ihre Möbel. Aufgrund von Doirats Stempel, der auf zahlreichen Möbeln überliefert ist, und einer Fülle von Dokumenten in Pariser Archiven, darunter dem Nachlaßinventar aus dem Jahr 1732, konnte Jean-Dominique Augarde die Biographie dieses Ebenisten rekonstruieren und ein kleines Werkverzeichnis zusammenstellen.[20]

Etienne Doirat wurde gegen 1670 geboren und starb am 25.6.1732. Seine Familie war schon seit Beginn des 17. Jahrhunderts im Faubourg Saint-Antoine in Paris ansässig, dem Viertel, das aufgrund seiner Zunftfreiheit das bevorzugte Wohngebiet vieler zugewanderter Kunstschreiner war. In seinem Ehevertrag wird Doirat, der nach damaliger Tradition auch die Tochter eines Schreiners heiratete, 1704 als »menuisier en ébène« bezeichnet. Zu dieser Zeit wird er wohl auch den Meistertitel erhalten haben.

Aufgrund seines Nachlaßinventars, das circa 200 fertige und unvollendete Möbel und elf Werkbänke auflistet, muß man annehmen, daß er eine große und florierende Werkstatt führte.[21] Dem entspricht, daß er neben Werkstatt und Geschäftsräumen im Faubourg Saint-Antoine seit 1731 auch ein Geschäft in der renommierten rue Saint-Honoré führte, in der die großen Händler ihre Geschäfte betrieben. Er belieferte zumindest zwei deutsche Fürsten mit Möbeln, den bayerischen Kurfürsten Karl Albrecht und den Landgrafen von Hessen-Kassel.

Sein Nachlaßinventar nennt große Bibliothekschränke, ferner drei Kommodentypen – ›en tombeau‹, ›à la Régence‹ und ›en Esse‹, – große und kleine Schreibtische, Sekretäre sowie kleinere Tische wie z. B. Spieltische. Als Furnierhölzer erscheinen Palisander und Amarant sowie weniger häufig Königsholz. Der frühe Kommodentypus mit Seitenschränkchen und der von Boulle erfundene sechsbeinige Konsoltisch scheinen als Möbeltypen in diesem Inventar von 1732 nicht mehr auf.

Das von Augarde zusammengestellte Werkverzeichnis Doirats, das auch die beiden hier besprochenen Möbel auflistet, umfaßt vor allem Kommoden, die in der für Doirat charakteristischen Weise mit Gitterwerk mit Füllungen in Diamantschliffmuster in Palisander parkettiert sind. Als Typen dominieren die gebauchte, nach unten leicht eingeschnürte Kommode ›en tombeau‹ auf kurzen Füßen, die unten zwei große Schubladen, oben eine Zone mit zwei oder drei kleineren Schüben aufweist sowie die zweischübige Kommode ›à la Régence‹ auf hohen Beinen. Bei den Bronzen erscheinen immer wie-

der Frauenbüsten (Espagnolettes) als Eckbronzen und ein die Kommoden-
mitte umschreibender Kartuschenrahmen.

Unsere Kommode vertritt im bisher bekannten Werk Doirats durch ihre
schwere Kastenform, die Scheidung der drei Schubladen mittels Bronzebän-
dern, die einfache Parkettierung und den Überreichtum schwerer Bronzen
die altertümlichste Ausformung. Vorausweisend sind manche Bronzemotive
wie die punzierten Schilde mit rahmendem Bandwerk, altertümlich sind die
Berainschen Schloßbeschläge und die figürlich gestalteten Sabots.

Am ehesten vergleichbar ist sie mit einer der beiden Kommoden für den
Landgrafen von Hessen-Kassel in Schloß Fasanerie in Fulda, die ebenfalls
Seitenschränkchen mit Bronzerosetten auf den Türen aufweist.[22] Hier zeichnet sich jedoch bereits eine fortgeschrittenere Entwicklung zu dem von Doirat geschätzten Kommodentypus ›en tombeau‹ ab, da die Kastenform zugunsten einer leichten Einschnürung nach unten aufgegeben ist und die
spätere Aufteilung der Front durch die Zusammenfassung der beiden unteren Schubladen mittels eines Bronzerahmens bei Abtrennung einer oberen
Schubladenzone bereits angedeutet ist. Die Eckbeschläge in Form von
Frauenbüsten entsprechen dem Schleißheimer Konsoltisch, die Handgriffe
beider Fuldaer Kommoden denen der Schleißheimer Kommode. Schloßbeschläge, Handgriffe und Bronzerosetten finden sich auch an zahlreichen
anderen Möbeln Doirats wieder.[23]

Augarde war sich in Bezug auf die beiden zuletzt in Bamberg befindlichen
Möbel nicht sicher über den Auftraggeber. Er zog Kurfürst Karl Albrecht
und seinen Vater Max Emanuel, den Herzog von Pfalz-Zweibrücken, aus
dessen Besitz die Möbel über die Pfälzer Linie der Wittelsbacher nach Mün-

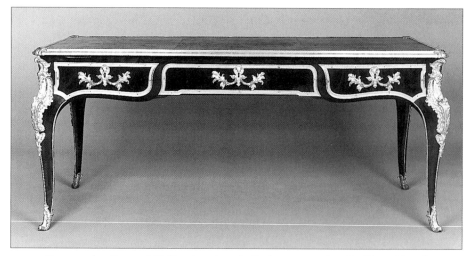

*15. Bureau plat, Bernard II Vanrisamburgh, Paris, um 1730/33, Residenz München,
Reiche Zimmer, Konferenzzimmer*

chen gekommen wären, sowie die Bamberger Fürstbischöfe Lothar und Friedrich Karl von Schönborn in Erwägung. Auftraggeber, Provenienz und Datierung können nun exakt bestimmt werden. Die Möbel wurden 1727 oder kurz zuvor im Auftrag Kurfürst Karl Albrechts für das Paradeappartement in Schloß Schleißheim geschaffen.

Der Name Doirat hat sich in manchen Publikationen in Bezug auf eine Möbelgruppe der Residenz München hartnäckig gehalten, deren Erstzuschreibung an diesen Ebenisten auf einen Aufsatz Adolf Feulners aus dem Jahr 1932 zurückgeht.[24] Feulner hatte den Stempel Doirats auf der Kommode entdeckt und bemerkt, daß die aus Eichenlaub geformten Handgriffe mit den Handhaben an den Schubladen eines Bureau plat der Münchner Residenz übereinstimmten (Abb. 15).[25] Dieses Bureau plat ist wiederum durch seine Bronzen mit drei Lackkommoden der Residenz sowie zwei weiterer Kommoden aus Schloß Nymphenburg verbunden, weshalb Feulner die ganze Möbelgruppe Doirat zuschrieb.[26]

Ein einziges Formelement, zudem Beschläge von so untergeordneter Bedeutung wie die Handhaben, kann jedoch keinesfalls die Zuschreibung einer ganzen Möbelgruppe begründen. Sie verweist vielmehr auf den gleichen Händler als Vermittler zwischen Kunstschreiner und Käufer, also in diesem Fall Granier, der die Anbringung der noch auf Vorrat vorhandenen, für das Bureau plat etwas zu groß dimensionierten Handgriffe hätte veranlassen können.

Die genannte Möbelgruppe ist inzwischen als Frühwerk des Pariser Ebenisten Bernard II Vanrisamburgh erkannt. Doirat fertigte dagegen die beiden früher entstandenen Möbel für Schloß Schleißheim und womöglich auch zwei weitere in Graniers Rechnung genannte Möbel für die Residenz, eine Kommode von Amarantholz mit Marmorplatte der Sorte Gruijot und ein wohl unserem Konsoltisch adäquates ›Bureau‹ von Königsholz mit Marmorplatte von Brèche violet, die heute nicht mehr nachzuweisen sind.

ANMERKUNGEN

1 beide Möbel: Bayerische Verwaltung der staatlichen Schlösser, Gärten und Seen; Kommode, Inv. Ba. M 33, zerstört, erhaltene Teile deponiert; Konsoltisch, Neue Residenz Bamberg, Raum 12, Inv. Ba. M 68, mit Platte: 82,5 x 132 x 61 cm, ohne Platte: 79 x 132 x 55 cm

2 Brigitte Langer, Die Möbel der Residenz München. Bd.1. Die französischen Möbel des 18. Jahrhunderts, hrsg. von Gerhard Hojer und Hans Ottomeyer, München, New York 1995, dort insbesondere S.21

3 Eine Schubladenfront besitzt noch die Bronzerahmung mit Agraffen, einen Handgriff und den Schlüsselschild, eine Schubladenfront hat nur noch zwei Drittel der Bronzerahmung sowie den Schlüsselschild

4 vgl. z.B. die beiden Kommodenpaare Cressents in der Residenz München, Langer 1995 (wie Anm.2), Kat.7, 8

5 die auf den Fotos abgebildete Marmorplatte war wohl nicht mehr die originale Platte

6 Zeichnung, Paris, Musée des Arts Décoratifs, und Stich, hg. von Jean Mariette, Nouveaux Desseins de Meubles et Ouvrages de Bronze et de Marqueterie, vgl. Georg Himmelheber, Puchwiser, Boulle und die ›Boulle-Möbel‹ für München, in: Ausst.Kat. Kurfürst Max Emanuel. Bayern und Europa um 1700, Bd.1, 1976, S.250-64, Abb.102, 103; vgl. hierzu auch Langer 1995 (wie Anm.2), S.254-56

7 heute Bayerisches Nationalmuseum, München, Inv. R 3896, publiziert von Langer 1995 (wie Anm.2), Kat.71

8 vgl. 2 Exemplare in der Wallace Collection, London, von René Dubois und Jean François Leleu, Francis J.B. Watson, Furniture. Wallace Collection Catalogues, London 1956, F 424, 425

9 so bei der Zeichnung und bei allen bekannten ausgeführten Exemplaren; der Stich weicht hier ab

10 alle folgend genannten historischen Inventare im Archiv der Bayerischen Schlösserverwaltung, München; Inventarnachweise zur Kommode: Neues Schloß Schleißheim: 1755: fol.77v; 1761: ohne Seitenzahl; 1770: Lit F No.3; 1811: Lit F No.3; 1817: Lit F No.3; 1824: Lit F No.3; 1833: Lit F No.3; 1866/72: Zi.XXI No.207; Residenz München 1868/74: A.V.2.23; Neue Residenz Bamberg 1950: Res.Ba. F.V.III Silberkammer fol.368 M 285

11 Inventarnachweise zum Konsoltisch: Neues Schloß Schleißheim: 1755: fol. 82; 1761: ohne Seitenzahl; 1770: Lit F No.8; 1811: Lit F No.8; 1817: Lit C No.3; 1824: Lit C No.3; 1833: Lit C No.3; 1867/72: Zi. III, No.40; Residenz München 1868/74: A.V.2.15; Neue Residenz Bamberg 1924: A.I Zi.10 fol. 49 No.106; 1930: F.V.III Ap.V R.7 fol.140 M 14; 1952: F.V.III Ap.V R.7 fol.227 M 183

12 vgl. Schleißheim. Neues Schloß und Garten. Amtlicher Führer, bearbeitet von Gerhard Hojer und Elmar D. Schmid, München 1989

13 Bayerisches Hauptstaatsarchiv, München, Bestand Fürstensachen Nr.742, Blatt 442-445, transkribiert von Langer 1995 (wie Anm.2), S.296/297

14 1 französischer Fuß = 0,324 m, demnach war die Kommode 162 cm breit

15 vgl. das in Anm.13 genannte Dokument

16 Bayerisches Nationalmuseum, München, Inv. R 3791; trägt die Inventarnummer von Schloß Schleißheim von 1770, Lit F No. 7 (Appartement des Kurfürsten, Großes Kabinett) und Wittelsbacher Ausgleichsfonds, München, Inv. WAF M III c 10, trägt die Inventarnummer von Schloß Schleißheim von 1770, Lit A No.8 (Schreibkabinett im Erdgeschoß)

17 Auktion Sotheby's London, 27.2.1985, Losnummer 124; Maße: 75 x 58,5 cm

18 zu Körle vgl. Münchner Maler im 19. Jahrhundert, München 1982, Bd.2, S.359-361

19 die Eckstühle befinden sich heute in der Residenz München, Raum 26 und Depot

20 Jean-Dominique Augarde, Etienne Doirat. Menuisier en Ebène, in: The J. Paul Getty Museum Journal 13, 1985, S.33-52; vgl. zu Doirat auch Alexandre Pradère, Die Kunst des französischen Möbels, München 1990, S.120-123

21 das Nachlaßinventar veröffentlicht bei Augarde 1985 (wie Anm.20)

22 Augarde 1985 (wie Anm.20), Kat.5 bis und Kat. 15

23 z.B. Kommode, Paris, Musée Carnavalet, dort auch der Schürzenbeschlag der Konsole, Augarde 1985 (wie Anm.20), Kat.35, fig.15

24 Adolf Feulner, Französische Möbel in Deutschland IV. Der Ebenist Etienne Doirat, in: Pantheon 10, 1932, S.329-333

25 zum Bureau plat vgl. Langer 1995 (wie Anm. 2), Kat.18

26 zu den Kommoden vgl. Langer 1995 (wie Anm. 2), Kat.15-17

CHRISTOPH GRAF V. PFEIL

Ein Bayreuther Tisch von 1876
aus Schloß Ehrenburg in Coburg

Mit einem Beitrag zur Technologie
von Roswitha Schwarz

1. Tisch, Bayreuth 1876

Der Bayerischen Verwaltung der staatlichen Schlösser, Gärten und Seen ist im März 1993 ein besonders schöner Ankauf gelungen, denn es handelt sich um einen der selten möglichen Rückkäufe. Der runde Salontisch hat ein Gestell mit einer Säule, umgeben von drei Greifen auf einer Sockelplatte. Neben dem historischen Inventarstempel, hat der Tisch vier gemalte Ansichten auf der Platte sowie eine Inschrift mit Datierung, Namens- und Ortsangabe (Abb. 1. 2).

PROVENIENZ

Über die Provenienz des Tisches gibt der Inventarstempel auf der Unterseite der Sockelplatte Auskunft. Der schwarz ausgelegte Schlagstempel besteht aus drei Teilstempeln: »E« unter Krone, »Cap: III« und der laufenden »No 406« (Abb. 5). Das E hat zwei verschiedene Bedeutungen. Zum einen steht es für Herzog Ernst II. von Sachsen-Coburg und Gotha, der von 1844 bis 1893 regiert hat und in dessen Ägide der Salontisch in das Residenzschloß Ehrenburg gekommen ist. Das gleiche E bildete aber auch schon die Initiale des Vaters, Herzog Ernst I. (1784-1844). Der ließ das E beispielsweise auf einem 1819 entstandenen Staatsgemälde, im ovalen Rückenpolster seines Thronsessels, ins Bild setzen.[1] Zum anderen steht das E für das Inventarverzeichnis des Schlosses Ehrenburg in Coburg, wo der Tisch einmal gestanden haben muß.

2. Tischplatte (siehe Farbtafel 9)

Seit der Entstehung des Tisches sind zwei historische Inventarverzeichnisse für das Residenzschloß bekannt, die beide die gleiche Systematik in der Signatur haben. Eines der beiden Inventare ist 1910 datiert und nach Räumen gegliedert. Hier ist der Tisch nicht verzeichnet.[2]

Für das andere Inventarverzeichnis fehlt uns das Entstehungsjahr, weil das Vorsatzblatt verloren ist. Das Inventarverzeichnis ist nach Mobilientypen in 45 Kapitel eingeteilt, die mit römischen Ziffern bezeichnet sind, wobei »Cap: III« alle Tische umfaßt. Der Kapitelnummer folgt die durchlaufende Numerierung aller Mobilien. Unter der Nummer 406 unseres Tisches ist jedoch (leider) ein deutlich anders beschriebener Tisch verzeichnet.[3]

Weil das Inventarverzeichnis von 1910 bereits mit der Schreibmaschine geschrieben ist, dürfte das handschriftliche Verzeichnis früher entstanden sein. Wieviel früher kann an Hand datierter Nachträge angenommen werden. Der früheste Nachtrag stammt vom 14.4.1906, so daß das Verzeichnis in den Jahren 1905/06 angefertigt worden sein muß. Weil der Salontisch hier ebenfalls nicht genannt ist, kann er sich 1905/06 kaum mehr auf der Ehrenburg befunden und folglich nicht länger als 30 Jahre dort gestanden haben.

Einen zeitlichen Anhaltspunkt für den Abtransport des Tisches könnte der Tod Herzog Ernst II. im Jahr 1893 bieten, weil ein Regierungswechsel mit seinen Erbregelungen gemeinhin größere Verschiebungen des Mobiliars zur Folge hatte. Dann hätte der Tisch womöglich nur 17 Jahre einen Platz im Residenzschloß Ehrenburg gehabt.[4]

BESCHREIBUNG

Das Tischgestell besteht aus einer geschnitzten Säule in der Mitte und drei geflügelten Greifen mit Kapitell über den Köpfen, auf denen die Tischplatte ruht. Säule und Greife sitzen auf einer stark profilierten und dreiseitig segmentbogenförmig eingezogenen Sockelplatte (Abb. 3).

Die runde Tischplatte ist mit mehreren, kreisförmig ineinanderliegenden, hellen Ornamentsystemen auf schwarzem Fond überzogen. Um einen Sternenhimmel herum liegt ein Achtpaß mit vier Putten und vier verbindenden Festons im Zentrum. Es folgt ein schmaler Ornamentkreis mit Zopfband und einer mit Blattwerk (Abb 2). Im Blattwerk sind hier vier Wappenschilde mit einem Teil der Inschrift verteilt: »S. Henle / St. Georgen / bei Bayreuth / 1876«. Weiter außen liegt ein breiter Ornamentkreis, eingeteilt in vier runde und vier, die Rundungen verbindende Felder. Letztere sind ebenfalls von Zopfband gerahmt und mit einer Groteske aus Rankenwerk, zwei Halbfiguren mit Pfeil und Schild sowie zwei Einhörnern und einem Vogelwesen besetzt, das an einen Phönix erinnert. In den runden Feldern liegen vier gemalte Ansichten von Bauten aus Bayreuth. Auch diese Felder sind mit Zopfband gerahmt. Der äußerste Ornamentkreis setzt sich aus einem vielfach aneinandergereihten, wiederum groteskenartigen Gebilde zusammen. Es besteht aus einer Blattmaske mit Rankenwerk und Früchten, die von zwei Delphinen eingefaßt wird.

3. Tischgestell mit Holzgewinde für die Platte

Technische Angaben

Maße: H 75 cm; D Tischplatte 144 cm; D Ansichten 17,5 cm.

Tischplatte:

Ahorn furniert, schwarze Tusche und um die Ansichten herum schwarz, dunkelblau und ehemals auch orange gefärbt. Ornamentik hell auf schwarz getuschtem Fond, nicht markettiert oder graviert. Träger Nadelholz, Sperrfurnier Eiche. Beide Furniere wohl frühe Messerfurniere. Platte auf der Mittelsäule mit einem Holzgewinde fixiert. Unter der Platte vier Gratleisten aus Buche, um das Werfen zu verhindern. Zwischen den beiden mittleren Gratleisten Gewindeklotz aus Buche für das Holzgewinde auf der Mittelsäule des Gestells eingedübelt. Zarge in Blockverleimung mit Nußbaumfurnier von unten an die Platte geschraubt.

4. Unterseite der Tischplatte

Tischgestell:

Alle Greife und die geschnitzte Säule Nußbaumholz; das Leistengestell, welches die Greifenköpfe untereinander und mit der Mittelsäule verbindet, Buche. Trägerholz der Sockelplatte Nadelholz, Furnier und Profile Nußbaum. Auf der Unterseite »E« unter Krone, »Cap: III« und »No 406«. Weitere Zeichen oder Schriftzüge sind nicht vorhanden.

Veränderungen:

Auf der bemalten Platte ist eine Reihe von Retuschen im Ornament und den Ansichten. Platte und Gestell wurden in jüngerer Zeit hochglänzend lakkiert. Wegen des Überzuges von mindestens einer weiteren, früheren Restaurierung, wirkt das Ahornfurnier stark vergilbt. Ursprünglich müssen die Ornamente sehr hell gewesen sein und sich schärfer gegen den schwarzen Fond abgesetzt haben.

Am unteren Rand der Zarge finden sich rundherum kleine Nagellöcher und es zeichnet sich eine Art dunkler »Bogenfries« im Oberflächenüberzug ab. Beides verweist auf eine verlorene Abschlußleiste. Am ehesten ist an einen Perlstab zu denken, der im Profil des Plattenumleimers vorkommt.

Vier Gratleisten in der Unterseite der Tischplatte haben das Werfen weitgehend verhindert. Die beiden inneren Leisten hatten sich wohl gelockert, weil sie den Gewindeklotz und somit die Belastung der Platte tragen und mußten anscheinend deshalb bei einer Restaurierung herausgenommen werden. Dafür wurde der Plattenumleimer an den zwei mittleren und nicht an allen vier Gratleisten aufgeschnitten und die beiden Stücke nach Einschlagen der Gratleisten wieder eingeleimt. Danach wurde eine der schlecht sitzenden, neuen Gratleisten zusätzlich verschraubt. Die Unterseite der Platte hat eine neue, schwarze Lackierung.

Befestigungsspuren unter den drei Enden der Sockelplatte weisen auf verlorene Rollen hin.

Die schreinermäßige Verarbeitung schlägt sich im guten Erhaltungszustand des Tisches nieder: Die Platte mit der empfindlichen Malerei wurde durch vier Gratleisten am Werfen gehindert, die Zarge wurde in Blockverleimung hergestellt, die profilierten Umleimer an Tisch- und Sockelplatte schließen immer noch bündig und als Trägerholz der Sockelplatte wurde ein Nadelholz mit nahezu stehenden Jahresringen verwendet; Mittelsäule und Greife zeigen keine Schwundrisse.

5. Unterseite der Sockelplatte mit Inventarstempel des Schlosses Ehrenburg in Coburg, »E« unter Krone, »Cap: III« und »No 406«

VERGLEICHSSTÜCKE UND VORLAGEN

Der Typ eines runden Salontisches war 1876 nicht neu. Er war ca. 50 Jahre vorher in Mode gekommen. Beispielsweise existierte aus dieser Zeit auf der Ehrenburg laut Inventarverzeichnis von 1910 ein: »Mahagoni-Tisch m(it) gemalter runder Platte & Säule auf 3 Füssen«[5]

Als Vergleich sei zunächst der Entwurf eines Tisches von Leo v. Klenze aus den Jahren 1933/34 genannt, den er für den Salon der Königin im Königsbau der Münchner Residenz gezeichnet hatte.[6]

Der ausgeführte Tisch hatte eine Marmorplatte und ist seit 1945 verloren. Deshalb läßt der Entwurf nur einen Vergleich der Gestelle zu. An beiden Tischen sieht man eine dreiseitig segmentbogenförmig eingezogene Sockelplatte, drei geflügelte Greifen und eine Säule. Die Säulen bestehen aus verschiedenen, nach unten und oben gerichteten Blattwerkkränzen mit profilierten Ringen. Die Säule des Tisches von 1876 ist zusätzlich im oberen Drittel von einem Fruchtband umwunden. Die Greifen auf Klenzes Entwurf liegen mit zurückgelegten Flügeln auf dem Bauch, während die Greifen des Tisches mit durchgestreckten Vorderbeinen und hochgestellten Flügeln stramm unter der Platte sitzen. Da Klenze seine Greife liegend darstellte, mußte er auf ihren Köpfen drei Blattkapitelle übereinanderstapeln, um die Tischplatte erreichen und stützen zu können. Bei dem Tisch von 1876 reichte ein Kapitell, damit die Greifenköpfe nicht von der Zarge verdeckt werden. Fast ein Heer von kräftigen Greifen mit durchgedrückten Vorderbeinen wurden 1838 für den Thron und zwei begleitende Konsoltische im Thronsaal der Großherzöge von Baden im Karlsruher Schloß eingesetzt.[7] Ein achteckiger Tisch mit vier, um eine Säule herumgruppierte Löwen entstand um 1895 in der Möbelfabrik Johann Adam Eysser in Nürnberg und wurde für Schloß Ratibor bei Nürnberg hergestellt.[8]

Ein nahes Vergleichsstück wurde 1872 in der Zeitschrift »Gewerbehalle – Organ für den Fortschritt in allen Zweigen der Kunstindustrie« vorgestellt. Das war vier Jahre bevor der Tisch aus Schloß Ehrenburg entstand. Laut Be-

6. Vorlage in der Zeitschrift »Gewerbehalle« 1872

schriftung hatte Constantin Uhde, Professor für Architektur am Polytechnikum in Braunschweig, den Tisch für die Bibliothek des Braunschweiger Schlosses entworfen[9] Auch dieser Tisch war ausgeführt und ging im 2. Weltkrieg verloren.[10] Auf dem veröffentlichten Entwurf (Abb. 6) ist eine Abschlußleiste an der Zarge zu sehen, in der sich längere Stäbe und Perlen abwechseln. Anstelle der Säule steht eine Art Vase, deren Fuß jedoch der Säule bis zum unteren Blattkranz zu gleichen scheint. Die dreiseitig segmentbogenförmig eingezogene Sockelplatte ist an den Enden stumpf und schließt nicht mit abgesetzten Rundungen, hat jedoch das gleiche kräftige Profil. Außerdem sieht man hier die Räder, die der Bayreuther Tisch ebenfalls einmal gehabt hat (Abb. 5). Wegen des voluminösen Blattwerks, von dem die Braunschweiger Greife umgeben werden, erscheint ein weitergehender Vergleich auf den ersten Blick unangebracht. Wenn man sich jedoch vorstellt am Bayreuther Tisch wäre das schwere Blattwerk einfach weggelassen, um ihn leichter und weniger voluminös zu gestalten, dann werden die Vorbilder sichtbar. Die aufrecht sitzenden Greife mit vorgestemmten Füßen und hochgestellten Flügeln kehren sehr deutlich wieder; vor allem die angespannte Muskulatur erscheint gleich. Deshalb muß der von Constantin Uhde entworfene und 1872 veröffentlichte Tisch nicht nur als Vergleichsstück sondern vor allem als Vorbild für das Gestell des Bayreuther Tisches von 1876 angesehen werden.

Die Zeichnung Uhdes in der Zeitschrift Gewerbehalle war leicht zu finden, weil sie erst 1988 von Georg Himmelheber in seinem Bilderlexikon der deutschen Möbelvorlagen von 1800 bis 1900 wiedergegeben worden ist.[11] Beim Weiterblättern in der Zeitschrift tauchte im gleichen Jahrgang 1872 eine Vorlage auf, die für einen Teil des Ornaments auf der Tischplatte verwendet worden war, über deren Gestaltung die Zeichnung Uhdes keine Hinweise gibt. Die Vorlage ist bezeichnet: »Mittelfeld eines Stuckplafonds aus der Villa Siegle in Stuttgart; componiert von Professor A. Gnauth daselbst.«[12] Sie kam also aus der Verwendung für Stuck und wurde nun für flaches, gemaltes Ornament auf der Tischplatte verwendet. Aus der Gesamtvorlage wurde der von Einhörnern eingegrenzte Teil herausgelöst (Abb. 2, 7). Einen Jahrgang später

*7. Vorlage für die Orna-
mentfelder mit Einhörnern
zwischen den Tondeaus
aus der Zeitschrift
»Gewerbehalle« 1872*

*8. Vorlage für das zentrale
Ornamentfeld mit Putten in
Achtpaß aus der Zeitschrift
»Gewerbehalle« 1873*

*9. Vorlage für das äußere
Ornamentband mit Del-
phinen aus der Zeitschrift
»Gewerbehalle« 1875*

druckt die gleiche Zeitschrift »Von der Wiener Weltausstellung« die Vorlage
einer »Tischdecke für Leinendamast; componiert von Julius Schnorr in Stuttgart, ausgeführt in der Fabrik von Carl Faber daselbst.«[13] Aus diesem Bild
wurde der Achtpaß mit Putten und umgebendem Zopfbandring für das zentrale Feld der Tischplatte übernommen. Die Zwickel zwischen den Pässen
wurden mit Rankenwerk, nicht mit Kreuzblüten in Gitterwerk ausgefüllt.
Die Insekten zwischen den Köpfen der Putten wurden auf dem Tisch durch
Sterne ersetzt (Abb. 2, 8). für diesen und für einen weiteren Teil des Ornaments war die Vorlage für die Anfertigung von Textilien gedacht und wurde
hier für die ebenfalls flache aber zeichnerische Verwendung auf dem Tisch
eingesetzt. Die letzte verwendete Vorlage erschien im Oktober 1875 mit der
Unterschrift »Leinene Tischdecke mit farbiger Bordüre; entworfen von Professor J. Storck in Wien, ausgeführt von Fabrikant Regenhardt daselbst. Bei
dieser Tischdecke hat der Fabrikant das Problem gelöst, die Bordüre ringsum
farbig zu weben.«[14] Diese farbig gedachte Bordüre mit Delphinen wurde in
weiß auf schwarzem Grund gedruckt und so als äußeres Ornamentband,
ohne weitere Veränderung, auf der Tischplatte weiterverwendet (Abb. 2, 9).

Selbstverständlich wurden die Vorlagen für die benötigten Maße auf der
Tischplatte umgezeichnet und vergrößert. Vor allem zeigt die baukastenarti-
ge Verwendung der Vorlagen beispielhaft, wie die Zeitschriften der Gewerbe-
vereine genutzt wurden und welchen Einfluß sie gehabt haben.

DIE GEMALTEN ANSICHTEN AUF DER PLATTE

Auch für die Ansichten in den Tondeaus wurden Vorlagen verwendet. Bei
den dargestellten Bauten handelt es sich um das Wagnersche Festspielhaus,

10. Ansicht des Gasthofs Hüngerreuth
von der Tischplatte

12. Ansicht des Schlosses Fantasie
von der Tischplatte

11. Ansicht des Gasthofs Bürgerreuth,
Lithographie von Heinrich Stelzner um
1870, Richard-Wagner-Archiv Bayreuth

13. Ansicht des Schlosses Fantasie,
Lithographie von Heinrich Stelzner
1856/60, Stadtmuseum Bayreuth

das Neue Schloß im Schloßpark Eremitage, Schloß Fantasie und den Gasthof
Bürgerreuth.[15] Der Gasthof Bürgerreuth im gleichnamigen Stadtteil von
Bayreuth liegt etwas oberhalb des Festspielhauses und besteht, baulich ver-
ändert, seit 1839 als Ausflugsgaststätte.[16] Vorlage für die Ansicht auf dem
Tisch war eine Lithographie von Heinrich Stelzner (1833-1910), die wohl um
1870 entstanden ist (Abb. 10, 11). Der Maler und Lithograph war in Bayreuth geboren und hatte an der Kunstschule in Nürnberg gelernt (Im Übrigen war sein Taufpate Johann Heinrich Stelzner von Beruf Schreiner). Zum
Vergleich wird ein koloriertes Exemplar der Lithographie aus dem Besitz des
Richard-Wagner-Museums in Bayreuth herangezogen.[17] Die Darstellung ist
17,5 cm breit und wurde haargenau in den Durchmesser des Tondeaus auf
der Tischplatte übernommen. Auch die Binnenzeichnung ist genau über-

*14. Ansicht des Schlosses Eremitage
von der Tischplatte*

*16. Ansicht des Wagnerschen Festspielhauses
von der Tischplatte*

*15. Ansicht des Schlosses Eremitage,
Lithographie von Georg Könitzer um
1860/70, Stadtmuseum Bayreuth*

*17. Ansicht des Wagnerschen Festspiel-
hauses, Lithographie von Louis Sauter
nach einem Plan des Architekten Otto
Brückwald von 1872, Stadtarchiv Bayreuth*

nommen. Nur ein paar Staffagefiguren fehlen, beispielsweise an der Wegga-belung. Zur Umsetzung der Ansicht in die runde Form, mußte im unteren Bildbereich ein wenig Rasenfläche hinzugefügt werden. Auffallend ist, daß die stahlblaue Färbung des Daches auf der Ansicht des Tisches nicht vor-kommt; Vielleicht hatte der um Genauigkeit so bemühte Kopist kein colo-riertes oder ein anders coloriertes Exemplar der Lithographie vor Augen.

Schloß Fantasie liegt im Bayreuther Stadtteil Donndorf. Der Bau war ein Auftrag der Markgräfin Wilhelmine v. Brandenburg-Bayreuth, der erst nach ihrem Tode zwischen 1761/65 fertiggestellt wurde. Er diente ihrer Tochter, der Herzogin Friederike v. Württemberg, als Wohnsitz. 1850/52 wurde Schloß Fantasie unter Herzog Alexander v. Württemberg im »Florentiner

Stil« umgebaut. Diesen Zustand gibt die Ansicht auf dem Tisch wieder, der auch auf einem Foto um 1900 noch zu sehen ist.[18] Die Ansicht auf dem Tisch entstand ebenfalls nach einer Lithographie von Heinrich Stelzner (1833-1910). Seit 1856 fertigte er eine ganze Reihe heimatlicher Ansichten, vor allem für die Bildmappe »Bayreuth, ein Jubiläumsalbum in 20 Blättern von Bayreuth und Umgebung«. Der Jubliäumsanlaß ist nicht genannt. Es kann aber nur die 50jährige Zugehörigkeit Bayreuths zu Bayern gemeint sein, die 1860 gefeiert wurde. Anläßlich dieses Jubiläums wurde in Anwesenheit des Bayerischen Königspaares auch Wagners Tannhäuser im ehemals Markgräflichen Opernhaus in Bayreuth aufgeführt. Aus dem Jubiläumsalbum stammt die Ansicht von der Gartenseite des Schlosses Fantaisie, die als Vorlage für den Tisch verwendet wurde.[19]

Bisher ist kein koloriertes Exemplar dieser Vorlage in öffentlichen Sammlungen aufgetaucht. Die Lithographie des Stadtmuseums Bayreuth ist auf gelblich getöntem Papier gedruckt (Abb. 12, 13).[20] Auch hier entspricht das Breitenmaß der Vorlage wieder dem Durchmesser des Tondeaus auf der Tischplatte und die Binnenzeichnung wurde genau kopiert: Man betrachte die Einzelheiten der Fenstergewände, den gebogenen Baumstamm rechts, oder die Pappel hinter dem rechten Flügelbau. Nur das Unterholz ist ein wenig anders. Der niedrige Anbau auf der linken Seite des Schlosses ist für die Zuweisung der Vorlage an Stelzner wichtig, da es eine zum Verwechseln ähnliche Ansicht von Georg Könitzer gibt, auf der dieser Anbau jedoch fehlt.[21]

Der Schloßpark Eremitage liegt im Bayreuther Vorort St. Johannis. Die Ansicht zeigt das als Orangerie gebaute und später zu Wohnräumen erweiterte Neue Schloß mit dem Sonnentempel in der Mitte und den vorgelagerten Wasserspielen. Die Anlage war 1749-53 nach Entwürfen von Joseph Saint-Pierre unter der Markgräfin Wilhelmine von Brandenburg-Bayreuth entstanden.[22] Während der ersten Wagnerfestspiele im Jahre 1876 logierte Kaiser Wilhelm I. und kurz darauf König Ludwig II. von Bayern im Neuen Schloß der Eremitage.[23]

Vorlage für die Ansicht auf dem Tisch war eine Lithographie von Georg Könitzer (1818-1885), die bereits als kleines Format in einem Sammelblatt vorkommt, das um 1855 veröffentlicht wurde. Könitzer machte wahrscheinlich eine Lithographenlehre und besuchte ab 1844 bis um 1847/50 die Akademie der bildenden Künste in München. Danach arbeitete er bis zu seinem Tod als Zeichner, und Maler sowie ab 1859 als Zeichenlehrer in Hof. Außerdem unterhielt er ab 1864 das wichtigste Fotoatelier der Stadt.[24] Ein größeres, nicht farbig überkommenes Exemplar der Ansicht Könitzers liegt im Stadtmuseum Bayreuth[25] und zeigt einen 21 cm breiten Bildausschnitt, von dem der Kopist nur die 17,5 cm. »herausgeschnitten« hat, die in das Tondeau auf der Tischplatte hineinpaßten (Abb. 14, 15). Deshalb sind die Architekturen, gegenüber der Vorgabe, rechts und links beschnitten. Wie bei den bisherigen Vorlagen, wurden Einzelheiten auch hier genau übernommen, was an den Kreuzpunkten der Wasserstrahlen vor den Architekturteilen im Hintergrund gut zu sehen ist. Ebenso wurden Einzelheiten weggelassen, etwa die Balustraden über den mittleren Arkaden der Flügelbauten oder die Steinfugen im Beckenrand. Letzteres ist vielleicht für den (Gefängnis-) Maler bezeichnend: Wurde die Bank im Vordergrund noch wiedergegeben, sind alle Staffagefiguren weggelassen, und der Kopist war offensichtlich nicht in der Lage Steinfugen im Beckenrand zu ergänzen, die auf der Vorlage von Figuren verdeckt waren.

Das von Richard Wagner in Auftrag gegebene Festspielhaus wurde von dem Leipziger Architekten Otto Brückwald von 1872 bis 1876 im Stadtteil Bürgerreuth gebaut.

Die Ansicht auf dem Tisch entspricht weitgehend einer Vorlage mit der Bezeichnung »Das Wagner-Theater in Bayreuth nach seiner Vollendung. Nach dem Gemälde von Louis Sauter auf Holz übertragen«. Das Gemälde selbst ist bisher nicht aufgetaucht. Vor allem war der Maler Louis Sauter aber der bedeutendste Vertreter der frühen Fotografie in Bayreuth und so wurde die gemalte Ansicht sowohl als Zeitungsdruck, als kolorierte Lithographie und auch als Postkarte 1876 vielfach publiziert.[26] Auf dem Tisch sind die Staffagefiguren reduziert, die Straßenlaternen stehen verrückt, die Fassaden sind ein wenig anders und der Bildausschnitt ist etwas nach links verschoben (Abb. 16, 17). Dies sind deutlichere Veränderungen gegenüber der Vorlage, als sie bei Übernahme der drei bisher verwendeten Vorbilder zu beobachten sind. Grund ist das Format der Vorlage, das mit neun Zentimentern deutlich breiter ist, als der zur Verfügung stehende Platz auf dem Tisch. Folglich mußte die Ansicht in stärkerem Maße verändert und dem Tondeau angepaßt werden. So wurde das Gebäude verkleinert und es war oben und unten mehr Himmel und mehr Rasen in der Rundung notwendig, obwohl die Höhe der Vorlage dem Durchmesser des Tondeaus diesmal genau entspricht.

Wie auf der grafischen Vorlage des Gasthofs Bürgerreuth, haben auch die Gebäude auf der Vorlage des Festspielhauses stahlblaue Dächer und in beiden Nachbildungen auf der Platte des Tisches wurde das Stahlblau nicht wiedergegeben.

Selbstverständlich bildet die für den 1876 entstandenen Tisch verwendete Ansicht des Festspielhauses den 1881/82 der Eingangsfassade vorgebauten Königsbau noch nicht ab. Die Ansicht gibt aber auch nicht den Zustand wieder, der zur Eröffnung des Festspielhauses im August 1876 bestanden hat. Den Girlandenschmuck über den Arkaden und die beiden Springbrunnen vor dem Eingang hat es nie gegeben. Der im Halbrund angeböschte Platz vor der Hauptfassade entstand erst nach der Eröffnung. Dagegen fehlen die beiden sog. Restaurationen rechts und links des Vorplatzes, die im Mai und August 1776 für die Verköstigung der Künstler und Festgäste eröffnet worden waren.[27]

Die Girlanden über den Arkaden der Eingangsfront finden sich auf einem Plan, den der Architekt am 20.8.1872 signiert hat. Von diesem und anderen Plänen ließ Brückwald fotografische Reproduktionen anfertigen, die er dem Auftraggeber zukommen ließ. Auf der Fotographie vom Plan der Hauptfront vermerkte Wagner zu einem unbekannten Zeitpunkt »Die Ornamente fort«. Damit waren die Girlanden gemeint, und gleich den Änderungswünschen Wagners auf anderen Planreproduktionen, wurden die Girlanden nicht ausgeführt. Demnach hat die Fotografie des Plans von 1872 dem Gemälde Sauters, bzw. der Lithographie als Vorlage gedient, die wiederum der Ansicht des Festspielhauses auf dem Tisch als Vorlage gedient hat.

Im übrigen zeigen alle vor der Fertigstellung des Theaters entstandenen und publizierten Ansichten, den Bau im vorweggenommenen Zustand der Vollendung, immer mit dem reichen Flaggen- und Girlandenschmuck über dem Eingang.[28] Außerdem ist die Ansicht nach der Fotografie des Planes eine »Planansicht«. Denn ein realer Blick aus der im Plan gezeigten Richtung auf das Festspielhaus ist aus topografischen Gründen nicht möglich. Es gibt keine Erhebung, von der man das auf dem Hügel liegende Festspielhaus, gleich der auf dem Tisch verwendeten Ansicht, sehen könnte.

Die Vorlagen für die Ornamente sind in der Zeitschrift Gewerbehalle zwischen Januar 1872 und Oktober 1975 erschienen und die Vorlagen der Ansichten in den Tondeaus entstanden von 1855 bis um 1872. Für den 1876 datierten Tisch sind die Vorlagen demnach als zeitnah oder aktuell zu bewerten. Im Gegensatz zu den gut und routiniert ausgeführten Schreiner- und Bildhauerarbeiten stammt die Bemalung der Platte von einem eher unsicheren, um große Genauigkeit bemühten Kopisten. Das Aufmalen der Ornamente war ein recht ungewöhnliches Vorgehen. In der Regel wurden größere Mengen gleichartiger Ornamente auf Papier oder mit graphischen Verfahren rationell aufgebracht.[29]

HERSTELLER UND ANLASS DER HERSTELLUNG 1876

Mit der Inschrift auf der Platte, so dürfte man annehmen, sei neben Entstehungsjahr und -ort auch der Hersteller des Tisches eindeutig genannt. Bei der Herstellung waren jedoch sicher drei verschiedene Handwerke beteiligt: Nämlich der Beruf des Schreiners, des Bildhauers und zuletzt, der des Malers für die Platte. Selbstverständlich konnte mit S. Henle auch der Name eines Unternehmers genannt sein, der die Handwerker beschäftigt hat.

In der handwerksgeschichtlichen Literatur Oberfrankens taucht ein Schreiner, Bildhauer oder Maler mit Namen S. Henle m.W. bisher nicht auf.[30] Auch in den Adreßbüchern der Stadt Bayreuth findet sich um 1876 kein Eintrag.[31]

Parallel zur Eröffnung des Wagnerschen Festspielhauses fand in der Stadt, als zweite große Veranstaltung, vom 30.7. bis 31.8.1876 die »Gewerbe- und Industrieausstellung zu Bayreuth« statt; sogar ein Katalog wurde gedruckt. Zwar taucht der gesuchte Name auch dort nicht auf, unter der Katalognummer 297 ist jedoch zu lesen: »Ein runder Tisch mit gemalter Platte und geschnitztem Untergestell«. Als Aussteller ist genannt: »Collectiv Ausstellung des Zuchthauses St. Georgen / die Holzarbeiten sind unter der technischen Leitung und für Rechnung des Herrn Wilh. Geyer, Bildhaurer, Bayreuth, ausgeführt«.32

Der Katalog nennt kein zweites vergleichbares Schnitzmöbel mit Malerei. Bisher wissen wir auch von keinem weiteren vergleichbaren Möbel aus Bayreuth, das zudem in Verbindung mit der Eröffnung des Festspielhauses 1876 gefertigt wäre. Hätte es ein solches Möbel gegeben, wäre es wohl anläßlich der Gewerbeausstellung ebenfalls den Besuchern gezeigt worden. Deshalb kann der im Katalog beschriebene Tisch guten Gewissens mit dem Tisch aus Schloß Ehrenburg identifiziert werden. Über den Bildhauer Wilhelm Geyer und seine Werkstatt wissen wir nicht mehr als das, was im Katalog der Gewerbe- und Industrieausstellung von 1876 zu lesen ist und für die er auch im Orgnisationskomitee tätig war.33

Zu fragen bleibt, wie die Arbeiten für den Tisch verteilt waren: Ob sie alle im Zuchthaus ausgeführt wurden, oder ob die Werkstatt des Bildhauers Geyer einen Anteil gehabt hat?

Im gleichen Ausstellungskatalog ist die Werkstatt noch zwei Mal genannt. Als Einzelaussteller zeigt sie zwei Rahmen in »engl.« und »ital. Renaissance«. Dann steht am Ende des Kataloges die Werbeanzeige: »Holzschnitzwaaren-Fabrik von Wilhelm Geyer / Bildhauer / Rennweg 247 / Bayreuth / (...) / Geschnitzte Renaissancemöbel, Salon- und Gebrauchs-Gegenstände / Eisengußmodelle, Bau- und Möbelarbeiten.« Demnach ging die Fertigungspalette deutlich über die eines bloßen Bildhauers hinaus. Das Wort Fabrik weist jedoch weniger auf eine tatsächliche Fabrik, sondern eher auf Prestigedenken hin. Die Geschäftsinhaber titulierten ihre Werkstätten häufig so, weil sie sich damit bessere Werbung und größeres Ansehen versprachen. In der Regel waren es jedoch Kleinbetriebe und keine durchorganisierten Großbetriebe mit 10 und mehr Angestellten.34 Der Anzeigentext besagt aber, daß die Werkstatt von Wilhelm Geyer offenbar größere Aufträge an geschnitzten Möbeln bewältigen konnte. Wenn man dazu die technisch ausgesprochen saubere Schreinerarbeit mit den routiniert geschnitzten Greifen des Tisches in Betracht zieht, sollte man davon ausgehen, daß diese Arbeiten in der Geyerschen Werkstatt entstanden sind. Der Satz im Text der Kollektivausstellung »Die Holzarbeiten sind unter der technischen Leitung und für Rechnung des Herrn Wilh. Geyer, Bildhauer, Bayreuth, ausgeführt«, muß nun aber extra geklärt werden. Eigentlich kann er sich nur auf weitere Holzarbeiten beziehen, die das Kollektiv neben dem Tisch ausgestellt hatte. Das waren eine

Fruchtschale, ein Blumenständer mit Aquarium, zwei Klappstühle und »Ein Sortiment kleiner Arbeiten«. Dies sind jedoch Dinge, die in Aufwand und Qualität nicht mit dem Tisch vergleichbar sind. Die Auswahl zeigt auch, daß es wohl weder einen Bildhauer noch eine gut ausgestattete Schreinerwerkstatt im Gefängnis von St. Georgen gab. Sonst wäre zu erwarten, daß man mehrere, dem Tisch vergleichbar aufwendige Stücke hätte herstellen und zeigen können. Weil der Bildhauer Geyer in seiner Einzelausstellung im Gegenzug aber keine bemalten Möbel vorgestellt hat, muß geschlossen werden, daß er keinen Maler unter seinen eigenen Mitarbeitern hatte und nur die Schreiner- und Bildhauerarbeiten des Tisches in der »Holzschnitzwaaren-Fabrik von Wilhelm Geyer« entstanden sind. Deren Spezialität waren »Geschnitzte Renaissancemöbel, Salon- und Gebrauchs – Gegenstände / Eisengußmodelle, Bau- und Möbelarbeiten«. Demnach war der auf der gemalten Tischplatte verewigte S. Henle aller Wahrscheinlichkeit nach Insasse des Zuchthauses in St. Georgen.[35]

Verwunderlich bleibt, warum der Werkstattinhaber Wilhelm Geyer, auf dessen Rechnung ja im Gefängnis gearbeitet wurde, sich aus Stolz oder Werbegründen nicht selbst auf der Tischplatte verewigt hat. Er war immerhin Bildhauer, hat vielleicht selbst die Greife geschnitzt, die einen eindrucksvollen Teil des Tisches ausmachen. Weil er selbst sich nicht nennt, wäre es zudem verwunderlich, wenn einer seiner Schreiner und Schnitzer den Namen hätte hinterlassen dürfen. Aber, die Bedeutung des Tisches liegt, neben dem Schnitzwerk, zu einem guten Teil in der gemalten Oberfläche der Platte. Die farbigen Ansichten aus Bayreuth wurden von den Besuchern der Ausstellung vielleicht am meisten bewundert und zeigen Gebäude der Stadt, auf die man offensichtlich Wert legte. Weil die Inschrift Bestandteil der Malerei ist, wird mit dem Zuchthäusler S. Henle also – vor Schreiner und Bildhauer – der Name des Malers genannt sein.

Im Jahr 1769 starb der letzte Markgraf von Brandenburg-Bayreuth. Entsprechend dem Erbvertrag, ging die Herrschaft an den Markgrafen von Brandenburg-Ansbach über und die Stadt Bayreuth war nur noch Nebenresidenz. 1791 fielen beide Markgrafenschaften an Preußen, bald darauf an Bayern und die ehemaligen Residenzstädte versanken auf lange Zeit in der Provinzialität. Erst mit den Festspielen Richard Wagners und der Eröffnung des Festspielhauses kamen ab 1876 wieder die Großen, Mächtigen und Wohlhabenden nach Bayreuth.[36] Auch wenn der Katalog der Gewerbe- und Industrieausstellung über die Festspiele kein Wort verliert, haben die Bayreuther Firmen und Handwerker selbstverständlich in Erwartung dieses Publikums ihre Ausstellung inszeniert und versucht, entsprechend luxuriöse Erzeugnisse anzubieten. Dies muß auch für den Hersteller des Tisches aus Schloß Ehrenburg gelten und gewiß wollte er sich dem Publikum auch für zukünftige Festspiele in Erinnerung halten.

Die auf dem Tisch gezeigten Bauten waren Sehenswürdigkeiten von Bayreuth, die damals, noch am Rande der Stadt gelegen aber 1876 selbstverständlich zu den Ausflugszielen der Festgäste gezählt haben. Bringt einer der Festgäste einen Tisch mit solchen Ansichten auf der Platte nach Hause, so hat er ein Schau- und Erinnerungsstück. Das Motiv des Schaustücks wird noch verstärkt, weil die Malerei empfindlich ist und eine regelrechte Nutzung des Tisches eigentlich verbietet. Daß dies so empfunden wurde, legt der relativ gute Erhaltungszustand der Platte nahe.

Weiterhin wird der Gesichtspunkt des Schau- und Erinnerungsstückes durch ein kleines Tischchen hervorgehoben, das um 1820 entstanden und kürzlich im Londoner Kunsthandel aufgetaucht ist.[37] Auch hier sind vier Bauten auf einer runden Tischplatte versammelt. Die Gouachen stellen das Pantheon, das Grab der Caecilia Metella und das Colosseum in Rom sowie den Tempel der Sibylle in Tivoli dar. Das sind »die« berühmten Bauten, die jeder Bildungsreisende von Stand auf seiner 'Grand Tour' durch Italien gesehen haben mußte. Auch wenn dieser Tisch ein ganz anderes Gestell hat und 50 Jahre eher entstanden ist, wird die Tradition deutlich, in der der Tisch aus dem Jahr der ersten Bayreuther Festspiele als Schau- und Erinnerungsstück entstanden ist.

Technologische Untersuchung der Tischplatte
VON ROSWITHA SCHWARZ[38]

Im heutigen Zustand zeigt die Tischplatte im wesentlichen einen dreischichtigen Fassungsaufbau aus Malschicht, darüberliegender originaler Schutzschicht aus Schellack und einem abschließenden Überzug aus aufgespritztem Cellulosenitrat-Lack (NC-Lack). Diese jüngste Schicht ist sehr dick und wurde bei einer Restaurierungsmaßnahme aufgetragen.

Die Untersuchung der Tischplatte mit dem Technoskop zeigte, daß das Ahornfurnier vor der Bemalung weder mit Papier kaschiert, noch mit Kreidegrund grundiert wurde. Auch andere Grundierungen konnten durch Anfärbungen von Einbettproben, die außerhalb der Tondeaus entnommen wurden, nicht festgestellt werden. Eine Bemalung ohne Grundierung ist nur denkbar, wenn ein hartes, dichtes Holz wie Ahorn als Bildträger verwendet wird, das zuvor sorgfältig geschliffen und unter Druckanwendung verdichtet wurde.

18. Detail eines Maskarons von der Tischplatte mit Vorzeichnung in Bleistift und endgültiger Binnenzeichnung.
(siehe Farbtafel 9)

Für die Tondeaus ist wegen der aufwendigeren Maltechnik eine Grundierung z.B. mit Proteinleim, Schellack oder Leinöl anzunehmen. Unter Rücksichtnahme auf das Objekt konnten keine Proben entnommen werden. Das engmaschige Krakeleenetz, das sich in der Schellack- und Malschicht der Tondeaus gebildet hat, könnte aber auch dafür sprechen, daß die Tondeauflächen separat grundiert worden sind.

Die Tischplatte wurde symmetrisch in die verschiedenen Bildfelder unterteilt. Ihre Gestaltung ist geprägt von der exakten Übertragung der Vorlagen auf die runde Platte. Mit Hilfe von Vorzeichnungen konnten die Maler die Rapporte in sehr gleichmäßigen Abständen zueinander ausführen. An zahlreichen Stellen, vorwiegend im Bereich des Maskaron-Delphin-Bandes, sind unter dem Technoskop Vorzeichnungen mit Bleistift zu sehen. Diese gaben nicht nur grobe Umrisse, sondern sogar exakt die Binnenzeichnungen der Maskarongesichter vor (Abb. 18).

Die häufige Wiederholung der Ornamentrapporte scheint zunächst auf die Anwendung von Schablonen hinzudeuten. Diese hätten jedoch so filigran sein müssen, daß ihre Anwendung unprakikabel gewesen wäre. Auch wäre bei der Verwendung von Schablonen die detaillierte Vorzeichnung nicht notwendig gewesen. Bei genauerer Betrachtung zeigen sich bei den Binnenzeichnungen und dem schwarzen Fond deutliche Ansatzspuren von Pinselstrichen. Bei der Bemalung der Tischplatte wurde also frei Hand mit dem Pinsel nach der Bleistiftvorzeichnung auf der Tischplatte gearbeitet.

Es lassen sich zwei beteiligte Maler unterscheiden. Die einfacheren Ornamente scheinen von ungeübterer Hand zu stammen, wie der ungleichmäßig deckende Farbauftrag und die ungleichmäßigen Konturen zeigen. Die figürlich gestalteten Bildfelder sowie das differenziert ausgeführte Maskaron-Delphin-Band stammen von einem geschickteren Maler, evtl. von S. Henle.

Für die schwarze Farbe des Fonds und der Binnenzeichnungen der Ornamente kommt eine niedrigviskose, wäßrig gebundene Farbe in Frage, evtl. eine Rußtusche oder Gouache bzw. Aquarellfarbe. Die für die Tondeaus verwendete Farbe ist höherviskos und scheint besser zu decken. Teilweise wurde sie jedoch auch lasierend eingesetzt, so daß unter der Malschicht die Holzstrahlen des Ahornfurnieres durchscheinen. Wahrscheinlich handelt es sich um Gouache- oder um magere Temperafarbe.

Mit Hilfe von VIS-spektroskopischen Spotmessungen konnten einige der Pigmente zerstörungsfrei, d.h. ohne Probenentnahme identifiziert werden. So stellte sich heraus, daß die Blau- und Grüntöne in den Tondeaus und den Ornamentbändern aus Ausmischungen von Indigo bestehen. Da Indigo aufgrund seines Brechungsindex im öligen Bindemittel blauschwarz wird, konnte somit bestätigt werden, daß es sich bei den Malschichten der Tondeaus um ein wäßriges Bindemittel handeln muß.

Die originale, nicht pigmentierte Schellackschicht ist im Laufe der Zeit vergilbt, so daß der Helligkeitskontrast zwischen schwarzem Fond und hellem Holzton der Ornamente abnahm. Auf den Schellack wurden bei früheren Restaurierungsmaßnahmen zahlreiche Retuschen aufgetragen. Diese haben sich im Laufe der Zeit verfärbt und wirken heute vielfach zu hell oder zu dunkel.

Die dicke Schicht aus Cellulosenitrat-Lack weist ein außergewöhnliches Krakeleebild aus bogenförmigen, grobnetzigen Rissen auf. Diese Risse sind entstanden, weil die Haftung auf dem originalen Schellack nicht optimal war und der Lack selbst sehr spannungsreich ist. Wahrscheinlich fungierte eine Schicht aus silikonhaltigem »Möbelpflegemittel« hier als Trennschicht. Der NC-Lack ist durch Staubpartikel verunreinigt und weist zahlreiche Einschlüsse von Luftbläschen auf, wodurch er leicht trübe wirkt.

Durch die Ausführung der Malereien mit dem Pinsel unterscheidet sich die Dekoration der Tischplatte grundlegend von einer größeren Anzahl ähnlich geschmückter Möbel des 19. Jahrhunderts, deren Motive in Umdrucktechnik entstanden sind.

ANMERKUNGEN

1 Brunner, Herbert und Seelig, Lorenz: Coburg Schloß Ehrenburg, Amtlicher Führer, Bayerische Verwaltung der staatlichen Schlösser, Gärten und Seen, München 1990, S. 44, Umschlagfoto. Der Thronsessel selbst ist nicht enthalten.

2 »Zimmer-Inventar für das Herzogliche Residenzschloss Ehrenburg, Coburg«, »Unter des Schloßverwalters Kirchhöfer aufgestellt 1910 von Finanzrat G. Sippel«. Das Inventarverzeichnis besteht aus vier Foliobänden, je ein Band für Parterre, I. Stock, II. Stock und III. Stock mit Grundriß für das jeweilige Geschoß. Jeder Band gebunden mit Pappeinband in Halbleder, auf der Innenseite mit Wappen und Umschrift »Hausmarschallamt S.K.H. des Herzogs v. S. Coburg und Gotha« in grün gestempelt. Bayerische Verwaltung der staatlichen Schlösser, Gärten und Seen, Archiv.
Auch unter einer anderen laufenden Nummer im Kapitel III ist kein Tisch beschrieben, der sich mit dem hier genannten auch nur annäherungsweise verbinden ließe. Allerdings ist ein weiterer Tisch mit gemalter Platte eingetragen: »Mahagoni-Tisch m(it) gemalter runder Platte und Säule auf 3 Füssen«. Eintrag für I. Stock, Zimmer Nr. 45, Pavillon II., Toilettenzimmer, S. 262 (Der Raum in der Mittelachse des westlichen Pavillons ist durch Umbau der Treppen heute stark verändert).

3 Die Objektbeschreibungen liegen jeweils auf der linken Inventarseite. Auf der gegenüberliegenden Inventarseite ist dann der Standort, bzw. die Raumbezeichnung samt Nachträgen eingetragen. Das Verzeichnis umfaßt 649 Seiten und beinhaltet Nachträge bis in die heutige Zeit.
Eintrag unter Cap. III, Nr. 406 auf S. 88: »Toilettentisch, mahagoni mit Spiegelaufsatz u. 5 Fächern«.
Coburger Landesstiftung als staatliche Verwaltung, Coburg, Archiv.
Ein kürzlich im Kunsthandel aufgetauchter Tisch aus der Zeit um 1830 mit der Provenienz Schloß Ehrenburg ist bis auf die laufende Nummer ebenfalls mit Cap. III bezeichnet. Die Annahme im Katalogtext, bei der Kapitelbezeichnung handele es sich um die Pavillons in denen das Objekt gestanden hat, stimmt nicht, weil Schloß Ehrenburg nur zwei aber keine drei Pavillons hat und die Inventare nach Gattungen mit römischen

Ziffern in 45 Kapitel eingeteilt sind. Das Kapitel III umfaßt vielmehr alle Tische.
Stuttgarter Kunstauktionshaus Dr. Fritz Nagel, 350. Auktion, 3./4. Dezember 1993,
Kat.-Nr.: 1643.

4 Bisher war nicht zu klären, auf welchem Weg der Tisch auf die Ehrenburg gelangt ist.
Weil der Tisch 1876, im Jahr der ersten Wagnerfestspiele entstanden ist und Herzog
Ernst II. ein großer Opernliebhaber war, könnte er ihn in Bayreuth erworben haben.
Allerdings ist keine Verbindung des Herzogs zum Hersteller oder nach Bayreuth aufzuzeigen. Weder in den Besucherlisten der ersten Wagnerfestspiele 1876, noch in den Listen der Inhaber von Patronatsscheinen zur Unterstützung der Festspiele, tauchen Mitglieder des herzoglichen Hauses auf (Richard-Wagner-Archiv/Bayreuth). Das gleiche
gilt für die Tagebücher, bzw. Briefe von Richard und Cosima Wagner: Die Tagebücher,
ediert und kommentiert von Martin Gregor Dellin und Dietrich Mack, 2 Bde, Mün-
chen/Zürich 1976/77. Andererseits hatte Herzog Ernst II. über Franz Liszt nachfragen
lassen, ob Wagner ihm eine eigene, vom Herzog komponierte Oper instrumentieren
würde, was Wagner unter dem Vorwand körperlicher und geistiger Verstimmung ab-
lehnte. Auch der Versuch Wagnersche Partituren anzukaufen schlug fehl. Erst ab 1893
konnten Wagner-Opern auf der herzoglichen Bühne aufgeführt werden: Wagner, Richard: Mein Leben, hrsg. von Martin Gregor Dellin, München 1976, S. 477, 813. Herzog
Ernst II. von Sachsen-Coburg und Gotha und seine Zeit, Jubiläumsschrift der Städte
Coburg und Gotha, Hrsg. von Harald Bachmann, Coburg und Gotha 1993, S. 185-206.
Der Vorbesitzer des Tisches aus einem Dorf bei Ingolstadt gab an, den Tisch vor ca. 7
oder 8 Jahren, d.h. um 1985, in Ingolstadt bei einer alten Dame gekauft zu haben, die aus
Coburg gestammt haben soll. Der Name war Frau Damarov oder Damerov. Ihr Ehe-
mann war angeblich Arzt in Bayreuth.

5 Dieser Tisch ist schon wegen des Materials nicht mit dem Tisch von 1876 zu verwechseln, heute nicht mehr zu identifizieren und wahrscheinlich verloren.

6 Schäfer, Veronika: Leo von Klenze, Möbel und Innenräume, Diss. München 1980, S. 61f,
Abb. 11, Kat.-Nr.: 10.
Auf dem einzigen Vorkriegsfoto ist der Tisch leider eng von Stühlen umgeben und kaum
sichtbar. Hederer, Oswald: Leo von Klenze, Persönlichkeit und Werk, München 1964,
Abb. 147.

7 Ein Jahrhundert Möbel für den Fürstenhof, 1750-1850, Ausstellungskatalog, Karlsruhe
1994, Kat. 72.

8 Möbel aus Franken, Oberflächen und Hintergründe, Ausstellungskatalog Nürnberg,
München 1991, S. 264f.

9 Gewerbehalle, Organ für den Fortschritt in allen Zweigen der Kunstindustrie: hrsg. von
Wilhelm Bäumer und Julius Schnorr, Braunschweig, 10. Jhg., 1872, S. 9, Tafel 59. Nachgewiesen bei: Himmelheber, Georg: Deutsche Möbelvorlagen 1800-1900, München
1988, Nr. 1520.

10 Freundlicher Hinweis des Braunschweigischen Landesmuseums, Museumsdirektor
Gerd Biegel, sowie Schreiben der Verwaltung K.H. des Prinzen von Hannover und Herzogs zu Braunschweig und Lüneburg vom 16.3.1994.

11 Vgl. Anm. 9.

12 Wie Anm. 9, 10. Jhg., Heft 1, 1972, S. 13.

13 Wie Anm. 9, 11, Jhg., 1873, S. 171.

14 Wie Anm. 9, 13. Jhg., Heft 10, 1875, S. 153.

15 Für die Hinweise zu persönlichen Daten der Künstler der grafischen Vorlagen danke ich
Frau Dr. S. Habermann, Stadtmuseum Bayreuth.

16 Habel, Heinrich: Festspielhaus und Wahnfried, Geplante und ausgeführte Bauten

Richard Wagners, München 1984, S. 333.

17 Richard-Wagner-Museum/Bayreuth, Inv.Nr.: 1950-46-101. Maße: H 12,2 cm, B 17,5 cm; Druck auf Karton; Zuweisung und Datierung nach Angaben der Inventarkarte.

18 Habermann, Sylvia: Bayreuther Gartenkunst, Worms 1982, Abb. S. 71.

19 Sitzmann, Karl: Künstler und Kunsthistoriker in Ostfranken, (= Die Plassenburg, Bd. 12), Kulmbach 1957, S. 530 f., Boetticher, Friedrich von: Malerwerk des Neunzehnten Jahrhunderts, Dresden 1891-1901., Strehl, H.: Vor 150 Jahren kam Bayreuth an Bayern, in: Heimatbote, 12. Jhg., Nr. 3, 1960.

20 Stadtmuseum Bayreuth: Bez.o.m. »Album von Bayreuth«, u.l. »N.d. Natur gez. u. lith. v. H. Stelzner«, u.r. »Druck bei W. Engelhard«, u.m. »Schloss Phantasie«, u.r. »Verlag und Eigenthum v. C. Giessel«. Maße Blatt, unten beschnitten: H 19,4 x B 29,5 cm; Maße Bild: H 12,4 x B 17,7 cm.

21 Stadtmuseum Bayreuth, vgl. Anm. 17, 24.

22 Eremitage zu Bayreuth, Amtlicher Führer, bearbeitet von Erich Bachmann und Lorenz Seelig, Hrsg. Bayerische Verwaltung der staatlichen Schlösser, Gärten und Seen, München 1987.

23 Hübsch, G.: Der fürstliche Lustsitz Eremitage bei Bayreuth, Bayreuth 1924, S. 197

24 Schmidt, Winfried: Georg Könitzer, Ein Hofer Maler des 19. Jahrhunderts, Hof 1985, Kat.-Nr.: KL 6, S. 12f, 25.

25 Stadtmuseum Bayreuth: Blatt mit gedruckter Schmuckrahmung, gelblich getönt, Wolken weiß gehöht, dreiseitig beschnitten; Maße Blatt: H 21 x B 28 cm; Maße Bild: H 14,8 x B 21 cm; Bez.u.l. »Nach der Natur gez. v. Könitzer«, u.m. »Engelhard gedr.«, u.r. »Carl Giessel's Verlag in Bayreuth«, Beschriftung des Blattes »Sonnentempel der Eremitage.«

26 Stadtmuseum Bayreuth, Zeitungsausschnitt, »Das Wagner-Theater in Bayreuth nach seiner Vollendung. Nach dem Gemälde von Louis Sauter auf Holz übertragen«; allseits beschnitten, Maße Bild: H 17,4 x B 26,3 cm.
Richard-Wagner-Museum Bayreuth, Inv.-Nr.: 1981-6-21, Farblithographie, bez.u.m. »Das Wagner-Theater in Bayreuth nach seiner Vollendung. Nach dem Gemälde von Louis Sauter auf Holz übertragen«; Maße Bild: H 26,3 x B 7,4 cm; Maße mit Schmuckumrandung: H 19,7 x B 28,5 cm; Eintrag auf der Inventarkarte: »1 kolorierter Holzstich um 1873« Mayer, Bernd: Bayreuth à la Carte, Bayreuth 1987, Abb. S. 52f
Bayreuth im Lichtbild, Dokumente aus der Frühzeit der Fotografie, (= Schriftenreihe des Stadtmuseums Bayreuth, Heft 5), hrsg. von Sylvia Habermann, Bayreuth 1989, S. 24 F.

27 Alle Angaben zur Entstehungsgeschichte des Festspielhauses nach: Habel, Heinrich: Festspielhaus und Wahnfried, Geplante und ausgeführte Bauten Richard Wagners, München 1984. bes. S. 369ff, S. 391-407

28 vgl. Anm 16.

29 Zur Technik der Malerei siehe den Nachtrag von R. Schwarz. Für andere Verfahren sei exemplarisch genannt: Andes, Louis Edgar: Die technischen Vollendungsarbeiten der Holzindustrie, 4. Aufl. Wien 1904, bes. S. 99-107, 118ff.

30 Jeweils mit weiterführender Literatur: Sitzmann, Karl: Künstler und Kunsthandwerker in Ostfranken, in: Die Plassenburg, Bd. 12, Kulmbach 1957. Reuter, Ortulf: Die Manufaktur im fränkischen Raum, Stuttgart 1961. Seidel, Joachim: Möbelherstellung und Möbelhandel 1850-1914 mit Ausblicken auf Unterfranken, (=Veröffentlichungen zur Volkskunde und Kulturgeschichte, 38) Würzburg 1986. Heidrich, Hermann: Möbel aus Oberfranken, Ausstellungskatalog, Fränkisches Freilandmuseum Bad Windsheim 1988. Trübsbach, Rainer: Literatur und Forschungsbericht zur Wirtschafts- und Sozialge-

schichte Oberfrankens im 19. und 20. Jahrhundert, in: Archiv für die Geschichte von Oberfranken, 69, 1989, S. 437-451. Möbel aus Franken, Oberflächen und Hintergründe, Ausstellungskatalog Bayerisches Nationalmuseum, München 1991.

31 Für die Durchsicht der Adressbücher von Bayreuth und die freundliche Information danke ich Frau Dr. S. Habermann, Stadtmuseum Bayreuth.
St. Georgen am See war bis 1811 eine eigene Stadt und gehört seitdem zu Bayreuth.

32 Catalog der Gewerbe- und Industrie- Ausstellung zu Bayreuth vom 30. Juli bis 31. August 1876, Bayreuth 1876, S. 33.
Aussteller waren ausschließlich Bayreuther Betriebe. Unter der Rubrik »Holz-Industrie« sind 5 Schreiner, 3 Möbelfabriken, 2 Bildhauer, 2 Drechsler und ein Maler genannt, der gemalte und lackierte Möbel ausstellte. Im Anhang des Kataloges sind auch Werbeanzeigen von Firmen abgedruckt, die nicht auf der Ausstellung vertreten waren. Folgende holzverarbeitende Firmen hatten Anzeigen gesetzt: »Die Möbelfabrik von Emil Thon (…)«, »Die Kunstdreherei von Conrad Schultheis (…)«, »F. Behringer Bildhauer und Vergolder (…)«, »Das Möbelmagazin von B. Trissl (…)«, »Carl Wendel & Cie. Bau- und Möbelschreinerei (…)« und die »Holzschnitzerwaaren-Fabrik von Wilhelm Geyer (…)«.

33 Jedenfalls nahm W. Geyer an der »Zweiten Bayerischen Landes-, Industrie-, Gewerbe- und Kunstausstellung« in Nürnberg von 1896 nicht teil, obwohl andere Werkstätten aus Bayreuth zu den Ausstellern zählten.
Schmeusser, Heinrich: Denkschrift zur Erinnerung an die Beteiligung oberfränkischer Industrieller und Gewerbetreibender bei der Zweiten Bayerischen Landes-, Industrie-, Gewerbe- und Kunstausstellung in Nürnberg 1896. Möbelwerkstätten S. 93-111

34 Seidel, Joachim: Möbelherstellung und Möbelhandel 1850-1914 mit Ausblicken auf Unterfranken, (= Veröffentlichungen zur Volkskunde und Kulturgeschichte, 38), Würzburg 1986, S. 56f

35 Leider sind die Gefangenenakten in den Nachkriegswirren verbrannt. Freundliche Mitteilung des Direktor der JVA-St. Georgen-Bayreuth, Herrn Waas, und des Archivars der Anstalt, Herrn Arthur Becher, am 19.5.1994. Demnach waren die Personenakten des Gefängnisses nicht an das zuständige Staatsarchiv abgegeben worden und sind im Staatsarchiv Bamberg deshalb nicht vorhanden: Repertorium St. Georgen/Bayreuth K 190. Der Akt Rep. K 190, Nr. 150 und Nr. 151, «Beschäftigung der Gefangenen 1873/86« enthält nur ein Blatt des Jahres 1873 und fährt erst 1877 fort. Das sog. Arbeitshaus in St. Georgen war eine Frauenanstalt. Der Akt Rep. K 190, Nr. 501, »Grundbuch des Arbeitshauses St. Georgen 1873/83«, in dem die Personendaten erfaßt sind, enthält den Namen S. Henle nicht.
Für die Bezeichnung von s. Henle als Gefängnisinsasse spricht außerdem: Der Name war nicht in den Adressbüchern und Zunftakten der Stadt Bayreuth zu finden und die Person folglich kaum ein eingesessener Bürger der Stadt. Nun waren die Insassen des Frauengefängnisses St. Georgen aus ganz Bayern eingewiesen worden und dies muß auch für das Männergefängnis gelten.

36 Goldschmitt, Emil: Alphabetisch geordnetes Verzeichnis der Festgäste, welche zum Besuch der diesjährigen Festspiele angemeldet sind …, Bayreuth 1894
Marbach, Hans: Das Publikum, Ein Nachklang aus Bayreuth, in: Die Grenzboten, 44, 1885, S. 137-146.

37 Apollo, April 1994, S. 28. Diesen Hinweis verdanke ich dem Kollegen Peter O. Krückmann.

38 Der Bericht ist die Zusammenfassung einer ausführlichen Untersuchung, deren Dokumentation im Archiv der Schlösserverwaltung aufbewahrt wird.

ELMAR D. SCHMID

Zwei Landschaftsstudien aus dem Harz von Heinrich Brandes

Aus Privatbesitz konnte die Bayerische Verwaltung der staatlichen Schlösser, Gärten und Seen 1990 und 1991 zwei Ölstudien des Braunschweiger Landschaftsmalers Heinrich Brandes (1803-1868)[1] mit Ansichten aus dem Harz erwerben.

»Ansicht des Regensteins bei Blankenburg am Harz«, Heinrich Brandes, 1843
(siehe Farbtafel 12)

Das erste Motiv, eine »Ansicht des Regensteins bei Blankenburg am Harz«[2], gibt diesen schon zum Harzvorland gehörenden Bergrücken mit seinen im Nordwesten steil aufragenden Sandsteinfelsen wieder. Der sagenumwobene Regenstein, gekrönt von der Ruine einer mittelalterlichen Burg, war und ist

159

vor allem als Aussichtsberg bekannt. Um 1840 heißt es in einer Beschreibung: »Wacht haltend an einem der Eingänge in das Harzgebirge ragt ein nackter, wilder Fels schroff und riesig gen Himmel. Das Auge des vorüberziehenden Wanderers hängt mit Verwunderung an der schwindelnden Höhe, wer aber dieselbe ersteigt, wird von Grausen und Entsetzen ergriffen, wenn er von der höchsten Spitze des Felsens in den dicht vor seinen Füßen gähnenden Abgrund blickt, in welchem die riesigsten Bäume wie niedere Gebüsche, und erwachsene Menschen wie winzige Zwerge erscheinen.«[3]

Von dieser fast bedrohlich klingenden Beschreibung des Regensteins läßt die wenig später am 21. August 1843 entstandene Ölstudie von Heinrich Brandes kaum etwas erkennen. Hinter der im Vordergrund breit lagernden Bergwiese baut sich, diagonal nach rechts ansteigend, das felsige Gipfelplateau auf. Der Umriß der Felsenklippe hebt sich gegen den an dieser Stelle hellen Wolkenhimmel ab, ohne sich allzu scharf abzugrenzen. Ohne Härte ist auch die geologische Struktur des Berges wiedergegeben: Felsen, Steine, die spärliche Vegetation und die Reste der ehemaligen Burg sind in raschem, flüssigem Farbenduktus herausmodelliert, wobei der homogene Gesamteindruck erhalten bleibt. Die auf den ersten Blick zurückhaltend wirkende Farbigkeit läßt bei genauer Betrachtung eine erstaunliche Vielfalt erkennen und verrät die Hand eines koloristisch außergewöhnlich versierten Künstlers. Formen werden durch den mannigfachen Wechsel von Farben und Farbnuancen, weniger durch Zeichnung erzeugt.

Auf der linken Seite des Bildes trennt ein Tal den Regenstein von den übrigen Ausläufern des Gebirges, die zum Teil im Schatten, zum Teil in der Sonne liegen. Dahinter öffnet sich der Blick auf das flachere Harzvorland mit seinen Feldern und Wiesen, eine flüchtig von der Sonne beschienene Landschaft, die ein zu Gewittern neigender Sommerhimmel mit hellen und dunklen Wolkenpartien überwölbt.

Zwergenhaft klein aber doch im Zentrum der sorgsam aufgebauten Landschaftsstudie hat sich der Maler zusammen mit Karl Friedrich Adolf Nickol, einem seiner Schüler, verewigt: Rückenfiguren, die schauend, deutend und malend von der Größe der Natur beeindruckt und überwältigt sind. Ein winzig wirkendes Schaf, eine Heidschnucke, scheint sich auf die Klippen des Berggipfels verirrt zu haben, ein Sinnbild für die Einsamkeit und die Gefährdung des Lebens.

Heinrich Brandes war nach dem Studium in München und einem Romaufenthalt 1833 endgültig in seine Heimat Braunschweig zurückgekehrt. Mit der Harzlandschaft hat sich der Künstler jedoch erst später intensiver befaßt. In den Kunstvereinsausstellungen seiner Heimatstadt präsentierte Brandes ab

1842 neue Harzgemälde und beschäftigte sich in der folgenden Zeit nachhaltig mit diesem Thema. Die Vorliebe des Malers für den Harz stimmt zwar mit der damals allgemein zunehmenden Begeisterung für diese Gebirgslandschaft überein (1843 war die Staatseisenbahn Braunschweig-Wolfenbüttel bis Bad Harzburg fertiggestellt worden), zu seiner subtilen introvertierten Landschaftskunst konnten jedoch nur Kenner Zugang finden.

Brandes hat den Harz von Braunschweig aus wiederholt bereist. Die vorgelagerten Orte und Städte – so vor allem Oker, Bad Harzburg, Ilsenburg, Blankenburg und Thale – als Pforten benutzend stellte der Maler den Gebirgsrand[4] mit weitem Ausblick ins Vorland, die Flußtäler wie auch den Oberharz immer wieder dar.

Die den Harz südlich von Braunschweig in nördlicher oder nordöstlicher Richtung verlassenden Flüsse – Oker, Radau, Ecker, Ilse, Holtemme und Bode – bilden im Gebirge Täler von urtümlicher Schönheit mit steilen Felsenklippen und Wasserläufen in wilden Flußbetten, die von Steinblöcken, Stromschnellen und Wasserfällen durchsetzt sind. Brandes hat diese Flußtäler häufig im Bild festgehalten[5], wobei die vor Ort entstandenen Studien durch ihre Spontaneität besonders überzeugen: Das Schauspiel der Natur wird in raschen Zügen zu einer harmonisch wirkenden Komposition zusammengefaßt. Der Künstler verzichtet auf Effekte und setzt allein auf malerisches Können. Die nervösen Pinselstriche verraten Erregtheit, ja Besessenheit. Der Vielfalt optischer Eindrücke entspricht nicht zuletzt ein immenser Reichtum an Farben, die zur Geltung gebracht werden, ohne grell zu sein.

»Winterliches Flußtal im Harz«[6] heißt die zweite Landschaftsstudie von Heinrich Brandes im Besitz der Bayerischen Verwaltung der staatlichen Schlösser, Gärten und Seen, eine bislang nicht bekannte, nicht publizierte Ölskizze mit allen Merkmalen der reifen Darstellungskunst des Malers. Ausgehend von dem im Vordergrund die volle Bildbreite einnehmenden Flußbett wird der Blick des Betrachters vom flacheren Bereich des Wildwassers rasch ins Zentrum der Darstellung geführt, wo gewaltige Felsblöcke eine Sperre bilden. Während am steileren rechten Ufer der Bergwald beginnt, steht auf dem ebenen Uferstreifen links eine Hütte. Der Feuerschein im Rundbogentor weist dieses roh gezimmerte einfache Gebäude als Hammerschmiede aus. Das Tal verliert sich nach hinten im Dunstschleier eines klaren Wintertages. Die bewaldeten Steilhänge mit Klippen und die Kuppe eines Berges sind nur schemenhaft zu erkennen.

Winter im Harz: Die Natur erstarrt in Eis und Schnee. Im Gebirgstal ist ein Chaos entstanden, das der Maler in furiosen Pinselstrichen adäquat wiederzugeben versucht. Sorgfältig abgestufte weiße und braune Farbtöne kennzeichnen ein in raschem Zug geschaffenes Bild, das im Spiel des Lichts die Atmosphäre eines klirrend kalten Wintertages meisterhaft vor Augen führt.

»Ich habe nicht sowohl gearbeitet als eigentlich wie ein hungriger in der Natur gewüthet und gewühlt; ...« notiert Brandes am 24. September 1851 über eine zehntägige Reise in den Harz, deren künstlerische Ausbeute in neun Ölstudien und mehr als zwanzig Zeichnungen bestand.[7] Die »Ansicht des Regensteins bei Blankenburg am Harz« und die Studie »Winterliches Flußtal im Harz« verraten eben diese künstlerische Haltung und gehören zu jenen Ölskizzen aus dem Harzgebirge, die sich durch besondere Intensität, spontanen Farbauftrag und kühne Malweise auszeichnen.

Heinrich Brandes besuchte nach seiner Lehrzeit in der Braunschweiger Lackwarenmanufaktur Stobwasser 1823/24 bis 1828 die Akademie in München, verbrachte nach einem Zwischenaufenthalt in der Heimat von 1830 bis 1832 zwei Studienjahre in Rom und ließ sich dann 1833 endgültig in Braunschweig nieder. Bereits in München hat sich der Künstler den Ruf eines hervorragenden Landschaftsmalers erworben. Sein 1827 entstandenes Gemälde »Salzburger Landschaft am Abend« gelangte durch König Ludwig I. von Bayern in die Münchner Neue Pinakothek.[8] Während der Studienjahre in Rom wird Brandes zusammen mit Rottmann, Fries und Kaiser als einer der führenden Münchner Landschaftsmaler genannt.

Schon während seiner Ausbildung in München hat Heinrich Brandes vor der Natur Skizzen geschaffen, die zeigen, daß er – wie andere Münchner Malerkollegen – bestrebt war, sich außerhalb der Akademie weiterzubilden. So dürfte er insbesondere auch durch Johann Georg von Dillis (1759-1841) Impulse empfangen haben, dessen Landschaftsstudien in ihrer kühnen freien Art zu dieser Zeit ein Novum waren.[9] Unter den gleichaltrigen Künstlern kann Christian E.B. Morgenstern (1805-1867) zum Vergleich herangezogen werden.[10] Ausgehend von seinen Münchner Studienjahren und dem Aufenthalt in Rom schreibt Rudolf Oldenbourg über Brandes: »Die seltene Gediegenheit dieses Talentes aber bewährte sich erst in einer ferneren Entwicklung, die bis an die Schwelle des Impressionismus führt, und zwar nicht bloß in gelegentlichen geistvollen Skizzen, mit denen auch andere, klassizistisch befangene Künstler wie Wasmann einmal die freie malerische Form absichtslos vorwegnahmen, sondern in einer bewußten Wendung von der zeichnerischen Gebundenheit seiner Jugend zur malerischen Improvisation.«[11]

Über die selbständige, eigenwillige Landschaftskunst von Heinrich Brandes führt Gerlinde Spies unter anderem aus: »Vor allem entdeckt er unbekannte Winkel, unscheinbare Wald- und Talansichten, die Weide- und Ackerlandschaft seiner Heimat, und er begreift die Vielfalt der Harzlandschaft. Hier

»Winterliches Flußtal im Harz«, Heinrich Brandes, vor 1853
(siehe Farbtafel 12)

sieht er den Reichtum der Felsbildung, der Wälder und Bachläufe. Insbesondere der Ausblick, oft auf eine Bildhälfte beschränkt, vom Bergland hinaus in
die helle Ebene, und die rasch wechselnden Witterungsverhältnisse charakte-
risieren in seiner Wiedergabe dieses Land. Nicht topographische Treue, sondern die unverwechselbare landschaftliche Eigenart und Stimmung macht er
zu seinem künstlerischen Anliegen. Zugleich mit seiner individuellen Thematik entdeckt Brandes beim Malen in der Natur in Italien, am Rand der Heide
und im Harz technische Freiheiten, die ihn seine visuellen Eindrücke unmittelbar in Farbe umsetzen lassen. Dies bedeutet zunächst einen Verzicht, etwa
auf Farbenreichtum und Genauigkeit der Konturen. Die Tönungsvielfalt innerhalb begrenzter Farbbereiche und die Wahrnehmung natürlicher Kontraste – durch Licht, Wolken, geologische Aufschlüsse – nehmen dafür zu. Im
gleichen Maß, wie die Häufung der Motive zurückgeht, verstärkt sich die
malerische Intensität des begrenzten Gemäldeausschnitts. Besonders auf Gemälde der mittleren Phase überträgt Brandes aus den Studien die malerische
Technik, Geländestruktur anstatt durch Linien durch Farbzonen und Flek-
ken zu zeigen, ähnlich wie Schleich, Lier und Spitzweg vorgehen.«[12]

Mit Beginn des Wintersemesters nahm Heinrich Brandes im Herbst 1835 seine Tätigkeit am Braunschweiger Collegium Carolinum als Lehrer im Zeichnen und Malen auf. Er unterrichtete dort bis zum Jahr 1863. Brandes erteilte seinen Unterricht in der Regel im Lehrgebäude des Instituts, wo nach realen Gegenständen, nach Vorlagen und Modellen sowie nach Zeichnungen und Gemälden alter Meister gearbeitet wurde. Als der Künstler im November 1835 auch noch Galerieinspektor des Herzoglichen Museums wurde, hatten die Schüler direkten Zugang zu den Werken großer Meister der Malerei. Als Studienmaterial für den Unterricht diente aber auch das eigene Schaffen als Landschaftsmaler: Arbeiten aus Braunschweig mit Umgebung und aus dem Harz; aus Orten und Landschaften also, die der Künstler wiederholt und gelegentlich zusammen mit seiner Malklasse aufsuchte.

Diese von Heinrich Brandes geleitete Braunschweiger Malschule hat eine ganze Gruppe von später sogar überregional bedeutenden Schülern hervorgebracht,[13] zu denen auch der Genre-, Tier- und Landschaftsmaler Friedrich Wilhelm Pfeiffer (1822-1891) gehörte.[14] Die Ausbildung dieses 1822 in Wolfenbüttel geborenen Künstlers begann mit etwa siebzehn Jahren am Braunschweiger Collegium Carolinum in der Malklasse von Brandes. Eine frühe Landschaftsstudie von Pfeiffer aus dem Harz ist bezeichnet: »Ockerthal 16 Sept. 39«.

Von Braunschweig aus unternahm Heinrich Brandes mit diesem Schüler im September 1844 über München eine Studienreise ins Salzburger Land und ins Salzkammergut.[15] Während für seinen Lehrer anschließend das Wintersemester begann, blieb Pfeiffer in München und kehrte erst Mitte 1848 nach Braunschweig zurück. Durch eine längere Studienreise nach Frankreich und in die Niederlande Ende des Jahres 1849 suchte Pfeiffer seine Ausbildung zu vervollständigen. 1853 ließ er sich dann endgültig in München nieder. Sein Hauptwerk auf dem Sondergebiet des naturgetreuen Pferdeporträts sind die sechsundzwanzig Darstellungen der Leibreitpferde König Ludwigs II. von Bayern, die heute im Marstallmuseum von Schloß Nymphenburg in München gezeigt werden, ein ehrenvoller Auftrag, dem sich der Künstler mit Hingabe gewidmet hat.[16]

Als »Lieblingsschüler« von Heinrich Brandes hatte Pfeiffer regen künstlerischen Austausch mit seinem Lehrer, was die gemeinsame Alpenreise in gleicher Weise bestätigt wie die weiten Spaziergänge in der Umgebung von Braunschweig. »Scharfe Beobachtungen von Gräserformationen und Farbtönen« notiert Brandes am 20. August 1850 bei einer Exkursion mit Pfeiffer. Auch über die Malschulen München und Düsseldorf wird diskutiert.[17] Darüberhinaus wurde Anschauungsmaterial weitergegeben: Die beiden von der Bayerischen Verwaltung der staatlichen Schlösser, Gärten und Seen erworbe-

Es, Es, Es und Es,
Es ist ein harter Schluß,
Daß, daß, daß und daß,
Daß ich aus Braunschweig muß,—
Drum schlag' ich Braunschweig aus d. Sinn
Und wende mich nach München hin,
Ich will mein Glück probiren —
    Marschiren ! —

Du, Du, Du und Du,
Du Kunstklub, lebe wohl !
O Sippschaft Du, o Kegelbahn,
Was fang' ich seyn von Euch wohl an,
Doch muß ich's Glück . etc

Ihr, Ihr, Ihr und Ihr,
Ihr Jungfraun, lebet wohl !
Ich wünsche Euch zu guter Letzt
Einen Bessern, der meine Stell' ersetzt,
Ich muß mein Glück . etc

Ihr, Ihr, Ihr und Ihr
Ihr Freunde, lebet wohl !
Und zieh' ich auch, Gott weiß, wohin ?
Ihr kommt mir nimmer aus dem Sinn,
Doch muß ich's Glück probiren, —
    Marschiren ! —

Seinen Braunschweiger Freunden
    gewidmet von
        F.W.Pfeiffer

Abschiedsblatt des Malers Friedrich Wilhelm Pfeiffer für seine
Braunschweiger Freunde anläßlich der Niederlassung in München, 1853.
Links der Künstler, rechts oben – ganz außen – sein Lehrer Heinrich Brandes.

nen Ölstudien von Brandes stammen aus dem Nachlaß von Friedrich Wilhelm Pfeiffer.[18] Sie bezeugen die Achtung des Lehrers vor der Person und der Leistung eines talentierten Schülers, sind aber vor allem auch als künstlerisches Manifest des Landschaftsmalers Brandes zu werten.

Die »Ansicht des Regensteins« hat den Fernblick vom Gebirgsrand des Harzes zum Thema. Während die Felsenbastion zur Rechten in Nahsicht wiedergegeben ist, öffnet sich zur Linken unvermittelt der Ausblick in das weite freie Land. Farbkontraste und Farbnuancen, Licht und Schatten, die Vorgänge in der Atmosphäre sind mit subtilsten malerischen Mitteln zu einer nach außen ruhig wirkenden, bildimmanent jedoch spannungsreichen Komposition vereinigt. Die Studie »Winterliches Flußtal im Harz« mit dem Blick in ein wildes verschneites Gebirgstal ist in gleicher Weise exemplarisch. Beide Motive verdeutlichen das künstlerische Wollen des Landschaftsmalers Heinrich Brandes.[19] Sie wurden dem Schüler und Freund gewissermaßen als Programm mit auf den Weg gegeben.

Die Ölstudie »Ansicht des Regensteins bei Blankenburg am Harz« hat ihren Platz in den herzoglichen Wohnräumen von Schloß Rosenau bei Coburg gefunden, einer im ersten Jahrzehnt des 19. Jahrhunderts ausgebauten »Ritterburg« der Romantik, deren Räume nach einer aufwendigen Instandsetzung des gesamten Gebäudes seit 1990 museal zugänglich sind. Das Bild des Braunschweiger Malers paßt vortrefflich zu den übrigen dort gezeigten Gemälden, die Ernst I., Herzog von Sachsen-Coburg und Gotha (1784-1844), mit besonderem Interesse an Motiven aus dem Thüringer Wald und aus dem Harz gesammelt hat. So ist auch der »Harzmaler« Georg Heinrich Crola (1804-1879) mit einer 1829 entstandenen Ansicht des Brockens vertreten, die diesen höchsten Berg des Harzes vom Wernigeroder Schloß aus zeigt.[20]

Die Studie »Winterliches Flußtal im Harz« von Heinrich Brandes ist im Marstallmuseum von Schloß Nymphenburg in München ausgestellt. Sie ist in eine Sammlung mit Gemälden seines Schülers Friedrich Wilhelm Pfeiffer integriert, die von der Bayerischen Verwaltung der staatlichen Schlösser, Gärten und Seen ebenfalls in den letzten Jahren Stück für Stück erworben werden konnten.[21] In Verbindung mit der von Pfeiffer gemalten Porträtgalerie der Leibreitpferde König Ludwigs II. von Bayern wird im Marstallmuseum so ein bislang wenig beachteter Abschnitt der Münchner Malerei des 19. Jahrhunderts dokumentiert, dessen Wurzeln in Braunschweig zu suchen sind.

Anmerkungen

1 Gerlinde Spies: Der Braunschweiger Landschaftsmaler Heinrich Brandes (1803-1868). Braunschweig 1989. Der am 23.5.1803 in Bortfeld bei Braunschweig geborene Maler wurde auf die Namen Hans Heinrich Jürgen getauft. Künstlername: Heinrich Brandes oder Georg Heinrich Brandes. Signaturen: HBrandes, GHBrandes oder GHB (Großbuchstaben ligiert). Spies S. 17, 43, Abb. 6, 154, Anm. 31.

2 Heinrich Brandes, 1843. – Öl auf Papier auf Leinwand. – H. 29,5 cm, B. 41 cm. – Bezeichnet rechts unten mit roter Farbe: »GHB/21. August/1843.« (Monogramm für Georg Heinrich Brandes, ligiert) – Bayerische Verwaltung der staatlichen Schlösser, Gärten und Seen, Schloß Rosenau bei Coburg. – Provenienz: Als Geschenk von H. Brandes im Besitz und Nachlaß seines Schülers Friedrich Wilhelm Pfeiffer (1822-1891). Dann im Besitz von Forstmeister Heinrich Pfeiffer (1861-1926), dem Sohn des Künstlers, und dessen Nachkommen. 1990 von einer Ur-Urenkelin des Malers F.W. Pfeiffer erworben. – Literatur: Helmuth Kaden: Heinrich Brandes, ein Braunschweiger Maler. In: Braunschweigisches Magazin 1913, Nr. 4, S. 37-47; Nr. 5, S. 55-57. Erwähnt S. 45, S. 57, Nr. 47. Spies, wie Anm. 1, S. 136; Werkverzeichnis (WV) Nr. 307, S. 219.

3 Heinz A. Behrens: Der Regenstein. Teil 1. Besiedlung und Geschichte der Grafen bis 1500. Wernigerode 1989, S. 3.

4 Vom Regenstein mit Umgebung gibt es zum Beispiel weitere Motive. Werkverzeichnis (WV) bei Spies, wie Anm. 1, Nr. 349, 387, 388, 389, 396f, 410. Zu Harzstudien mit Landschaftsausblick siehe die Ausführungen bei Spies, S. 141-144.

5 Werkverzeichnis (WV) bei Spies, wie Anm. 1, Nr. 307 bis 426. Zur Darstellung von Felsen, Bäumen und Gewässern auf Harzstudien von Brandes grundlegend die Äußerungen bei Spies, S. 139-141.

6 Heinrich Brandes, vor 1853. – Öl auf Papier auf Pappe. – H. 23,6 cm, B. 30,8 cm, Pappe 0,8 cm dick. – Bezeichnet links unten mit hellbrauner Farbe: »GHBrandes« (Georg Heinrich Brandes, GHB ligiert). Rückseite der Pappe von Hedwig Pfeiffer mit blauem Farbstift beschriftet: »Gemälde von Brandes/ aus dem Nachlass von Friedrich Wilhelm/ Pfeiffer in München.« – Zugehöriger Rahmen von Ignaz Schachinger, München: profilierte und ornamentierte Zierleiste aus Holz, vergoldet. Hinten auf der linken Seite des Zierrahmens Klebezettel mit schwarzem Aufdruck: »Ignatz Schachinger / Vergolder / München.« Auf der unteren Leiste Beschriftungen mit Bleistift: »H. Pfeiffer 35« und »Schachinger«. – Bayerische Verwaltung der staatlichen Schlösser, Gärten und Seen, Marstallmuseum Schloß Nymphenburg in München. – Provenienz: im Besitz und Nachlaß des Kunstmalers F.W. Pfeiffer (1822-1891). Bis zu ihrem Tod im Besitz von Hedwig Pfeiffer (1891-1984) in Braunschweig, einer Großnichte des Künstlers. 1991 aus Privatbesitz erworben. – Literatur: Bisher nicht veröffentlicht.

7 Spies, wie Anm. 1, S. 142; 172, Anm. 347.

8 Spies, wie Anm. 1, S. 31, WV 47, S. 181/182, Abb. 36.

9 Ausstellungskatalog Bayerische Staatsgemäldesammlungen München, Neue Pinakothek: Johann Georg von Dillis 1759-1841. Landschaft und Menschenbild. München 1991.

10 Ausstellungskatalog Städtische Galerie im Lenbachhaus, München: Münchner Landschaftsmalerei 1800-1850. München 1979, z.B. Kat. Nr. 401, 431, 432.

11 Rudolf Oldenbourg: Die Münchner Malerei im 19. Jahrhundert. 1. Teil: Die Epoche Max Josephs und Ludwigs I. München 1922 (Revidierte Neuausgabe 1983), S. 226.

12 Spies, wie Anm. 1, S. 147/148.

13 Spies, wie Anm. 1, S. 58.

14 Elmar D. Schmid: Friedrich Wilhelm Pfeiffer (1822-1891). Maler der Reitpferde König

Ludwigs II. (=Ausstellungskatalog Bayerische Verwaltung der staatlichen Schlösser, Gärten und Seen, Marstallmuseum Schloß Nymphenburg in München). München 1988.

15 Spies, wie Anm. 1, S. 55ff.

16 Schmid, wie Anm. 14.

17 Kaden, wie Anm. 2, S. 46.

18 Zur »Ansicht des Regensteins« siehe Kaden, wie Anm. 2, S. 45. 1913 befand sich die Studie im Besitz von Forstmeister Heinrich Pfeiffer (1861-1926) in Tussenhausen bei Mindelheim (Bayern), dem Sohn des Künstlers. Das Bild blieb im Besitz von dessen Nachkommen und wurde durch die Bayerische Schlösserverwaltung 1990 von einer Ur-Urenkelin des Malers erworben. Kaden gibt an, Heinrich Brandes habe die 1843 datierte Ölstudie seinem Lieblingsschüler Pfeiffer 1846 geschenkt, als dieser nach München ging. Pfeiffer zog jedoch bereits 1844/45 nach München, das dann 1853 zum ständigen Wohnsitz wurde. – Die Studie »Winterliches Flußtal im Harz« befand sich im Besitz von Hedwig Pfeiffer (1891-1984) in Braunschweig, einer Großnichte des Künstlers und Tochter von dessen Neffen, Dr. med. Wilhelm Pfeiffer (1858-1929), der ein bekannter Braunschweiger Augenarzt war. Das Bild wurde durch die Bayerische Schlösserverwaltung 1991 aus Privatbesitz erworben. Hedwig Pfeiffer notierte auf der Rückseite der Ölskizze: »Gemälde von Brandes/ aus dem Nachlass von Friedrich Wilhelm / Pfeiffer in München.« Pfeiffer hat das persönliche Vermächtnis seines Lehrers bei dem Münchner Vergolder Ignaz Schachinger kostbar rahmen lassen. Die Ölstudie dürfte vor der endgültigen Niederlassung Pfeiffers in München, 1853, entstanden sein.

19 Über die beiden Bildtypen »Landschaftsausblick« und »Motive in der Nahsicht« bei Harzdarstellungen von Brandes siehe Spies, wie Anm. 1, S. 139ff.

20 Sabine Heym: Schloß Rosenau. München 1990, S. 36/37, Abb. S. 36.

21 Elmar D. Schmid: Die Pferdegalerie König Ludwigs II. von Bayern im Marstallmuseum von Schloß Nymphenburg. In: Journal der Bayerischen Verwaltung der staatlichen Schlösser, Gärten und Seen. Ein Rückblick auf das Jahr 1994. München 1995, S. 10-13.

RAINER HERZOG

» ... mit Gärten und Obstwäldern so schön bekleidet«

Zur Entwicklung von Gartenbau und Gartenkunst auf der Plassenburg ob Kulmbach

In der mehr als 700 Jahre umspannenden Entwicklungsgeschichte der Plassenburg ob Kulmbach wechselten Glanzzeiten und Zerstörungen, Blüte und Niedergang wiederholt miteinander ab. Die Funktion als Residenz des Oberlandes und späteren Markgrafentums Kulmbach-Bayreuth und zugleich als stärkste Landesfestung dieses Territorialstaates prägte die bauliche Erscheinung wie die funktionale Ausstattung. Auch die langjährige Nutzung als Strafanstalt hinterließ Spuren. Von dieser vielschichtigen Entwicklung blieben die Freiflächen innerhalb der Festungsanlage und in ihrem näheren Umfeld – an den Hängen und am Fuße des Burgberges sowie im östlichen Glacis – selbstverständlich nicht unberührt.

Die Gartengeschichte der Plassenburg wurde bisher noch nicht näher untersucht. Deshalb wird hier der Versuch unternommen, anhand historischer Karten, Pläne und Abbildungen, relevanter Literatur sowie ausgewählter Archivalien, die Genese der Freiflächen im Bereich der Plassenburg ob Kulmbach zu umreißen[1]. Diese entwicklungsgeschichtliche Skizze soll vor allem weitergehende Untersuchungen der einstigen, inzwischen fast vollständig verlorengegangenen Zier- und Nutzgärten innerhalb und außerhalb dieser prominenten Schloß- und Festungsanlage anregen oder wenigstens an das Erfassen der im Rahmen anderer Forschungsvorhaben zufällig gefundenen Hinweise auf Gartenbau und Gartenkunst erinnern.

EIN GÄRTNERISCHER ANFANG: DER HOFGARTEN AM FUSSE DER BURG

Mehrere ostfränkische Burgen besaßen nach H. Kunstmann bereits frühzeitig einen Wurzgarten (Betzenstein, Frohnberg, Gößweinstein, Guttenberg, Neidstein, Pottenstein, Rabenstein, Waischenfeld), mitunter sogar ein Garten- oder Sommerhaus (Betzenstein, Lichtenfels, Löhlitz, Nordeck, Waischenfeld)[2]. Die Plassenburg ob Kulmbach bleibt hier unerwähnt, denn für ihre ersten Entwicklungsphasen fehlen bislang Hinweise auf Gärten innerhalb der Wehranlagen. Die Plassenburg als Festung wurde vielmehr entscheidend von den militärischen Erfordernissen bestimmt, von der notwendigen Sicht-, Schuß- und Bewegungsfreiheit im Inneren sowie der Sicht-, Schuß-

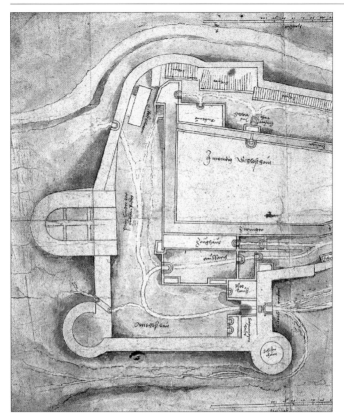

1. Die ungestalteten Freiflächen im Ostteil der Plassenburg wurden um 1530 von den Fuß- und Fahrwegen zwischen den Außentoren der Festung und den Zugängen der inneren Bauwerke auffallend beherrscht. Anonymus, Grundriß der Plassenburg, undatiert; Staatsarchiv Nürnberg (siehe Farbtafel 10)

und Deckungsfreiheit in der näheren Umgebung. Ein um 1530 entstandener Grundriß dokumentiert anschaulich die damalige Situation³: Die Freiflächen innerhalb der Festungsanlage wurden von den Fahr- und Fußwegen zwischen den Außentoren und den Ein- und Ausgängen der verschiedenen Bauwerke derart beherrscht, daß sie der Planverfasser als wesentliche Elemente äußerst sorgfältig darstellte. Mit der grünlichen Farbgebung aller Freiflächen außerhalb der Wege und des inneren Schloßhofes deutete er zugleich eine Vegetationsdecke an, die als Grasland angesehen werden kann und gelegentlich als Viehweide gedient haben mag, wie es für spätere Zeiten belegt ist. Außerdem wurden in dem Grundriß alle relevanten Freiflächen der Festung bezeichnet: »Vorschloßhoue«, »Inwendig Schloßhoue«, »Platz hinder der großen Pastey«, »Rundtel gegen der statt«, »Zwinger«, »auffarth«, »Roßschwem«; Gärten befanden sich bezeichnenderweise nicht darunter.

Um so mehr überrascht der kunstvoll ausgeführte Schalenbrunnen im nördlichen Bereich des Vorschloßhofes – dem späteren Kasernenhof – inmitten des völlig ungestalteten, ausschließlich militärischen Aufgaben dienenden Areals zwischen Schieferturm mit Ritterstor (äußeres Festungstor), Kleiner

*2. Ein kunstvoll ausgeführter
Schalenbrunnen überrascht inmitten des
militärischen Aufgaben dienenden Areals
zwischen äußerem Festungstor (unten),
kleiner Bastei (links) und altem Zeughaus
(rechts). Wolffgang Endter, Ansicht
der Plassenburg von Norden vor
der Zerstörung 1554, Ausschnitt.*

Bastei (Lidwachturm) und (altem) Zeughaus. Dieser Brunnen wurde übereinstimmend auf den verschiedenen Abbildungen von Wolffgang Endter, David de Necker und Matthäus Merian dargestellt, die den Zustand der Festungsanlage vor 1554 wiedergaben[4]. H. Mader notierte hierzu in seiner »Bau- und Kunstgeschichte der Plassenburg«: »Röhrenbrunnen im äußern Hof, neben einem Fischkasten (für lebende Fische) schon vor 1554 vorhanden gewesen [...] mit kelchartiger Schale, renaissancemäßig ausgeführt – wohl Anfang 16. Jahrh.«[5]. Der gestalterisch reizvolle Brunnen ging vermutlich während der Zerstörung der Festung im Jahre 1554 verloren.

Der zur Plassenburg gehörende »Hofgarten« befand sich außerhalb der Wehranlagen, eine Erscheinung, die bei Höhenburgen nicht selten anzutreffen war[6]. Im »Landbuch von Stadt und Amt Kulmbach vom Jahre 1531« wurden unter »Klain zehend, so durch den hofgarten gezehnet wirdet« zwei Areale aufgeführt[7]: »Am Blassemberg unterm raytweg« und »Am Blassenberg untern rorn« mit einer Fläche von 7 bzw. 17 1/2 Acker[8]. Beide Areale waren »in Parzellen geteilt, die man zur Bewirtschaftung an Kulmbacher Bürger vergab; sie leisteten dafür den kleinen Zehnt von den erwirtschafteten Erträgen«[9]. Der Bereich »unterm raytweg« wurde von fünf Personen – darunter einem Steinmetz und einem Weingärtner – genutzt; sie hatten Obst oder Wein abzuliefern. Das Areal »untern rorn« wurde von zwölf Personen – unter anderem von einem Tuchscherer sowie einem »torwart zu Blassemberg« und dessen Sohn – bewirtschaftet[10]. Die »acker oder weinperg am Blassenberg« befanden sich offensichtlich alle im Hangbereich, denn stets wurde die Bezeichnung »perg« bzw. »weinperg« neben dem Flächenmaß »acker« aufgeführt[11]. Erzeugt wurden namentlich Wein, Obst, Heu und Grummet sowie »kraut und ruben«[12].

H. Mader ging nur beiläufig auf den Hofgarten im Zusammenhang mit der Erneuerung der hölzernen Wasserleitung zwischen Buchwald und Plassenburg im Jahre 1530 ein: Ob die geplante »Weiterführung der Wasserleitung zum Hofgarten und in die Stadt mit 200 Rohren (= 720 m) jemals erfolgt ist, kann nicht nachgewiesen werden«[13]. Demgegenüber war im Landbuch von 1531 vermerkt, daß der Brunnen zu Blassemberg »in die stat und in den hofgarten gefurt [wird], ungeverlich mit 200 roren«[14]. Im Zusammenhang mit der Belagerung und Verteidigung der Plassenburg 1553/54 erwähnte H. Kunstmann ebenfalls nur nebenbei »den Hofgarten auf der Westseite des Burgberges«, durch den im Sommer 1553 ein »Laufgraben« bis an den Stadtgraben ausgehoben und im April 1554 »an der Hecke unten am Hofgarten« eine neue Schanze angelegt wurde[15]. Auch die Bestattungen während der Belagerung »dürften im Hofgarten erfolgt sein«[16]. A. W. Heckel und J. Eck verwiesen darauf, daß sich 1554 »in der Gegend des Hofgartens und am Schloßberge« der Anblick toter Menschen geboten habe, besonders von Frauen und Kindern, »welche dem Froste, dem Hunger, oder den Mißhandlungen der Soldaten erlegen waren«[17].

Als Markgraf Georg Friedrich d. Ä. (reg. 1557-1603) zehn Jahre nach dem begonnenen Wiederaufbau der zerstörten Festung 1564 feierlichen Einzug auf der Plassenburg hielt, »blühten wieder Fruchtbäume« im Hofgarten[18]. Über Entstehung, Aussehen und weitere Entwicklung dieser ersten Gartenanlage der Plassenburg enthält die ausgewertete Literatur keine weiteren Hinweise.

ERSTE HOFGÄRTNER AUF DER PLASSENBURG:
FRITZ VOGEL UND WOLFF ULRICH

Im Personalverzeichnis der Hauptmannsbestallung von 1528 und in der Hofordnung von 1532 wurden keine Gärtner erwähnt[19]. Als 1532 Markgraf Friedrich d. Ä. (reg. 1495-1515) mit seinen Enkelkindern Albrecht, Maria und Kunigunde auf der Plassenburg weilte, gehörte zur umfangreichen Dienerschaft ebenfalls kein Gärtner[20]. Selbst das im Zusammenhang mit der Verlegung der Residenz von Ansbach auf die Plassenburg unter Georg den Frommen (reg. 1527-1541) zwischen 1528 und 1532 angefertigte und 155 Personen umfassende Verzeichnis enthielt keinen Hofgärtner [21]. Die Hofordnung schließlich, die mit der Hauptmannsbestallung am 22. Februar 1542 in Kraft treten sollte, verzeichnete unter dem 99-köpfigen Hofstaat von Albrecht Alcibiades, Markgraf zu Kulmbach (reg. 1541-1554), noch immer keinen Gärtner[22].

Dennoch waren zumindest seit dem zweiten Drittel des 16. Jahrhunderts markgräfliche Hofgärtner in Kulmbach tätig. »Das Landbuch von Stadt und Amt Kulmbach vom Jahre 1531« nannte Fritz Vogel als »Hofgertner« und verzeichnete ausführlich dessen Aufgaben und Besoldung[23]:

»1 ßr. [Simri, R. H.] korns von dem holz das puch genant hinter dem schloß [Buchwald, R. H.] zu warten

1 ßr. korns von dem weg am Plassenberg zu warten

6 gulden an geld, halb Waltpurgis und halb Michaelis

1 fronfuder heus von der hofwiesen

2 fuder gromats [Grummet, R. H.], der ayns kompt vom holz zu warten, das ander vom garten und der puchwiesen zu warten

1 lamp [Lamm, R. H.] zu ostern

1 gans Martini

Er hat auch das heu und gromat, so in dem hofgarten wechst; das mag ungeverlich des jars ertragen auf ein fuderlein.

Er sammelt der herschaft im ambt Culmbach alles zehent= und taylobs [-obst, R. H.], den lemmer= und genszehent, kraut und ruben, sovil in der herschaft zehend des ambts Culmbach ist, wie dann derselbig zehend hernach verzaichent ist. Und er soll aynem castner auf sein erfordern zu bereitung der zehenden und anderm von wegen der herschaft gewertig sein«[24].

1542 erfolgte die Bestallung von Wolff Ulrich zum »Hoffgertner und Förster über das Buch«; Aufgaben und Besoldung waren ähnlich wie bei Fritz Vogel geregelt[25].

Auch nach dem Wiederaufbau und weiteren Ausbau der Plassenburg in der 2. Hälfte des 16. Jahrhunderts dominierte die militärische Nutzung der Freiflächen innerhalb der Festung. Die augenfälligste Veränderung im unmittelbaren Umfeld stellte die Anlage von Weingärten an den südlichen und südwestlichen Abhängen des Burgberges dar, die nach Plänen von Caspar Vischer (1510-1579) mit fischgrätenartig angeordneten Terrassen und Entwässerungsgräben realisiert wurde[26]. Dieser Weinberg wurde 1576 angelegt; 1579 wurden außerdem »acht und einhalb Schock Bäume von Kerspach geholt und in dem Weinberg und um den Hopfengarten angepflanzt«[27] – also mehr als 500 Bäume, wobei es sich hierbei mit großer Wahrscheinlichkeit um Obstgehölze handelte.

Wein wurde allerdings bereits unter dem Nürnberger Burggrafen Friedrich V. (reg. 1357-1398) an den Hängen der Plassenburg kultiviert: »Fruchtbare Reben bedeckten den Schloßberg und die Burghaiger Hügel. Der Ertrag war schon damals so reichlich, daß jährlich drei Fuder Wein an das Klarenkloster zu Hof konnten geliefert werden«[28]. 1422 bewilligte Markgraf Friedrich I. (reg. 1415-1440) dem Augustinerkloster zu Kulmbach die alljährliche Abgabe von »czwey fuder forders (!!) und guten weines Bamberger eiche vff unserem Weinwachs zu Plassenberg und zum Hawge [Burghaig bei Kulmbach, R. H.]«[29]. Der Höhepunkt des Weinbaus fällt in die Regierungszeit von Markgraf Friedrich d. Ä. (reg. 1495-1515), denn »zu keiner Zeit blühte der Weinbau am Schloßberg mehr«[30]. Zeitweilig wurden insgesamt »80 bis 100 Fuder [...] am Schloßberge und auf den Burghaiger Hügeln gebaut«[31]. Die Personalliste Friedrichs aus dem Jahre 1509 verzeichnet sogar einen Weingärtner, allerdings fehlt der eindeutige Bezug dieser Personalliste zur Plassenburg[32]. Das Landbuch von 1531 führte neben dem Hofgärtner auch einen »Weynman am Blassenberg« auf: Er hatte den »hintern weg am Blassenberg zu warten«, des weiteren den »prunnen gein Blassenberg und furth in der herschaft heuser«, die »vischkesten«, die »roren, die in die küchen und pad zu Blassenberg gen, sambt dem bad«. Dieser Weingärtner mußte selbstverständlich auch im »weinperg« arbeiten, wofür er eine gesonderte Besoldung erhielt: »ein tag 12 dn. [Denar, R. H.] zu lon bei seiner kost«. Insgesamt gehörte »zu solchem ambt die behausung in der wolfskelln [Wolfskehle, R. H.] sambt aynem stadl und eckerlein bei demselben haus gelegen und ein wieslein auf der kuppel ungeverlichen auf 1 1/2 tagwergk«[33].

Zu Beginn des 17. Jahrhunderts ist für die Plassenburg neuerlich ein Gärtner nachgewiesen: Hofgärtner Manal wohnte »im roten oder runden Turm der Veste Plassenburg«[34]. Er war für die Betreuung des Hof- und Lustgartens zuständig, der sich im Bereich des ehemaligen Hofes Altplassenberg auf dem Buchberg befand; diesen Hof hatte Markgraf Christian (reg. 1603-1655) 1606 erworben und zu einer großen Meierei ausbauen lassen[35]. Weitergehende Hinweise auf Gartenbau und Gartenkunst innerhalb und außerhalb der Plassenburg während dieser Entwicklungsphase fehlen in der ausgewerteten Literatur. Auch lassen die bekannten zeitgenössischen Pläne und Abbildungen der Plassenburg keine Gartenanlagen erkennen.

Vielmehr müssen die Zustände in den Gräben und im näheren Umfeld der Festung untragbar gewesen sein. Am 9. Mai 1695 erließ Markgraf Christian Ernst (reg. 1655-1712) ein Patent, »wie sich künftighin uff der Vestung Plassenburg zu verhalten« sei: »Kein Vieh durfte mehr weder in dem bedeckten Weg noch auf dem Glacis oder auf den Werken vor der hinteren Pforte bis zum ersten Graben im Felsen weiden. Unrat und ›Unflat‹ durften nicht mehr im Graben oder in den Festungswerken abgelagert, sondern mußten weit fort an einen ›unschädlichen‹ Ort gebracht werden«[36]. In Teilen des Festungsgrabens wurde zumindest zeitweilig auch Wild gehalten: Im »Schloßgraben hegte man zahme Rehe und Bären, zur Lust oder Jagd anderen Wildes, wovon der Name Bärengraben noch vor funfzig Jahren [um 1765, R. H.] zeugte«[37]. In dem wohl 1702 gefertigten »Grundriss zu dem Vorderen aeussern Thor« sind zwei Bären dargestellt, die den heute verfüllten Bärengraben an der äußeren Toranlage kenntlich machen[38]. 1727 erlegte Markgraf Georg Friedrich Carl (reg. 1726-1735) schließlich »die beiden Bären im Zwinger der Burg«[39]. Sogar die der Sicherung der Bausubstanz dienende und militärisch notwendige Freihaltung der Festungswerke von Gehölzen wurde offenbar nicht kontinuierlich durchgeführt. Es gab Perioden, in denen der Gehölzbewuchs – auf natürlichem Wege durch die Verbreitung der Samen verursacht – überhandnahm: So wurden beispielsweise erst im Zuge der 1695/96 von Markgraf Christian Ernst befohlenen Reparaturmaßnahmen »die Bäume auf den äußeren und inneren Festungsmauern, der hohen Bastei und der Roßmühle beseitigt«[40]. In einer um 1630 entstandenen Ansicht der Plassenburg sind bezeichnenderweise mehrere großkronige Laubbäume im Bereich der südlichen Grabenstreichwehr, der Langen Batterie und am Fuß der Hohen Bastei dargestellt, dagegen nur ein Baum an der Festungszufahrt und ein Baum – allerdings ein äußerst markanter – im südöstlichen Hangbereich[41].

Außerhalb der Wehranlagen dürften Gehölze zunächst weder eine gestalterische noch eine utilitäre Rolle gespielt haben. Näherte sich der Feind, wurden störende Bäume und Sträucher kurzerhand entfernt. Die während der Belagerung 1553/54 entstandenen Ansichten der Plassenburg zeigen in auffallender Weise zahlreiche Stümpfe gefällter Bäume am Hang und im östlichen Vorfeld der Festung[42].

HASENGARTEN, PFAUENGARTEN UND LINDENALLEE – DIE GARTENKÜNSTLERISCHEN LEISTUNGEN DES 17. UND 18. JAHRHUNDERTS

1669 ließ Markgraf Christian Ernst ein Lusthaus auf der südlichen Grabenstreichwehr erbauen[43]. Es liegt nahe, daß der Umgriff dieses Gebäudes eine gärtnerische Gestaltung erfuhr, worauf letztlich auch die für das Areal verwendete Bezeichnung »Hasengarten« hindeutet. 1723 wurde das fürstliche Lusthaus wohl mit Rücksicht auf die militärischen Erfordernisse wieder abgerissen[44]; 1747 fanden nur noch die »Gewölbe des gegenwärtig öd liegenden Hasengartens« Erwähnung[45]. Weder über das Lusthausgebäude noch über den »Hasengarten« sind gestalterische Einzelheiten bekannt.

3. Der Pfauengarten entstand anstelle des wohl um 1740 abgebrochenen alten Zeughauses oberhalb einer Schildmauer am Nordflügel des Hochschlosses (rechts). Im Kasernenhof befand sich ein sechseckiges Brunnenbecken sowie die »Reitbahn« mit Pfeilern und Schranken.
Anonymus, Blick auf den nördlichen Kasernenhof von Westen, undatiert; Staatsarchiv Bamberg.

Dagegen entstand anstelle des nach H. Kunstmann wohl zwischen 1738 und 1747 abgebrochenen alten Zeughauses an der Nordost-Ecke des Hochschlosses der »Pfauengarten«, der 1747 erstmals im Zusammenhang mit der »Schadhaftigkeit des Mauerwerks unter dem Pfauengarten« genannt wurde[46]. Dieser Garten war »der Benutzung des Kommandanten übergeben«[47]. Eine Äußerung von J. M. Füssel in seinem Reisetagebuch von 1787 mag sich auf den Pfauengarten beziehen; sie verdeutlicht aber vor allem, daß auf der Festung Plassenburg tatsächlich gepflegte und geschmackvoll ausgeführte Gartenanlagen existierten: »Hoch in freyer Luft überraschte uns ein artiges Gärtchen, das auf Mauern ruht, und uns an die Gärten und Bauart des Morgenlandes erinnerte«[48]. Ob sich die Grundrißgliederung des Pfauengartens – die noch zu beschreiben sein wird – tatsächlich innerhalb nur weniger Jahrzehnte wiederholt geändert hat, wie in den Karten des 18. Jahrhunderts dargestellt, oder ob es sich hierbei um zeichnerische Ungenauigkeiten oder Willkürlichkeiten der Planverfasser und/oder deren Kopisten handelt, dürfte kaum zu klären sein. Eine zeitgenössische Ansicht des Pfauengartens ist offenbar nicht überliefert; lediglich die noch heute bestehende Situation dieses Gartens mit seiner plateauartigen Grundfläche oberhalb einer Schildmauer wurde bereits um 1740 dargestellt[49]. Obwohl der Pfauengarten unmittelbar an den Nordflügel des Hochschlosses angrenzte, existierte keine Verbindung zu diesem Gebäude; der Garten konnte nur durch eine westlich davon gelegene Remise betreten werden[50].

Der benachbarte »Kasernenhof« diente wohl vornehmlich Reit- und Exerzierübungen; 1789 wurde er »völlig gepflastert«[51]. »Vorher, jedenfalls zu Beginn des 17. Jahrh., sind in diesem Hof Steinpfeiler aufgestellt gewesen […]. Diese und die Bezeichnung ›Rennbahn‹ lassen darauf schließen, daß der Platz vor der Pflasterung als Reitbahn der Besatzung Verwendung gefunden hat«[52]. Zwei im Staatsarchiv Bamberg aufbewahrte Ansichten des Kasernenhofes geben mehrere niedrige Pfeiler mit aufwendiger Gestaltung wieder, die in zwei parallel angeordneten Reihen aufgestellt und durch vermutlich hölzerne Schranken miteinander verbunden bzw. seitlich begrenzt waren[53]. Im Kasernenhof wurde nach H. Mader an Stelle des ursprünglichen Renaissance-Brunnens »zwischen 1562 und 1592 ein steinerner Röhrkasten« geschaffen[54]. »Dieser Brunnen ist in der noch bestehenden Form völlig neu und etwas weiter südlich aufgestellt worden und zwar in den Jahren 1787/89; 1846/47 ist dieser repariert und mit neuen Treppen und Schalen versehen worden«[55]. Dieser »Fürstenbrunnen« am Fuße der Nordost-Ecke des Pfauengartens stellt mit seinem sechseckigen Becken und dem darin mittig errichteten kannelierten Obelisken – bekrönt von einem ursprünglich vergoldeten Fürstenhut – ein markantes Schmuckelement innerhalb des Kasernenhofes dar. J. C. E. von Reiche schwärmte 1796, dieser Hof könne wegen der neuen Kasernenbauten, seines Brunnens und Pflasters analog zum Hof des Hochschlosses nun ebenfalls »der schöne Hof« genannt werden[56].

Der Fahrweg zur Plassenburg wurde 1734/42 mit einer Lindenallee bepflanzt[57]. 1787/88 wurde diese Allee schließlich »bis an das St. Peters Kirchtor durch Linden und Vogelbeerbaumanlagen verlängert, nachdem schon [17]86 der vorher elende, sehr beschwerliche Festungsweg mit einer Fahrbahn neu eingerichtet worden war. Die Seite nach dem steil abfallenden

Berg zu wurde mit einem schwarz=weiß angestrichenen Geländer geziert«[58]. Reiche schrieb 1796, von dem Festungstor unter dem Kommandantenhaus führt eine »mit einer schönen Linden=Allee besetzte Chaussee den Berg hinab bis zum Kirchthore«[59]; ein Jahr später formulierte F. G. Leonhardi: »Aus der Stadt hat man einen ziemlich bequemen, krummgezogenen und geschlängelten Weg angelegt und bis zur Aufziehbrücke mit Alleen besetzt«[60]. Weit poetischer äußerte sich 1816 T. Dorfmüller: »Ein Gang von bejahrten Linden führt unter deren schattenreichen, zur Blüthenzeit durch ihren Duft erquickenden Wölbungen, schneckenförmig auf des Schloßberges Gipfel«[61]. Hangaufwärts verlief außerdem ein Fußweg parallel zur Straße[62].

Auch im östlichen Vorfeld der Festung kam es zu gestalterischen Verbesserungen in Verbindung mit der Intensivierung der gärtnerischen Nutzung: »Der außerhalb des Festungstores öd gelegene Platz wurde urbar gemacht und mit Bäumen besetzt, nachdem schon 1775 an den Mauern Spalierobst gepflanzt worden war, auch auf dem Exerzierplatz daselbst war schon 1776 eine Obstbaumallee angelegt worden. 1784 wurde dann auf dem Wall gegen den Weinberg eine Nußbaumallee gepflanzt«[63]. Eine Mitteilung in der »Chronik der Stadt Kulmbach« gibt zu erkennen, daß zu Beginn des 18. Jahrhunderts im Umfeld der Plassenburg neben Wein auch anspruchsvolle Obstarten kultiviert wurden: »1709 war ein äußerst kalter und langer Winter. Es erfroren sehr viele Obstbäume, besonders aber litten die Weinstöcke, Pfirsich=, Marillen= [Aprikosen, R. H.] und Quittenbäume in den herrschaftlichen Weinbergen dahier großen Schaden, weswegen 2000 Weinfechser von Randsacker [Randersacker bei Würzburg, R. H.] herbeigeschafft wurden«[64]. Diese Rebenschößlinge waren wohl vornehmlich für die Hänge der Plassenburg bestimmt; Melissantes jedenfalls sprach noch 1715 von einem »mit Weinbergen umwachsenen Berg=Schlosse«[65], gleichfalls C. C. Schramm 1744 von »Schloß Plassenburg, so auf einem sehr schönen weinreichen Berge neben Culmbach lieget«[66].

DIE GÄRTEN DER PLASSENBURG IM SPIEGEL HISTORISCHER KARTEN

Die in der 2. Hälfte des 18. Jahrhunderts entstandenen Grundrißzeichnungen der Plassenburg zeigen erstmals differenzierte Gartenanlagen in verschiedenen Bereichen der Festung. Als früheste Darstellung dieser Entwicklungsphase ist die »Explication du Chateau de Plassenbourg de Culmbach« – signiert mit »Frantz Langer«, jedoch undatiert – anzusehen[67]. Der »Plan de Blassenbourg. Chateau de Coulembach en Franconie, apart. a S, A, S Msgr Le Marggrave de Bayreüth« – mit »Och Kannonir« signiert, aber gleichfalls undatiert – dürfte nur wenig später entstanden sein[68]. Wohl ebenfalls nur wenig später entstand der undatierte »Plan der Festung Plassenburg« von »Stierlein Ingenieur Cap.«; diese Bestandsaufnahme wurde 1831 von Fried. (rich?) Walch kopiert[69]. Der »Grund=Riß der Vestung Plassenburg« schließ-

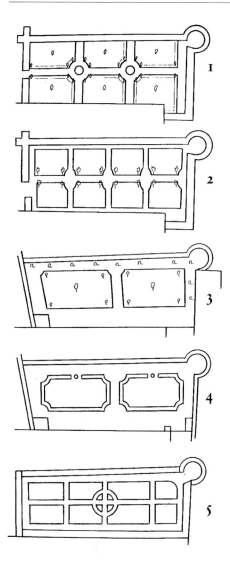

4. *Die Grundrißgliederung und die vegetabilische Ausstattung des Pfauengartens
wurden in den Karten des 18. und 19. Jahrhunderts mit deutlichen Unterschieden dargestellt: 1: Langer, 2: Och, 3: Stierlein (alle
undatiert), 4: Hoffmann (1780), 5: Wagner
(1837?). Vereinfachte Nachzeichnung der
historischen Karten: Norbert Nordmann,
Rainer Herzog.*

lich wurde 1780 von »Carl Hoffmann, Art: Capitaine« aufgenommen
und 1804 von dem Ingenieur-Geo-
graph Joh. Gottlieb Zierholdt sowie
1831 von Leutnant Walch kopiert[70].

Diese im Hinblick auf die Genese
der Freiflächen bedeutsamen Auf-
maßzeichnungen verdeutlichen die
Lage, die Nutzung und zum Teil
auch gestalterische Einzelheiten der
Freiflächen in der Phase entscheidender baulicher Umbauten und Erwei-
terungen der Festungsanlage im 18.
Jahrhundert (Kommandantenhaus
1744/45, Große Kaserne 1782/84,
Kleine Kaserne 1786/87) und vor der
teilweisen Niederlegung der Fortifikationsanlagen während der Napoleonischen Kriege (1806/07). Auf der
Plassenburg existierten demnach
mehrere separate Gärten mit unterschiedlichen Aufgaben und gestalterischen Merkmalen.

Der *Pfauengarten* ist mit hoher
Wahrscheinlichkeit als reiner Ziergarten anzusehen. Die Grundrißgliederung dieses Gartens wurde
wiederholt mit deutlichen Unterschieden dargestellt: Langer gab
sechs rechteckige Beetflächen wieder,
erschlossen durch ein regelmäßiges
Wegenetz mit einem Längsweg und
zwei Querwegen, deren Schnitt-
punkte als kleine Rondelle mit kreis-
förmigen Beetkörpern ausgebildet
waren. An den parallel zu den Wegen
verlaufenden Beetkanten waren nur
flüchtig und bruchstückhaft Linien
eingezeichnet, die offenbar Rabatten
andeuteten. Alle Beetecken am
Längsweg wiesen einen (Form-
)Baum auf, die an der Peripherie der
beiden Rondelle eine ringförmige

Anordnung ergaben. Außerdem war das Zentrum jeder Beetfläche mit einem größeren (Form-)Baum besetzt. Och zeigte eine Anlage aus acht Rechteck-beeten mit einem Längsweg, drei Querwegen und einem schmalen allseits umlaufenden Randweg; die Kreuzungen der Querwege mit dem Längsweg waren wie bei Langer als Rondelle geformt. Jede direkt am Mittelweg gelege-ne Beetecke wies einen kleinkronigen Baum auf, so daß die Gartenmitte von einer regelmäßigen Baumpflanzung aus Vierer- bzw. Zweiergruppen einge-nommen wurde. Stierlein bildete im Pfauengarten lediglich zwei gleich große Beete ab, die von einem umlaufenden Weg gerahmt und von einem Querweg mittig getrennt wurden, wobei die Wegemündung am nördlichen Randweg bogenförmig erweitert war. Jede Beetfläche war im Zentrum mit einem größeren (Form-)Baum, an den vier Ecken jeweils mit einem kleinen (Form-)Baum besetzt. Der Randweg wies in seinem nördlichen und östlichen Ab-schnitt zudem ganz kleine (Form-)Bäume in regelmäßiger Reihung auf, die als Kübelpflanzen angesehen werden können. Hoffmann schließlich stellte ebenfalls zwei Beetflächen dar, die in barocker Manier an allen Ecken konkav abgerundet waren. Die Außenkanten der Beete zeigten ein umlaufendes Ve-getationselement, vermutlich eine Blumenrabatte[71]. Diese Einfassung war in der Mitte der nördlichen Beetseite unterbrochen und durch ein kleines kreis-förmiges Vegetationselement – ein Rundbeet oder einen Formbaum – betont. Das Wegenetz entsprach dem von Stierlein, dagegen fehlten bei Hoffmann die Gehölzsignaturen, wobei anzumerken ist, daß die Darstellung der vegeta-bilischen Ausstattung in diesen Karten nicht überbewertet werden darf. Die kleinen, ohne erkennbare gestalterische Bezüge in den südlichen Ecken des Gartens ausgewiesenen Gebäude könnten Gartenhäuschen oder Geschirr-hütten gewesen sein.

Der *Garten des Artillerie-Kommandanten* wurde erstmals von Stierlein mit dem »auf Felsen liegenden Artillerie Commandanten Garten« benannt und dargestellt. Dieser Garten nahm die Plattform westlich der Langen Bat-terie ein. Das langgestreckte Areal wurde allseits geradlinig begrenzt mit ei-nem deutlichen, gleichmäßig abgewinkelten Vorsprung etwa in der Mitte der Westflanke. Der Längsweg verlief in der Gartenmitte und nahm die Abwink-lung der Westseite auf. Dieser Knickpunkt des Weges befand sich in einem Rondell. Ein zweites Rondell mit Rundbeet wertete das Zentrum des nördli-chen Gartenteils auf. Durch beide Rondelle liefen Querwege, so daß sie zu-gleich den Mittelpunkt von Wegekreuzen bildeten. Ein weiterer Querweg durchlief den südlichen Gartenteil. Durch dieses Wegenetz entstanden insge-samt acht Beetflächen. Die sechs, um die beiden Rondelle gruppierten Beete und die südöstliche Beetfläche wiesen parallel zu den Wegen Einfassungen auf; der südwestliche Beetkörper dagegen war ohne Rahmen ausgebildet und außerdem durch einen schmalen Querweg nochmals unterteilt. Es kann sich bei den Beeteinfassungen auch hier – wie im Pfauengarten – um Blumen-rabatten gehandelt haben; im Nutzgarten kamen aber in der Regel auch

Hecken aus Beerensträuchern oder niedrige Obstspaliere »en cordon« als Einfassungen zur Anwendung[72]. Hoffmann gab den Garten im Vergleich mit Stierlein weitgehend unverändert wieder; die bei Stierlein lediglich angedeutete Einfassung des gesamten Gartens – insbesondere parallel zur westlichen, aber auch zur nördlichen und südlichen Grenze – wurde von Hoffmann jedoch deutlich dargestellt. Die vorgefundene Geländesituation auf dem Felsplateau hinter der Langen Batterie wurde insgesamt für einen regelmäßigen und zugleich spannungsreichen Gartengrundriß genutzt; die Anlage diente wohl gleichermaßen als Nutz- und Ziergarten.

Der *Obere Hügelgarten* und der *Untere Hügelgarten* wurden von Langer und Och nicht angegeben. Stierlein wies die Standorte beider Gärten östlich der Hohen Bastei merkwürdigerweise nur durch Ziffern ohne detaillierte Grundrißdarstellung aus. Auch Hoffmann zeigte keine differenzierten Grundrißstrukturen, machte aber wenigstens das Areal des Unteren Hügelgartens mit der von ihm bzw. von seinen Kopisten für Gartenanlagen verwendeten Grüntönung kenntlich. Beide Gärten fungierten vermutlich ausschließlich als Nutzgärten; sie zählten nach Stierlein zu den »Commandanten Gaerten«. Stierlein wies einen weiteren Garten in dem schmalen Geländestreifen zwischen dem Ostflügel des Hochschlosses und dem als Arsenalschmiede, Stockhaus und Sperrfeldwebel-Wohnung dienenden Gebäude an der Westseite des Kasernenhofes aus, den er mit »Ein anderer Garten über der alten Caserne« bezeichnete. Es wird dies ein Nutzgarten gewesen sein, allerdings mit äußerst ungünstigen Bedingungen hinsichtlich Lage und Zugang, Besonnung, Düngung und Bewässerung. Deshalb wurde hier die gärtnerische Nutzung wohl schon bald aufgegeben. Hoffmann bezeichnete dieses Areal 1780 bereits als »Eingeschaalter Platz, sonst ein Garten gewesen«.

Die übrigen Freiflächen innerhalb der Befestigungsanlagen (Gräben, Bastionen) lassen um 1780 weder eine gestalterische Aufwertung noch eine gärtnerische Nutzung erkennen. Wie bereits dargelegt, war die Behandlung dieser Freiflächen ausschließlich auf die militärischen Erfordernisse des Wehrbaus ausgerichtet, mit dem vorrangigen Ziel, die Sicht-, Schuß- und Bewegungsfreiheit der Verteidiger der Festung Plassenburg zu garantieren. Analog zu anderen Festungen wurden deshalb im Bereich der Verteidigungsanlagen kaum störende Ausstattungselemente – insbesondere großkronige Bäume, aber auch gärtnerische Schmuck- und Nutzanlagen – geduldet. Hatten sie sich im Laufe von Friedenszeiten herausgebildet, standen sie im Verteidigungsfall zweifelsohne zur Disposition.

Unmittelbar im Osten der Langen Batterie befanden sich der *Baukommissariatsgarten* und der *Feuerlösch-Weiher*, im Norden und Süden von den zangenförmigen Vorbefestigungen der Veste flankiert. Langer und Och zeigten den Garten durch einen Mittelweg in zwei Hälften geteilt, die wiederum durch fünf bzw. sechs Querwege in zwölf bzw. vierzehn Beetflächen zerfielen. Bei Langer waren alle Ecken dieser Beete durch einen kleinen (Form-)

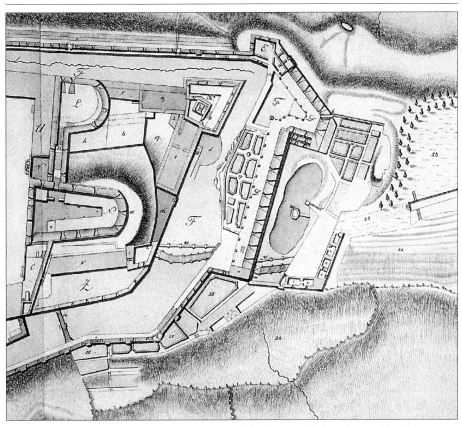

5. Im Osten der Plassenburg gab es in der 2. Hälfte des 18. Jahrhunderts zahlreiche Gärten mit unterschiedlichen Aufgaben und gestalterischen Merkmalen: Oberer und Unterer Hügelgarten (15/16), Artillerie Commandantens Garten (17), Vestungs Commandantens Gärten (25), Bau Commissariats Garten (26), Zur Vestungs Commandantschaft gehörige Reuthen (24) sowie den Feuer Weyher (20) und den Exercier Platz (23).
Carl Hoffmann, Grund=Riß der Vestung Plassenburg, 1780; 1804 von Joh. Gottlieb Zierholdt sowie 1831 von Walch kopiert, Ausschnitt; Bayerisches Hauptstaatsarchiv München, Abt. IV/Kriegsarchiv (siehe Farbtafel 11)

Baum markiert, bei Och dagegen meist nur die an den Mittelweg stoßenden Ecken. Außerdem zeigte Och auf mehreren Beeten (Obst-)Bäume in unregelmäßiger Anordnung. Das Areal besaß insgesamt die charakteristische Gliederung eines reinen Nutzgartens ohne erkennbare gestalterische Aufwertung; an der Südgrenze war es offenbar durch einen Staketenzaun begrenzt. Demgegenüber zeigte Stierlein im östlichen Vorfeld der Langen Batterie mehrere nennenswerte Veränderungen: Die Vorbefestigungen waren inzwischen bis auf die südliche »Aeußere Buchthor Wacht« beseitigt worden. Der ursprünglich langgestreckte »Bau Commissariats Garten« hatte die vier

südlichen Beetflächen verloren und dadurch eine fast quadratische Grundfläche – allerdings ohne einheitliche Binnengliederung – erhalten. Der Südteil
des Garten wurde durch ein orthogonales Wegekreuz in drei rechteckige, jedoch deutlich unterschiedlich große Beetkörper geteilt; das vierte Feld konnte aufgrund der Nähe des Feuerlösch-Weihers lediglich als Dreieck ausgebildet werden. Den Nordteil des Gartens beherrschten zwei querliegende
Beetkörper. Ergänzt wurde der Nutzgarten durch Beetstreifen an der West-
und Ostseite, wobei der östliche wieder in vier unterschiedlich große Einzelflächen zerfiel. Mit Ausnahme der Seitenstreifen waren alle Beete mit einer
Einfassung versehen. Der Grundriß von Hoffmann war in diesem Bereich
mit der Darstellung von Stierlein nahezu identisch.

Im Zusammenhang mit der Ausstattung der Plassenburg mit Zieh- und
Quellbrunnen sowie Wasserleitungen berichtete Melissantes 1715, »daß solche oben auf dem Schlosse gleichsam einen stehenden See formiren/ der auch
im heissesten Sommer nicht vertrocknet«[73]. Es wird sich hierbei um den
Feuerlöschteich gehandelt haben, dessen Ufer bei Langer und Och auffallend
unregelmäßig ausgebildet waren. Stierlein stellte den »Feuer Weyher« mit einer in großen Schwüngen geführten und im Grundriß fast eine Acht nach-
zeichnenden Uferlinie dar. Hoffmann zeigte ebenfalls eine großzügig ausgebildete Uferlinie und in der Gewässermitte sogar eine Insel mit achteckigem
Grundriß, die durch einen Steg mit dem Ostufer verbunden war und wohl
als Plattform zur besseren Entnahme des Löschwassers diente.

Östlich vom Baukommissariatsgarten lag der *Exerzierplatz,* der im Süden
vom »Weg nach den Buchwald« sowie im Norden und Westen von einer doppelreihigen Baumpflanzung in L-Form begrenzt wurde. Hierbei handelte es
sich vermutlich um die 1776 gepflanzte Obstbaumallee. Stierlein rechnete den
»Exercier Platz« merkwürdigerweise zu den »Commandanten Gaerten«,
ebenso ein »Feld« südlich des Weges zum Buchwald. Auch Hoffmann zeigte
den Exerzierplatz mit der doppelreihigen (Obst-)Baumpflanzung, er bezeichnete das Feld aber als »Zur Vestungs Commandantschaft gehörige Reuthen«.

In einer Entfernung von etwa 175 m existierte östlich der Langen Batterie
außerdem ein Areal, das Langer mit »Carriere« benannte[74]. Bereits die
während der Belagerung der Plassenburg 1553/54 entstandene Ansicht vom
Buchberg zeigte im östlichen Vorfeld einen Steinbruch, auch wurde er von
Thiel in der Beschreibung der Kriegswirren von 1553/54 erwähnt[75]. 1764 be-
fahl Markgraf Friedrich Christian »den sehr bequemen Steinbruch hinter der
Festung zur Reparation und Erhaltung der Schloßgebäude und der Befesti-
gungswerke brauchbar zu machen«[76].

In der markanten Nische der südöstlichen Festungsmauer befand sich ein
weiteres Gartenareal, das von Stierlein mit *Commandanten Gaerten,* von
Hoffmann mit »Vestungs Commandantens Gärten« bezeichnet wurde. Bereits Langer stellte hier einen differenzierten Garten dar: Ein Quartier mit
vier ungleich großen Beetkörpern bildete das Kernstück, erschlossen durch

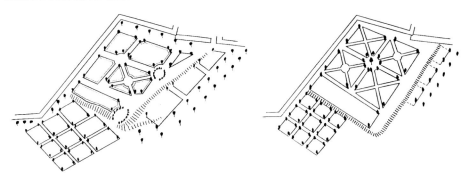

6. *In der markanten Nische der südöstlichen Festungsmauer existierten die Kommandantengärten, deren aufwendige Gestaltung von Langer (links) und Och (rechts) unterschiedlich wiedergegeben wurde (vereinfachte Nachzeichnung der historischen Karten: Norbert Nordmann, Rainer Herzog).*

ein orthogonales Wegekreuz mit zentralem Rondell, wobei die einzelnen Beetflächen aufgrund der Ausrichtung am Mauerverlauf als Parallelogramme ausgebildet waren. Der südliche Beetkörper war durch ein diagonal verlaufendes Wegekreuz mit mittigem Rondell nochmals in vier trapezförmige Einzelflächen unterteilt. Nahezu alle Eckpunkte der Beetkörper waren mit kleinen (Form-)Bäumen besetzt; parallel zu fast allen Beetkanten verliefen analog zum Pfauengarten die wohl Rabatten darstellenden Linien. Im Südwesten schloß sich ein rechteckiger Beetstreifen und am Fuße einer Böschung ein regelmäßiges Areal aus neun unterschiedlich großen Beetflächen an, erschlossen durch zwei Längs- und zwei Querwege. Auch hier waren die Ecken der Beete mit (Form-)Bäumen besetzt. Südöstlich des Kernbereichs lagen unterhalb einer Böschung drei einfache Beetkörper, im Süden flankiert von einer zweireihigen Baumpflanzung, die nahtlos zum (Obst-)Baumbestand im Hangbereich überging. Ein Beetzwickel und zwei im engen Abstand gepflanzte Gehölzringe verbanden das gestalterisch aufgewertete Kernstück mit den einfachen peripheren Beetanlagen. Unmittelbar an der Wehrmauer standen weitere Bäume in regelmäßiger Anordnung. Aufgrund der Exposition nach Süden, in ihrer Wirkung durch die als »Sonnenfang« wirkende Abwinklung der Festungsmauer gesteigert und durch eben diese hohe Mauer gegen Nord- und Ostwinde geschützt, bot der Standort hervorragende kleinklimatische Bedingungen für den Anbau wärmeliebender Obst- und Gemüsearten. Alle hier dargestellten Bäume dürften Fruchtbäume gewesen sein, in verschiedenen Anzucht- und Schnittformen, wie Hochstamm, Pyramide, Spindel-, Busch- oder Spalierbaum.

Och zeigte einen ähnlich strukturierten, aber gestalterisch gefälligeren Garten. Das Kernstück bestand wiederum aus vier, nun jedoch annähernd gleich großen Beetkörpern, die durch ein orthogonales Wegekreuz mit einem zentralen Rondell erschlossen wurden. Alle vier Beetkörper waren durch diagonal ausgerichtete Wegekreuze in dreieckige Beete gegliedert. Zwei dieser inneren Kreuzungen waren ebenfalls als Rondelle ausgebildet. Die äußeren Eckpunkte der Dreieckbeete waren mit (Form-)Bäumen besetzt. An der Peripherie des zentralen Rondells kam dadurch ein Baumkranz zustande, der durch einen zentral angeordneten Solitärbaum zudem eine Mittelbetonung aufwies. Dieser Kernbereich – an der Westseite durch eine große rechteckige Beetfläche vervollständigt – lag auf einem Plateau, das nach Südosten und Südwesten mit jeweils einer schmalen, geradlinigen Böschung abfiel. Im Südwesten schloß sich wie bei Langer ein Areal aus neun Beetkörpern an, die nun aber aufgrund gleicher Größe und Form ein schachbrettartiges Muster ergaben. Auch hier waren alle Beetecken mit (Form-)Bäumen markiert. Der südöstlichen Terrasse waren drei einfache Beete und eine zweireihige Baumpflanzung vorgelagert.

Stierlein stellte in diesem Bereich lediglich einfache Beetkörper mit der zur Kennzeichnung von Gemüsegärten üblichen Schraffur dar. Nur das unmittelbar in der Ecke der Festungsmauer gelegene Beet wies wie jene im Artillerie-Kommandanten-Garten und im Baukommissariatsgarten eine Einfassung auf, die auch hier als Blumenrabatte, Beerenhecke oder Zwergspalier anzusehen ist. Die anderen Beete besaßen je nach vorhandenem Geländestreifen zwischen Bering und Burghang unterschiedlichen Flächenzuschnitt; sie erstreckten sich als schmales Band in westlicher Richtung fast bis auf Höhe der südlichen Grabenstreichwehr. An der Hangkante verlief der Haupterschließungsweg, von dem Stichwege zu den einzelnen Beetflächen abzweigten. Hoffmann gab eine ähnliche Flächengliederung wieder, allerdings mit einer stärkeren gestalterischen Differenzierung. Neben dem großen Beetkörper im Winkel der Festungsmauer besaßen noch drei weitere Beete eine rahmende Einfassung. Auch traten jetzt die intensiv genutzten Flächen deutlich in den Hangbereich vor, wie es Stierlein – durch die Schraffen des Burghanges allerdings kaum sichtbar – bereits andeutete: Im westlichen Abschnitt dieser »Vestungs Commandantens Gärten« existierten zwei Terrassen mit jeweils zwei Beeten, abgestützt durch Mauern und erschlossen durch einen Mittelweg mit Treppen. An der Hangkante im Osten der Gärten waren zwei separate, aber aus der gleichen Signatur zusammengesetzte und den Haupterschließungsweg überspannende Ausstattungselemente eingezeichnet; es wird sich hierbei um einen Bogen- oder Laubengang gehandelt haben[77].

Im oberen Abschnitt des südlichen *Burgberges* stellten Langer und Och einen dichten Gehölzstreifen dar, der im unteren bzw. im südwestlichen Hangbereich von zahlreichen, wohl mit freiwachsenden Hecken eingefaßten und nur spärlichem Baumbestand durchsetzten Parzellen abgelöst wurde, wobei bei Langer die regelmäßige Anordnung der (Obst-)Bäume im oberen Hangbereich besonders auffällt. Stierlein zeigte an den nördlichen Hängen des Burgberges »Wiesen«, oberhalb der südlichen Abhänge dagegen »Felder«, die im steilen Hangbereich von stilisiert dargestellten Gehölzbeständen abgelöst wurden. Lediglich im Mittelabschnitt des Westhanges waren sechs unregelmäßig begrenzte Parzellen als »Gaerten« ausgewiesen. Hoffmann bezeichnete den Südwesthang als »Weinberge«, den Südosthang als »Zur Vestungs Commandantschaft gehörige Reuthen« und ein kleines rechteckiges Areal am Fuße des Westrondells als »Sperrfeldwaibels- Canoniers- Thoerners- und Thorsperrers Gärten«.

Die Plassenburg – ein »Gartenreich« im 19. Jahrhundert

Die Plassenburg diente von 1817 bis 1862 als Zwangsarbeitshaus mit Tuchmanufaktur und Maschinenspinnerei, von 1862 bis 1909 als »Zuchthaus für lebenslängliche Verbrecher«[78]. 1831 waren dort »über 400 Arbeiter, männlichen und weiblichen Geschlechts, beschäftigt«[79]. Mit diesem gravierenden Funktions- und Bedeutungswandel gingen eine intensive gärtnerische Nutzung und schließlich auch die Anlegung aufwendiger Schmuckanlagen einher. Der »Situations Plan von der ehemaligen Vestung Plassenburg nunmehro zu einem Zwangs=Arbeitshause verwendet« – angefertigt von dem »Bezirks-Ingenieur Wagner der Koeniglichen Bauinspection Culmbach« – dokumentiert die Situation in der 1. Hälfte des 19. Jahrhunderts, die durch die Nutzung und Umgestaltung der bisherigen relevanten Gartenareale gekennzeichnet war[80]: Der Pfauengarten wurde durch einen Längs- und drei Querwege in acht rechteckige Beetkörper unterschiedlicher Größe geteilt, der Schnittpunkt des mittleren Querwegs mit dem Längsweg zu einem Zentralmotiv mit Rundweg und vier Viertelkreisbeeten gestaltet. Der ehemalige Garten des Artilleriekommandanten zeigte die typische Einteilung eines Nutzgartens mit acht annähernd rechteckigen Beetflächen, erschlossen durch einen mittigen Längsweg und drei Querwege. Eigenartigerweise ließ Wagner die in den Karten des 18. Jahrhunderts und im Ortsblatt Kulmbach von 1852 überlieferte Grundrißfigur dieses Gartens völlig unberücksichtigt[81]. Ähnlich stellte Wagner auch den vormaligen Baukommissariatsgarten dar: Das Gartenareal erstreckte sich parallel zur Langen Batterie, durch einen Mittelweg und fünf Querwege in zwölf rechteckige Beetkörper mit vereinzelten Signaturen für (Obst-)Bäume gegliedert und an beiden Längsseiten von einem schmalen Beetstreifen begrenzt. An der Südost-Ecke des Gartens existierte eine Remise. Der Feuerlösch-Weiher fand hierbei keine Berücksichtigung; im Ortsblatt Kulmbach von 1852 und im Extraditionsplan von 1899 dagegen wurde dieses Gewässer weiterhin dargestellt, wenn auch in reduzierter Form. Abgesehen von den offensichtlichen Ungenauigkeiten in der Darstellung Wagners existierten zu Beginn des 19. Jahrhunderts im Osten der Plassenburg tatsächlich Gärten: Die Lange Batterie ist »der eigentlichen Vestung Ende. Geschmackvolle Anlagen zwischen Felsen und auf geebnetem Schutt und zu beiden Seiten den Berg hinab, ergötzen uns hier«[82].

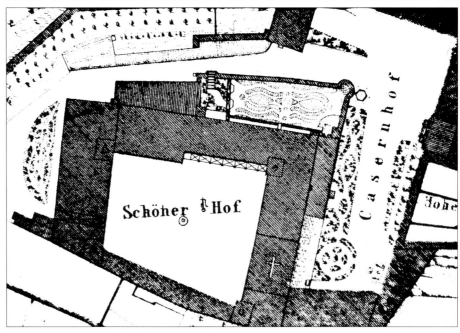

7. *Der Kernbereich der Plassenburg war 1852 mit mehreren Schmuckanlagen besetzt,*
die sich durch eine bemerkenswerte Formenvielfalt und Pflanzenfülle auszeichneten.
Der Hof des Hochschlosses – »Schöner Hof« genannt – blieb jedoch ohne
gartenkünstlerische Gestaltung oder gärtnerische Nutzung
(Ortsblatt Culmbach der bayerischen Landesvermessung, 1852).

Das 1852 gemessene Ortsblatt Kulmbach gibt innerhalb der Befestigungsanlagen der Plassenburg vielfältige Schmuck- und Nutzanlagen wieder, deren
Ausdehnung und Gestaltungsaufwand ein vorher nicht gekanntes Ausmaß
erreichte[83]: Es hat den Anschein, daß alle Freiflächen, die auf Grund ihrer
topographischen Gegebenheiten geeignet und für andere Aufgaben nicht erforderlich waren, gärtnerisch genutzt oder gestaltet wurden – ohne Rücksicht auf die natürlichen Standortbedingungen. Die Grundfläche des Pfauengartens wurde nunmehr von einer äußerst diffizilen, axialsymmetrisch
aufgebauten Gesamtfigur eingenommen: Durch fünf wellenförmige Längs-
wege in gleich- oder gegenläufigen Schwüngen wurden schlangen- und sogar
fischförmige (Blumen- oder Rasen-)Ornamente gebildet, ergänzt durch mehrere kleine Rund- und Dreieckbeete. Vor dem Westflügel des Hochschlosses
breitete sich eine Schmuckanlage mit annähernd halbelliptischem Grundriß
aus, deren Kernbereich von Schlängelwegen in elf Vegetationsflächen mit unterschiedlichen organischen Grundrißfiguren zerschnitten wurde und einschließlich der beiden rahmenden Beetstreifen von Gehölzpflanzungen überzogen war. Selbst der »Casernhof« – im Hinblick auf die Besonnungs- und

8. Kasernenhof und Pfauengarten (rechts oben) wiesen in der Mitte des 19. Jahrhunderts eine aufwendige Bepflanzung auf, wobei unklar ist, über welchen Zeitraum diese vegetabilische Ausstattung Bestand hatte. Anonymus, Der Kasernenhof der Plassenburg, undatiert.

Bodenverhältnisse kaum für eine dauerhaft befriedigende Bepflanzung geeignet – war bis auf den Mittelbereich mit kleingliedrigen Schmuckanlagen ausgefüllt. Zwischen Fürstenbrunnen und Arsenalbau erstreckte sich ein zum Hof hin geradlinig begrenzter Gehölzstreifen, der im Innern durch zwei gegenläufig geschwungene Wege in drei Ellipsenbeete zerfiel. Unmittelbar vor dem Arsenalbau schloß die Anlage mit einer großen axialsymmetrisch aufgebauten Figur ab, die auf kreisrundem Grundriß neben den vier äußeren Segmentbeeten im Zentrum vier Ellipsenbeete um ein Rundbeet mit Solitärbaum aufwies. Dieser gestalterisch reizvollen Anlage trat eine wesentlich einfacher ausgebildete Grünfläche an der Ostseite des Hofes gegenüber: Ein geradlinig begrenzter Gehölzstreifen wurde durch ein orthogonales Wegekreuz in vier ungleichgroße Beetkörper zerteilt, wobei der Stichweg zur Schildmauer der Hohen Bastei in einer kleinen Aufweitung mit Bank endete. Als Pendant zum Rondell am Arsenalbau diente eine deutlich kleinere Schmuckanlage, die aus einem runden und zwei nierenförmigen Beeten um einen mittigen Solitärbaum bestand. Insgesamt handelte es sich hierbei um zeitgemäße, hinsichtlich Formenvielfalt, Pflanzenfülle und räumlicher Intimität dem Geschmack des Biedermeier entsprechende Gartenanlagen, wobei der hohe Anteil stilisierter und konstruierter Ornamente hervorsticht[84].

Es liegt im Dunkeln, über welchen Zeitraum die Gartenanlagen der Plassenburg in dieser außerordentlich differenzierten und pflegeintensiven Form tatsächlich Bestand hatten. Pflanzenverzeichnisse sind nicht bekannt, auch konnte nicht geklärt werden, warum das Zwangsarbeitshaus überhaupt mit derart aufwendigen Schmuckanlagen verziert wurde. Es mag hier ein gartenbegeisterter oder botanisch interessierter Justizbeamter die Aufsicht geführt haben, Arbeitskräfte zur Herstellung und Pflege dieser Grünanlagen standen ihm offenbar ausreichend zur Verfügung. Die zeitgenössische Graphik »Der Kassernenhof der Plassenburg« zeigt sowohl zwischen Fürstenbrunnen und Arsenalbau als auch zwischen Arsenalbau und Christiansportal übermannshohe Gehölzpflanzungen auf streifenförmigen Beetkörpern, aber auch Strauchgruppen im Pfauengarten – insbesondere auf der bastionsartigen Nordost-Ecke dieses Gartens – die sich über die Brüstungsmauer erheben und das Erscheinungsbild markant beeinflussen[85].

Von der zuständigen Regierung von Oberfranken wurde es sogar gutgeheißen, »den aeußeren Wallgraben hinter der [Neuen] Caserne durch die Zwangsarbeiter von Schutt zu räumen [...] und mit der Zeit die Grabensohle in Grasland umzubilden«[86]. Im Frühjahr 1845 wurden dort 54 Linden-Bäumchen gepflanzt, um »mit der Zeit den Gebäuden gegen Einflüße der Witterung Schutz und Vortheil« zu bieten[87] – eine Pflanzung, die jedoch allem Anschein nach nicht lange existierte. Zur gleichen Zeit erhielt das Königliche Polizey=Commissariat Plassenburg 4 »Acazien-Bäume« vom Hofgarten Bayreuth[88] und »2 Loth Maulbeersaamen« von der Königlich-Bayerischen Seidenzucht-Inspektion in Regensburg[89]. Noch 1896 gab es »Reste von Maulbeerbaumpflanzungen [...] auf dem Rondell der Plassenburg am sogenannten ›scharfen Eck‹«[90].

Zweifelsohne bestand darüber hinaus ein großer Bedarf an Gartenland zur Versorgung der Strafanstalt mit Gemüse und Obst; entsprechend umfangreich waren die dafür genutzten Flächen[91]. Nicht nur traditionelle Standorte, wie der Garten des Artillerie-Kommandanten und der Obere und Untere Hügelgarten, wurden nun gartenbaulich genutzt, sondern auch Gräben, Streichwehren und andere ehemalige Fortifikationsanlagen. Dabei vereinten sich oftmals Zweckmäßigkeit und Ästhetik der Beeteinteilung nach der im 19. Jahrhundert weitverbreiteten Absicht, »Nützliches mit Angenehmen zu verbinden«[92]. So war das Grabeland zwischen Roßmühle und Hoher Bastei durch ein orthogonales Wegekreuz mit zentralem Rundbeet gefällig gegliedert. Die Fläche der nordwestlichen Streichwehr wurde ebenfalls durch ein rechtwinkliges Wegekreuz regelmäßig geteilt. Auf der südwestlichen Streichwehr erfuhr die Flächengliederung eine Anpassung an den Grundriß des Bauwerks: Aus einem Wegekreuz resultierten zwei fast quadratische Beete, vor denen jeweils ein abgerundeter Beetstreifen lag; der mittelaxiale Weg endete an der Spitze der Streichwehr mit einem kleinen Rondell, von dem sich ein reizvoller Blick auf Kulmbach bot. Der ehemalige Hasengarten auf der südlichen Grabenstreichwehr wies zwei von (Obst-)Bäumen eingefaßte Grabelandflächen in symmetrischer Anordnung auf. Der südliche Festungsgraben wurde von einem geradlinigen, mit einer (Obstbaum-)Allee bepflanzten Mittelweg erschlossen, von dem zahlreiche Seitenwege fast immer rechtwinklig zu den Beeten abzweigten. Weitere, im regelmäßigen Raster angeleg-

9. Das Umfeld der Plassenburg unterlag frühzeitig einer intensiven Nutzung durch Garten-, Wein-und Obstbau. Zu Beginn des 19. Jahrhunderts wurden schließlich auch im östlichen Glacis Obstwiesen angelegt. Foto 1890.

te (Obst-)Baumpflanzungen existierten vor allem im nordwestlichen Graben und im Garten des Artillerie-Kommandanten. Selbst innerhalb der ehemaligen Roßmühle und parallel zur Auffahrt zum Hochschloß gab es Gartenland, und auch der schmale Geländestreifen zwischen Hoher Bastei und dem Weg zum Buchwald wurde genutzt: Hier waren oberhalb einer Stützmauer am Fuße der Bastion – angelehnt an deren südexponierte Schildmauer – zwei Terrassen angelegt und mit Weinstöcken bepflanzt worden.

Die gärtnerische Nutzung der ursprünglich militärischen Aufgaben dienenden Freiflächen setzte offenbar unmittelbar nach der Einrichtung des Arbeitshauses ein. Bereits Wagner stellte Gartenland an der Auffahrt zum Hochschloß, auf der nordwestlichen Streichwehr und westlich vom Schieferturm dar, hier sogar mit rechtwinkligem Wegekreuz und mittigem Rondell.

Das Umfeld der Plassenburg unterlag seit jeher einer intensiven Nutzung durch Landwirtschaft, Garten-, Wein- und Obstbau. J.C.E. von Reiche schilderte 1796 die unmittelbare Umgebung der Burg als Idylle: »Auf der Seite nach dem Rehberge ist der Vestungsberg mit Gärten und Obstwäldern – P e u n t h e n – so schön bekleidet, daß er hier ein sehr reitzendes Ansehen hat. Auf der entgegengesezten Seite nach dem Mayn hin, ist er mehr frey, beynahe ganz grün, und auch dieses ist als eine Abwechslung in der Gegend ganz angenehm«[93]. Zwei Jahrzehnte später beschrieb T. Dorfmüller detailliert die Nutzung der Burghänge: »Mit traubenreichen Reben war vormals

die Südseite des Berges bepflanzt; noch bezeichnet der Name Weinberg ihr
verjährtes Andenken. Gegenwärtig ärndet man da Getraide und in der Hitze
der Mittagssonne ausgekochte, vortreffliche Pflaumen und Kirschen. Den
nördlichen Rücken bedecken unten Reuthen (Reuthen nennt man in dieser
Gegend erst urbargemachte Bezirke an Bergen, mit Obstbäumen erfüllt),
weiter hinauf Hopfenanlagen, gegen die Spitze erlaubt die Steilheit des Berges keine andere als Obstpflanzungen«[94]. Vor allem die Kulmbacher Zwetschen standen weithin in gutem Ruf, sie wurden als Trockenobst bis nach
Böhmen und Sachsen geliefert[95].

Die »Umgebungen und Gärten« der Plassenburg wurden 1813 an Johann
Appolonius Peter Weltrich (1781-1850) verkauft[96]. Weltrich war königlicher
Rentamtmann, Verfasser mehrerer Schriften historischen, liegenschaftsrecht-
lichen und medizinischen Inhalts sowie Ehrenbürger der Stadt Kulmbach[97].
Er erwarb folgende »Grundstücke an Wiesen Feldern Gaertten Rangen und
Graeben auf [und] um die ehemalige Vestung Plassenburg«:

»1. den Rangen oder Rasen rechts der
   Chaußee unter der Fischerischen Reuth 3/4 Tagw.
2. die 5 kl[e]inen Gärtlein [,] welche
   ehehin die Vestungs Officianten genoßen
   haben oberhalb vorgehenden Rangens an
   der Fischerisch[en] Reuth 1/4 Tagw 1 1/2 ☐ R
3. das Feld auf den Kopf des Berges
   mit darüber liegenden kleinen Gärtlein 1 Tagw 25 ☐ R
4. den darunter liegenden Rasen
   bis an die Chaußee 1 Tgw
5. den sogenannten Buchgarten
   auf der Südseite des Berges
   nbst der daranliegenden Zweschgenreuth 2 3/4 ”
6. den sogenannten Hummelsgarten 1/8 ”
7. die kleine Reuth 1/8 ”
8. den ehemaligen Exercier Platz
   mit der dahinter liegenden Buchenreuth
   und anstoßenden kleinen Gärtlein 3 3/8 Tagw.
9. der Gartten auf der langen Battrie 1/8 ”
10. den Rangen oder Rasen an nördlichen
    Abhang des Festungs Berges wie solcher
    oben durch die Chaußee und die nördliche
    Vestungs Mauer und unten durch den Weeg
    nach den Buchreuthen begrenzt wird,
    incl. des zu Feld aufgerißenen Theils 8 1/4 Tagw

für den Preiß
Ein Tausend Vierhundert und Zwanzig Gulden Rheinisch«[98].

1896 schrieb W. Flessa zurückblickend, daß zu Beginn des 19. Jahrhunderts »ein förmlicher Wetteifer entstand, die Reuthen mit Obstbäumen zu bestocken. So pflanzte z. B. der im Jahre 1811 zum Rentamtmann in Culmbach beförderte [...] J. A. P. Weltrich die Sommer= und Winterseite des Plassenburger Berges, die sogenannte Buchreuthen, an, hinter der Plassenburg besaß er ein Treibhaus für Ananasfrüchte [,] und die Zucht des Maulbeerbaumes, bezw. der Seidenraupen, betrieb er mit nennenswerthem Erfolge«[99]. Auf dem Gartenareal im Winkel der südöstlichen Festungsmauer – es könnte dies der im Kaufvertrag genannte »Buchgarten auf der Südseite des Berges« gewesen sein – war im ersten Viertel des 19. Jahrhunderts das »Wohnhaus des Rentbeamten Weltrich« entstanden, mit einem auf der Ostseite rechtwinklig angebauten »Glashaus« und einem westlich davon separat errichteten »Treibhaus«[100]. Diese Tatsache verwundert trotz der ungünstigen Wegeanbindung kaum, war dieser Standort doch zum einen durch seine windgeschützte und besonnte Lage, zum anderen wegen des vorzüglichen Ausblicks auf Rehberg und Wolfskehle außerordentlich begünstigt. Weltrich muß dieses Anwesen dennoch schon beizeiten an die »Witwe des Gärtners Jungkunz zu Plassenburg« verkauft haben; im April 1831 hieß es in einem Verwaltungsakt: »Die Witwe Agnes Jungkunz hat ein an die Ringmauer der Festung Plassenburg angebautes Haus nebst Garten von dem kgl. Rentbeamten Weltrich dahier gekauft«[101]. Über Einzelheiten des Gartens enthalten die Archivalien keine Angaben; das 1852 gemessene Ortsblatt Kulmbach jedoch zeigt ein gärtnerisch genutztes Areal parallel zur Festungsmauer, das sich unter Einbeziehung der schon von Stierlein und Hoffmann im 18. Jahrhundert dargestellten Terrassenanlage in den Burghang vorschob. Der ehemals aufwendig gestaltete Gartenteil auf dem Plateau direkt im Winkel der Festungsmauer war den Weltrich'schen Gebäuden mit Hoffläche gewichen, der sich nach Süden zwei Terrassen mit (Obst-)Bäumen bzw. mit einem wohl zwischen zwei Laubenbögen eingespannten Blumengarten anschlossen[102].

Nach dem Tod von Weltrich kamen die meisten Grundstücke unter die Verwaltung des Königlichen Polizey=Commissariats Plassenburg[103]. Die intensive landwirtschaftliche Nutzung des Burgumfeldes noch in der Mitte des 19. Jahrhunderts wird durch einen »Wirthschafts=Plan für die vormals Weltrich'schen Grundstücke« deutlich. 1860/61 hieß es darin: »Die schmalen Feldstreifen an der nördlichen Seite des fragl. Grundstück dürften im nächsten Frühjahr zu düngen, mit Gerste u. zu gleicher Zeit mit Klee zu besäen sein, einebnen u. zu Wiese liegen lassen. Die Aeckerlein gegen die Südwestseite dürften ihrer sonnigen Lage wegen als Feld beyzubehalten u. für dieses Jahr mit Haber zu besäen sein. Die Wiese ist gehörig zu reinigen, mit Compostdünger zu überfahren, u. die bisher geduldeten Schleifwege abzutreiben«[104]. Der Wirtschaftsplan für 1861/62 führte aus: »1. Ein Drittheil dieser Grundstücke ist Feld, liegt westlich, und mit Winterkorn besät. 2. Die übrigen schmalen Streifen Feld [,] welche nördlich liegen, wurden mit Klee angesät u. bleiben als Wiese liegen. 3. Der übrige Theil dieses Grundstücks war Wiese u. bleibt es«[105].

Auch Johann Gaßner, der Brunnenmeister der Plassenburg, erwarb 1817 »ein gänzlich verwildertes Stück des Festungsberges 3 5/8 Jauchert groß«, das er »im Jahre 1819 mit 350 Stück Obstbäumen verschiedener Art besetzte; 1826 kam dazu eine Maulbeerbaumanlage mit 100 Stück«[106].

Die Lindenallee zur Plassenburg war an ihrem exponierten Standort in besonderem Maße Witterungsunbilden ausgesetzt. Im Juli 1819 wurden 3 Bäume »durch den Sturmwind« ausgerissen[107], am 25. Mai 1830 erlitten wiederum mehrere Alleebäume Sturmschäden[108]. Durch einen Orkan wurden am 5. Juni 1834 sogar »5 der schönsten Bäume gänzlich entwurzelt, sämtliche andern aber mehr oder weniger beschädigt«[109]. Immer wieder wurden die verlorengegangenen Alleebäume nachgepflanzt. Die Regierung von Oberfranken als vorgesetzte Behörde legte im Juli 1819 fest: »Die leeren Stellen an der Allee müssen im nächsten Frühjahr mit guten jungen Lindenbäumen von neuem besetzt werden«[110]. 1843/44 schließlich erfolgte eine umfassende Ergänzung von Alleebäumen, denn diese sei »theils zur Festigkeit der Straße [,] theils zur Verschönerung derselben sehr nothwendig«[111]. Im Frühjahr 1843 und 1844 wurden deshalb jeweils 60 Linden vom Hofgarten Bayreuth bezogen und an der Festungsstraße sowie auf der Plassenburg gepflanzt[112]. Zudem wurde 1833/34 eine »Hecke an der Lindenallee« gesetzt, wobei J. A. P. Weltrich als damaliger Besitzer der benachbarten Grundstücke aus einem Gehölzangebot des Bayreuther Hofgärtners Adler »vertragsmässig auszuwählen« hatte: Adler schlug »1) Crataegus oxyacantha, 2) Berberis vulgaris, 3) Ligustrum vulgare« vor[113]. Weltrich merkte hierzu an: »Num. 1 möchte den Vorzug verdienen u. mit den beiden andern untermischt werden, sowie mit HeckenRosen, wilden Johannisbeeren u. dergl.«[114]. Diese Hecke war »wenigstens 4 Fuß hoch zu ziehen«[115]. Zur gleichen Zeit wurde auch ein hölzerner Zaun »an der Straße von Plassenburg nach Culmbach« errichtet und mit Bleiweiß angestrichen[116]. Wie erwähnt, war bereits Ende der 1780er Jahre auf der Talseite ein schwarz-weiß gestrichenes Geländer errichtet worden. Außerdem hatte Hoffmann 1780 in seinem Grundriß der Plassenburg an der Nordseite der zur Festung führenden Straße – also zum Maintal zu – mehrere »Kleine Ruhsitze« eingetragen und die schmale Geländeebene zwischen Festungsstraße, Westrondell und Hangkante des Burgberges mit einer doppelten Baumreihe und der Bezeichnung »Das sogenannte Belvedere« versehen.

Am Fuße des Westrondells ließ der Kulmbacher Privatier Carl Beck 1853 in herausgehobener Lage oberhalb der Stadt ein weithin sichtbares Wohnhaus erbauen: »Seiner Entstehung kann man nicht ohne Schmunzeln gedenken. Ein Kulmbacher Bäcker war in Triest zu Wohlstand gekommen [...]. Was nützt jedoch der ganze Reichtum, wenn er dann zu Hause nicht gezeigt werden kann. Carl Beck kam also wieder heim und baute 1853 ein Haus,

192

übrigens mit einem *hübschen Park,* und genau an der Stelle, an der es auf keinen Fall zu übersehen war: direkt unter das Burgrondell, und gab ihm den
Namen seiner Frau: Villa Cornelia«[117]. Das 1851 gemessene Katasterblatt
von Kulmbach enthält bereits das an die Festungsmauer anstoßende Nebengebäude; das 1852 gefertigte und 1853 umgemessene Ortsblatt zeigt schließlich auch das freistehende Wohnhaus[118]. Über den von H. Stößlein erwähnten »hübschen Park« im Umgriff der Villa Cornelia sind keine
weitergehenden Beschreibungen bekannt. Zum Ende des 19. Jahrhunderts
wies dieser Garten unter anderem ein rundes Wasserbecken mit umlaufen-
dem Weg am nördlichen Fuße des Westrondells auf, durch einen kurzen
Stichweg mit dem Fahrweg zwischen Villa und Festungsstraße verbunden[119].
Auf der schmalen Erdterrasse östlich der Villa, auf der heute lediglich ein
Fußweg verläuft, existierte eine Pergola mit einem Gartenhäuschen am östlichen Ende[120]. In der 2. Hälfte des 19. Jahrhunderts wurde auch der in Ser-
pentinen geführte Fußweg mit mehreren steingefaßten Banknischen und
einer beidseitigen Baumpflanzung aus Linden – und vereinzelt auch Kasta-
nien – am westlichen Burghang angelegt. Dieser Weg verlief innerhalb des
Beck'schen Grundstücks »Festungsberg 24« und endete unmittelbar an der
Villa Cornelia, wobei die Wegeeinmündung durch ein Rundbeet mit Mittelbetonung verziert wurde[121]. Das Ortsblatt von 1852 enthält diesen Weg
noch nicht; mehrere im letzten Viertel des 19. Jahrhunderts entstandene Fotografien zeigen aber den Serpentinenweg mit der jungen Baumpflanzung[122].
Als die herangewachsenen Gehölze schließlich die Blickbeziehungen zwischen Villa Cornelia und Kulmbacher Altstadt bzw. umgekehrt behinderten,
wurden sie gekappt; an den überkommenen Altbäumen ist noch heute die
ursprüngliche Schnittebene deutlich zu erkennen.

Der 1876 gegründete Verschönerungsverein Kulmbach »setzte sich auch
mit dem kgl. Zuchthausdirektor in Verbindung, um am Burgberg tätig werden zu können. Dessen Amtsantworten sind ergötzlich; er lehnte schärftens
jede Art von Verbindlichkeit für Hilfe oder Erlaubnis ab, geht aber dann
doch auf die Bitten ein«[123]. Einzelheiten der Tätigkeit dieses Vereins im unmittelbaren Umfeld der Plassenburg konnten nicht ermittelt werden; im weiter entlegenen Buchwald dagegen ließ er mehrere Wege und Ruhesitze anlegen[124]. Dort hatten auch König Maximilian II. von Bayern und seine
Gemahlin Marie anläßlich eines Besuchs von Kulmbach am 3. Juli 1851 in
der Nähe der Plassenburg zwei junge Eichen gepflanzt; diese »Königsei-
chen« – hieß es 1885 – »haben sich seit dieser Zeit zu stattlichen Bäumen entwickelt«[125].

Der im Juli 1899 entstandene »Extradit. Plan für das Rentamt« enthält im
Bereich der Plassenburg lediglich allgemeine Signaturen für die Flächennut-
zung; gestalterische Details wurden mit wenigen Ausnahmen nicht dargestellt[126]. Bemerkenswert erscheint vor allem die reizvolle Schmuckanlage auf
der südwestlichen Streichwehr: Die beiden Bastionsohren waren jeweils mit

einem regelmäßig gepflanzten Block aus kleinkronigen Bäumen besetzt, so daß sich eine nahezu quadratische Innenfläche mit zwei kleinen Ellipsenbeeten und einem großen Rundbeet in symmetrischer Anordnung ergab, wobei das Rundbeet im Norden von einer Gehölzpflanzung mit glockenförmigem Grundriß gerahmt wurde. Auch wurde nun im Gegensatz zum Ortsblatt von 1852 das Wasserbecken mit elliptischem Grundriß neben dem Fürstenbrunnen im Kasernenhof dargestellt; diese »Cisterne im Caserhofe« war 1856 zur Verbesserung der Wasserversorgung der Strafanstalt errichtet worden[127].

Im ausgehenden 19. Jahrhundert gab es einen letzten Höhepunkt auf gärtnerischem Gebiet. Die »Bewirtschaftung der Gärten des Zuchthauses Plassenburg«[128] wurde damals von »J. Arnold, Gärtnerei-Aufseher« bzw. dem Gartenaufseher Ludwig Herz geleitet[129]; die »Anstaltsverwaltung Plassenburg« war Mitglied des Landwirtschaftlichen Vereins für Oberfranken[130]. Im Februar 1895 und im Januar 1896 wurden bei Chr. Lorenz in Erfurt umfangreiche Bestellungen von Gemüse- und Blumensamen getätigt[131], im März 1895 von dem angesehenen Pomologischen Institut in Reutlingen ein sogenanntes Pomologensortiment mit 50 Sorten Apfel-Edelreisern und 50 Sorten Birnen-Edelreisern bezogen[132]. Im Frühjahr 1895 kaufte die Anstaltsverwaltung 200 Rhizome der damals neuartigen Futterpflanze Polygonum sachalinense (Reynoutria sachalinensis), die Max Kolb 1869 in St. Petersburg für den botanischen Garten in München erworben und dort seither erfolgreich kultiviert hatte[133]. Auch die Lieferungen von Gärtnerglas für 300 Mark – der Quadratmeter zu 1,25 Mark[134] – und von »Walderde« für die Anstaltsgärten [135] verdeutlichen den hohen Stand der gärtnerischen Kulturen um 1900.

DIE PLASSENBURG IM 20. JAHRHUNDERT: VERFALL UND VERLUST DER GARTENKULTUR

Bildliche Darstellungen verdeutlichen bereits im 19. Jahrhundert die einsetzende natürliche Sukzession im Bereich der funktionslos gewordenen und teilweise ruinösen Festungswerke der Plassenburg. Die undatierte Graphik »Die hohe Bastey der Plassenburg« zeigt eindrucksvoll den Strauch- und Baumbewuchs auf der Hohen Bastei, auf der Schildmauer am östlichen Fuß dieses Bauwerkes sowie auf der Langen Batterie; die zeitgleich entstandene Lithographie »Der Kassernenhof der Plassenburg« gibt sogar den jungen Gehölzanflug am westlichen Gesims der Hohen Bastei wieder[136]. T. Dorfmüller schrieb 1816: »Zwischen eingestürzten Gewölbern schießt wildes Gesträuch auf«, und an anderer Stelle erwähnte er noch einmal den »Schutt zusammengestürzter Gewölber, zwischen denen wildes Gesträuch sich hervordrängt«[137]. Am Burgberg nahm die Ausbreitung großkroniger Gehölze mit dem Rückgang der intensiven gärtnerischen und landwirtschaftlichen Nutzung zu. Ein beim Empfang von Prinz Alfons von Bayern am 4. Septem-

10. In den 1930er Jahren wuchsen am Nordhang des Burgberges mehr als 200 Obstbäume.
Die durch Witterungsunbilden verlorengegangenen Bäume der 1734/42 gepflanzten Lindenallee
zur Plassenburg (Bildmitte) wurden immer wieder nachgepflanzt. Foto 1934.

ber 1910 aufgenommenes Foto belegt, daß der stadtseitige Burghang zu Beginn des 20. Jahrhunderts weitgehend mit großkronigen Bäumen bewachsen war[138].

Schon vor dem 1. Weltkrieg wurde auf den bedenklichen Zustand mehrerer Altbäume der Lindenallee aufmerksam gemacht, jedoch mußten die erforderlichen Maßnahmen während der Kriegsjahre unterbleiben[139]. Erst 1920 konnte an das Forstamt Kulmbach berichtet werden: »Die Ausmauerung der Bäume ist beendet«[140]. Insgesamt wurden 6 Linden ausgemauert und 18 Lindenbäume »von dem alten Blech befreit und plombirt«[141]. Diese Maßnahme wurde 1920 von der Festungshaftanstalt Plassenburg gegenüber dem Staatsministerium der Justiz in bemerkenswerter Weise begründet: »Da die Lindenbäume wegen ihres Alters und ihrer Schönheit nicht nur als Naturdenkmäler zu erachten sind, sondern auch zur Verschönerung des Landschaftsbildes beitragen, wäre sehr zu bedauern, wenn solche durch Wind umgeworfen werden würden«[142].

Auf die Schönheit der landschaftlichen Situation hob im Mai 1925 auch Adam Schatz – der damalige Besitzer der Villa Cornelia – ab, als er die Errichtung einer »Einkehrstelle mit Fremdenbeherbergung« beantragte: »Dass sich unser Anwesen in staubfreier und gesunder Lage befindet, dass sich den

Fremden und Spaziergängern ein schöner Blick auf die Stadt und das Maintal bietet und jedermann schöne Stunden der Erholung auf dem Berge verbringen kann, muss wohl nicht besonders hervorgehoben werden. Bequeme und schattige Wege führen zum Anwesen empor, so dass auch der weniger Marschfähige Gelegenheit hat, sich am Fusse der Plassenburg erholen und dabei an dem schönen Bild ergötzen zu können«[143]. Der Stadtrat von Kulmbach beschloß trotz verschiedener Einwände der Direktion des Zuchthauses Plassenburg am 11. Juni 1925 die »Verleihung der Konzession im Schatz'schen Anwesen am Burgberge [...] mit Rücksicht auf die entzückende Lage und das Fehlen staubfreier Sommerwirtschaften«[144].

1909 wurde das Zuchthaus aufgelöst; im Ersten Weltkrieg diente die Plassenburg als Kriegsgefangenenlager, von 1919 bis 1928 neuerlich als Zuchthaus[145], 1924 mit 53 Mann Wachpersonal und rund 400 Häftlingen[146]. Die Anstaltsgärten boten gerade in den Notzeiten des Krieges, der Inflation und der Weltwirtschaftskrise eine willkommene Möglichkeit zur Erzeugung von Obst und Gemüse. Die damals entstandenen Fotografien zeigen im nordwestlichen und südlichen Festungsgraben, im Vorfeld des Schieferturms sowie zwischen Roßmühle, Pulvermagazin und Hoher Bastei intensiv genutztes Grabeland, an den Burghängen und im östlichen Glacis ausgedehnte Obstbaumpflanzungen[147]. Anfang des 20. Jahrhunderts hatte der Obstbau eine nochmalige Belebung erfahren. In einem Schreiben des bayerischen Staatsministeriums des Innern wurde im Frühjahr 1906 an die »Hebung der Obstbaumzucht« erinnert[148]; im Herbst des gleichen Jahres bestellte deshalb die Verwaltung der Plassenburg bei der Stadtgärtnerei Kulmbach 40 Apfelbäume in 15 verschiedenen Sorten, 15 Birnbäume in 5 Sorten sowie 5 Zwetschgenbäume[149]. Zu Beginn der 1930er Jahre wuchsen am Nordhang des Burgberges 220, im östlichen Vorfeld der Festung 96 Obstbäume[150]. Der Pfauengarten war 1931 allerdings nur noch ein »Bleichgarten«, der Hasengarten ein »Jugendherbergsgarten«, der Feuerlöschweiher eine »Abfallgrube«; zwischen Langer Batterie und Buchwald erstreckten sich Felder, Gartenland, ein Sportplatz und ein »Kartoffelacker« mit »Stacheldrahtumzäunung«[151]. Die »Gemüsegärten« im westlichen Graben und am Buchtor waren in Parzellen unterschiedlicher Größe geteilt und verpachtet[152]. Noch 1950 gab es »1 Gärtnerei- und Ökonomiepächter u. 24 Pächter von Garten- und landwirtschaftlichen Grundstücken« im Bereich der Plassenburg[153]. Das Ende der kriegsbedingten Not führte schließlich zu Veränderungen in der Pflege und Bewirtschaftung, aus der eine zunehmende Verwilderung der Freiflächen resultierte. Diese konnte im Einklang mit den Erhaltungsmaßnahmen an verschiedenen Bauwerken inzwischen wieder weitgehend zurückgedrängt werden. Heute erinnern nur noch wenige Relikte an die frühere, von bemerkenswerter Größe, Vielfalt und Intensität gekennzeichnete Gartenkultur auf der Plassenburg ob Kulmbach.

Anmerkungen

1 Herrn Harald Stark, Kulmbach habe ich für zahlreiche Hinweise auf Archivalien, historische Abbildungen und Literatur sowie für mehrere Gespräche über entwicklungsgeschichtliche, festungsbauliche und genealogische Fragen außerordentlich zu danken.

2 Hellmut Kunstmann, Mensch und Burg. Burgenkundliche Betrachtungen an ostfränkischen Wehranlagen, Würzburg 1967, S. 116

3 Staatsarchiv Nürnberg, Rep. Reichsstadt Nürnberg, Karten und Pläne 806; Datierung: Harald Stark, Kulmbach.

4 Hellmut Kunstmann, Burgen am Obermain unter besonderer Würdigung der Plassenburg, Die Plassenburg – Schriften für Heimatforschung und Kulturpflege in Ostfranken, Bd. 36, Kulmbach 1975 – Darin folgende Abbildungen der Plassenburg, die den Renaissance-Brunnen zeigen: David de Necker, Ansicht von Norden, nach S. 56; Wolffgang Endter, Ansicht von Norden, nach S. 88; Wolffgang Endter, Ansicht von Süden, nach S. 72; Matthias Merian, Ansicht von Süden, vor S. 57.

5 Heinrich Mader, Bau- und Kunstgeschichte der Plassenburg, Beiträge zur Fränkischen Kunstgeschichte, 3. Bd, Erlangen 1933, S. 72 – Der Wassertrog neben dem Laufbrunnen kann ebenso für die Kühlung von Lebensmitteln (»Milchkasten«), als Waschbrunnen oder Pferde- bzw. Viehtränke gedient haben (vgl. hierzu: Wolfgang Thiem, Thomas Gunzelmann, Historische Dorfstrukturen im Fichtelgebirge. Siedlungsgeographische Arbeiten zur Dorferneuerung und Denkmalpflege, Bamberger Wirtschaftsgeographische Arbeiten, Heft 7, Bamberg 1991).

6 Die Gärten waren entweder »auf der Burg da untergebracht, wo ein zufälliger Platz sich anbot, oder sie lagen am Fuße des Burgberges« (Dieter Hennebo, Alfred Hoffmann, Geschichte der deutschen Gartenkunst, Bd. 1: Gärten des Mittelalters, Hamburg 1962, S. 146).

7 Das Landbuch von Stadt und Amt Kulmbach vom Jahre 1531, in: Christian Meyer (Hrsg.), Hohenzollerische Forschungen. Jahrbuch für die Geschichte der Hohenzollern, insbesondere des fränkischen Zweiges derselben und seiner Lande, München, 4. Jg., 1896, S. 264 f – Der Kleinzehnt »war der typische Gartenzehnt, wenn man von den Weingärten absieht, die vom Großzehnten erfaßt wurden« (Karl Kroeschell, Garten und Gärtner im mittelalterlichen Recht, in: G. Franz (Hrsg.), Deutsche Agrargeschichte, Bd. VI: Geschichte des Gartenbaues in Deutschland, Stuttgart 1984, S. 102).

8 Die Lage der genannten Areale konnte nicht exakt ermittelt werden. Der »Raithweeg« war im 18. Jahrhundert nach Stierlein (vgl. Anm. 69) nahezu identisch mit der heutigen »Oberen Buchgasse« und verlief demnach auf einem schmalen Hangabsatz des nördlichen und westlichen Burgberges. Es ist anzunehmen, daß der Westhang auf Grund seiner Exposition zum Hofgarten gehörte, zumal der dortige Zehnt zumindest teilweise in Wein zu erbringen war. Außerdem erwähnte Kunstmann 1975 »den Hofgarten auf der Westseite des Burgberges« (S. 62). Die Flurbezeichnung »Am Blassenberg untern rorn« bezog sich möglicherweise auf die Wasserleitung vom Laufbrunnen der Plassenburg in den Hofgarten bzw. in die Stadt Kulmbach. Bei zwei Parzellen fand sich der Zusatz »in der wolfskel«; zudem hatten alle dortigen Gartennutzer ausschließlich Wein abzuliefern, was auf die Lage am südlichen Burghang hindeutet.
Die genannte Flächengröße ergibt sich als Summe der im Landbuch genannten Einzelflächen (siehe Anm. 11). Da der Acker bzw. Morgen als deutsches Feldmaß regional äußerst unterschiedliche Größe besaß, ist eine Übertragung in das metrische System auf Grund fehlender spezieller Untersuchungen für Kulmbach nicht möglich. Im Hochstift Würzburg beispielsweise differierte die Größe der Quadratrute als 160. Teil bzw. 180.

Teil des Morgens in Abhängigkeit von den verschiedenen Ämtern und Nutzungsarten zwischen 11,40 und 34,68 m² (Gabriele Hendges, Maße und Gewichte im Hochstift Würzburg vom 16. bis zum 19. Jahrhundert, München 1989).

9 Sabine M. Weigand-Karg, Die Plassenburg. Residenzfunktion und Hofleben bis 1604, Dissertation (Kulturwissenschaftl. Fakultät), Universität Bayreuth (unveröffentl. Typoscript), 1991, S. 224

10 Landbuch a.a.O., S. 264 f

11 Landbuch a.a.O., S. 247 – Die einzelnen Parzellen umfaßten »ein halben«, »ein«, »anderhalben acker«, »2 ecker« bzw. »4 ecker«. »Am Blassenberg unterm raytweg« ergab sich eine bewirtschaftete Fläche von insgesamt 7 und »untern rorn« von 17 1/2 Acker.

12 Landbuch a.a.O., S. 247 bzw. 264 f – Der Obstanbau im mittelalterlichen Garten war auf das engste mit dem sogenannten Baumgarten verknüpft, einem »Baum-Wiesengarten, der ein Nutzgarten, ein Obstgarten war« (Hennebo/Hoffmann, a.a.O., S. 76). Daraus erklärt sich, daß im Kulmbacher Hofgarten pro Jahr auch »ein fuderlein« Heu und Grummet geerntet wurde. Mehrere in der Wolfskehle ansässige Pächter hatten u. a. Fronleistungen zu erbringen »zu Blassemberg, nemlich im kraut und ruben zu herbstzeit ein= und abzuschneiden zu der herschaft noturft« (Landbuch, a.a.O., S. 263).
Neben den Hülsenfrüchten Ackerbohne, Erbse und Linse, die nicht allein als Gemüse sondern vor allem zur Mehl- und Breibereitung dienten, waren »kraut und ruben« weitverbreitete Gemüsearten, die sich durch eine gewisse Lagerfähigkeit bis tief in den Winter hinein auszeichneten, wobei hier mit »kraut« sicherlich Weißkohl gemeint ist. Kohl (Brassica oleracea) ist wie die Mohrrübe (Daucus carota) seit dem 9. Jh., Kohlrübe (Brassica napus ssp. rapifera) seit dem 12. Jh. und Rote Rübe (Beta vulgaris var. esculenta) seit dem 13. Jh. in Mitteleuropa nachgewiesen (U. Willerding, Gärten und Pflanzen des Mittelalters, in: Kulturgeschichte der antiken Welt, Bd. 57: M. Carroll-Spillecke [Hrsg.], Der Garten von der Antike bis zum Mittelalter, Mainz 1992, S. 269 ff).
Zur Nomenklatur vgl. Udelgard Körber-Grohne, Nutzpflanzen in Deutschland. Kulturgeschichte und Biologie, Stuttgart 1987.

13 Mader a.a.O., S. 71

14 Landbuch a.a.O., S. 252

15 Kunstmann a.a.O. (1975), S. 62 bzw. S. 66

16 Kunstmann a.a.O. (1975), S. 68

17 A. W. Heckel, J. Eck, Beispiele des Guten aus der Geschichte der Stadt Kulmbach samt einer Chronik dieses Ortes, Kulmbach 1885, S. 171 f – Die authentische Schilderung geht auf den Augenzeugen Georg Thiel zurück: »Item man hat hin und her in den kellergewelben uf dem hofgarten und schloßberg viel menschen, die da erfroren und hungers gestorben, die mutter bei den kindern unbegraben todt funden« (Geschichte der Belagerung der Veste Blassenburg in den Jahren 1553 und 1554 von Georg Thiel, in: Jahrbuch für die Geschichte der Hohenzollern, insbesondere des fränkischen Zweiges derselben und seiner Lande = Hohenzollerische Forschungen, Christian Meyer [Hrsg.], 3. Jg., München 1894, S. 362). Ebenso: Georg Thiel, Kurze Verfassung der Belagerung und Zerstörung des fürstlichen Hauses Plassenburg und der Stadt Culmbach von Tag zu Tag beschrieben [...] von Anno 1553 bis 1554, veröffentlicht von H. Harleß und K. H. Caspari, Ansbach 1853.

18 T. (Theodor) Dorfmüller, Schicksale und Beschreibung der zerstörten Veste Plassenburg, Bayreuth 1816, S. 97

19 Weigand-Karg a.a.O., S. 135 ff

20 Weigand-Karg a.a.O., S. 138 f

21 Weigand-Karg a.a.O., S. 140 ff

22 Weigand-Karg a.a.O., S. 160 ff

23 Es sei hier darauf hingewiesen, daß R. Zander in einer chronologischen Übersicht der Entwicklung des deutschen Gartenbaus unter »1508« erstmals erwähnt: »im Hofgarten zu München gab es bereits fest angestellte Gärtner, und zwar einen Krautmeister mit 8 Gulden Jahresgehalt und einen Baumgärtner mit 4 Gulden« (Robert Zander, Geschichte des Gärtnertums, Stuttgart 1952, S. 98).

24 Landbuch a.a.O., S. 247

25 Staatsarchiv Bamberg, Bestand: Hofrat Ansbach-Bayreuth, Rep. C 3, Nr. 1567: »BestallungsBuch Aller Haupt=Amptleuth und Diener uffm Gebirg« von 1542, S. 10 ff

26 Erich Bachmann et al., Plassenburg ob Kulmbach. Amtlicher Führer der Bayerischen Verwaltung der staatlichen Schlösser, Gärten und Seen, München 1988, S. 74

27 Franz Karl Freiherr von Guttenberg, Bilder aus der Vergangenheit der fränkischen Herrschaft und Burg »Plassenberg«, München (1912), S. 43

28 Dorfmüller a.a.O., S. 40 und S. 49, Anmerkung 14 – Über die Anfänge des Weinbaus in Burghaig und am Festungsberg der Plassenburg berichtete: (Johann Heinrich) Scherber, Über den alten Weinbau bei und um Culmbach, in: Archiv für Geschichte und Alterthumskunde des Ober=Main=Kreises, 2. Bd., 2. Heft, Bayreuth 1835, S. 64-66.

29 Franz Karl Freiherr von Guttenberg, Dorf Burghaig und sein Weinbau, in: Archiv für Geschichte und Altertumskunde von Oberfranken, 25. Bd., 1. Heft, Bayreuth 1912, S. 61

30 Dorfmüller a.a.O., S. 53

31 Dorfmüller a.a.O., S. 128, Anmerkung 15

32 Weigand-Karg a.a.O., S. 107

33 Landbuch a.a.O., S. 247 f

34 Kunstmann a.a.O. (1975), S. 22 und S. 120

35 Kunstmann a.a.O. (1975), S. 22

36 Kunstmann a.a.O. (1975), S. 102

37 Dorfmüller a.a.O., S. 131

38 Staatsarchiv Bamberg, Rep. A 240, T 70, Nr. VII; Datierung: Harald Stark, Kulmbach (abgebildet bei Kunstmann 1975, Nach S. 128). Hoffmann gab 1780 in seinem »Grund= Riß der Vestung Plassenburg« an: »Aeußeres Thor, worunter der sogenannte Baerngraben« (vgl. Anm. 70).

39 Bachmann a.a.O., S. 23

40 Kunstmann a.a.O. (1975), S. 102

41 Historischer Verein für Oberfranken, Sign.: Ms. 102, abgebildet bei: Erwin Herrmann, Geschichte der Stadt Kulmbach, Schriftenreihe »Die Plassenburg«, Bd. 45, Kulmbach 1985, S. 132

42 Staatsarchiv Nürnberg, Rep. Reichsstadt Nürnberg, Karten und Pläne 804 (Ansicht von Süden, abgebildet bei Bodo Ebhardt, Burgen der Hohenzollern, in: Paul Seidel (Hrsg.), Hohenzollern=Jahrbuch, 9. Jg. (1905), Berlin, Leipzig, S. 270, bei Kunstmann 1975, zwischen S. 24 und 25, oben sowie als Ausschnitt bei Bachmann et al., S. 10); Staatsarchiv Nürnberg, Rep. Reichsstadt Nürnberg, Karten und Pläne 805 (Ansicht von Osten, abgebildet bei Ebhardt 1905, S. 270, bei Kunstmann 1975, zwischen S. 24 und 25, unten sowie als Ausschnitt bei Bachmann et al., S. 11).

43 Kunstmann a.a.O. (1975), S. 100 resp. 126

44 Kunstmann a.a.O. (1975), S. 126

45 Kunstmann a.a.O. (1975), S. 109 – Das Areal wurde von Och als »Bastion des Lievres«, von Stierlein und Hoffmann als »Haasen Pastey« bezeichnet.

46 Kunstmann a.a.O. (1975), S. 108 f – Bachmann schreibt ohne Quellennachweis, der Pfauengarten werde »auch Prinzessinnengarten genannt« (S.69).

47 Dorfmüller a.a.O., S. 141, Anm. 21 – Langer bezeichnete das Areal als »jardins du Commandant«; Stierlein zählte den Pfauengarten zu den »Commandanten Gaerten«.

48 Johann Michael Füssel, Unser Tagbuch oder Erfahrungen und Bemerkungen eines Hofmeisters und seiner Zöglinge auf einer Reise durch einen großen Theil des Fränkischen Kreises [...], 1. Teil, Erlangen 1787, S. 356

49 Staatsarchiv Bamberg, Rep. A 241, T 3145, Nr. VI (abgebildet bei Ebhardt 1905, S. 272): Diese Ansicht des nördlichen Kasernenhofes von Westen ist offenbar nach Abriß des (alten) Zeughauses (nach H. Kunstmann wohl zwischen 1738 und 1747) und vor dem Umbau des Kommandantenhauses (1744/45) entstanden (Abb. 3).

50 Der Zugang zum Pfauengarten ist in mehreren Karten des 18. und 19. Jahrhunderts dargestellt. Das westlich an den Pfauengarten angrenzende Gebäude wurde von Langer als »remise de voitures« bezeichnet, ebenso von Och in leicht veränderter Schreibweise. Wagner nannte das Areal »Ein durch starke Mauern begränzter Raum« (vgl. Anm. 80/OBB KuPl 2378). Das Ortsblatt Kulmbach von 1852 zeigt innerhalb der Umfassungsmauern der vormaligen Remise die noch heute existierende Treppe sowie einen geschwungenen Weg mit beidseitiger Gehölzpflanzung (vgl. Anm. 83 und Abb. 7).

51 J. (Jobst) C. (Christoph) E. (Ernst) von Reiche, Culmbach und Plassenburg, Bayreuth 1796, S. 66 – Mader nennt hierfür die Jahreszahl »1787/89« (S. 69), Kunstmann 1975 dagegen »1786« (S. 111). Es ist unklar, ob die Befestigung mit Pflaster ursprünglich tatsächlich die gesamte Hoffläche umfaßte. Heute beschränkt sich die Pflasterung lediglich auf die Gerinne zur Oberflächenentwässerung der wassergebundenen Platzfläche.

52 Mader a.a.O., S. 69; Mader gibt für die Bezeichnung »Rennbahn« folgende Quelle an: Archiv Bamberg, Rep. 207, S. 475, Nr. 4, Prod. 28/29. Auch Reiche erwähnte 1796 die »sogenannte Rennbahn« (S. 66). Langer bezeichnete den Kasernenhof als »Place de [?]arade« (der fehlende Buchstabe ist durch Auswischen oder Ausbleichen unleserlich geworden), Och als »Place de Larade«.

53 Staatsarchiv Bamberg, Rep. A 241, T 3145, Nr. VII (abgebildet bei Ebhardt 1905, S. 272 und bei Kunstmann 1975, nach S. 128): In der östlichen Reihe parallel zu Christiansportal und Hoher Bastei wurden die drei nördlichen Pfeiler in Tusche, die übrigen in Blei gezeichnet, in der westlichen Reihe wurden mit Ausnahme des nördlichen alle Pfeiler in Blei dargestellt.
Staatsarchiv Bamberg, Rep. A 241, T 3145, Nr. VI (abgebildet bei Ebhardt 1905, S. 272): Diese Ansicht des nördlichen Kasernenhofes zeigt die vier nördlichen Pfeiler und die (hölzernen ?) Schranken, die die Rennbahn seitlich begrenzen (siehe Abb. 3).

54 Mader a.a.O., S. 72 – Ob es sich tatsächlich um den Standort des Renaissance-Brunnens handelt, kann nur durch eine detaillierte Untersuchung geklärt werden. Der von Stierlein angefertigte Grundriß zeigt das sechseckige Brunnenbecken vor der »Neuen Caserne«, die Ansicht im Staatsarchiv Bamberg (Sign. A 241, T 3145, VI) gibt einen ähnlichen Standort dieses Brunnens im nördlichen Bereich des Hofes wieder.

55 Mader a.a.O., S. 72 f – Der von Hoffmann 1780 angefertigte Grundriß der Plassenburg zeigt den Brunnen mit sechseckigem Becken allerdings schon an seinem heutigen Standort. Stierlein stellte das Brunnenbecken noch vor der »Neuen Caserne« dar, schrieb aber in der Legende: »Röhrenbrunnen, der aber aniezt bei dem gegenüber stehenden kleinen Rondell [des Pfauengartens, R. H.] placirt ist«. Es ist kaum anzunehmen, daß die Kopisten der Grundrisse von Hoffmann bzw. Stierlein diesbezüglich Korrekturen vornahmen.

56 Reiche a.a.O., S. 66

57 von Guttenberg a.a.O. (1912-1), S. 49; Bachmann a.a.O., S. 24

58 von Guttenberg a.a.O. (1912-1), S. 49 f – Heckel/Eck bemerkten hierzu: »1786 wurde

der vorher sehr elende Weg, welcher von der Festung in die Stadt führt, chaussiert, und die schon früher unter dem Kommandanten von Bindermann (von 1734-41) angelegte Allee bis an das Sankt Peterskirchthor verlängert« (S. 106).

59 Reiche a.a.O., S. 65, Fußnote

60 Friedrich Gottlob Leonhardi, Erdbeschreibung der Fränkischen Fürstentümer Bayreuth und Anspach, Halle 1797, S. 121

61 Dorfmüller a.a.O., S. 119

62 Dieser Fußweg wurde bereits von Stierlein im »Plan der Festung Plassenburg« mit mehreren Verbindungswegen zur Straße dargestellt (vgl. Anm. 69). Auch das Ortsblatt Kulmbach von 1852 gibt den noch heute vorhandenen Weg – allerdings als »Ödung« – zu erkennen, der auf der straßenabgewandten Seite von einem schmalen Gehölzstreifen begrenzt wurde (vgl. Anm. 83).

63 von Guttenberg a.a.O. (1912-1), S. 50

64 Heckel/Eck a.a.O., S. 95

65 Melissantes, Neueröffneter Schauplatz Denkwürdiger Geschichte Auf welchem Die Erbauung und Verwüstung vieler berühmter Städte/Schlößer/Berg=Festungen/Citadellen und Stamm=Häuser In Deutschland präsentiret wird, Arnstadt 1715, auszugsweise wiedergegeben unter dem Titel »Die Blassenburg bey der Marggräflichen Brandenburgischen Stadt Culmbach«, in: Nachrichten des Vereins Freunde der Plassenburg, 5. Jg (1933), Nr. 1/6, S. 1

66 Carl Christian Schramm, Neues Europäisches Historisches Reise=Lexicon, Leipzig 1744, S. 308 – Leonhardi berichtete noch 1797: »Zwey hohe aber sanft gewölbte Bergrücken längs dem Mayn, sind erst vor 6 bis 8 Jahren urbar gemacht, und mit Obstbäumen und Weinreben bepflanzt worden« (S. 121). Dessen ungeachtet wird das Jahr 1709 zuweilen als Endpunkt des Kulmbacher Weinbaus angesehen: »Um Kulmbach verringerte sich [...] der Weinbau, der durch die Lichtung von Schutzwaldungen im achtzehnten Jahrhundert fast unmöglich geworden; 1709 erfroren sämmtliche Stöcke« (Bavaria. Landes- und Volkskunde des Königreichs Bayern, 3. Bd., München 1865, S. 558). »Der früher um Kulmbach blühende Weinbau erlosch 1709, als alle Stöcke erfroren« (Wilhelm Götz, Geographisch-Historisches Handbuch von Bayern, 2. Bd., München 1898, S. 169). »Der Berg [der Plassenburg, R. H.], einst mit Reben reich bepflanzt, die im besonders strengen Winter 1709 sämmtlich erfroren und, da nach Lichtung der Schutzwaldungen der Weinbau unmöglich wurde, nicht ersetzt wurden, trägt heute hübsche Obstanlagen, die vorzügliches Obst liefern« (Friedrich Stein, Kulmbach und die Plassenburg in alter und neuer Zeit, Kulmbach [1903], S. 181).

67 Bayerische Staatsbibliothek München, Mapp. XI, 436 iz – im dortigen Register wohl fälschlicherweise mit »Langer, Karl« bezeichnet

68 Bayerische Staatsbibliothek München, Mapp. XI, 633 e/1 (Legende) + 2 (Plan)

69 Bayerisches Hauptstaatsarchiv München, Abt. IV (Kriegsarchiv), Plansammlung Kulmbach, Nr. 2

70 Bayerisches Hauptstaatsarchiv München, Abt. IV (Kriegsarchiv), Plansammlung Kulmbach, Nr. 1

71 Eine nahezu identische Darstellung für Beeteinfassungen in »Blumengärten« enthalten die Vorschriften von 1808 und 1830 zur »Zeichnungsart für die Pläne der Steuer Rectifications Vermessung« (Vorschriften für Zeichnung und Vervielfältigung der Katasterpläne in Bayern, II A Planzeichnung nach den Vorschriften von den Jahren 1808 und 1830, München [1929], S. 49).

72 Eduard Schmidlin, Die Bürgerliche Gartenkunst oder praktische Anleitung zur zweckmäßigsten Anlage, Eintheilung und Bestellung der Haus= und Wirtschafts=Gärten,

Stuttgart 1863: »Der sogenannte verzierte Küchengarten ist bei weitem die häufigste und für die größte Mehrzahl der deutschen Gartenfreunde wohl unstreitig auch die angemessenste Art von Hausgärten [...]. Gewöhnlich hat derselbe eine regelmäßige Eintheilung, soweit solche durch die Form des Grundstückes nur immer gestattet ist; man findet außer den Gemüsebeeten Rabatten darin, welche sich den Wegen entlang hinziehen, und diese Rabatten sind mit Zwergobstbäumen, mit Johannis= und Stachelbeerbüschen und mit Blumen aller Art besetzt« (S. 134).

73 Melissantes a.a.O., S. 1

74 Die Entfernung wurde durch Maßvergleiche zwischen einer fotografischen Reproduktion der Langer-Zeichnung und dem Nachdruck des Ortsblattes Kulmbach 1852 (vgl. Anm. 83) ermittelt.

75 Staatsarchiv Nürnberg, Rep. Reichsstadt Nürnberg, Karten und Pläne 805 (vgl. Anm. 42) – Thiel a.a.O., S. 362: »Im steinbruch hinter dem schloß hat sich ein arme witbe mit sieben kleinen kindern den ganzen winter und belagerung uber erhalten«; ähnlich auch Heckel/Eck a.a.O., S. 172.

76 Kunstmann a.a.O. (1975), S. 110

77 Die Vorschriften von 1808 und 1830 zur »Zeichnungsart für die Pläne der Steuer Rectifications Vermessung« enthalten für »Bögen« eine ähnliche Signatur (S. 51).

78 von Guttenberg a.a.O. (1912-1), S. 22 bzw. 50

79 Anton Eisenmann, Carl Friedrich Hohn, Topo=geographisch=statistisches Lexicon vom Königreiche Bayern, Bd. 1, Erlangen 1831, S. 251

80 Hauptstaatsarchiv München, OBB KuPl 2372 – Dieser »Situations Plan« ist undatiert, ein ebenfalls von Wagner angefertigtes Detailaufmaß »Grundrisse [...] der alten Casserne« ist dagegen mit »März 1837« datiert (Signatur: OBB KuPl 2378).

81 zum Ortsblatt Kulmbach vgl. Anm. 83

82 Dorfmüller a.a.O., S. 137

83 Ortsblatt Culmbach der bayerischen Landesvermessung, M 1 : 2500, Beilage zu N.W. XCIV. 4, 1852 von E. Gronen und C. Hess graviert, 1853 umgemessen, 1854 umgraviert. Nachdruck des Bayerischen Landesvermessungsamtes München 1982

84 Zur Gartenkunst des Biedermeier vgl. Heinz Althöfer, Der Biedermeiergarten, Dissertation (Philosphische Fakultät), Ludwig-Maximilians-Universität München 1956 (unveröffentl. Typoscript)

85 Die Graphik befindet sich als fotografische Reproduktion (Negativ) in der Fotosammlung der Bayerischen Verwaltung der staatlichen Schlösser, Gärten und Seen (Ne.Nr. Pla 80) ohne Angaben zu Verfasser, Entstehungsjahr und Standort des Originals. – Im ersten Viertel des 20. Jahrhunderts entstandene Fotografien zeigen vermutlich die zwischenzeitlich ausgewachsenen Relikte, aber auch Ergänzungen der ursprünglichen Bepflanzung: Ansicht des Hochschlosses mit Pfauengarten von Nordosten bzw. Ansicht von Christiansportal, Hoher Bastei und Arsenalbau von Norden, um 1920 (Stadtarchiv Kulmbach, Fotosammlung, ohne Signaturen).

86 Staatsarchiv Bamberg, K 191 I, Nr. 45, 41 a

87 Staatsarchiv Bamberg, ebd., Nr. 45, 41 f bzw. 44

88 Staatsarchiv Bamberg, ebd., Nr. 45, 45 und 49

89 Staatsarchiv Bamberg, ebd., Nr. 45, 50

90 Wilhelm Flessa, Der Obstbau in Kulmbach=Stadt und in der nächsten Umgebung, Kulmbach 1896, S. 9

91 Die im Ortsblatt Kulmbach dargestellten Kulturarten auf der Plassenburg sind gemäß den »Vorschriften für Zeichnung und Vervielfältigung der Katasterpläne« als »Gemüse- und Krautgarten« zu werten (II B, Zeichnung und Lithographie nach der Vorschrift vom

Jahre 1846 mit Nachtrag vom Jahre 1851, S. 64). Im Falle der Baumpflanzungen wird es sich überwiegend um Obstbäume gehandelt haben.

92 Gerd Däumel, Gustav Vorherr und die Landesverschönerung in Bayern, in: Beiträge zur Landespflege, Bd. 1, Stuttgart 1963, S. 367

93 Reiche a.a.O., S. 67 – Peunt; Beint, Beunt = »ein meist eingezäuntes, besonderem Anbau vorbehaltenes Stück Land«: Hermann Braun (Hrsg), Großes Wörterbuch der Mundarten des Sechsämter-, Stift- und Egerlandes, Sonderdruck unter der Bezeichnung »Egerländer Wörterbuch«, in: »Der Egerländer«, 32. Jg., Marktredwitz 1981, Bd. I, S. 44

94 Dorfmüller a.a.O., S. 119 – Anmerkung zu »Reuthen« ebenda, S. 140. Füssel 1787 schrieb »Reithen« (S. 348), ebenso 1799 das Geographische Lexikon von Franken (S. 566), Heckel/Eck 1885 schließlich »Reuten« (S. 50/108/168).

95 Die Kulmbacher »*Pflaunen* oder Zwetschen, oder Pflaumen, sind unter dem Namen Wein= oder Bergzwetschen vor allen andern beliebt, und werden ganze Wagen voll nach Hof und Bayreuth, grün und getrocknet, getrocknet allein aber nebst anderm getrockneten Obste nach Böhmen und Sachsen gefahren« (Leonhardi a.a.O., S. 121). Ähnlich auch: Geographisches Statistisch=Topographisches Lexikon von Franken, Bd. 1, Ulm 1799, S. 566.

96 Dorfmüller a.a.O., S. 116 – Wagner gab in seinem nach der Einrichtung des Arbeitshauses (1817) entstandenen »Situations Plan« (vgl. Anm. 80) Weltrich als Eigentümer des nördlichen und östlichen Burgumgriffs sowie Gaßner, Fischer, Stöhr und Popp als Besitzer des westlichen und südlichen Burghanges an. Popp war wohl bereits längere Zeit Eigentümer von Ländereien am Burgberg, wie ein 1806 datiertes »Verzeichnis der Schäden, welche bei Schleifung der Plassenburg dem Georg Popp in Kulmbach zugefügt wurden« verdeutlicht (Stadtarchiv Kulmbach, Sign. 002/11, Nr. 45). Die Besitzverhältnisse können hier nicht im einzelnen nachgezeichnet werden; Weltrich jedenfalls erwarb die Grundstücke von »denen Juden Anselm Marx et Compagnie zu München« (Staatsarchiv Bamberg, K 191 I, Nr. 37, »Extract aus dem Kaufs Vertrag«, undatiert).

97 Das Deutsche Biographische Archiv enthält nur spärliche Angaben zu Johann Appolonius Peter Weltrich: »seit 1811 königl. Bayer. Rentbeamter zu Culmbach (zuerst Kammer-Assessor zu Bayreuth, und 1810 Kammeramtmann zu Culmbach): geb. zu ... 177.« (DBA-1350: G. C. Hamberger, J. G. Meusel, Das gelehrte Teutschland oder Lexikon der jetzt lebenden teutschen Schriftsteller, Bd. 21, 1827).
Zu J. A. P. Weltrich siehe auch: Heckel/Eck a.a.O., S. 120.

98 Staatsarchiv Bamberg, K 191 I, Nr. 37, »Extract aus dem Kaufs Vertrag zwischen denen Juden Anselm Marx et Compagnie zu München und den Königlichen Rent Amtmann Johann Appolonius Peter Weltrich«, undatiert.
Rang oder Rangen: Abhang, Berglehne (Braun a.a.O., Bd. 1, S. 488); Rasen = Wasen: nutzbarer, besonders Grasgrund (Johann Andreas Schmeller, Bayerisches Wörterbuch, München, Wien 1983, Bd. 2, S. 137 bzw. 1018).

99 Flessa a.a.O., S. 8

100 Die Gebäude wurden von Wagner in seinem »Situations Plan« benannt (vgl. Anm. 80).

101 Stadtarchiv Kulmbach, Akt 020/10, Nr. 20: »Einverleibung der Gärtnerwohnung an der Plassenburg in die Gemeinde Ködnitz 1831«, zitiert nach einer brieflichen Mitteilung von Herrn Harald Stark, Kulmbach vom 8. 2. 1996 an den Verfasser.

102 Das vormals Weltrich-Jungkunz'sche Anwesen wird heute als »Ökonomie« bezeichnet. Die spätere bauliche Entwicklung dieses Komplexes kann hier nicht dargestellt werden. Es ist jedoch auf die offensichtlich falsche Datierung bei A. Gebessler hinzu-

weisen: »Wirtschaftsgebäude: Anlage aus drei Häusern, 16./17. Jh., an der östlichen Zufahrt vom Buchberg, rückseitig angebaut dem östlichen Ende der südlichen Wehrmauer des 3. Beringes« (A. Gebessler, Bayerische Kunstdenkmale, Bd. III: Stadt und Landkreis Kulmbach, München 1958, S. 26). Diese fehlerhafte Datierung mag aus der Verwendung älteren Abbruchmaterials als Baumaterial resultieren.

Aus dem »Extradit. Plan für das Rentamt« vom Juli 1899 (vgl. Anm. 119) geht hervor, daß der Garten »Festungsberg 26« bis zum Ende des 19. Jahrhunderts deutliche Veränderungen erfuhr: Die ehemals aufwendige Terrassenanlage im westlichen Grundstücksbereich wies nur noch eine Stützmauer auf, die geradlinige Mitteltreppe war einer verwinkelten Seitentreppe gewichen. Südlich der Hoffläche existierte nur noch eine Terrasse mit allseits umlaufender (Blumen-)Rabatte und abschließender Laube in Form eines kurzen Bogenganges. Oberhalb der westlichen Terrasse war ein größeres Nebengebäude – vielleicht ein Gartenhaus – an der Festungsmauer mit einem davorliegenden Blumengarten errichtet worden.

103 Staatsarchiv Bamberg, K 191 I, Nr. 93: »Ankauf der vorm. Weltrich'schen Grundstücke am Festungsberg, 1860«

104 Staatsarchiv Bamberg, K 191 I, Nr. 93, 23

105 Staatsarchiv Bamberg, ebd., Nr. 93, »Wirthschafts=Plan« vom 26.3.1862

106 Flessa a.a.O., S. 8 f – In Bayern ist 1 Jauchert identisch mit 1 Tagwerk = 34,0727 a (Richard Klimpert, Lexikon der Münzen, Maße, Gewichte, Berlin 1896, S. 374). Der »Situations Plan« von Wagner verzeichnet den Besitz »des Zimmeisters Gaßner« am westlichen Burghang (vgl. Anm. 80).

107 Staatsarchiv Bamberg, K 191 I, Nr. 37, 2

108 Staatsarchiv Bamberg, ebd., Nr. 37, 13

109 Staatsarchiv Bamberg, K 191 I, Nr. 45, 24

110 Staatsarchiv Bamberg, K 191 I, Nr. 37, 2

111 Staatsarchiv Bamberg, K 191 I, Nr. 45, 33

112 Staatsarchiv Bamberg, K 191 I, Nr. 45, 34 ff – Die Allee zur Plassenburg besteht gegenwärtig aus 65 Linden unterschiedlichen Alters (Stadt Kulmbach, Stadtbauamt: Gehölzkartierung vom 2.4.1993)

113 Staatsarchiv Bamberg, K 191 I, Nr. 45, 12

114 ebd., Randvermerk von Weltrich

115 Staatsarchiv Bamberg, K 191 I, Nr. 37, Abschrift des Vergleichs vom 15. Mai 1833 bzw. Nr. 45, 31

116 Staatsarchiv Bamberg, K 191 I, Nr. 45, 17

117 Hans Stößlein, Stadtteilgeschichten und Ortsbilder aus Kulmbach und Umgebung, Schriftenreihe zur Heimatpflege, Heft 41, Kulmbach 1993, S. 62 f, zitiert nach einer brieflichen Mitteilung von Herrn Harald Stark, Kulmbach vom 18. Juni 1994 an den Verfasser (Hervorhebung durch den Verfasser).

118 Stadtarchiv Kulmbach, Karten und Pläne, Nr. 171 – Das Ortsblatt Culmbach wurde vom 7. Mai bis 6. August 1851 gemessen (schriftliche Mitteilung von Herrn Harald Stark, Kulmbach vom 18.6.1994 an den Verfasser). Die Landesvermessung begann »in unserer Gegend« überhaupt erst im September 1850 (Heckel/Eck a.a.O., S. 120). Zum 1852 gemessenen und 1853 umgemessenen Ortsblatt Kulmbach siehe Anm. 83.

119 Extradit. Plan für das Rentamt, angefertigt von F. Reich im Juli 1899, M 1 : 1000 (Vermessungsamt Kulmbach, ohne Sign.) – Der Plan »Zuchthaus Plassenburg. Situation«, vom Königl. Landbauamt Bayreuth im Oktober 1912 angefertigt, basiert offensichtlich auf diesem Extraditionsplan; er zeigt noch das genannte Rundbecken (Staatsarchiv Bamberg, K 3, Präs.-Reg. 1283).

120 Zwei historische Fotodokumente der Plassenburg – aufgenommen 1875 und 1876 – dokumentieren diese Situation (Stadtarchiv Kulmbach, Theodor Wanderer: Sammlung photographischer Ansichten von Kulmbach, Plassenburg und Umgebung, Bd. II, S. 5 f).

121 Extradit. Plan für das Rentamt: vgl. Anm. 119

122 historische Fotografien wie Anm. 120

123 Stößlein: vgl. Anm. 117

124 Das im Bestand des Stadtarchivs Kulmbach befindliche »Protokollbuch des Verschö-nerungsvereins Kulmbach 1878-1925« beginnt mit der Generalversammlung am 11. Mai 1878 unter Hinweis auf »die Einnahmen und Ausgaben im abgelaufenen Vereins-jahre« (S. 1). Die von Stößlein erwähnten Bestrebungen des Vereins, am Burgberg tätig zu werden, sind aus diesem Protokollbuch nicht ersichtlich (Dem Verfasser lag eine von Herrn Harald Stark angefertigte vollständige Ablichtung des Protokollbuchs vor). Der Verschönerungsverein wurde 1876 gegründet (Friedrich Stein, Kulmbach und die Plassenburg in alter und neuer Zeit, Kulmbach (1903), S. 166); ebenso: -uc-, 18 Männer gründeten vor 100 Jahren den Kulmbacher Verschönerungsverein, in: Bayerische Rundschau vom 20./21.3.1976.

125 Heckel/Eck a.a.O., S. 121 f

126 Extradit. Plan für das Rentamt: vgl. Anm. 119

127 Staatsarchiv Bamberg, K 191 I, Nr. 28: »Herstellung eines neuen Bassins im Caserno-fe der Plassenburg btr. 1855-1857« – Mader nahm fälschlicherweise an, unmittelbar ne-ben dem Fürstenbrunnen sei wohl bereits »Anfang des 19. Jahrh. ein elliptisch geform-ter offener Wassersammler für Feuerlöschzwecke erbaut worden« (S. 72 f). Im übrigen enthält der »Situations Plan« von Wagner dieses Wasserbecken ebenfalls noch nicht.

128 Staatsarchiv Bamberg, wiederholt in: K 191 I, Nr. 15: »Bewirtschaftung der Güter«

129 Staatsarchiv Bamberg, K 191 I, Nr. 15, Vorgang Fr. Lucas, Reutlingen, April 1895 bzw. Bestellungs-Nota Chr. Lorenz, Erfurt vom Februar 1895, wobei die rechte untere Ecke des Original abgerissen ist, so daß lediglich zu lesen ist »Ludwig Herz[?], Gartenaufs«.

130 Staatsarchiv Bamberg, K 191 I, Nr. 15, Schreiben an Lathyrus-Landwirtschaftl. Gesell-schaft München vom 16.4.1895

131 Staatsarchiv Bamberg, ebd., Nr. 15, Bestellungs-Nota vom 23(?).2.1895 bzw. 27.1.1896

132 Staatsarchiv Bamberg, ebd., Nr. 15, Vorgang Fr. Lucas, Reutlingen, 6.4.1895

133 Staatsarchiv Bamberg, ebd., Nr. 15, Vorgang »Lathyrus« April-Oktober 1895

134 Staatsarchiv Bamberg, ebd., Nr. 15, Vorgang Chr. Winkler & Sohn, Fürth vom 3.2.1902

135 Staatsarchiv Bamberg, ebd., Nr. 15, Schreiben an Forstamt Kulmbach vom 12.9.1900

136 Die Graphik »Die hohe Bastey der Plassenburg« befindet sich als fotografische Repro-duktion (Negativ) in der Fotosammlung der Bayerischen Verwaltung der staatlichen Schlösser, Gärten und Seen (Neg.Nr. Pla 69), ohne Angaben zu Verfasser, Entstehungs-jahr und Provenienz. Ein nahezu identisches Motiv ist abgebildet bei Kunstmann a.a.O. (1975), Abbildungsteil zwischen S. 128 und 129.
Zur Graphik »Der Kassernenhof der Plassenburg« siehe Anm. 85.

137 Dorfmüller a.a.O., S. 137 bzw. S. 136

138 Foto: Stadtmuseum Bayreuth, Sammlung Bayreuther Fotoamateure, abgebildet bei Rainer Herzog, Plassenburg ob Kulmbach. Grüne Kulisse oder kahler Hang?, in: Jour-nal. Ein Rückblick auf das Jahr 1994, München (Bayerische Verwaltung der staatlichen Schlösser, Gärten und Seen) 1995, S. 68

139 Staatsarchiv Bamberg, wiederholt in: K 191 I, Nr. 2

140 Staatsarchiv Bamberg, K 191 I, Nr. 2, Schreiben an das Forstamt Kulmbach vom 28.5.1920

141 Staatsarchiv Bamberg, ebd., Nr. 2, handschriftl. Notiz vom 27.1.1821

142 Staatsarchiv Bamberg, ebd., Nr. 2, Schreiben an das Staatsministerium der Justiz vom 5.3.1920

143 Stadtarchiv Kulmbach, 143-11, Nr. 47, Schreiben Schatz an Stadtrat Kulmbach vom 20.5.1925

144 Stadtarchiv Kulmbach, ebd., Sitzungsprotokoll vom 11.6.1925, Nr. 492

145 Bachmann a.a.O., S. 25 – Ein Kuriosum der Freiflächennutzung auf der Plassenburg stellt die »Herstellung eines Tennisplatzes, der im Winter als Eisplatz verwendet wird« für etwa 500 russische kriegsgefangene Offiziere dar, die dafür selbst die Kosten trugen (Staatsarchiv Bamberg, K 3, Präs.-Reg. 1283, Schreiben des Kriegsministeriums an das Staatsministerium des Innern vom 15.9.1917).

146 Staatsarchiv Bamberg, K 3, Präs.-Reg. 1283, Abschrift eines Berichtes vom 18.3.1924

147 Folgende Fotografien dokumentieren besonders deutlich die damalige gärtnerische Nutzung (Stadtarchiv Kulmbach, Fotosammlung, ohne Signaturen): Ansicht der Plassenburg von Osten mit Obstpflanzung (1890); Blick von Westen auf den ehemaligen Schieferturm mit Gemüsegarten (1924); Ansicht der Plassenburg von Osten mit Obstbaumpflanzung im ehemaligen Garten des Artilleriekommandanten (1932); Luftfoto der Plassenburg von Nordwesten mit den Gemüsegärten im nordwestlichen Graben (Hansa-Luftbild, 1933); Blick zum nordwestlichen Burgberg mit Obstpflanzung (1934).

148 Staatsarchiv Bamberg, K 191 I, Nr. 15, Schreiben des Staatsministeriums der Justiz vom 3.4.1906

149 Staatsarchiv Bamberg, ebd., Nr. 15, Notiz betr. Obstbaumbestellung vom 8.10.1906

150 Lageplan Plassenburg Gärten vom 23.2.1931 und Lageplan Pachtflächen=Verhältnisse vom August 1930 mit Ergänzungen vom 2.2.46 (Bayerische Verwaltung der staatlichen Schlösser, Gärten und Seen München, Archiv Gärtenabteilung)

151 Vermessungsblätter Kulmbach 10, 11, 19 und 20 mit handschriftlichen Einträgen, signiert und datiert mit »Vaitl X.1931« (Bayerische Verwaltung der staatlichen Schlösser, Gärten und Seen München, Plansammlung Gärtenabteilung, ohne Signatur). Der Hasengarten diente eine Zeitlang auch als »Holzlagerplatz« (Lageplan »Situation der Plassenburg«, undatiert; Original: Landbauamt Bayreuth, fotografische Reproduktion: Bayerische Verwaltung der staatlichen Schlösser, Gärten und Seen München, Fotosammlung, Sign. Pl IV a 32).

152 Lageplan Plassenburg Juni 1938, kolorierte Lichtpause mit handschriftlichem Vermerk auf der Rückseite »Gärtnerisches und landwirtschaftliches Pachtgelände« (Bayerische Verwaltung der staatlichen Schlösser, Gärten und Seen München, Plansammlung Gärtenabteilung, Sign. H 75/11)

153 Statistische Erhebung »Plassenburg: Größe und Betriebsform, Stand 25.11.1950« (Bayerische Verwaltung der staatlichen Schlösser, Gärten und Seen München, Archiv Gärtenabteilung)

WERNER HELMBERGER

Neues zum Park Schönbusch bei Aschaffenburg
Die Baudaten der Jahre 1783-1793

Der Park Schönbusch bei Aschaffenburg – noch immer mehr ein Geheimtip unter Gartenliebhabern als ein Ausflugsziel für den Massentourismus – gehört zu den frühesten englischen Landschaftsgärten in Deutschland. Schon 1775 vorbereitet und ab 1776 begonnen, geht ihm hierzulande nur der berühmte Wörlitzer Park bei Dessau (ab 1764) wirklich voraus. In Süddeutschland entstehen nahezu gleichzeitig mit ihm die im neuen englischen Stil gestalteten Bereiche im Schloßpark Schwetzingen (ab 1776) sowie die Landschaftsgärten Hohenheim bei Stuttgart (ab 1776) und Wilhelmsbad bei Hanau (ab 1777).

ZUM FORSCHUNGSSTAND

Der vor den Toren Aschaffenburgs gelegene Park Schönbusch ist mitsamt seinen Bauten heute noch in erstaunlich komplettem und gutem Zustand erhalten. Das verdankt er der kontinuierlichen Pflege, die ihm seit 1814 als königlich bayerischer Hofgarten und seit 1918 als Betreuungsobjekt der Bayerischen Verwaltung der staatlichen Schlösser, Gärten und Seen zuteil wurde. Die Erforschung seiner Entstehungsgeschichte weist jedoch noch immer beträchtliche Lücken auf.

In den vier zwischen 1818 und 1843 erschienenen Geschichts- und Kunstführern zu Aschaffenburg und seinem Umland ist – trotz oder gerade wegen der zeitlichen Nähe – für kein einziges Gebäude im Schönbusch ein Baujahr angegeben, und nur im zuletzt erschienenen wird als Beginn der gesamten Parkanlage das Jahr 1776 genannt.[1] So mußte Felix Mader, der Bearbeiter des 1918 erschienenen Inventarbandes der »Kunstdenkmäler des Königreichs Bayern« für die Stadt Aschaffenburg, bei der Erfassung von Schloß und Park Schönbusch mangels Literatur echte Pionierarbeit leisten. Obwohl die Kunst des ausgehenden 18. Jahrhunderts damals noch nicht sonderlich hoch im Kurs stand, widmete er dem Schönbusch vierzehn Seiten mit zahlreichen, inzwischen selbst schon historisch gewordenen Zustandsfotos und einigen anschaulichen Grundrissen und Schnitten.[2]

Ausführlicher als Mader dies im Inventar tun konnte, beschäftigte sich Erich Stenger, der um die Aschaffenburger Heimatforschung so verdiente

Chemieprofessor, 1929 mit der Datierung der Bauwerke im Schönbusch.[3] Aufgrund einer von ihm im Nachlaß des Architekten Emanuel Joseph von Herigoyen neu aufgefundenen Liste von Plänen und Werken konnte Stenger diesem nun die meisten Schönbuschbauten mit Sicherheit zuweisen. Außerdem gewann Stenger durch die erstmalige Auswertung der Berichte des Hofkammerrats von Stubenrauch aus Aschaffenburg ein außerordentlich lebendiges Bild über den Arbeitsfortgang im Schönbusch zwischen März 1778 und August 1779. Stubenrauch schilderte dem damals als kurmainzischer Gesandter in Wien weilenden Minister Sickingen, der die Anlage des Schönbusch mit initiiert hatte und der diese Briefe selbst mit kommentierenden Randbemerkungen versah, detailliert alle vorgenommenen Veränderungen. Da diese Quellen 1945 im Staatsarchiv Würzburg verbrannt sind, sind Stengers Zitate inzwischen die einzige Überlieferung. Bei der Datierung der später entstandenen Bauwerke, und das ist die Mehrzahl, war jedoch auch Stenger auf Schlußfolgerungen aus dem ihm nun etwas besser bekannten Lebenslauf Herigoyens angewiesen.

Erstmals monographisch behandelt wurde der Schönbusch von Heinrich Kreisel in dem nach einer umfassenden Restaurierungskampagne 1932 erschienenen Amtlichen Führer.[4] Kreisel zog, neben den Materialien Stengers, weiteres Aktenmaterial hinzu und wertete vor allem die erhaltenen Gartenpläne mit aus. Über Kreisels Kenntnisstand, der auch für die späteren Amtlichen Führer von Erich Bachmann die Grundlage bildete,[5] gelangte erst 50 Jahre später Hermann Reidel mit seiner großen Herigoyen-Monographie von 1982 hinaus.[6]

Reidel stellte in dem Schönbusch-Kapitel seiner äußerst gründlichen Arbeit die gesamte ältere Literatur und das in Aschaffenburg erhaltene Planmaterial einschließlich der Skizzen vollständig zusammen. Auch konnte er auf verschiedene Vorbilder für Herigoyens Bauten in den Veröffentlichungen von Jean-François de Neufforge und Robert Morris hinweisen. Vor allem wertete er aber die Bachgauer Amtskellereirechnungen der Jahre 1773-1782, die alle damaligen Ausgaben für den Schönbusch aufführen, erstmals systematisch in den wesentlichsten Punkten mit aus. Doris Frauenschläger, die sich 1987 in ihrer Magisterarbeit mit dem Bauprogramm im Schönbusch befaßte, studierte dieselben Quellen nochmals und brachte etliche zusätzliche Details ans Licht.[7] In der Literatur zur allgemeinen Gartengeschichte ist es das Verdienst Adrian von Buttlars, dem Schönbusch wieder den ihm angemessenen bedeutenden Rang unter den Landschaftsgärten des 18. Jahrhunderts zugewiesen zu haben.[8]

Damit war seit Reidels Synthese zwar eine solide Forschungsbasis für die Frühzeit des Schönbusch bis 1782 gewonnen, doch für die späteren Jahre gab es nur wenige sichere Daten.[9] Zudem sind nicht nur die Berichte Stubenrauchs von 1778/79, sondern auch fast alle anderen Quellen, auf denen die Schlußfolgerungen Stengers und Kreisels basierten, 1945 im Staatsarchiv

208

Würzburg verbrannt und heute nicht mehr nachprüfbar. Die noch erhaltenen Gartenpläne sind leider nur teilweise datiert und lassen zudem hinsichtlich der Bauwerke nicht immer eine klare Unterscheidung zwischen vorhandenem Bestand und projektierten Bauten zu.

Vor allem für das Philosophenhaus und den Freundschaftstempel standen keine genauen Daten fest,[10] ebensowenig für das Hirtenhaus, die Ruhebank, den Aussichtsturm und die Rote Brücke, und der Speisesaal besaß durch sein 1792 datiertes Kuppelgemälde nur einen »terminus ante quem«. Durch einen glücklichen Fund konnten diese Lücken in der jüngsten Zeit geschlossen, und die wichtigsten Ergebnisse bereits in die 1991 erschienene Neubearbeitung des Amtlichen Schönbusch-Führers einbezogen werden.[11] Der dort nicht mögliche wissenschaftliche Nachweis soll nun hier nachgeholt und die Baumaßnahmen der Jahre 1783-1793 in ihren Einzelheiten wiedergegeben werden. Zur Einführung sei jedoch eine zusammenfassende Schilderung des Schönbusch und seiner Geschichte bis 1782 vorangestellt.

Geschichte des Parks Schönbusch 1776-1782[12]

Der Mainzer Erzbischof und Kurfürst Friedrich Carl Joseph von Erthal (reg. 1774-1802) ließ schon kurz nach seinem Regierungsantritt damit beginnen, das fürstliche Jagdrevier im sogenannten »Nilkheimer Wäldchen« bei Aschaffenburg in einen von da an »Schönbusch« genannten Landschaftspark umzuwandeln. Dieses Wäldchen lag mitten in dem weiten Mainbogen gegenüber der Stadt Aschaffenburg, die bereits seit dem Ende des 10. Jahrhunderts als Mainzische Nebenresidenz diente. Die Idee, hier einen Landschaftsgarten nach englischem Vorbild zu verwirklichen, dürfte von Graf Wilhelm Friedrich von Sickingen ausgegangen sein, der 1775 zum ersten Mainzer Staatsminister berufen wurde und von da an meist in Aschaffenburg residierte.[13] Er war es, der den in Portugal geborenen, in Paris in der Zeichenkunst, Architektur und Mathematik ausgebildeten Emanuel Joseph Herigoyen als Architekten in Erthals Dienste brachte. Herigoyen führte für Erthal nicht nur die innere Umgestaltung des schon 1605-1614 errichteten Stadtschlosses Johannisburg in Aschaffenburg durch, sondern übernahm auch die Bauleitung im Schönbusch. Mit einem Plan von 1774 hielt er die Ausgangslage für die nun folgenden Umgestaltungen im Nilkheimer Wäldchen fest, und in einem zweiten Plan von 1775 gab er mit einem geschlängelten Rundweg erstmals ein Motiv des neuen englischen Gartenstils wieder.[14] Herigoyen war jedoch in erster Linie für die Bauwerke verantwortlich, für die er, zum Teil nach in England oder Frankreich erschienenen Publikationen, sämtliche Entwürfe lieferte. Hinsichtlich der Gartengestaltung setzte er dagegen zunächst wohl die Vorstellungen Erthals und Sickingens, später die Ideen von Friedrich Ludwig Sckell in Pläne um.

Das Kerngebiet des Parks, der ursprünglich nach allen Seiten in die zur

*1. Der kurfürstliche
Pavillon (das »Schloß«)
im Schönbusch*

Entstehungszeit noch freie Landschaft ausgreifen sollte, umfaßt rund
1,5 km². Als Beginn der Anlage eines englischen Gartens gibt Herigoyen
selbst das Jahr 1776 an,[15] in dem unter seiner Leitung mit dem Ausheben des
Sees begonnen wurde.[16] Auch das Rechnungsbuch der Mainzischen Amtskellerei erwähnt 1776 erstmals eine »neue Anlage im Schönbusch«.[17] 1778
wurden die Fundamente des kurfürstlichen Pavillons dicht neben dem alten,
dann bald abgerissenen Jägerhaus aufgemauert. Über rechteckigem Grundriß
entstand ein frühklassizistischer Bau mit sieben zu vier Fensterachsen und
zweieinhalb Geschossen (Abb. 1). Schon 1779 war der Rohbau fertiggestellt,
die Innenausstattung sollte sich aber noch über Jahre hinziehen. Seit dem
19. Jahrhundert wird der Pavillon etwas irreführend als »Schloß Schönbusch«
bezeichnet.

Östlich vor dem kurfürstlichen Pavillon liegt einer der beiden künstlichen
Seen, der sogenannte Untere See. Dieser wurde 1776 als erster begonnen und
erstreckte sich 1779 schon bis zur Darmstädter Straße im Norden. Sein Aushub diente zur Aufschüttung der »Berge« am östlichen Ufer. Neben diesen
entstand ab 1781 auch das repräsentative Wohnhaus des Hofgärtners, das
gleichzeitig als Parkwirtschaft diente. Vom Pavillon aus verläuft quer über
den Unteren See und mitten über dessen Insel hinweg eine schräge Sichtach-
se nach Osten, die zwischen zwei Alleen weiter bis zum über drei Kilometer
entfernten Stadtschloß Johannisburg führt.

Sogar noch etwas größer als der Untere See war ursprünglich der hinter
dem Pavillon im Westen gelegene Obere See mit rund 5000 m², der spätestens

1783 vollendet war. Wegen Wassermangel ist dieser heute jedoch auf etwa ein Zehntel seiner einstigen Fläche geschrumpft. Für beide Seen existierte eine ansehnliche Flotte von Vergnügungsbooten. Alle Wasserflächen wurden nur durch ein winziges, nie recht ausreichendes Rinnsal gespeist, nämlich den von außerhalb des Parks in den Oberen See geleiteten Welzbach. Aus dem Oberen See fließt das Wasser hinter dem Pavillon durch einen Kanal weiter, der bis zu einer kleinen Kaskade 400 m nach Süden geführt ist. Mit seinem schnurgeraden Verlauf steht der schon vor dem Oberen See angelegte Kanal eigentlich im Widerspruch zum natürlichen englischen Gartenstil.

Ebenfalls noch in die frühe Gestaltungsphase des Parks gehört die Einrichtung des »Tals der Spiele« westlich dieses Kanals. Aus den Jahren 1777-1780 ist hier bereits die Aufstellung eines Kegelspiels, eines Glücksrads, einer Schaukel und eines Karussells, sowie eines »Vogelschießens« und eines »Maulaff« genannten Wurfspiels überliefert. 1782 kommen zwei kleine Gebäude, das Waage-Häuschen und das Spiel-Salettchen hinzu. (Bis auf einen Nachbau des Waage-Häuschens heute alles verschwunden.)

Der 1780 erfolgte Erwerb des Nilkheimer Hofes, eines Gutes südlich des Schönbusch am Beginn der großen Mainschleife, eröffnete die Perspektive, die Gartenanlage dorthin bis zum Mainufer auszudehnen. Auch im Norden sollte eine Verbindung zum Main geschaffen werden. Nach einem Plan Herigoyens von 1782 erhielt der Untere See, englischen Vorbildern folgend, eine Verlängerung, die in der Art eines gewundenen Flußlaufs gestaltet war.[18] Dieser fast einen Kilometer lange künstliche Fluß reichte über die Darmstädter Straße hinweg nach Norden bis fast an das Ufer des Mains. 1783 konnte Professor Hirschfeld, der bedeutende Theoretiker der Gartenkunst, ihn mit dem Boot »eine kleine halbe Stunde weit« befahren[19]. Am Ende dieses später durch die Anlage des Aschaffenburger Hafens leider wieder verdrängten Kanals ergoß sich das Wasser nur mehr als kleiner Bach in den tiefer liegenden Main.

In dieser ersten Phase der Gartengestaltung im Schönbusch kommen durch die Absteckung eines Gürtelweges mit Ausblicken in die Umgebung und besonders durch die Anlage der Seen, des künstlichen Flusses und der Berge erstmals in Süddeutschland Motive des neuen englischen Gartenstils zur Anwendung. Doch obwohl Graf von Sickingen in seinen Anweisungen sehr darauf bedacht ist, den englischen Stil durchgehend einzuhalten, sind mit dem gerade geführten Kanal und den als schnurgerade Alleen gestalteten Zufahrtsstraßen auch im Schönbusch noch Elemente der älteren Gartenkunst vorhanden. 1782 scheidet Wilhelm von Sickingen aus seinem Amt als kurfürstlich-mainzischer Minister aus.[20] Nach dem Weggang Sickingens, spätestens ab 1785, fiel dem damaligen Schwetzinger Hofgärtner Friedrich Ludwig Sckell die Rolle des Gestalters im Schönbusch zu. Er hatte Kurfürst Erthal schon zuvor nicht nur bei den Verschönerungen der Mainzer Favorite, sondern auch bei der Anlage des Schöntals und der Fasanerie zu Aschaffenburg beraten.

NEUE DATEN ZU DEN SCHÖNBUSCHBAUTEN 1783-1793

Die im Staatsarchiv Würzburg noch vorhandenen Rechnungen der Mainzischen Amtskellerei Bachgau, in der die Ausgaben für sämtliche Bau- und Gestaltungsarbeiten aus der Anfangszeit des Schönbusch verzeichnet sind, enden 1782. Das bedeutet jedoch nicht, daß die späteren Jahrgänge dieser Rechnungsbücher – wie so viele andere Quellen, die Stenger und Kreisel noch benutzen konnten – bei der Bombardierung Würzburgs 1945 verbrannt wären. Es hat sie vielmehr nie gegeben. In jenem Jahr 1782 fand nämlich eine Verwaltungsreform statt, die die Bachgauer Amtskellerei, zu der der Schönbusch bis dahin gehörte, mit der Aschaffenburger Oberkellerei zusammenlegte.[21] Daher finden sich ab 1783 alle weiteren Ausgaben für den Schönbusch in den Rechnungsbüchern der Aschaffenburger Oberkellerei. Dieser Zusammenhang war der kunsthistorischen Forschung bisher offenbar verborgen geblieben.[22] Die Durchsicht der betreffenden Rechnungsbücher des folgenden Jahrzehnts konnte deshalb eine Fülle bisher vermißter Informationen liefern, vor allem die exakten Daten zu allen in diesen Jahren entstandenen Parkgebäuden und die Namen der beteiligten Handwerker und Künstler.

Friedrich Ludwig Sckell 1783 im Schönbusch

Bisher schon bekannt war eine durch Friedrich Ludwig Sckell am 1. September 1785 in Aschaffenburg unterzeichnete Arbeitsanweisung,[23] mit der sich seine Mitwirkung an der Planung des Schönbusch ab diesem Jahr erstmals sicher nachweisen ließ. Bereits mehrfach wurde jedoch ein früheres Einsetzen seiner Mitarbeit postuliert, möglicherweise schon ab 1780.[24] Aus den Rechnungsbüchern kann nun zumindest ein kurzer Aufenthalt Sckells im Schönbusch auch für das Jahr 1783 belegt werden, in dem an Herigoyen gemeinsam mit »dem Hofgärtnern Sckehl von Schwezingen und Hofgärtnern Bode dahier für 5 Mahlzeiten 12 fl. 48 kr« bezahlt werden.[25]

Ausbau des kurfürstlichen Pavillons (Schloß Schönbusch)

Der – wie bekannt 1778 begonnene, 1779 im Rohbau aufgerichtete – kurfürstliche Pavillon war 1782 im Inneren noch nicht komplett fertiggestellt.[26] Die Rechnungen ergeben vielmehr für die folgenden Jahre noch eine rege Ausbau- und Ausstattungstätigkeit. 1783/84 erhält der Schreiner Martin Geisler die höchsten Zahlungen (ca. 1000 bzw. 359 fl.), er beginnt in diesen Jahren wohl mit der Verlegung der Fußböden. Gleichzeitig bezahlt werden Steinmetz Süß, Maurermeister Streiter, Zimmermann Huber, Schlosser Ameis, Stukkateur Gramer, Schreiner Peter Debes, Bildhauer Baumgärtner sowie Vergolder Christoph Erbs.[27] Für rund 700 fl. werden 1783 außerdem Möbel bei Anton Ferrier und dem Juden Mayer Löw gekauft.[28] 1785 werden von Schreiner Geisler »Sessel, Canappe, Bettstatten« für 80 fl. geliefert,[29] und 1786 erhält neben anderen »Bildhauer Baumgärtner für Arbeit in dem Kurfürstl[ich]en Pavillon« eine Summe von 189 fl.[30]

1787 gehen als höchste Zahlungen an »Schreinern Peter Debes für barcketböden 247 fl.« und an Schlosser Ameis »für arbeit auf der altanen 108 fl.« Letzterer hat damals vielleicht das schon acht Jahre alte schmiedeeiserne Balkongitter repariert oder verändert. Von den übrigen Handwerkern wird Glaser Herdam »für arbeit an den Glasthüren« bezahlt, Tüncher Stamm und Quadratur-Stukkateur Bachritter (?) »für arbeit im Saal«.[31] 1788 gehen an Sattler Böffinger 16 fl. »die Kuppel im Saal mit Leinwand zu überziehen«, was rätselhaft bleibt. Bezahlt werden außerdem an »Handelsmann Nothnagel von F[rank]furt für Tapeten und Zugehör […] ferner für Tapeten und Leinwand« insgesamt 117 fl.[32]

In den Folgejahren 1789/90 fallen nur kleinere Reparaturen und Ausbesserungsarbeiten an, die Gesamtkosten bleiben jeweils unter 170 fl.[33] Auch 1791 werden nur 148 fl. ausgegeben, allerdings muß Landbaumeister Süß die »gewichene Hauptstiege« besichtigen, die anschließend durch Maurer, Steinhauer, Schlosser und Tüncher wiederhergestellt wird.[34] 1792 beträgt der Unterhalt für den »kurfürstlichen Pavillon« 138 fl. Neben kleinen Reparaturarbeiten durch Maurer Felter, Dachdecker Schenck, Schreiner Peter Hinz, Schlosser Seiferling und Zimmermann Dorn werden letzterem auch 7 fl. »für das Gerüst zum Mahler« bezahlt, und außer den 20 fl. an »Tüngern Köller für den Anstrich und andere Arbeit« erhält auch »Mahlern Seeland für Mahlung des Pavillon« 41 fl.[35] Es darf vermutet werden, daß damals eine erste Renovierung des Wand- und Deckenanstrichs im Saal stattgefunden hat, wobei, abgesehen von den einfachen Tüncherarbeiten, der gleichzeitig im Gebäude des Speisesaals (siehe unten) beschäftigte Kunstmaler Edmund Seeland wohl die Ausbesserung oder Neufassung der figürlichen Teile (Supraportenfelder, Rondos an der Decke) übernommen hat.

Wirtschaftsgebäude (errichtet 1781-1783) und Stall (1792)

Für das leibliche Wohl der Parkbesucher wurde von Anfang an in dem bekanntlich 1781 begonnenen[36] Wirtschaftsgebäude gesorgt, das zugleich die Wohnung des Schönbuschgärtners enthielt. Das »Gärtners Haus«, wie es in den Rechnungen stets bezeichnet wird, wurde jedoch erst 1783 ganz fertiggestellt. Steinmetz Süß, Steinhauer Christian Lenz, Maurermeister Streiter, Zimmermann Huber, Schlosser Ameis (dieser erhält allein ca. 300 fl.), Tünchermeister Stephan Stamm und Glaser Herdam arbeiten in diesem Jahr noch dort mit.[37] 1784 werden Tüncher Stamm nochmals 104 fl. gezahlt[38], 1786 an Schlosser Ameis 846 fl.,[39] sonst und später nur kleinere Beträge. 1791 erfolgt ein Neuanstrich,[40] und 1792 sind unter der Rubrik »Zum Gärtners Haus« schließlich wieder größere Bauarbeiten verzeichnet: 5900 Ziegel werden gekauft, Maurer Felter erhält »für Arbeit an dem neuen Stall und Wohnung des Hofgärtners 38 fl.« und »Leideckern Schenck für Deckung

dieses Stalles 20 fl.«[41] Der noch erhaltene, teilweise mit Bänderrustika versehene Stallbau direkt hinter dem Wirtschaftsgebäude scheint jedoch erst später, vielleicht als Ersatz für den Bau von 1792, entstanden zu sein.

Der neue Bienenstand (errichtet 1783-1785)

Das Vorhandensein von Bienenhäusern wird im Schönbusch schon seit 1776
gelegentlich erwähnt. 1783 werden jedoch für einen neuen Bienenstand die
nicht gerade geringen Mengen von 3100 Backsteinen und 11 1/2 Bütten Kalk
eingekauft. Zimmermann Huber, Schreiner Martin Geisler, Schlosser Ameis,
Quadratur-Stukkateur Adam Reif (?) und Leidecker (Dachdecker) Schenck
sind mit seiner Errichtung beschäftigt.[42] 1784/85 finden dann die abschlies-
senden Arbeiten an den Bienenhäusern durch Maurer Vill, Tüncher Stamm
und wiederum Leidecker Schenck statt.[43] 1783 erhält ein »Pfarrern Christ zu
Lodheim [?] für Bienen Gerätschaften 65 fl.«, ferner Reisekosten, Zehrung
und Logis und wird zweimal in den Schönbusch gefahren.[44] 1785 bekommt
derselbe »Pastorn Christ von Lodheim [?] für Reyskosten nach Mainz wegen
der einzurichtenden Bienenzucht« sowie für »Bienenstöcke und darzuge-
höriger Geräthschaften« weitere Zahlungen.[45] Pfarrer Christ war also der
vom Kurfürsten beauftragte Spezialist für Imkerei, der im Schönbusch eine
vorbildhafte Bienenzucht einrichten sollte. Von ihm wurden auch zwei Pläne
zu Bienenhäusern im chinesischen Stil gezeichnet und signiert, die in der
Aschaffenburger Hofbibliothek noch vorhanden sind (Abb. 2). Den Mate-
rialmengen und der Anzahl der beteiligten Handwerker nach zu schließen,
muß der 1783-1785 errichtete Bienenstand, von dem sich leider nichts mehr
erhalten hat, durchaus eine aufwendigere Anlage ähnlich den Entwürfen
Christs gewesen sein. Ob die Ausführung jedoch genau diesen Plänen entsprach, muß offen bleiben.[46]

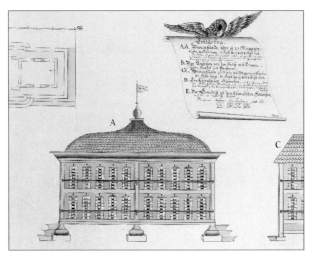

*2. Entwurfsplan
für ein Bienenhaus im
Schönbusch, Hofbibliothek
Aschaffenburg,
Delin. Ib,56, Ausschnitt,
(siehe Farbtafel 14)*

Fasanenjägerhaus (errichtet 1782-1784)

Das westlich des Kernbereichs des Schönbusch errichtete »Fasanen Jägers Haus« war als Zentrum einer Fasanerie gedacht, die als zusätzlicher Parkbereich zwar geplant, dann aber gärtnerisch nie verwirklicht wurde. Die Vorbereitungsarbeiten auf dem Bauplatz begannen offenbar schon 1782,[47] aber erst 1783/84 werden höhere »Baukösten für das neue Fasanen Jägers Haus« abgerechnet.[48] Das Haus wurde bezogen von dem Schönbuschaufseher Kraig. Dort befand sich auch die Stallung für die Schönbuschpferde.[49] Nach 1909 wurde das außerhalb des eigentlichen Parks liegende Gebäude wieder abgerissen.

Hirtenhäuser (errichtet ab 1784)
und Scheune (1788)

Am Rande des großen Wiesentals im Schönbusch stehen heute in der Nähe der Kaskade zwei kleine Hirtenhäuser und eine Scheune (Abb. 3). Diese Staffagebauten, vor denen Vieh weidete, sollten eine Stimmung ländlicher Idylle erzeugen. Im 19. Jahrhundert war hier die überwiegend aus Invaliden bestehende Parkwache untergebracht, seither wird diese Häusergruppe als »Wacht« bezeichnet. Schon in dem Plan von 1788 sind an dieser Stelle drei Gebäude eingetragen, weshalb sie bisher »vor 1788« datiert wurden.[50]

3. Die Hirtenhäuser im Schönbusch (siehe Farbtafel 13)

In den Rechnungen ist erstmals schon 1784 von einer »Schäfers Hütten« die Rede.[51] Im folgenden Jahr wird ein »Hirten Haus« genannt, an dem Steinmetz Süß und Tüncher Stamm arbeiten und für das »Caspar Zahn von Pflaumheim« das Strohdach anfertigt.[52] 1788 wird Zimmermann Riedel »für die neue Scheuer am Hirtenhaus« bezahlt, gestrichen wird die Scheune von Tüncher Stamm.[53] Doch dann fällt das Hirtenhaus einem Brand zum Opfer, denn 1789 erfahren wir, daß Maurer Felter »für die neue Aufführung des abgebrannten Hirtenhauses« bezahlt wird, ebenso Zimmermann Riedel, Tüncher Stamm und Schreiner Die[t]z. Insgesamt werden 254 fl. ausgegeben.[54]

1790 bis 1793 wird »Das Hirtenhaus mit einem Nebengebäude« nur mehr in der jeweiligen Bestandsliste der Parkbauten erwähnt, nicht in der Liste der Baukosten. Ob mit dem Nebengebäude das bestehende zweite, in Fachwerk ausgeführte Hirtenhaus gemeint ist, und warum das dritte, im Plan von 1788 schon verzeichnete Gebäude garnicht genannt wird, bleibt unklar.

Exkurs zur Datierung von Freundschaftstempel und Philosophenhaus

Hinsichtlich der bisher nicht gesicherten Entstehungsdaten für das Philoso-phenhaus und den Freundschaftstempel hatte eine Notiz in den Lebenserin-nerungen Jakob Heinrich von Hefner-Altenecks, des 1811 in Aschaffenburg geborenen späteren Leiters des Bayerischen Nationalmuseums in München, für besondere Verwirrung gesorgt. Nach einer von ihm wiedergegebenen Anekdote wäre der Freundschaftstempel erst nach dem Tode des Kurfürsten Friedrich Carl von Erthal unter dessen Nachfolger Carl Theodor von Dal-berg erbaut worden, also nach 1802.[55] Felix Mader übernahm im Inventar diese Spätdatierung Hefner-Altenecks, wies aber auch darauf hin, daß die vier Holzskulpturen im Inneren möglicherweise von dem Mainzer Bildhauer Johann Sebastian Barnabas Pfaff stammen, der schon 1794 gestorben war.[56] In Analogie zum Freundschaftstempel betrachtete Mader auch das Philoso-phenhaus als »wohl auch erst unter Fürstprimas Dalberg in der Frühzeit des 19. Jahrhunderts gebaut«.[57]

Erst Erich Stenger konnte aufgrund einer Werkliste Herigoyens mit Si-cherheit feststellen, daß Freundschaftstempel und Philosophenhaus noch Schöpfungen dieses Architekten waren und unter der Regierung Erthals, also bis 1802, entstanden sind. Da ihm auch die Zuschreibung der Holzskulptu-ren an Pfaff plausibel erschien, stellte Stenger richtig fest: »Nehmen wir die Erbauung des Freundschaftstempels vor 1794 an, so bleiben keine Unstim-migkeiten übrig.«[58] Aber Heinrich Kreisel als nächster Forscher wurde von einem 1799 datierten Vermessungsplan, auf dem weder Philosophenhaus noch Freundschaftstempel verzeichnet waren, in die Irre geführt und wieder zu einer Datierung zwischen 1799 und 1802 veranlaßt. Die Skulpturen schrieb er deshalb einem Schüler Pfaffs zu, nämlich Georg Scholl, den auch Mader schon in Erwägung gezogen hatte.[59] Hermann Reidel schließlich hielt den Vermessungsplan von 1799 mit Recht für nicht zuverlässig und setzte beide Bauten um 1790, nach einer Studienreise Herigoyens durch Belgien, Holland und England, an.[60]

4. Das Philosophenhaus im Schönbusch

*Philosophenhaus
(errichtet 1785-1787)*

Auf den Gartenplänen der Entste-hungszeit wird das Philosophenhaus als »maison du solitaire ou du philo-sophe« bezeichnet. Das quadratische Bauwerk mit vier vorspringenden, rustizierten Risaliten unter Dreiecks-giebeln greift das Gartenmotiv der barocken Eremitage in einer säkula-risierten, der Aufklärung angepaßten Form wieder auf (Abb. 4).

*5. Die Büste des Sokrates im
Philosophenhaus*

*6. Das Innere des
Philosophenhauses*

Nach vielen Spekulationen läßt sich nun aus den Rechnungsbüchern 1785 als das Jahr belegen, in dem das »Philosophen Haus« begonnen und vermutlich gleich im Rohbau fertiggestellt wurde: 21700 Backsteinziegel und 37 Bütten Kalk werden damals angeliefert. Die höchsten Zahlungen, über 170 fl., erhält der Maurermeister Streiter, außer ihm werden noch Zimmermann Riedel, Steinmetz Süß und der Schmied Beer entlohnt.[61] 1786 werden zwar nochmals 900 Backsteine und 14 Bütten Kalk bezahlt, aber kein Maurermeister mehr. Die höchsten Summen von insgesamt über 220 fl. gehen diesmal an den Tüncher Stamm, wohl schon für den äußeren Anstrich. Außer ihm werden Zimmermann Riedel, Steinmetz Süß, Schreiner Geisler, Schlosser Ameis, Spengler Sambach, Stukkateur Mathias Kramer, Leidecker (Dachdecker) Schenck und Glaser Herdam bezahlt.[62]

Im dritten Jahr, 1787, folgen die letzten Ausbauarbeiten am Philosophenhaus. Tüncher Stamm und Quadratur-Stukkateur Lehritter übernahmen die einfache Ausgestaltung des Inneren. Steinmetz Süß wird »für stainerne Sockel« bezahlt, vermutlich die vier Adlerkonsolen an den Innenwänden, auf denen ursprünglich Stuckbüsten der griechischen Philosophen Demokrit, Aristoteles, Plato und Sokrates standen (die drei erstgenannten 1971 gestohlen) (Abb. 5). Schlosser Ameis erhält 59 fl. »für die Eyserne Gegatter Thür« und »Mahlern Bechtold für repara[ti]on 4 alter Köpfen 20 fl.«[63] Die Philosophenbüsten waren also bereits im Besitz des Kurfürsten vorhanden und wurden für ihren neuen Aufstellungsort nur instandgesetzt. Im Jahr 1789 wurde dann der Kaminrisalit gestaltet (Abb. 6): 80 fl. gehen an »Steinmetz Süß für einen Marmornen Kamin«, 4 fl. an »Bildhauern Schmitt für Rosetten an Kamin« und schließlich 100 fl. an den »Modelleur Christian Keck zu Mainz für den oval Basrelief über den Kamin«.[64] Geliefert hatte Keck das Stuckrelief mit der Darstellung der Kardinaltugenden im Mai 1789, denn er erhält außerdem als Tagegeld und Fuhrlohn 19 fl. »für diaeten im May samt voiture und Trinckgeld«.[65] Damit war die Ausstattung des Philosophenhauses komplett. in den nächsten vier Jahren erfolgen, außer 6 fl. für Reparaturarbeiten im Jahr 1792, keine Ausgaben mehr.[66] Die Statue des »Fatums« von Philipp Sommer kam erst 1811 hier zur Aufstellung[67].

7. Der Freundschaftstempel im Schönbusch

*8. Die Statue der »Treue«
im Freundschaftstempel*

Freundschaftstempel (errichtet 1786-1789)

Mit dem Bau des Freundschaftstempels schuf Herigoyen einen jener Gartentempel, die die klassische Architektur des römischen Pantheons ins Miniaturhafte zu übersetzen suchten und deren erster 1719 in Chiswick Park in England entstand. Der kubische, weiß verputzte Steinbau mit achteckigem Tambour und Kuppel besitzt einen viersäuligen Portikus (Abb. 7). Der Innenraum ist achteckig, in den Rundbogennischen der Diagonalwände stehen vier Frauenfiguren. Diese allegorischen Holzskulpturen beziehen sich alle auf das Grundthema »Freundschaft« und sind als »Wahrheit«, »Eintracht«, »Treue« und »Anhänglichkeit« zu deuten (Abb. 8). Die drei Gipsreliefs an den Wänden dazwischen variieren das Thema »Liebe« in symbolischen Darstellungen als göttliche, freundschaftliche und sinnliche Liebe (Abb. 9).[68] Die Rahmungen dieser Relieffelder und das Hauptgesims sind feinste klassizistische Stuckarbeiten, ebenso die Stuckfestons zwischen den Lünettenfenstern im Tambour und die Kassetten der achtseitigen Kuppel (Abb. 10).

218

9. *Das Relief der »freundschaftlichen Liebe« im Freundschaftstempel*

10. *Hauptgesims und Kuppelansatz im Freundschaftstempel*

Auch für den Freundschaftstempel beenden die Rechnungen das Rätselraten um die Bauzeit und die beteiligten Künstler: 1786 wächst der Rohbau empor, fast 30000 Backsteine und über 150 Bütten Kalk werden bezahlt. Maurermeister Streiter verbaut dieses Material für fast 500 fl. Lohn. Steinmetz Süß, der mit 1227 fl. die weitaus größte Summe erhält, bearbeitet vermutlich die roten Sandsteine für Säulen und Giebel des Portikus. Kleinere Summen gehen an Zimmermann Riedel, Schmied Beer, Schlosser Ameis und den hier erstmals genannten »Bildhauern Pfaf zu Mainz« (17 fl.). Die Gesamtkosten des Jahres 1786 für den Freundschaftstempel belaufen sich auf 2339 fl.[69] Im Folgejahr 1787 werden dagegen nur 355 fl. ausgegeben. Außer Süß, Riedel und Ameis werden noch der Quadratur-Stukkateur Lehritter und der Dachdecker Schenck entlohnt. Die interessantesten Zahlungen gehen an »Tüngern Stamm für den äußeren Anstrich 181 fl.« und an »Bildhauern Pfaf für Gipsarbeit 72 fl.«[70] Der Tempel ist im Äußeren also bereits fertig, und der Mainzer Bildhauer Sebastian Pfaff wird hier vermutlich schon für die Gipsmodelle der später von ihm gelieferten Skulpturen bezahlt (siehe unten).

Das dritte Baujahr 1788, in dem die Gesamtkosten wieder auf 2181 fl. ansteigen, steht dann ganz im Zeichen der Stuckarbeiten im Inneren des Freundschaftstempels.[71] Zimmermann Riedel baut »das Gerüst für die Stuckador« auf, Schiffer Drisinger verfrachtet »3 Kisten mit Stuckador Arbeit von Mainz hieher«, 12 weitere Kisten folgen. Schlosser Ameis beschlägt »für die Stuckador die Modellen mit Eisen«. Schreiner Dietz, Schmied Beer und Krämerin Rumi beliefern die Stukkateure ebenfalls. Über 100 Nachen Sand werden durch Drisinger herbeitransportiert und schließlich dem »Gipsfabricanten Greser von Frickenhausen für 248 Ltr Gips à 1 fl.« 248 fl. bezahlt. »Denen Quadratur Handlangern«, unbekannt wievielen, werden von

Februar bis September etwa 120 fl. Lohn ausbezahlt, während »Stuckador Henckel« allein 566 fl. bekommt und »Stuckador Keck« 82 fl. Dem auch am Bau des Speisesaals und des Aussichtsturmes (siehe unten) beteiligten Stukkateur Henckel sind also wohl die drei Stuckreliefs zuzuschreiben. Ihm und dem uns schon vom Philosophenhaus her bekannten Christian Keck ist jedenfalls gemeinsam die hervorragende Qualität der aufwendigen Stuckarbeiten im Freundschaftstempel zu verdanken.

Im gleichen Jahr 1788 erhält »Schlossern Ameis für ein eiserne Gegatter Thür 178 fl.« sowie »für 1 Vorhangschloß darzu 2 fl.« Auch die »roth und weißen Blatten«, nämlich die quadratischen Steinplatten für den Fußboden, werden geliefert und von Maurer Felter verlegt, und Tüncher Stamm erhält nochmals 40 fl. »für den Anstrich des Tempels«. Zum guten Schluß wird auch die Frage nach dem Künstler der allegorischen Holzskulpturen eindeutig geklärt, denn 440 fl. gehen an den »Bildhauern Pfaf von Mainz für die 4 große[n] Statuen in den Tempel«, und der Maler Schall erhält weitere 140 fl. für deren Fassung.[72] Angefertigt hatte Pfaff die Skulpturen in seiner Werkstatt in Mainz, denn im Folgejahr 1789 bekommt »Schifman Borman für fracht von denen in den Tempel gekommenen Statuen von Mainz 8 fl.«[73] Vielleicht hat Pfaff die Aufstellung dieser Statuen damals persönlich kontrolliert, denn er erhält »für diaeten im May mit Fuhrlohn und Trinckgeld« 19 fl.[74]

Insgesamt werden 1789 nur mehr 326 fl. ausgegeben, hauptsächlich für Malerarbeiten. Es erhalten: »Mahlern Klos für inwendige Verzierung 153 fl.« und »Tüngern Stamm für den äußerlichen Anstrich 103 fl.«[75] Damit war auch der Freundschaftstempel vollendet. Der hier erstmals erscheinende Maler Klos wurde offenbar als Spezialist für die farbige Fassung der Stuckkassetten in der Kuppel dem einheimischen Tüncher Stamm vorgezogen und extra von außerhalb geholt, denn er bekommt zusätzlich »für diaeten im May samt voiture und Trinckgeld« 52 fl.[76] Bei ihm handelt es sich aller Wahrscheinlichkeit nach um jenen in Mainz ansässigen Andreas Klos, von dem sich auch vier Stiche mit Ansichten aus dem Schönbusch erhalten haben (Pavillon mit Fichtensaalbrücke, Oberer See, Freundschaftstempel, Philosophenhaus).[77] 1790 erfolgen kleinere Reparaturarbeiten für insgesamt 51 fl., davon erhält wiederum »Mahlern Glos [sic] für den Anstrich deren Wänden und Ausbesserung deren 4 Statuen 26 fl.« sowie ebendieser »für diaeten p. 4 Tag samt voiture von Mainz hieher und zurück 17 fl.«[78] 1791 und 1792 werden nur mehr 8 bzw. 3 fl. für minimale Reparaturen ausgegeben, 1793 nichts.[79]

Ruhebank (errichtet 1787)

Neben der Kanalbrücke am Oberen See steht als reizvolle Uferstaffage noch heute eine rote Sandsteinbank. Durch ihre über zwei Meter hohe, mit Felderungen, Eckquadern und einer Lorbeergirlande geschmückten Rückwand und den Aufsatz aus Blumen und Muschelwerk darüber wirkt sie fast wie ein

Denkmal (Abb. 11). 1787 sind »Zur stainernen Sitzbanck am oberen See« Gesamtkosten von 278 fl. vermerkt. Die damals von Mainz eintreffende Schiffsfracht dürfte der roh bossierte Stein sein. Steinmetz Süß wird für die Verfertigung und Verzierung der Bank bezahlt, Bildhauer Hennemann für weitere »steinerne Zierrathen«, vielleicht den im Stil abweichenden Aufsatz. Schmied Beer ist vermutlich bei der Aufstellung behilflich und Tüncher Stamm streicht die fertige Bank.[80]

11. Die Ruhebank im Schönbusch

Speisesaal (errichtet 1787-1789)

Bei dem sogenannten »Speisesaal« im Schönbusch, der in den Gartenplänen der Entstehungszeit als »Salle de Compagnie et de Festin« bezeichnet wird, handelt es sich um einen freistehenden Steinbau mit einem einzigen, etwa 150 m² großen Innenraum. Herigoyen hat dieses Gebäude fast exakt nach einem Musterbuch des englischen Architekten Robert Morris gestaltet.[81] Der originelle Grundriß besteht aus einem Quadrat mit vier halbrund vorspringenden Konchen, von denen sich jede mit drei Fenstertüren zum Park öffnet (Abb. 12). Die acht Rundnischen außen in den Wandflächen der Gebäudeecken waren wohl immer leer. Die Ecken des Dachgesimses und die Spitze des Pyramidendachs sind mit Urnen geschmückt. Das vom Kurhut bekrönte Steinwappen des Bauherrn, Friedrich Carl von Erthal, prangt über dem zum Unteren See hin ausgerichteten Haupteingang. Im Inneren sind die Gebäudeecken zu flachen Nischen mit gemalten Landschaftsaussichten umgeformt (Abb. 13). Wandpilaster und Zwickelreliefs sind Illusionsmalerei, nur das umlaufende Stuckgebälk ist dreidimensional. Der flache Teil der Decke ist durch die Bemalung zu einer kassettierten Kuppel umgedeutet, die reale Flachkuppel im Zentrum zu einem Himmelsausblick mit der Göttin Flora.

Wie bekannt, wurde schon 1780-1782 am Nordufer des Oberen Sees ein erster hölzerner »Speisesaal« errichtet, ein Rundbau mit kegelförmi-

12. Der Speisesaal im Schönbusch

13. Das Innere des Speisesaals, Foto um 1932

gem Dach, der 1781 drei kleine Nebengebäude erhielt.[82] Schon bisher war der Abriß dieser ganzen Gebäudegruppe, deren Funktion durch Neubauten an anderer Stelle übernommen wurde, für das Jahr 1788 vermutet worden.[83] Diese Vermutung kann nun durch den entsprechenden Eintrag im Rechnungsbuch dieses Jahres bestätigt werden: »der alte speissaal und die daneben stehende Conditorey, Küchen- und wachtgebäude[:] diese gebäulichkeiten sind in diesem Jahr abgetragen worden«.[84]

Nicht bekannt war bisher, daß die Bauarbeiten für den jetzigen steinernen Speisesaal schon 1787 beginnen.[85] 94150 Backsteine und 265 Bütten Kalk werden in diesem Jahr bezahlt, Maurermeister Streiter erhält über 1000 fl. Lohn. Noch mehr, nämlich über 1800 fl., bekommt Steinmetz Süß für »Quater stain abladen« und für »stainhauer arbeit«. Zusätzlich sind auch hier wieder die bewährten Mitarbeiter Zimmermann Riedel, Schreiner Hermann, Schlosser Ameis, Schmied Beer und Leidecker (Dachdecker) Schenck beschäftigt. Extra erwähnt sei nur die Bezahlung an »Bildhauern Pfaf für stain arbeit 128 fl.« und für »Bildhauern Hermann für das steinerne Wappen 63 fl.« Die Gesamtkosten des Jahres 1787 für den Speisesaal belaufen sich auf 7269 fl.[86]

1788 verschlingt der innere Ausbau nochmals 1157 fl. Neben Hermann, Ameis und Zimmermann Riedel, der allein über 300 fl. erhält, sind jetzt auch die Schreiner Dietz und Geisler sowie der Tüncher Stamm hier beschäftigt. An größeren Summen erhalten noch der »Stuckador Henckel für arbeit

249 fl« und »Glaser Bertrams wittib (…) für 12 Neue Glasthüren 281 fl.« Und während die vier steinernen Urnen auf den Gebäudeecken vermutlich die im Vorjahr bezahlten Arbeiten des Bildhauers Pfaff waren, wird der Dachspitze nun anscheinend eine hölzerne Bekrönung aufgesetzt, denn das Rechnungsbuch verzeichnet: »Hofdreher Knais von Mainz für eine große Urne auf das Dach 15 fl.«[87]

Im Jahre 1789 folgen die abschließenden Arbeiten, die insgesamt 1418 fl. kosten. Zimmermann Riedel baut die »Bockgestelle für den Tünger«. Tüncher Stamm erhält »für den aus- und inwendigen anstrich« 404 fl., weitere kleinere Summen unter anderem für den Anstrich der Wappen und Urnen. Mit 165 fl. an »stuckador Henckel für Quadratur arbeit« und 746 fl. an »Hofschlosser Wezel für arbeit zu denen 12 flügelthüren« ist der Ausbau des neuen Speisesaals bis auf das Kuppelfresko zunächst vollendet.[88] 1790 und 1791 fallen »Zum Speis- und Gesellschafts Saal« nur verschieden Ausbesserungs- und Reinigungarbeiten in Höhe von 86 bzw. 19 fl. an.[89]

Doch 1792 steigen die Gesamtausgaben nochmals auf 603 fl. für die letzten Ausstattungsarbeiten an. 120 fl gehen allein an »Gürtlern Hebel zu Mainz für gefirneiste Schlüssel Schilde und Drücker zu den Thüren«. »Albertina Bormännin« erhält zwar 6 fl. »für 13 Wagen weißen Sand für die Stuckatur«, doch werden – nach der letzten Zahlung an Henckel drei Jahre zuvor – hier keine Stukkateure mehr bezahlt. Vielleicht wurde mit dem weißen Sand kein Stuck, sondern nur neuer Verputz als Malgrund hergestellt. Als nächster erhält nämlich Zimmermann Dorn 26 fl. »für das Gerüst für den Tünger und Mahler«. Anschließend erfolgen die Zahlungen von 81 fl. an Tüncher Köhler, von über 300 fl. an »Mahlern Seeland für Mahlung des Speissaals und Farben etc« sowie von 33 fl. an den »Handlanger des Seeland Joseph Anton Köhler«.[90] Hier haben wir also die Bestätigung des bisher für den Speisesaal einzig bekannten Datums aus der Signatur »Edmund Seeland pinx. 1792« auf dem Deckengemälde in der flachen Kuppel. Ob Seeland, unterstützt von Köhler, damals auch die Wandbilder mit den Landschaftsausblicken schuf, oder ob diese erst später hinzukamen, bleibt ungewiß. Zahlungen an die bisher in Erwägung gezogenen Brüder Kaspar und Georg Schneider[91] oder andere Kunstmaler sind bis 1793 jedenfalls nicht verzeichnet. Die Gesamtausgaben 1793 betragen nur mehr 160 fl., davon 113 fl. für Farben, wohl eine Nachzahlung.[92]

Orangerie (errichtet 1784?) und Küchenbau (1788)

Nordöstlich des Speisesaals befinden sich zwei etwa gleich große, einander gegenüberliegenden Gebäude, die Orangerie und der ehemalige Küchenbau, letzter heute als Agaven- oder Koniferenhaus bezeichnet (Abb. 14 und 15).[93] Wie auf einem 1788 datierten Gartenplan Herigoyens festgehalten ist,[94] sollte ursprünglich noch ein verbindender dritter Flügel mit einem Speiseraum hinzukommen, der offenbar aber nie ausgeführt wurde.

14. Die Orangerie im Schönbusch

15. Das Agavenhaus (ehemaliger Küchenbau) im Schönbusch

Im selben Jahr 1788, in dem das alte Küchengebäude am Oberen See abgerissen wird (siehe oben, Speisesaal), entsteht auch schon der »Neue Küchenbau« für den Gesamtpreis von 3406 fl. in einem Zug. Maurer Felter arbeitet dort von März bis August und Zimmermann Riedel schlägt das Gebälk auf. Steinmetz Süß, Schreiner Dietz, Schmied Beer, Dachdecker Schenck, Schlosser Ameis, Glaser Herdam, Spengler Sambach und Seiler Bach tragen das Ihre bei, bevor Tüncher Stamm im Dezember 203 fl. für den Anstrich erhält. Die sechs neuen Herdplatten im Gewicht von 380 Pfund liefert Krämer Berta.[95] 1789 fallen nur mehr 151 fl. an, die an Ameis, Herdam und Stamm hauptsächlich für die Fertigstellung der Türen ausbezahlt werden.[96] »Zum Neuen Küchenbau und Konditorey« erfolgen dann, außer ganzen 3 fl. für Reparaturarbeiten 1792, bis 1793 überhaupt keine Ausgaben mehr.[97]

Das Baudatum des Treibhauses, das bisher zeitgleich mit dem des Küchen-
baus angesetzt wurde, bedarf noch einer Überprüfung. Schon 1780/81 wurde
eine »Orangerie« errichtet, doch das war vermutlich noch ein Vorgängerbau.
Falls dieser mit dem Bau identisch ist, der auf dem um 1783/84 entstandenen
Schönbuschplan (dem »Plan du Bois Joli«) eingezeichnet ist, stand er etwa an
gleicher Stelle.[98]

Die heutige Orangerie kann vielleicht auf 1784 vordatiert werden, denn in
diesem Jahr werden erstmals Kosten »Zum neuen Treibhaus« abgerechnet,
darunter über 100 fl. für Baumaterialien.[99] 1785 gehen unter anderem 196 fl.
an Tüncher Stamm und 240 fl. an Glaser Herdam.[100] In den nächsten Jahren
fallen nur mehr geringere Kosten an, 1790-1793 insgesamt nur ganze 6 fl.[101]
Merkwürdig bleibt, daß erst 1790 ein »Treibhaus für fremde Gewächse« in
der Liste der »herrschaftlichen Gebäulichkeiten« im Schönbusch aufscheint,
direkt nach »Küche und Konditorey«.[102]

Cerestempel (errichtet 1788)

1788 tauchen in den Rechnungen erstmals Ausgaben »Zum Neuen Tempel an
der Straßen« auf. Hierbei kann es sich nur um den Cerestempel handeln, der
sowohl auf dem 1788 datierten Gartenplan[103], wie auf einer Entwurfsskizze
zur Uferbepflanzung des Oberen Sees[104] an dessen Nordwestufer direkt neben der Darmstädter Straße eingezeichnet ist.[105] Reidel konnte diesem Tempel schon eine Entwurfszeichnung[106] zuordnen, die ihn als hölzernen Monopteros mit zehn dorischen Säulen auswies. Da sich jedoch kein Rest des
Bauwerks mehr erhalten hatte, war seine tatsächliche Ausführung bisher ungewiß.

Der kleine Holzbau wird 1788 errichtet und kostet nur 546 fl. Der größte
Teil davon, rund 240 fl., geht an Zimmermann Riedel für seine Arbeit im August und September. Interessant ist, daß in diesen beiden Monaten auch
schon der Dachdecker Schenck mit 70 fl. und der Tüncher Stamm mit 150 fl.
bezahlt werden. Der vermutlich aus vorgefertigten Holzteilen zusammenge-
baute Tempel kann also sofort gedeckt werden, und »600 schuhe gemeiner
Blatten«, die »Schifman Brod von Heidenfeld« liefert, werden wohl als Fußboden verlegt. Wegen des ungewöhnlichen, nur hier vorkommenden Kaufs
von »20 Ltr geschlagenen Steinstaub[s]« drängt sich eine Vermutung auf:
wahrscheinlich hat der hölzerne Rundtempel einen mit Steinmehl vermeng-
ten, steinfarbenen Anstrich erhalten, um ihn optisch wie haptisch als Tempel
aus Stein erscheinen zu lassen.[107] Gestützt wird diese These durch die Nachricht, daß Tüncher Stamm schon im Folgejahr 13 fl. bezahlt werden »für die
Ausbesserung des abgefallenen Bewurfes« (»Bewurf«, nicht abgefallene Farbe!).[108] Doch diese Art der Oberflächenveredelung scheint nicht sehr haltbar
gewesen zu sein. Denn auch 1790 erhält Stamm wiederum 23 fl. »für Ausbesserung und Anstrich deren Säulen pp.« und 1791 nochmals 15 fl., um »durch
das Wetter beschädigte Säulen, Postamenten und Hauptgesimser wiederum

anzustreichen.[109] 1792/93 erfolgen keine Ausgaben mehr.[110] Seine schlechte Haltbarkeit und große Pflegebedürftigkeit war sicher der Grund dafür, daß dieser Tempel später wieder ganz verschwunden ist.

Dörfchen (errichtet 1788/89)

Im Südwesten des Schönbusch steht eine idyllische Gruppe ursprünglich strohgedeckter Bauernhäuser im Miniaturformat (Abb. 16). Diese Staffagebauten, die in den Gartenplan von 1788 noch nachträglich eingezeichnet wurden,[111] sollten dem Rousseau'schen Naturideal mit seiner Sehnsucht nach der Einfachheit des Landlebens Rechnung tragen. Ihr gartengeschichtliches Vorbild war das erst kurz zuvor, 1783-1785, von Richard Mique für Königin Marie-Antoinette in Versailles errichtete »Hameau« des Petit-Trianon.

Das Aschaffenburger »Hammo« entsteht 1788. Maurer Felter werden von Oktober bis Dezember 93 fl. »für Arbeit an denen neu aufgerichteten Bauern Häuser« bezahlt, kleinere Summen erhalten Steinmetz Süß und Schmied Beer. Zimmermann Riedel bekommt im November und Dezember 161 fl., die gesamten Ausgaben dieses Jahres belaufen sich auf 264 fl.[112] Auch 1789 ist Maurer Felter wieder von April bis Juli für rund 88 fl. beschäftigt, ähnliche Summen erhalten Zimmermann Riedel und Glaser Herdam, kleinere Steinmetz Süß, Schlosser Ameis, Schreiner Die[t]z und Häfner Hettinger.

16. Das Dörfchen im Schönbusch, Foto um 1932

Die 195 fl., die an Tüncher Stamm gehen, und die 83 fl., die »Landschöpfer Zünemann [?] zu Niedernburg für 1000 gebund langen Strohes zu Deckung deren Bauer Häuser« erhält, zeigen das nahe Ende der Bauarbeiten an, für die 1789 insgesamt 687 fl. ausgegeben wurden.[113] In der Liste der »Gebäulichkeiten« im Schönbusch erscheint 1789 auch »Das neu erbaute Dörfgen, Hammo genant, von … Häusern«, wobei die Stelle für die Anzahl der Häuser noch freigelassen ist.[114] 1790 sind in der gleichen Liste 6 Häuser eingetragen, aber keine neuen Baukosten für das Dörfchen mehr vermerkt.[115] Auch 1791 und 1793 fallen keine Kosten an, lediglich 1792 erhält »Maurer Felter für Untermauerung eines Vogels Haus« 6 fl.[116]

Teufelsbrücke (errichtet 1788)

Mit dem Aushub der Schönbuschseen wurden drei Hügel, die sogenannten »Berge«, aufgeschüttet, auf deren mittlerem heute der Aussichtsturm steht. Als Aufgang führt von dem südwestlichen Hügel über eine rund 10 m tiefe Schlucht die »Teufelsbrücke« herüber, die diesen Spitznamen nach dem großen Vorbild auf dem St. Gotthard erhielt. Die 1788 entstandene Holzkonstruktion[117] mußte 1867 durch eine Eisen-, 1985 erneut durch eine Stahlkonstruktion ersetzt werden.

Nach Aussage der Rechnungen beginnen ab Januar 1788 die Maurer Streiter und Felter sowie Steinmetz Süß mit der Fundamentierung »Zu der neuen Brücken über die 2 Berg«. Zimmermann Riedel und Schmied Beer stellen die etwa 20 m weit gespannte Holzbrücke bis zum April auf, Tüncher Stamm streicht sie im August. Insgesamt kosten die Arbeiten 777 fl.[118] Die »8 Stück Eichbäume« aus denen die Brücke gebaut wurde, werden dem »Holzlieferanten Grim zu Lichtenau« aber erst im folgenden Jahr mit 23 fl. bezahlt.[119] 1790 erfolgen keine Ausgaben mehr.[120]

Aussichtsturm (errichtet 1789/90)

Der heutige Aussichtsturm ist in dem Gartenplan von 1788 noch nicht verzeichnet.[121] Als Werk Herigoyens ist er jedoch durch dessen eigenhändige Skizze gesichert, die den vierstöckigen Rundturm in seiner ausgeführten Form zeigt.[122] Dieser Steinbau wurde 1867 renoviert, nach 1918 wurde die ursprünglich zinnenbewehrten Steinbrüstung um die Aussichtsplattform durch ein Eisengeländer ersetzt.[123]

Wie jetzt anhand der Baurechnungen erstmals nachzuweisen ist, wird der Grundstein »Zum neuen Thurn auf dem Berg« 1789 gelegt[124] (in den Rechnungen erscheint durchweg die alte Wortform »Thurn« statt Turm). 949 fl. werden 1789 insgesamt bezahlt. Zimmermann Riedel arbeitet von Mai bis November, Maurermeister Felter von Juni bis September, unterstützt von Steinmetz Süß, Glaser Herdam, Dachdecker Schenk, Schreiner Die[t]z, Spengler Sambach und Schlosser Ameis.[125] Maurer und Steinmetz haben ihre Arbeiten damit beendet, die übrigen genannten Handwerker erhalten auch

1790 wieder einen Teil der sich auf 641 fl. belaufenden Gesamtinvestitionen. Auf die Fertigstellung des Umgangs deutet die Zahlung an »Leideckern Schenck für Deckung der Altan pp. 2 fl.«, auf die des ganzen Bauwerks die größte Einzelzahlung an »Mahlern Klos für in- und auswendigen Anstrich des Thurn mit Ölfarben 226 fl.« Unter der Rubrik »Zum Thurn auf dem Berg« ist auch noch die Summe von 12 fl. für »Stuckador Henckel für 4 tägige diaeten p. Tag â 1 fl. 30 kr. samt voiture und Trinckgeld« und die große Summe von 180 fl. »diesem für die Stuckador und Quadratur Arbeit«, allerdings »an verschiedenen Orten« genannt.[126] Angesichts der minimalen Stuckverzierung des Turms muß sich diese Zahlung in erster Linie auf anderweitige Arbeiten beziehen.

Etwas rätselhaft bleibt der relativ teure Ölfarbenanstrich des Malers Klos, der schon im Freundschaftstempel gearbeitet hatte. Im folgenden Jahr 1791 wird nämlich in einer Sammelzahlung für verschiedene Arbeiten auch der bewährte Tüncher Stamm »für den Anstrich des Bergthurns im Schönbusch« mit rund 70 fl. bezahlt. In diesem Jahr erhält auch der Zimmermann Dorn »für das Gerüst für den Tünger beym Anstrich des Bergthurn« 6 fl. und Stamm nochmals 30 fl. »für den Sandbewurf auf der Wetterseite dieses Thurns«.[127] 1792/93 sind keine Ausgaben mehr genannt.

17. Die Rote Brücke im Schönbusch

Rote Brücke (errichtet 1789/90)

Die dreijochige Brücke aus rotem Sandstein (Abb. 17) führte ursprünglich die Darmstädter Straße über einen heute verschwundenen Kanal, der den Unteren See nach Norden verlängerte und wie ein natürlich geschwungener Flußlauf gestaltet war. 1934 wurde die Brücke von der Straße weg einige Meter in den Park hinein versetzt. Als Blickpunkt des höfischen Parks ist sie mit rustizierten Bogensteinen, einem Scheibenfries unterhalb der Brüstung und verschiedenen Dekorplatten architektonisch reich gegliedert. Als skulpturaler Schmuck lagern auf den ausschwingenden Brüstungsenden noch vier Sphingen (Abb. 18).

18. Sphinx von der Roten Brücke (siehe Farbtafel 14)

Die bisherige Datierung der Roten Brücke um 1784/85[128] ließ die Tatsache unberücksichtigt, daß der künstliche Fluß 1783 bereits fertiggestellte war und von Hirschfeld mit dem Boot befahren werden konnte.[129] Für die wichtige Straße nach Darmstadt mußte also spätesten seit diesem Jahr auch eine Brücke vorhanden sein. Aus den Rechnungen geht nun hervor, daß 1783 »Dem Zimmermann Huber für Brückenarbeit über den Canal an der Chaussee 200 fl.« und weitere kleinere Summen bezahlt werden.[130] Zugleich mit der Vollendung des Kanals wird also für die Darmstädter Chaussee zunächst eine provisorische Holzbrücke errichtet. Noch 1788 wird diese Brücke von Zimmermann Riedel um 65 fl. ausgebessert.[131]

Die Rote Brücke selbst muß deshalb sogar später als bisher datiert werden. »Zur neuen Brücke über den Kanal« verzeichnen die Rechnungsbücher erstmals 1789 insgesamt 6499 fl. an Ausgaben. Von April bis Dezember arbeiten Maurer Felter, Steinmetz Süß und Zimmermann Riedel für Summen zwischen rund 200 und 1500 fl., Süß erhält noch gesondert 2399 fl. »für raue Quaderstain und arbeit an dieser neuen Brücke«.[132]

Einen interessanten Einblick in die Abrechnungspraxis der Steinmetzarbeiten gibt der folgende Eintrag: »Bildhauern Baumgärtner für 16 stück wassertropfen p. stück à 1 fl., und 2 stück arabesque ad = 14 schuhe p. schuhe à 3 fl. nach der Modera[ti]on ad = 30 fl. [Gesamtsumme:] 46 fl.«[133] Die »Wassertropfen« beziehen sich dabei auf die acht Dekorplatten mit jeweils zwei stilisierten Wassergüssen, die an den Pfeilern der Roten Brücke angebracht sind, und die nach dieser kuriosen Berechnung je 2 fl. gekostet haben. Die »Arabesken« wiederum beziehen sich auf die beiden Reliefplatten mit Rankenornamenten über dem mittleren Brückenbogen. Diese Verzierungen sollten nach Länge, nämlich mit 3 Gulden pro Schuh, entlohnt werden. Offenbar fielen diese Steinmetzarbeiten aber nicht zur Zufriedenheit des Auftraggebers aus, denn Baumgärtner mußte den Preis von den sich für 14 Schuh errechnenden (14 x 3 fl. =) 42 fl. auf 30 fl. ermäßigen.

Der besondere Schmuck der Brücke sind aber die vier Sphingen aus rotem Sandstein, die bisher dem Aschaffenburger Bildhauer Hoffmann oder dem Mainzer Johann Sebastian Pfaff zugeschrieben wurden.[134] Sie sind nun, wie die vier Holzstatuen im Freundschaftstempel, ebenfalls als Werke des Johann Sebastian Pfaff gesichert, denn dieser erhält 1789 »für 4 stain zu den Spinix« 74 fl. und »für ausarbeitung dieser stainen« 264 fl.[135]

Wie man »Sphinx« richtig buchstabiert, wußte der Schreiber des Rechnungsbuches also nicht, vielleicht war ihm auch nicht ganz klar, wie so ein Fabelwesen eigentlich aussieht. Bestimmt überfordert muß mit einer solchen Frage aber ein biederer Mainschiffer gewesen sein. Jedenfalls verzeichnen die Rechnungen im folgenden Jahr 6 fl. für »Schifmann Drisinger für Fracht von denen von Mainz hieher geführten 4 Meerfräulein Figuren« – zweifellos unsere Sphingen. In diesem Jahr, 1790, werden insgesamt 1658 fl. für die Brücke ausgegeben.[136] Baumaterialien werden gekauft und kleinere Summen an Schreiner Die[t]z und Schmied Beer bezahlt, letzterem »für Schärpfung der Handwerks Instrumenten«, sicher der Meissel der Steinmetzen. Mehr verdienen Maurer Felter, der von Januar bis November, und Steinmetz Süß, der von Januar bis Juli arbeitet, wobei diesem allein im May die Rekordsumme von 444 fl. ausbezahlt wird. Auf den nahen Abschluß der Arbeiten weisen die Zahlungen von 46 fl. an »Pflästerer Scheider [?] für das Pflaster auf der Brück und beiden Seiten« und von 395 fl. an »Tüngern Stamm für den Anstrich der ganz[en] Brücken mit rother Oelfarbe« hin. Nicht allein nach der Farbe des Sandsteins, auch nach der ihres ursprünglichen Anstrichs trägt also die Rote Brücke ihren Namen zu Recht. Als sicheres Zeichen dafür, daß die neue Steinbrücke jetzt benutzbar war, können wir schließlich die Zahlungen von 15 fl. und später nochmals 9 fl. lesen, die an »Zimmermann Riedel für Abbrechung der alten holzernen Nothbrücken« gehen,[137] die sein Vorgänger Huber sieben Jahre zuvor errichtet hatte.

Weitere Brückenbauarbeiten (1791/92)

1791 betätigt sich Zimmermann Dorn mehrfach als Brückenbauer im Schönbusch. Er erhält 2 fl. »für Ausbesserung der Brücken über den Kanal am

Fichten Saal«, also der wohl vor 1788 entstandenen Bogenbrücke südlich des kurfürstlichen Pavillons, deren Aussehen uns heute nur mehr durch einen zeitgenössischen Stich von Andreas Klos überliefert ist.[138] Ferner bekommt Dorn 46 fl. »für die neue Brücke über den Kanal am Oberen See ad 50 schuhe lang« und 12 fl. »für die neue Bogenbrücke über die [sic] Bach neben dem Oberen See«. Beide Brücken werden anschließend von Tüncher Stamm gestrichen.[139] Im Folgejahr 1792 werden an »Schlosser Seiferling für das Geländer von Eisen an die neue Kanal Brücke, im Gewicht ad 450 Pfund« 82 fl. ausbezahlt.[140]

Wie die beiden letztgenannten Brücken genau ausgesehen haben, ist uns nicht überliefert. Es dürfte sich jedoch um Wiederholungen der offenbar schon baufällig gewordenen Vorgängerbauten gehandelt haben, die uns ein um 1786 entstandenes Gemälde von Ferdinand Kobell mit der Ansicht des Oberen Sees zeigt. Die Kanalbrücke westlich des Pavillons erscheint dort, wie heute, als flacher brauner Steg, in der Erstfassung noch ganz ohne Geländer, die kleine Brücke über den Bach als anmutiger Bogen mit rautenförmig verstrebtem Geländer, weithin leuchtend weiß gestrichen.[141]

DAS ENDE DER HAUPTBAUZEIT (1778-1790) IM SCHÖNBUSCH

Damit ist unser Rundgang durch den Schönbusch und seine Geschichte vorerst beendet. Wie sich gezeigt hat, sind die wichtigen Gebäude des Parks alle zwischen 1778 und 1790 entstanden, zwischen dem Baubeginn des kurfürstlichen Pavillons und der Vollendung des Aussichtsturms und der Roten Brücke. Die Baudaten sind nun weitgehend archivalisch gesichert, nur für das Salettchen[142] (ein kleines Häuschen außerhalb des Dörfchens) und den Tanzsaal (einen Fachwerkbau neben dem Wirtschaftsgebäude) stehen sie noch aus, und auch über die Entstehung der diversen Brücken und des kleinen »Kotzerbrunnens« wüßten wir gerne Näheres. Zwar enden die Rechnungsbücher nicht mit dem Jahr 1793, doch ergibt sich hier mit dem völligen Abflauen der Bautätigkeit – die gesamten »Bau- und Reparationskösten« im Schönbusch betrugen in diesem Jahr nur mehr 300 fl. – ein natürlicher Einschnitt für eine erste Auswertung.

Der Grund für diesen Stillstand der Bautätigkeit war ein politischer: die Koalitionskriege, die nach der französischen Revolution 1789 ausbrachen und später in die napoleonische Umgestaltung Europas mündeten. Französische Truppen besetzten Mainz ab 1792 mehrfach, Kurfürst-Erzbischof Friedrich Carl von Erthal war zum Rückzug in seine Nebenresidenz Aschaffenburg gezwungen, und schließlich verlor der Mainzer Kurstaat alle seine linksrheinischen Besitzungen. Auch Aschaffenburg blieb nicht verschont und der Schönbusch wurde zeitweise sogar zum Schlachtfeld: »Am 18. July [1796] im Revolutionskrieg kamen die Franzosen zum ersten Mal in die Stadt Aschaffenburg zum großen Schrecken der Einwohner« berichtet der Zeitgenosse Franz Haus in seiner Chronik, und weiter: »Am 6. Sept. Nachmittags sind die Kaiserlichen hier angerückt vom Spessart her und haben die Franzosen aus der Stadt getrieben. Es ging erschrecklich her, weil die Franzosen nicht weichen wollten, besonders am schönen Busch, allwo sehr viele geblieben«.[143]

1802 starb Friedrich Carl von Erthal in Aschaffenburg und 1803 kam mit dem Reichsdeputationshauptschluß auch das Ende des Mainzer Kurstaates. Erthals Nachfolger Carl Theodor von Dalberg konnte das neugegründete Fürstentum Aschaffenburg trotzdem – unter wechselnden Herrschertiteln und zusammen mit wechselnden anderen Gebieten – noch bis 1814 regieren, bevor es endgültig dem Königreich Bayern zufiel. Die Geschicke des Schönbusch in dieser wechselvollen Zeit sind bisher noch weitgehend unerforscht.

ANMERKUNGEN

1 Johann Conrad Dahl, Geschichte und Beschreibung der Stadt Aschaffenburg, des vormaligen Klosters Schmerlenbach und des Spessarts, Darmstadt 1818, S.77-80; Wilhelm Christian Johann Steiner, Alterthümer und Geschichte des Bachgaus im alten Maingau. 1. Theil: Geschichte und Topographie der alten Grafschaft und Cent Ostheim und der Stadt Obernburg am Main, Aschaffenburg 1821, S.294-298; Stephan Behlen, Der Spessart. Versuch einer Topographie dieser Waldgegend, mit besonderer Rücksicht auf Gebirgs-, Forst-, Erd- und Volkskunde 1, Leipzig 1823, S.123-136; Stephan Behlen und Joseph Merkel, Geschichte und Beschreibung von Aschaffenburg und dem Spessart, Aschaffenburg 1843, S.92-101 (1776 genannt auf S.92).

2 Felix Mader, Stadt Aschaffenburg (Die Kunstdenkmäler des Königreichs Bayern III,19), München 1918, S.268-281.

3 Erich Stenger, Der Schönbusch bei Aschaffenburg. Entstehung der Bauten und älteste Ansichten, in: Spessart 15, 1929, Nr. 6, S.36-41 u. Nr. 7, S.12-13; Erich Stenger, Parkkultur um 1780. Ein Beitrag zur Entstehungsgeschichte des Schönbuschs bei Aschaffenburg, in: Spessart 15, 1929, Nr. 9, S.10-12. – Zur Biographie Stengers vgl. Carsten Pollnick, Aschaffenburger Straßennamen, Aschaffenburg 1990, S.96.

4 Heinrich Kreisel, Schönbusch bei Aschaffenburg. Amtlicher Führer (Hrsg.: Bayerische Verwaltung der staatlichen Schlösser, Gärten und Seen), Aschaffenburg 1932.

5 Erich Bachmann, Schönbusch bei Aschaffenburg. Amtlicher Führer (Hrsg.: Bayerische Verwaltung der staatlichen Schlösser, Gärten und Seen), München, 1. Nachkriegsauflage 1954; 2., überarbeitete Auflage 1963; 3. Auflage 1980.

6 Hermann Reidel, Emanuel Joseph von Herigoyen, München 1982, besonders S.33-46. Einige Ergebnisse bereits vorab veröffentlicht in dem Katalogartikel: Hermann Reidel, Parkbauten im Schönbusch bei Aschaffenburg und Hofgut Nilkheim, in: Klassizismus in Bayern, Schwaben und Franken. Architekturzeichnungen 1775-1825 (Ausstellungskataloge der Architektursammlung der Technischen Universität München und des Münchner Stadtmuseums 3), München 1980, S.425-432.

7 Doris Frauenschläger, Das Bauprogramm im Schönbusch bei Aschaffenburg, Magisterarbeit (masch.) Universität Erlangen-Nürnberg, 1987.

8 Adrian von Buttlar, Der Landschaftsgarten. Gartenkunst des Klasizismus und der Romantik, Köln 1989, hier S.164-166. – In diese überarbeitete Neuauflage hat v. Buttlar einige Ergebnisse Reidels (wie Anm.6) noch mit einbezogen. Bei aller Anerkennung für

die Leistungen des thematisch weitgespannten Überblickswerks v. Buttlars sind jedoch gerade auf den anderthalb Textseiten seiner Schönbuschbeschreibung eine ganze Reihe sachlicher Fehler richtigzustellen: Der Untere See besaß immer nur eine einzige Insel, aber er war tatsächlich bis fast zur nördlichen Mainschleife verlängert worden; die Kaskade speist den Kanal nicht, sondern fließt aus ihm ab; die Inschrift am Freundschaftstempel lautet »Der Freundschaft«; die Statue der Fortuna im Philosophenhaus warf nur einen einzigen Würfel in die Urne, der zudem schon 1918 verschwunden war; auch von den Büsten im Philosophenhaus, die nicht in Nischen, sondern auf Konsolen vor der glatten Wand standen, ist seit 1971 leider nur mehr die des Sokrates vorhanden.

9 Für die Entstehung der Parkbauten nach 1782 bildete bisher eine von Stenger zitierte Kostenzusammenstellung den wichtigsten Fixpunkt, um den fast alles andere frei arrangiert werden mußte: »Summarisches Extractus über die Kösten der Gebäude, welche in Anno 1788 zu Aschaffenburg sind aufgeführten worden. Die grose höltzernen Brück auf dem Berg im Schönbusch 1159 fl. 33 kr. Die neuen Kuchen im Schönbusch 2505 fl. 13 kr. Der höltzerne Tempel im Schönbusch 1096 fl. 49 kr. Die neuen Bäuern Häusen oder der Hameau im Schönbusch 427 fl. 33 kr.« Ehemals Saatsarchiv Würzburg, V.15126, F.678, Original 1945 verbrannt, zitiert nach Stenger 1929 (wie Anm.3), Nr.6, S.39; vgl. Kreisel 1932 (wie Anm.4), S.14f, sowie Reidel 1982 (wie Anm.6), besonders S.40-42, und Frauenschläger 1987 (wie Anm.7), S.26ff. – Wieso die in Stengers Quelle zitierten Gesamtkosten dieser Bauwerke nicht mit den Summen in den jeweiligen Jahresrechnungen (siehe unten) übereinstimmen, konnte nicht geklärt werden.

10 Reidel 1982 (wie Anm.6), S.42: »Große Schwierigkeit bereitet in der bisherigen Forschung über die Anlage des Schönbuschs die Datierung des Philosophenhauses und des Freundschaftstempels. Beide sind wahrscheinlich um das Jahr 1790 entstanden.« Frauenschläger 1987 (wie Anm.7), S.29: »Eine auch nur annähernd genaue Datierung sowohl des Freundschaftstempels als auch des Philosophenhauses ist anhand der derzeit bekannten Quellen nicht möglich.«

11 Werner Helmberger, Schloß und Park Schönbusch/Aschaffenburg. Amtlicher Führer, mit einem Beitrag von Heinrich Kreisel (Hrsg.: Bayerische Verwaltung der staatlichen Schlösser, Gärten und Seen), München 1991.

12 Die Daten dieses Zeitraums größtenteils nach Stenger 1929 (wie Anm.3), Kreisel 1932 (wie Anm.4) und Reidel 1982 (wie Anm.6). Ausführlichere Schilderung bei Helmberger 1991 (wie Anm.11), S.5-18.

13 Michael Benz, Sickingen-Bildnisse, München 1985, S.80-88.

14 »Plan du petit Bois de Nilkheim« von 1774 und »Plan du petit Bois de Nilckheim« von 1775, Hofbibliothek Aschaffenburg: Delin. Ib,1 und Ib,2 (früher: Schönbuschplan Nr. 4 und 5, vgl. Reidel 1982 [wie Anm.6], Plan Nr. 55 und 56, Abb. 38 und 39).

15 Der Gartenplan von 1788 trägt die Überschrift: »Plan du Schönbusch. Jardin dans le gout moderne que Son Altesse Eminentissime Frederic Charles Joseph Electeur de Maience á fait executer à Aschaffenbourg, et que fut commencé l'anneé 1776«, Bayerische Verwaltung der staatlichen Schlösser, Gärten und Seen, München, Plansammlung der Gärtenabteilung: B-11/2 (vgl. Reidel 1982 [wie Anm.6], Plan Nr. 70, Abb.48 und Helmberger 1991 [wie Anm.11], Farbabb. S.22 u. 23).

16 Kreisel 1932 (wie Anm.4), S.9 u. Anm.4.

17 zitiert nach Reidel 1982 (wie Anm.6), S.35 u. Anm.293: StAWü Rechnungen 27 553 S.189.

18 »Plan über den neu projectirten See« vom 17.5.1782, Hofbibliothek Aschaffenburg: Delin. Ib,16 (früher: Schönbuschplan Nr. 9, vgl. Reidel 1982 [wie Anm.6], Plan Nr. 64, Abb. 44).

19 Christian Cay Lorenz Hirschfeld, Theorie der Gartenkunst, Bd. 5, Leipzig 1785 (Neudruck Hildesheim/New York 1973), S.333.

20 Michael Benz: Sickingen-Bildnisse. München 1985. S.64-74 (vgl. auch Reidel 1982 [wie Anm.6] Anm.310).

21 »1772 ist das Vizedomamt [Aschaffenburg] in vier Kellereien eingeteilt: die Oberkellerei Aschaffenburg und die drei Kellereien Bachgau, Rothenbuch und Kaltenberg. [...] 1782 [...] legte die kurfürstliche Regierung je zwei der Kellereien zusammen. So wurden die Oberkellerei und die Bachgaukellerei von jetzt an von Aschaffenburg, die Kellerei Rothenbuch und Kaltenberg von Rothenbuch aus mit gemeinsamer Rechnungsführung verwaltet.« Günter Christ, Aschaffenburg. Grundzüge der Verwaltung des Mainzer Oberstifts und des Dalbergstaates (Historischer Atlas von Bayern I,12), München 1963, S.69. Für den Hinweis auf dieses Buch ist Herrn Werner Wagenhöfer, Staatsarchiv Würzburg, besonders zu danken.

22 Stenger 1929 (wie Anm.3), Nr.6, S.38, Anm.19: »Die Rechnungen nach 1782 sind nicht vorhanden.«; Reidel 1982 (wie Anm.6), S.33: »Unversehrt haben sich nur die Bachgauer Amtskellereirechnungen für die Zeitspanne 1773-1782 erhalten.«; Frauenschläger 1987 (wie Anm.7), S.4, Anm.12 über die selben Rechnungen: »Die folgenden Jahrgänge sind nicht erhalten«; vgl. ebd. S.26.

23 Ehemals im Hessisches Staatsarchiv Darmstadt, Mainzer Akten aus Wien, Nr.859/56 vom 1. September 1785, Original im Zweiten Weltkrieg verbrannt (vgl. Reidel 1982 [wie Anm.6], S.37, Anm.319 u. S.45, 415); erstmalig zitiert von Franz Hallbaum, Der Landschaftsgarten. Sein Entstehen und seine Einführung in Deutschland durch Friedrich Ludwig von Sckell 1750-1823, München 1927, S.160; eine Abschrift des Originals abgedruckt bei Frauenschläger 1987 (wie Anm.7), S.96-99.

24 Zuletzt: Volker Hannwacker, Friedrich Ludwig von Sckell: der Begründer des Landschaftsgartens in Deutschland, Stuttgart 1992, S.25.

25 Staatsarchiv Würzburg (abgekürzt: StAWü) Rechnungen 27429, S.213. Im Folgenden werden Geldbeträge in der Regel nur mehr in Florin (Gulden) zitiert, ohne die Kreuzerbeträge.

26 Entgegen Reidel 1982 (wie Anm.6), S.38 und Frauenschläger 1987 (wie Anm.7), S.23.

27 StAWü (=Staatsarchiv Würzburg) Rechnungen 27429, S.220f und 27430, S.238f.

28 StAWü Rechnungen 27429, S.220.

29 StAWü Rechnungen 27431, S.232.

30 StAWü Rechnungen 27432, S.220.

31 StAWü Rechnungen 27433, S.222.

32 StAWü Rechnungen 27434, S.246f.

33 StAWü Rechnungen 27435, S.238 und 27436, S.278f.

34 StAWü Rechnungen 27437, S.282f.

35 StAWü Rechnungen 27438, S.292f.

36 Reidel 1982 (wie Anm.6), S.40 und Frauenschläger 1987 (wie Anm.7), S.24.

37 StAWü Rechnungen 27429, S.220f. – In ihrer ursprünglichen Form war die Vorderfront des Wirtschaftsgebäudes durchgehend nur zweigeschossig, die Rückfront zwischen den Seitenrisaliten sogar nur eingeschossig unter einem Pultdach. Erst 1877/78 wurde das Gebäude auf zwei durchgehende Stockwerke vergrößert und der Mittelrisalit mit einem dritten Geschoß und Dreiecksgiebeln versehen.

38 StAWü Rechnungen 27430, S.239.

39 StAWü Rechnungen 27432, S.223.

40 StAWü Rechnungen 27437, S.282.

41 StAWü Rechnungen 27438, S.291f.

42 StAWü Rechnungen 27429, S.227.

43 StAWü Rechnungen 27430, S.239.

44 StAWü Rechnungen 27429, S.227.

45 StAWü Rechnungen 27431, S.231.

46 Zwei Pläne zu den Bienenständen: Hofbibliothek Aschaffenburg: Delin. Ib,56 und 57. Vgl. Reidel 1982 (wie Anm.6), S.41 u. 248, und besonders Sigrid von der Gönna, Sonderbestände der Hofbibliothek Aschaffenburg. Karten, Zeichnungen, Kleinkunst – eine Übersicht, in: Aschaffenburger Jahrbuch 11/12, 1988, S.287-358; hier: S.299-302 mit Abb. 1 und 1a. – Durch den Vergleich mit den Rechnungen ist nun eine Datierung der Pläne Christs in die Jahre 1783-1785 mehr als wahrscheinlich. Der Lageplan gibt außerdem genau jenen Standort zwischen dem »Nelkeimer Hof« und dem »Weeg nach den Alleen und Spielen« (also zwischen Nilkheimer Hof und dem Tal der Spiele) an, an dem auch der 1788 datierte Schönbuschplan zwei Bienenhäuser (»Maisonnette des Abeilles«) verzeichnet (Bayerische Verwaltung der staatlichen Schlösser, Gärten und Seen, München, Plansammlung der Gärtenabteilung: B-11/2). Es ist daher anzunehmen, daß Christ seine Pläne für das Bauprojekt von 1783 entworfen hat (vgl. dagegen von der Gönna 1988, Anm.29). Ob die eher laienhaft gezeichneten Pläne mit den sehr aufwendigen Entwürfen exakt so umgesetzt wurden, ist eine andere Frage.

47 Frauenschläger 1987 (wie Anm.7), S.25; vgl. Reidel 1982 (wie Anm.6), S.44.

48 StAWü Rechnungen 27429, S.231 und 27430, S.237.

49 StAWü Rechnungen 27430, S.541.

50 »Plan du Schönbusch« von 1788 (wie Anm.15); Kreisel 1932 (wie Anm.4), S.14 u. 37; Reidel 1982 (wie Anm.6), S.41f und Frauenschläger 1987 (wie Anm.7), S.27.

51 StAWü Rechnungen 27430, S.239.

52 StAWü Rechnungen 27431, S.233.

53 StAWü Rechnungen 27434, S.248.

54 StAWü Rechnungen 27435, S.239.

55 Jakob Heinrich von Hefner-Alteneck, Lebenserinnerungen, München 1899, S.40.

56 Mader 1918 (wie Anm.2), S.273-275.

57 Mader 1918 (wie Anm.2), S.276.

58 Stenger 1929 (wie Anm.3), Nr. 6, S.37.

59 Kreisel 1932 (wie Anm.4), S.14f u. S.30f.

60 Reidel 1980, S.429 und 1982, S.14 u. 42 (wie Anm.6); vgl. oben Anm.10.

61 StAWü Rechnungen 27431, S.233f.

62 StAWü Rechnungen 27432, S.222f.

63 StAWü Rechnungen 27433, S.227.

64 StAWü Rechnungen 27435, S.240.

65 StAWü Rechnungen 27435, S.247.

66 StAWü Rechnungen 27436, S.281; 27437, S.284 und 27438, S.295.

67 Frauenschläger 1987 (wie Anm.7), S.59.

68 Deutung der Reliefs hier nach Frauenschläger 1987 (wie Anm.7), S.52-54.

69 StAWü Rechnungen 27432, S.224f.

70 StAWü Rechnungen 27433, S.228.

71 StAWü Rechnungen 27434, S.249f.

72 StAWü Rechnungen 27434, S.249f.

73 StAWü Rechnungen 27435, S.240.

74 StAWü Rechnungen 27435, S.247.

75 StAWü Rechnungen 27435, S.240.

76 StAWü Rechnungen 27435, S.247.

77 Stenger 1929 (wie Anm.3), Nr.7, S.12f. Vgl. Brigitte Schad, Aschaffenburg im Spiegel alter Graphik, Aschaffenburg 1990, S.143-147 und die Abbildungen bei Helmberger 1991 (wie Anm.11), S.45, 67 u. (hier neu das Philosophenhaus) 69.

78 StAWü Rechnungen 27436, S.281.

79 StAWü Rechnungen 27437, S.284; 27438, S.295 und 27439, S.299.

80 StAWü Rechnungen 27433, S.228.

81 Gerhard Hojer hat als erster darauf hingewiesen, daß Grund- und Aufriß des Speisesaals eine direkte Übernahme aus dem in London 1751 (nicht 1791) im Druck erschienenen Werk »The Architectural Remembrancer« von Robert Morris sind. Gerhard Hojer, Architektur 1700-1800, in: Bayern. Kunst und Kultur, Ausstellungskatalog München 1972, S.128. Vgl. Reidel 1982 (wie Anm.6), S.42, Anm.368.

82 Reidel 1982 (wie Anm.6), S.36f u. S.39f; Frauenschläger 1987 (wie Anm.7), S.23f.

83 Reidel 1982 (wie Anm.6), S.40.

84 StAWü Rechnungen 27434, S.547.

85 Reidel 1982 (wie Anm.6), S.14, vermutete den Baubeginn nach Frühjahr 1789.

86 StAWü Rechnungen 27433, S.223-226.

87 StAWü Rechnungen 27434, S.247.

88 StAWü Rechnungen 27435, S.238.

89 StAWü Rechnungen 27436, S.279 und 27437, S.283.

90 StAWü Rechnungen 27438, S.293.

91 Diese genannt von Mader 1918 (wie Anm.2), S.273, Anm.1, Kreisel 1932 (wie Anm.4), S.39 und Reidel 1982 (wie Anm.6), S.42. – Eine stilistische Beurteilung der Malereien ist wegen ihrer weitgehenden Neuschöpfung heute kaum mehr möglich.

92 StAWü Rechnungen 27439, S.299.

93 Bei Helmberger 1991 (wie Anm.11), S.40 ist irrtümlich die Orangerie (statt richtig des südlich gelegenen Agavenhauses) als ehemalige Küche bezeichnet.

94 »Plan du Schönbusch« von 1788 (wie Anm.15); seit Stengers Forschungen ist 1788 als Baujahr der Küche bekannt, vgl. oben Anm.9.

95 StAWü Rechnungen 27434, S.251f.

96 StAWü Rechnungen 27435, S.241.

97 StAWü Rechnungen 27436, S.281, 27437, S.285 und 27438, S.296.

98 Nach Frauenschläger 1987 (wie Anm.7), S.24 mit Anm.79. »Plan du Bois Joli«, Hofbibliothek Aschaffenburg: Delin. Ib,3 (früher: Schönbuschplan Nr. 6, vgl. Reidel 1982 [wie Anm.6], Plan Nr. 61, Abb. 40).

99 StAWü Rechnungen 27430, S.238 u. S.241.

100 StAWü Rechnungen 27431, S.232.

101 StAWü Rechnungen 27432, S.221; 27434, S.246; 27436, S.278; 27437, S.282; 27438, S.291; 27439, S.298.

102 StAWü Rechnungen 27436, S.638.

103 »Plan du Schönbusch« von 1788 (wie Anm.15); seit Stengers Forschungen ist 1788 als Baujahr eines hölzernen Tempels bekannt, vgl. oben Anm.9.

104 Skizze des Oberen Sees, Hofbibliothek Aschaffenburg: Delin. Ib,18 (früher: Schönbuschplan Nr. 16, vgl. Reidel 1982 [wie Anm.6], Plan Nr. 68, Abb. 45 und Helmberger 1991 [wie Anm.11], Abb. S.25).

105 Der in den Rechnungen sonst immer nur »Tempel an der Straßen« genannte Bau wird in der Jahresrechnung von 1791 ausdrücklich als »Tempel an der Stockstätter Strassen« bezeichnet, wodurch seine Lage an der über Stockstadt nach Darmstadt führenden Chaussee eindeutig feststeht (StAWü Rechnungen 27437, S.286).

106 Plan eines hölzernen Monopteros, Hofbibliothek Aschaffenburg: Delin. Ib,33 (früher:

Schönbuschplan Nr. 21, vgl. Reidel 1982 [wie Anm.6], Plan Nr. 95, Abb. 80).

107 StAWü Rechnungen 27434, S.254.

108 StAWü Rechnungen 27435, S.245.

109 StAWü Rechnungen 27436, S.283 und 27437, S.286.

110 StAWü Rechnungen 27438, S.297 und 27439, S.300.

111 »Plan du Schönbusch« von 1788 (wie Anm.15); seit Stengers Forschungen ist 1788 als Baujahr der Bauernhäuser bekannt, vgl. oben Anm.9.

112 StAWü Rechnungen 27434, S.255.

113 StAWü Rechnungen 27435, S.245f.

114 StAWü Rechnungen 27435, S.543.

115 StAWü Rechnungen 27436, S.638 und 283.

116 StAWü Rechnungen 27437, S.286; 27438, S.297 und 27439, S.300.

117 Seit Stengers Forschungen ist 1788 als Baujahr dieser Brücke bekannt, vgl. oben Anm.9.

118 StAWü Rechnungen 27434, S.253.

119 StAWü Rechnungen 27435, S.241.

120 StAWü Rechnungen 27436, S.281.

121 »Plan du Schönbusch« von 1788 (wie Anm.15).

122 Hofbibliothek Aschaffenburg: Delin. Iba,3 (Rückseite), abgebildet bei von der Gönna 1988 (wie Anm.46), S.304, Abb.3a.

123 Mader 1918 (wie Anm.2), S.279, beschreibt noch die »mit Zinnen geschlossene Galerie« des Turms.

124 Dies als Ergänzung zu Helmberger 1991 (wie Anm.11) S.24, 27 und 43.

125 StAWü Rechnungen 27435, S.246.

126 StAWü Rechnungen 27436, S.284.

127 StAWü Rechnungen 27437, S.285.

128 Kreisel 1932 (wie Anm.4), S.20 und Reidel 1982 (wie Anm.6), S.40.

129 Hirschfeld 1785 (wie Anm.19), S.333: »Mit diesem [Unteren] See hängt ein großer Fluß zusammen, der ebenfalls ein Werk des Fleißes ist, und sich in einer schönen Form, so breit und sich fortwindend, daß man ihn mit dem Mayn verwechseln könnte, eine kleine halbe Stunde weit erstreckt.«.

130 StAWü Rechnungen 27429, S.226.

131 StAWü Rechnungen 27434, S.253.

132 StAWü Rechnungen 27435, S.242f.

133 StAWü Rechnungen 27435, S.243.

134 Kreisel 1932 (wie Anm.4), S.20 schlägt Hoffmann vor, was Bachmann noch 1980 (wie Anm.5), S.28 übernimmt. Reidel 1982 (wie Anm.6), S.40f, schreibt die Sphingen dagegen schon »sicher« Pfaff zu.

135 StAWü Rechnungen 27435, S.243.

136 StAWü Rechnungen 27436, S.282f.

137 StAWü Rechnungen 27436, S.282.

138 Abbildung bei Helmberger 1991 (wie Anm.11), S.45.

139 StAWü Rechnungen 27437, S.296.

140 StAWü Rechnungen 27438, S.285.

141 Bayerische Staatsgemäldesammlungen, Staatsgalerie in Schloß Johannisburg, Aschaffenburg, Inv. Nr.: BStGS 6586. Farbabbildung u. a. bei Helmberger 1991 (wie Anm.11), S.65.

142 Die Angaben zum Baujahr des Salettchens sind durch Zitier- und Druckfehler zusätzlich durcheinandergeraten: Kreisel 1932 (wie Anm.4) führt auf S.15 mit Quellenangabe

das Jahr 1796 als Datum des Bauakkords an (dieser 1945 im Staatsarchiv Würzburg verbrannt), nennt auf S.35 aber 1794 als Baujahr. Bachmann 1954, S.21 und 1980, S.38 (wie Anm.5), gibt ohne Erklärung stattdessen 1792 an. Reidel 1982 (wie Anm.6), S.43 und Anm.380, übernimmt von Kreisel ohne Begründung die Jahreszahl 1794 und erklärt 1796 zum Druckfehler. Frauenschläger 1987 (wie Anm.7), S.30, stellt diese Verwirrung korrekt dar, kann sie aber auch nicht auflösen. Helmberger 1991 (wie Anm.11) schließlich gibt S.72 versehentlich ebenfalls 1792 an, was sicher falsch ist (keine Kosten in den Rechnungsbüchern), übernimmt aber S.27 Kreisels Datierung auf 1796.

143 Franz Haus: Chronik von der Stadt Aschaffenburg oder der lustige Zeitvertreib, Aschaffenburg 1855, S.13.

SABINE HEYM

Feenreich und Ritterwelt

Die Rosenau als Ort
romantisch-literarischen Welterlebens

Schloß Rosenau, Rödental bei Coburg, Ansicht von Süden

Schloß Rosenau, malerisch über dem Talgrund der Itz unweit von Coburg inmitten eines Landschaftsgartens gelegen, ist ein bemerkenswert frühes Beispiel des romantischen Historismus im heutigen Bayern. In den Jahren 1808 bis 1817 ließ Herzog Ernst I. von Sachsen-Coburg-Saalfeld das im Kern mittelalterliche Schloß und die zugehörigen Wirtschaftsgebäude im neugotischen Stil erneuern sowie den Landschaftsgarten anlegen.[1]

Schloß und Gartenanlage wurden im Hinblick auf die Vermählung des Herzogs mit Luise von Sachsen-Gotha-Altenburg vollendet. Als Höhepunkt der Hochzeitsfeierlichkeiten in Coburg eröffnete Herzog Ernst I. am 17. August 1817 unter großer Anteilnahme der Bevölkerung und vor dem *»in alt-deutscher Tracht«* versammelten Hofstaat ein Ritterturnier auf den Wiesen vor dem Schloß.[2]

Die jungvermählte, noch nicht siebzehnjährige Braut Luise teilte ihre ersten Eindrücke von der Rosenau in zahlreichen schwärmerischen Briefen ihrer Gothaer Freundin Auguste von Studnitz mit: *»Mit unendlicher Sehnsucht und Ungeduld harrte ich auf den Augenblick, wo mich mein geliebter Ernst auf die lang gewünschte, gepriesene und besungene Rosenau fahren würde. Herzlich innig hatte ich ihn gebeten, aber immer war »Nein« seine Antwort, bis ich endlich danach verlangte. Wir fuhren hin, ich sah, staunte und war entzückt. ... Kaum traten wir aus den Bäumen hervor, als wir von ferne die Rosenau erleuchtet erblickten, aber welche Beleuchtung, kein Zauberschloß sah je so aus. Alle Beschreibungen von Feenschlössern in unsern geliebten Märchen ist nichts dagegen.«*[3]

Die von Herzog Ernst I. geschaffene Ritterwelt der Rosenau wurde von Luise als Feenreich empfunden. Beide Sphären sind Hauptthemen der viel gelesenen Unterhaltungsliteratur der Zeit. Inwieweit Schloß und Park Rosenau als Ort der Vergegenwärtigung solcher romantischer Vorstellungswelten gestaltet und gesehen wurden, soll nachfolgend näher ausgeführt werden.

I.

Von Anfang an galt der Rosenau das besondere Interesse des Herzogs. Schon als Erbprinz hatte er den Erwerb des Besitzes forciert. Der Coburger Minister Kretschmann, durch dessen Verhandlungsgeschick am 4. Mai 1805 ein Vertrag mit Gotha herbeigeführt und der Kauf des Kammergutes abgeschlossen werden konnte,[4] unterstrich noch 1808 das persönliche Engagement des Herzogs: *»Erinnern sich Ewr. Durchlaucht wie oft Sie sehnsuchtsvoll nach diesem Rosenau hinblickten, wie sehr Sie seinen Besitz wünschten, wie Sie mich anfeuerten, den Besitz möglich zu machen.«*[5] Nachdem Herzog Ernst I. als souveräner Landesherr die Thronfolge in Coburg angetreten hatte, gehörte die Wiederherstellung des Schlosses zu seinen ersten Bauaufträgen. Bis 1817 wurde die Renovierung der Rosenau zeitweise sogar dem parallel betriebenen Ausbau der Stadtresidenz Ehrenburg vorgezogen.[6]

Die Wiederherstellung und Ausstattung von Schloß Rosenau verlief – bedingt durch die napoleonischen Kriege – nicht kontinuierlich.

Zu Beginn des Jahres 1808 ordnete Ernst I. zunächst an, *»höchst nöthige Reparaturen in dem Schloß Rosenau«*[7] durchführen zu lassen. Die Arbeiten wurden von dem seit 1802 in Coburg tätigen Baumeister Gottlieb Eberhard überwacht.[8] Bereits im Sommer vermerkte die Herzogin-Mutter Auguste in ihrem Tagebuch: die »*Zimmer auf dem alten längst verfallenen Rittersitz sind nun fertig und gar freundlich.*«[9] Wie diese erste Ausstattung des Schlosses ausgesehen hat, wissen wir nicht. Die Quellen berichten 1809 lediglich von einer »*besseren Einrichtung*«.[10] 1810 plante Ernst I. einen erneuten Sommeraufenthalt auf der Rosenau,[11] 1812 war die erste Ausbauphase weitgehend abgeschlossen.[12]

Wenige ›gotische‹ Stilzitate genügten Herzog Ernst I., um den alten Rittersitz der Herren von Rosenau[13] neu zu beleben. Entwürfe zur Umgestaltung des Außenbaues, die in diese erste Renovierungsphase datiert werden,[14] belegen, daß mit wenigen Eingriffen der mittelalterliche Charakter des Gebäudes lediglich betont werden sollte. Zinnen, Spitzbogenarchitekturen und Maßwerkbalkone an den Fassaden akzentuierten, wenn auch bis 1817 schließlich in teilweise reduzierter oder formal modifizierter Form verwirklicht, das Erscheinungsbild des Schlosses. Eine zunächst geplante Ritterfigur in einer Nische der Westfassade wurde nicht ausgeführt. Vorhandene Wappensteine und erhaltene Teile farbiger Glasfenster hat man dagegen als ›Spolien‹ in die Umgestaltung einbezogen. Als charakteristisches Merkmal der Anlage bewahrte man den runden Treppenturm neben dem über einem annähernd rechteckigen Grundriß errichteten, mehrstöckigen Schloßbau mit seinem steilen Satteldach. Bereits 1809 war auch der Wappenturm unweit des Schlosses wiederhergestellt worden.[15]

1810/11, als der Umbau des Schlosses im Gange war, fertigte der junge Berliner Architekt Karl Friedrich Schinkel (1781-1841), den Herzog Ernst I. im Oktober 1810 wegen der Umgestaltung seines Residenzschlosses Ehrenburg nach Coburg geholt hatte, Entwürfe zu Schloß Rosenau.[16] Sie blieben Anregung; weder Schinkels Vorschlag für eine Terrassenanlage vor dem Schloß noch seine Entwürfe für Innenraumdekorationen wurden weiterverfolgt. Die ornamentalen Wandmalereien in den Obergeschoßräumen der Rosenau bestanden, wie Befunduntersuchungen ergeben haben, in der Fassung der ersten Bauphase überwiegend aus einfachen Wandfelderungen oder Spitzbogenarchitekturen, sowie Maßwerkrosetten an den Decken in Steingrau vor farbigem Grund. Auch auf die eher schlichte Fassadengestaltung mit Spitz- und Vorhangbogenfenstern hatte Schinkel keinen direkten Einfluß mehr genommen. 1811 waren die »*Stützen der Giebelfenster*« bereits fertiggestellt.[17] Die Platzanlage zwischen Schloß und Wappenturm wurde schließlich durch Teile der 1811 in der Ehrenburg abgebrochenen nachgotischen Maßwerkbalustrade einer nach 1623 angelegten Altane von Giovanni Bonalino[18] und einen von Gottlieb Eberhard entworfenen, 1817 fertiggestellten Schalenbrunnen akzentuiert.[19]

Analog zum Schloßbau wurden die unterhalb gelegenen Wirtschaftsgebäude und Stallungen zurückhaltend ›gotisiert‹.

»Perspektivische Ansicht des Platzes am Schloß Rosenau«, Karl Friedrich Schinkel, 1810/11, Feder laviert; Staatsarchiv Coburg Planslg. 2735

Noch während der ersten Ausbauphase des Schlosses wurde mit der Anlage des Landschaftsgartens begonnen, der ursprünglich größer als heute war und allmählich in die umgebende Landschaft überging. Der Park wurde im Vergleich zu Landschaftsgärten des 18. und beginnenden 19. Jahrhunderts in England und auf dem Kontinent sehr sparsam mit Staffagebauten ausgestattet.[20] Unmittelbar neben dem Schloß beließ man die Reste einer mittelalterlichen Mauer. Eine geplante künstliche Ruine als Bogengang[21] im engeren Umgriff des Schlosses wurde nicht ausgeführt; allerdings hatte man vom Schloß aus einen ungehinderten Blick auf die Ruinen der Lauterburg.[22] Bereits 1809 wurde an der Felsengrotte nördlich des Schlosses gearbeitet, über die aus den gleichzeitig im Park angelegten Teichen ein künstlicher Wasserfall geleitet werden konnte.[23] Direkt unterhalb des Schlosses wurde die Itz durch Felsen angestaut; dieser kleine ›Wasserfall‹ des sonst ruhig dahinströmenden Flüßchens sollte eine stimmungsvolle Geräuschkulisse abgeben. Spätestens 1817 wurde auf einem Hügel unweit des Schlosses eine Turniersäule als Sonnenuhr errichtet.[24] Hier griff man auf Schinkels Terrassenentwurf von 1810/11 zurück, der einen entsprechenden, mit Wappen versehenen Fialenpfeiler zeigt. Noch 1817 wurde eine ›Eremitage‹ unterhalb des Schlosses an der Itz errichtet;[25] allerdings handelte es sich dabei lediglich um eine Fassadenkonstruktion vor dem Eingang zum Eiskeller. Weitere Parkbauten entstanden erst später.[26]

Völlig fehlen die in anderen Landschaftsgärten so wichtigen Tempel, Pyramiden und Denkmäler, die das aufgeklärte Selbstverständnis ihrer Erbauer zum Ausdruck bringen sollten.[27]

Als Herzog Ernst I. nach der Völkerschlacht bei Leipzig am 18. Oktober 1813 auf die Seite der Allianz gegen Napoleon gewechselt war und zu Beginn des Jahres 1814 eine siegreiche Rückkehr nach Coburg absehen konnte, ordnete er von Mainz aus eine Umgestaltung der Innenräume von Schloß Rosenau an.[28]

In dieser zweiten Bauphase wurden im Erdgeschoß des Schlosses neue Räume angelegt. Im Hauptgeschoß, in dem sich das herzogliche Appartement und sogenannte Gesellschaftszimmer befanden, wurden auf Wunsch des Herzogs die Wandmalereien erneuert. Die Räume des Obergeschoßes ließ er vollständig neu möblieren; Lüster, Spiegel und Möbel bestellte er in Wien, wo er sich während des Kongresses von September 1814 bis Mai 1815 aufhielt. Dort erfuhr er entscheidende Anregungen bei der Besichtigung der neugotischen Architekturen (Hofburgkapelle, Franzensburg) und durch Kontakte zu Künstlern und Kunsthandwerkern.[29]

Auf diese Ausstattung der Rosenau mit vorzüglich schwarz polierten Wiener Biedermeiermöbeln aus den Werkstätten von Ferdinand Hasselbrinck und Joseph Danhauser, die einerseits dem Klassizismus verpflichtet, andererseits aber mit gotisierenden Formen versehen sind, soll hier nicht weiter eingegangen werden.[30] Festzuhalten bleibt, daß Ernst I. in dieser Etage eine durchaus ›moderne‹, wohnliche, aber keine ›museale‹ Einrichtung mit historischem Inventar vorsah. Die Anlage von Gesellschaftszimmern mit dem runden Tisch in der Raummitte, um den sich der Familien- oder Freundeszirkel versammeln konnte, entsprach dabei, ebenso wie die in Serien gefertigten und deshalb in ihren aufeinander abgestimmten Variationsmustern für einheitliche Gesamtausstattungen geeigneten Möbel, den damals aktuellen Gesellschaftsformen und Einrichtungstendenzen.[31] Diese heute als ›biedermeierlich‹ bezeichnete Wohnkultur ist in einem wiedererstandenen mittelalterlichen Gebäude beheimatet. Daran erinnern die an einzelnen Möbeln und Ausstattungsstücken vorhandenen gotischen Verzierungen, vor allem aber die stark farbigen Wandmalereien der Räume, die vorzüglich gotisierende Motive, zumeist einfache Maßwerkformen, aufweisen. Als dekoratives System, teilweise mit klassischen Motiven wie Eierstab oder Akanthusranke durchsetzt, sind sie allerdings weit entfernt von einer doktrinären Neugotik.

Völlig unabhängig von dieser reinen Wohnetage im Obergeschoß, die über den Treppenturm zugänglich ist, sind die Räume des Erdgeschoßes angelegt. Sie werden über einen Zugang an der Westfassade und einen breiten Gang, die *»Halle«*, betreten. Der Marmorsaal, der fast die Hälfte des Geschoßes einnimmt, öffnet sich überdies an der südlichen Giebelfassade direkt zum Park.

II.

Dieser Marmorsaal, eine dreischiffige Halle mit Kreuzgratgewölben, wurde ab 1814 nach einem Riß des Dresdner Architekten Christian Friedrich Schuricht angelegt.[32] Durch die geschickt angeordneten Pfeilerpaare wird der schiefwinkelige Grundriß des Raumes verschleiert. Die Bezeichnung des Saales geht auf den grauen Stuckmarmor der Wände zurück. Die umfangreichen Stuckarbeiten führte Franz Joseph Usinger aus Mainz aus; die Vergoldungen stammen von Hans Heideloff.[33]

Das mit Goldhöhungen versehene Rankenwerk der Decke und die vergoldeten Weinblätter an den Kapitellen der aus vier Halbsäulen gebildeten Pfeiler verleihen dem Saal ein von den Zeitgenossen so empfundenes vornehm zurückhaltendes, nobles Erscheinungsbild. Der ›mittelalterliche‹ Charakter wird, ähnlich wie beim Außenbau, durch wenige Elemente hervorgerufen: Die Form der dreischiffigen, gewölbten Halle ist dem Sakralbau entlehnt, die Flügel der spitzbogigen Tür- und Fensteröffnungen sind mit Maßwerkornamenten ausgestaltet, in die Fenster der Südseite wurden vom alten Baubestand farbige Glasscheiben – Wappenscheiben und Halbfigurenportraits – übernommen. Die aus gotisierendem Maßwerk gebildeten Holzbronze-Lüster mit den sächsischen Titularwappen lieferte 1817 die Werkstatt des Wiener Möbelfabrikanten Josef Danhauser.[34] Eigenhändig hat Herzog Ernst I., der den selbstverständlichen Anspruch jedes Wettiners auf den Besitz des Gesamthauses aufrecht hielt, auf den wohl in Wien gefertigten Entwurfszeichnungen die heraldisch unzulänglich wiedergegebenen Wappenschilde korrigiert.[35] Diese werden durch vier weitere Wettiner Wappen am Gewölbescheitel des Saales ergänzt. Die spitzbogigen Spiegel über den Kaminen an den Schmalseiten der Halle hatte man ebenfalls in Wien bestellt.[36]

Zur ursprünglichen Ausstattung des Raumes gehörten schließlich Sitzgelegenheiten, denn 1817 bestellte der Coburger Tapezierer Bergmann für die Bezüge von 36 Stühlen und 7 Sofas, die für den Marmorsaal und die Bibliothek bestimmt waren, roten Seidenstoff bei Blanchon, einer der führenden Textilfirmen in Lyon.[37] Die Sofas mit ihren schwarz polierten Gestellen und vergoldeten Maßwerkornamenten in den Winkeln zwischen Zarge und Beinen sind auf einer Ansicht des Raumes aus der Mitte des 19. Jahrhunderts dargestellt.[38] Wohl als der verbliebene Restbestand dieser Sitzgarnitur sind fünf schwarz polierte Stühle in neugotischer Manier mit akzentuierenden Vergoldungen, die zum alten Inventarbestand der Rosenau gehören, anzusehen.[39] Diese Stühle wurden nach einem schon 1796 in Leipzig erschienenen Vorlagewerk des Joseph Friedrich Freiherrn zu Racknitz geschaffen.[40]

Die frühesten und unmittelbarsten Schilderungen der neugestalteten Rosenau und ihrer Räume finden wir in den erwähnten Briefen der Herzogin Luise an ihre Gothaer Jugendfreundin aus dem Jahre 1817[41] und in einer sti-

Kapitel II

Schloß Rosenau, Marmorsaal (siehe Farbtafel 16)

listisch ebenfalls vorzüglichen, anonym erschienenen Schilderung von Adolf
Friedrich von Roepert. Seine Beschreibung in Briefform – eine seit Mitte des
18. Jahrhunderts beliebte literarische Kunstform[42] – datiert vom 20. bis 22.
August 1817, erschien aber erst im »Coburgischen Taschenbuch für das Jahr
1821«.[43]

Während die Herzogin allgemein den wunderschönen Saal »*ganz von
perlgrauem Marmor*«[44] rühmt, gibt Roepert eine ausführlichere Beschreibung und bezeichnet ihn als »*wahrhaft prächtigen Rittersaal*«[45]. Er schildert
den Hofball, der am Abend des 17. August 1817 im Anschluß an das Ritterturnier vor dem Schloß hier stattfand, bei dem »*der ganze Hof und Adel der
Stadt in altdeutscher, zum Theil würklich prächtiger Tracht versammelt*« war.
Weiter berichtet er: »*Ich bin wie du weißt, kein großer Freund vom Tanzen,
am wenigsten als bloßer Zuschauer, aber an diesem Balle, der bis auf die
kleinsten Schattierungen meinem entzückten Auge ein harmonisches Bild der
alten Ritterfeste darboth, konnte ich mich lange nicht satt sehen.*«[46]

In dieser festlichen Inszenierung wurde die Vergangenheit belebt und ver-
gegenwärtigt. Der zurückhaltend gotisierte und sparsam eingerichtete Raum
bildete dafür den angemessenen atmosphärischen Rahmen. Geht man von
dieser Auffassung aus, so bedurfte es keiner weiteren Requisiten, wie sie für
›Rittersäle‹ um diese Zeit üblich waren. Der Rosenauer Marmorsaal ist aus-

245

drücklich keine mit Hellebarden und Rüstungen ausgestattete Waffenhalle, keine mit Gemälden oder Skulpturen besetzte Ahnengalerie oder eine mit historischem Mobiliar ›museal‹ ausgestattete ›mittelalterliche‹ Wohnhalle, wie wir sie in neugotischen englischen Gartenschlössern des 18. Jahrhunderts oder in deren Nachfolgern auf dem Kontinent, wie beispielsweise der Löwenburg auf der Wilhemshöhe bei Kassel (1793-1800) oder der Franzensburg im »Rittergau« der Habsburger im Schloßpark von Laxenburg bei Wien (1798-1801) vorfinden.[47]

III.

Die Herzogin fährt in ihrer Beschreibung der Räume fort: »*Neben diesem Saale ist eine Bibliothek, wo Ritterromane sind, das ganze Zimmer ist aus schönem Holz und über den Bücherschränken, die zugleich die Tapete machen, sind in der Mauer herrliche Gemälde eingelassen. ... Diese Gemälde sind von einem berühmten Künstler aus Dresden.*«[48] Roepert, der hervor-

Schloß Rosenau, Bibliothek (siehe Farbtafel 15)

246

hebt, daß die Bücherschränke »*aus der feinsten Holzarbeit in gothischem Geschmack*« gefertigt seien, ergänzt noch, daß die »*herrlichen Oelgemählde ... von Näke's Meisterhand*« geschaffen seien.⁴⁹ Dies war bisher der einzige Hinweis auf Gustav Heinrich Naeke (1785-1835),⁵⁰ den Künstler der unsignierten Gemälde. Während Roepert zum Bildprogramm der Bibliothek nur anmerkt, es handle sich um »*Scenen aus englischen Ritterromanen*«,⁵¹ erwähnt Herzogin Luise in einer nicht ganz eindeutigen Passage den Ritterroman »Die Fahrten Thiodolfs des Isländers« von Friedrich Baron de la Motte Fouqué (1777-1843)⁵² und erläutert nachfolgend den Inhalt von fünf der sieben Gemälde. Daraus schloß man, daß alle Darstellungen diesem 1815 erstmals erschienenen, über 600 Seiten starken, heute weitgehend unbekannten Werk entstammen.

»Thomas Rhymer« wird von zwei weißen Hirschen ins Feenland geführt, Lünettengemälde von Gustav Heinrich Naeke, um 1816/17; Schloß Rosenau, Bibliothek. Die Darstellung bezieht sich auf eine alte schottische Ballade

Tatsächlich ist aber nur die Schlüsselszene des Romans, die Taufe Thiodolfs in der Zelle des Priesters Jonas im Beisein seines Gefährten Bertram,⁵³ auf einem der Gemälde dargestellt. Die gleiche Szene findet sich als ›Kupfertafel‹ nach einer Vorlage Gustav Heinrich Naekes in dem von Fouqué herausgegebenen »Frauentaschenbuch für das Jahr 1817«.⁵⁴ Die Komposition des Gemäldes unterscheidet sich wegen der Lünettenform geringfügig von der des hochrechteckigen Kupfers. An Hand dieser mit dem Namen des entwerfenden Meisters bezeichneten Illustration läßt sich nun erstmals über die Angabe bei Roepert hinaus die Autorschaft der Rosenauer Bibliotheksbilder für Naeke sichern.

Zumindest die Darstellung der Taufe Thiodolfs dürfte zeitlich unmittelbar im Zusammenhang mit dem Illustrationsauftrag für das Frauentaschenbuch entstanden sein. 1817 konnte Naeke für mehrere Jahre als Stipendiat nach Rom reisen;⁵⁵ die Gemälde befanden sich spätestens im Juli 1817 auf der Rosenau.⁵⁶

Als Herausgeber des Frauentaschenbuches hatte Fouqué verschiedene Künstler eingeladen, Illustrationen zu liefern. Zu ihnen gehörten Friedrich

»Michael Deloraine and the Monks«,
Lünettengemälde von
Gustav Heinrich Naeke, um 1816/17;
Schloß Rosenau, Bibliothek.
Nach einer Illustration von Richard Westall
in einer Ausgabe von Walter Scotts epischer
Dichtung »The Lay of the Last Minstrel«
von 1809

»Der Priester Jonas tauft Thiodolf in
seiner Zelle«, Lünettengemälde von
Gustav Heinrich Naeke, um 1816/17;
Schloß Rosenau, Bibliothek.
Darstellung der Schlüsselszene aus Friedrich
Baron de la Motte Fouqués Ritterroman
»Die Fahrten Thiodolfs des Isländers«,
erschienen 1815

August Moritz Retzsch (1779-1857)[57] und Gustav Heinrich Naeke. Beide
waren an der Dresdner Kunstakademie Schüler des Bildnismalers Joseph
Grassi (um 1758-1838)[58] gewesen.

Der aus Wien stammende und als Portraitmaler begehrte Grassi war 1804
für ein Jahr beurlaubt worden, um Aufträge in Gotha ausführen zu können.
Dort entstanden Portraits des Herzogs Emil August und seiner zweiten Gemahlin Karoline Amalie. Nach einem vom Herzog selbst verfaßten, unveröf-
fentlichten Märchen begann er einen Gemäldezyklus für die Ausstattung eines Schlafzimmers, die allerdings nie vollendet wurde. Dennoch unterhielt
Grassi zeitlebens enge Beziehungen zum Gothaer Hof. Davon zeugt auch
ein Portrait der späteren Coburger Herzogin Luise, der Enkelin Herzog
Emil Augusts.[59] Möglicherweise hat Grassi aufgrund dieser engen Kontakte
seinem Schüler Naeke den Auftrag für die Rosenauer Bibliotheksbilder ver-
mittelt. Vielleicht war er, der selbst in frühen Jahren Zeichnungen für Alma-
nache und Taschenbücher geliefert hatte, es auch, der Retzsch und Naeke zu
ähnlichen Illustrationsarbeiten angeregt hatte.

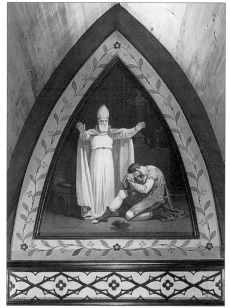

»The Vision of Don Roderick«,
Lünettengemälde von
Gustav Heinrich Naeke, um 1816/17;
Schloß Rosenau, Bibliothek.
Die Darstellung bezieht sich auf Walter
Scotts Dichtung »The Vision of Don
Roderick«, erschienen 1812

»Don Roderick and the Bishop«,
Lünettengemälde von
Gustav Heinrich Naeke, um 1816/17;
Schloß Rosenau, Bibliothek.
Nach einer Illustration von Richard Westall
in einer Ausgabe von Walter Scotts
Dichtung »The Vision of Don Roderick«
von 1812 (siehe Farbtafel 15)

Naeke, der hauptsächlich bei Christian Ferdinand Hartmann (1774-1842)[60], einem den romantischen Strömungen gegenüber aufgeschlossenen Klassizisten, studiert hatte, fand erstmals mit einer Darstellung der »Heiligen Familie« im Stile Raffaels in Dresden 1810 großen Beifall. Nachdem er bereits 1808 eine Szene aus Kleists gerade erschienenem »Käthchen von Heilbronn« gemalt hatte, trat er ab 1813 auch als Buchillustrator in Erscheinung. Durch seinen Malerfreund Retzsch wurde er mit Fouqué bekannt. Dessen 1813 erschienenen dreibändigen Roman »Der Zauberring« haben beide sogleich illustriert.[61] Während Retzsch im von Fouqué herausgegebenen Frauentaschenbuch für 1816 die Entwürfe für die Kupferstiche zu dessen Werken schuf,[62] hat Naeke alle für das Jahr 1817 geliefert.[63] Bis auf die Taufszene Thiodolfs findet sich aber keine dieser Illustrationen zu Werken Fouqués in den Gemälden der Rosenauer Bibliothek wieder. Die im gleichen Band publizierte Darstellung von Thiodolfs Kampf mit dem Löwen wurde ebensowenig herangezogen wie beispielsweise Naekes Illustrationen zu Fouqués »Zauberring« (1813).

Ein »Ritter, der in seinem verwundeten
Knappen ein schönes, verkleidetes
Mädchen entdeckt«,
Lünettengemälde von
Gustav Heinrich Naeke, um 1816/17;
Schloß Rosenau, Bibliothek.
Bildtitel nach einer Beschreibung von
Herzogin Luise 1817

Ein »Ritter, sich eines Knaben annehmend,
den ein anderer böser Ritter entführt,
nachdem er den Vater erschlagen hat«,
Lünettengemälde von
Gustav Heinrich Naeke, um 1816/17;
Schloß Rosenau, Bibliothek.
Bildtitel nach einer Beschreibung von
Herzogin Luise 1817

Dagegen hat er sich offensichtlich bei einzelnen Gemälden der Bibliothek an Illustrationen von Richard Westall (1765-1836) in Werken des schottischen Dichters Walter Scott (1771-1832) orientiert.[64] So stammt die von Naeke gemalte Darstellung, auf der ein geharnischter Ritter eine Mönchszelle betritt, aus Walter Scotts epischer Dichtung »The Lay of the Last Minstrel«. Das 1805 erstmals erschienene Werk wurde 1809 auf Wunsch von Scotts Verleger mit Stichen nach Zeichnungen von Richard Westall illustriert. Diese Ausgabe muß Naeke vorgelegen haben, denn er hat die entsprechende Szene »Michael Deloraine and the Monks« exakt wiedergegeben.[65] Auch für zwei weitere Gemälde der Bibliothek hat Naeke nachweislich eine Buchvorlage benutzt. Die beiden Szenen, die Herzogin Luise nicht ganz zutreffend als »*zwei Erscheinungen eines Bischofs bei einem Koenig von Schottland*«[66] beschreibt, gehen auf eine Ausgabe von Walter Scotts »The Vision of Don Roderick« (1812) zurück, die ebenfalls von Westall illustriert worden war.[67]

Naeke, der, wie die Gemälde der Rosenauer Bibliothek zeigen, die Vorlagen Westalls detailgetreu übernommen hat, hat diese offenbar auch als Vorbild für sein eigenes buchkünstlerisches Schaffen angesehen, denn bei seinen Illustrationen zu Fouqué hat er sowohl die Figurentypen als auch die Kompositionsweise Westalls aufgegriffen, der meist durch wenige Figuren und große Gesten dem sentimentalen und dramatischen Gehalt der vom Autor geschilderten Szene Gestalt zu geben suchte. Die durchaus klassizistisch beeinflußte Darstellungs- und Kompositionsweise Westalls, die Walter Scott als dem Stimmungsgehalt seines Werkes nicht entsprechend kritisierte, kam Naeke entgegen, der sich ja erst nach 1817 in Rom zum Nazarener entwickelte.

Wahrscheinlich gehen auch zwei weitere Gemälde der Bibliothek, wie Roepert überliefert, auf englische Ritterromane und damit auf Scott-Ausgaben zurück.[68]

Neben Fouqués Thiodolf erwähnt Herzogin Luise in ihrer Beschreibung der Bibliothek ausdrücklich eine Szene aus »Thomas Rhymer«, »*Thomas der Reimer, wie zwei weiße Hirsche ihn in das Feenland führen*«.[69] Diese alte schottische Ballade erschien neben anderen in den »Reliques of ancient english poetry: consisting of old heroic ballads, songs, and other pieces of our earlier poets (chiefly of the lyric kind)«, die Bischof Thomas Percy 1765 herausgegeben hatte. Diese für die englische Literaturgeschichte so wichtige Ausgabe benutzte auch Walter Scott, der den Balladenstoff erneut aufgriff und bearbeitete.[70]

Sie gab ihm den Anstoß zu seiner dreibändigen Sammlung von Volksballaden, »Minstrelsy of the Scottish border« 1802/03.[71] Diese lernte Achim von Arnim während seines Aufenthaltes in England im Jahr 1803 kennen; sie regte ihn zu jener so einflußreichen Sammlung deutscher Volkslieder an, die er 1806-08 zusammen mit Clemens Brentano unter dem Titel »Des Knaben Wunderhorn« herausgab.[72]

1805 veröffentlichte Scott dann die bereits erwähnte Ballade »The lay of the Last Minstrel«, die seine Popularität als Sänger des Mittelalters, des Rittertums und der Minne begründete. Von nicht wenigen Zeitgenossen wurde er als der Shakespeare der Prosaliteratur gefeiert. Wie populär Walter Scott wurde läßt sich am besten an den vielen Auflagen seiner Werke ablesen.[73] Im Laufe der Jahre entwickelte sich in England eine förmliche »Scott mania«, die entscheidenden Einfluß auf Architektur und Kunstgewerbe der Neugotik gewinnen sollte, nicht zuletzt durch Abbotsford, wo Scott sich ab 1817 seine eigene Vorstellung von einem Rittersitz verwirklichte.[74] Zu den glühenden Verehrern Scotts zählten damals auch der spätere König Georg IV. und Leopold – ein jüngerer Bruder des Coburger Herzogs Ernsts I. –, der 1816 dessen Tochter und englische Thronprätendentin Charlotte heiratete.[75] So ist es nicht verwunderlich, daß sich Szenen aus Werken von Walter Scott in der Bibliothek der Rosenau wiederfinden.

Das bestätigt sich auch im »*Verzeichnis der in dem Herzogl. Sommer-*

schloße Rosenau befindlichen Bibliothek« von 1846.[76] Dieses führt nicht weniger als 23 Titel – teilweise im englischen Original – von Walter Scott auf; darunter befinden sich Ausgaben von »The Lay of the Last Minstrel« (1812) und »The Vision of Don Roderick« (1815).[77] In vergleichbarem Umfang ist nur noch der zwischen 1810 und 1820 sehr populäre Friedrich de la Motte Fouqué vertreten, über den Heinrich Heine in »Die romantische Schule« (1836) schreibt, daß »... *Herr de la Motte Fouqué von der Herzogin bis zur Wäscherin in gleicher Lust gelesen wurde und als die Sonne der Leihbibliotheken strahlte...«.[78]* Scott und Fouqué sind zwei Erfolgsautoren, die sich zudem in dieser Zeit gegenseitig beeinflußt haben.[79]

IV.

In ihrer Beschreibung der Rosenau erwähnt Herzogin Luise schließlich im Erdgeschoß »...*ein schönes Bad..., das noch nicht ganz fertig ist und wo die Undine, Onkel Kühleborn, der schöne Ritter und Berthalda als Gemälde hinkommen.*«[80] Onkel Kühleborn und Undine, die Luise auch bei ihrer Besichtigung der Wasserspiele auf der Kasseler Wilhelmshöhe 1816 in Erinnerung gekommen waren,[81] sind zwei der Hauptfiguren der Erzählung »Undine« von Friedrich de la Motte Fouqué.

Dieses 1811 erschienene Werk machte den Verfasser nach dem von Jean Paul begeistert begrüßten »Alwin«(1806/07) zu einem echten Bestseller-Autor. Überhaupt ist die ungeteilte Begeisterung des in der literarischen Welt und beim lesenden Publikum schon hochangesehenen Jean Paul für das Werk Fouqués nicht zu unterschätzen. So vermittelte Jean Paul, der sich 1803/04 in Coburg aufgehalten hatte und von der Herzogin-Mutter Auguste hochgeschätzt wurde, Fouqué an den Nürnberger Verleger Schrag; dieser veröffentlichte 1813 nicht nur Fouqués allseits gefeierten Roman »Der Zauberring«,[82] sondern hat ihm 1814 auch die Redaktion des schon erwähnten »Frauentaschenbuches« angeboten, die er bis 1821 inne haben sollte.[83]

Am 2. August 1816 wurde die von E.T.A. Hoffmann komponierte Oper »Undine« in Berlin uraufgeführt; das Libretto stammte von Fouqué, das Bühnenbild von Karl Friedrich Schinkel.[84] Bis zum 29. Juli 1817, an dem Tag, an dem das Theater abbrannte, erlebte die Oper 14 weitere Vorstellungen.[85] Der Erfolg der 1821 uraufgeführten romantischen Oper »Der Freischütz« von Carl Maria von Weber drängte die »Undine« später allerdings in den Hintergrund. Ab 1820 kam dann auch Fouqué langsam aus der Mode.[86]

Dies mag mit ein Grund dafür gewesen sein, daß das Bad in der Rosenau schließlich nicht mehr ausgemalt wurde. Denn noch im November 1817 hatte Herzog Ernst I. eine Folge von Umrißradierungen erworben, Illustrationen von Ludwig Ferdinand Schnorr von Carolsfeld zu Fouqués »Undine«. Diese Darstellungen in gotisierendem Stil dürften als Vorlage für die Malereien im Bad gedacht gewesen sein.[87]

V.

Die Begeisterung Herzogin Luises für das Märchen und die märchenhafte Erzählung bricht in ihren Briefen immer wieder durch. So vergleicht sie bei ihrer Beschreibung des Rosenauer Ritterturniers Prinz Ferdinand, den Bruder Herzog Ernsts I., mit der Erscheinung eines Ritters in der »*Diamantenen Kutsche*«. Sie spielt damit auf das im Frauentaschenbuch für 1815 erschienene gleichnamige Märchen von Franz Horn an.[88]

Herzogin Luise von Sachsen-Coburg-Saalfeld (1800-1831); Radierung; »Coburgisches Taschenbuch für das Jahr 1821«

Schon in Gotha dürfte sie mit den beiden von Musäus herausgegebenen Sammlungen deutscher Volksmärchen, die 1787-88 bzw. 1804 auch in Gotha erschienen sind, in Kontakt gekommen sein.[89] In der Rosenauer Bibliothek befand sich ebenfalls eine Ausgabe dieses Werkes.[90] Nicht unwahrscheinlich ist, daß Luise bei der Märchenbegeisterung ihres Großvaters auch »Die Sagen und Volksmärchen der Deutschen« (1814) kannte, die jener Friedrich Gottschalck herausgab, der zwischen 1810 und 1831 das acht Bände umfassende Werk »Die Ritterburgen und Bergschlösser Deutschlands« veröffentlichte. Gottschalck ist damit ein wichtiger Vertreter für den Übergang vom Sammeln der Sagen und Märchen zur Erfassung der Orte, an denen sie sich abgespielt haben. Als einen solchen Ort empfand Luise die Rosenau, wenn sie schreibt: »*Das alte Schloß liegt auf einem Berge und sieht gerade wie die alten Ritterburgen, welche man in Romanen und Rittergeschichten beschreibt, aus ...*«.[91]

Wie sehr sich die junge Herzogin bis in den sprachlichen Ausdruck an den Märchenausgaben und an den Schriften Fouqués orientierte, macht die folgende Beschreibung der nächtlich illuminierten Rosenau deutlich: »*Alle Zimmer, alle Fenster mit bunten Lampen besetzt, über den Eingang ein E. und L., das schon von weitem uns entgegenstrahlte, der Thurm hatte eine wunderschöne leuchtende Kuppel, von den anderen Thürmen flackerten helle Flammen auf, doch das schönste nach meinem Geschmack war der Brunnen; dieser war mit tausenden von Lampen besetzt und über dieses bunte Feuer floß das fallende Wasser herab.*«[92] Diese ganze Inszenierung könnte aus der 1815 erschienenen »Sängerliebe« Fouqués stammen. Dort wird ein Siegesfest beschrieben. Bei Einbruch der Dunkelheit bewegen sich die Festgäste zum Schloß: »*Prachtvoll blitzte das erleuchtete Schloß durch die immer tiefer dunkelnde Dämmerung und durch die aufsteigenden Nebel der Wiese. Ein fröhlicher Marsch und die angezündeten Windlichter in den Händen vieler Pagen bezeichneten die Richtung des Zuges ... So eben schritt man in die Laubgänge des Gartens ein … an dessen Bäumen jetzt viele Lampen, wie goldne Früchte aufzuglühen begannen, und ihre hellen Schimmer, angenehm durch Blätter und Zweige irrend, über die geschmückten Wandelnden versandten.«*[93]

In dieser seinerzeit vielgelesenen »Sängerliebe«, die von der platonischen Liebe des Sängers Arnald von Maraviglia zur Gräfin von Bisiers handelt, findet sich eine weitere aufschlußreiche Stelle: *»Der Troubadour war bisweilen auf Schloß Bisiers, und las der Herrin theils die Kunden vergangener Zeiten, theils seine eigenen Dichtungen vor.«*[94]

Ganz ähnlich las Herzog Ernst I. seiner Luise am Abend *»die neuesten Romane«*[95] vor. Die Bibliothek, *»dieses ganz zum traulichen Beysammenseyn geschaffene Gemach«*, dieses *»der Vorzeit geweihte Heiligthum«*[96] war der hierfür bestimmte Ort. Wie verbreitet und beliebt damals das Vorlesen war, zeigt der preußische Hof: »Am 8.2.1815 sind die königlichen Kinder zum Tee bei der Prinzessin Marianne, und sie hat, *»um ihnen ein Vergnügen zu machen, besonders dem Kronprinzen, der sich daraus ein großes Fest machte, den Baron von Fouqué, den Dichter, eingeladen und er liest aus der »Sängerliebe« vor.«*[97]

Bei der Lektüre der Romane und Erzählungen dieser Zeit drängt sich bisweilen die Gleichsetzung der beschriebenen Schlösser und Landschaften mit der Rosenau förmlich auf. Bestimmte Topoi kehren immer wieder. Hierzu zählen: Die dominierende, ›prachtvolle‹ Lage des Schlosses im Landschaftsbild, der turmbewehrte Schloßbau in ›gotischem‹ Stil, der Blick vom Schloß auf eine Burgruine und in die Weiten einer ›lieblichen‹ oder ›gebirgigen‹ Landschaft, eine Einsiedelei unter ›schattigen‹ Bäumen, der ›rauschende‹ Bach, ›dunkle‹ Grotten, ein ›silberheller‹ Wasserfall und Seen mit ihren ›hellen Wasserspiegeln‹, aber auch der Brunnen oder ›Springquell‹ vor dem Schloß auf einem ›frischen‹ Rasenplatz mit duftenden Blumen sowie eine große, festliche Halle, eine abgeschiedene Bibliothek und ›freundliche‹ Wohnräume der Schloßherren. Man könnte fast behaupten, daß in einzelnen Romanen das Programm der Rosenauer Anlage vorgezeichnet ist. Besonders auffallend sind die Ähnlichkeiten beispielsweise zum 1805 in Berlin erschienenen zweibändigen Roman »Graf Eugen von Rosenau« von Karol Woyda, in dem ein Landschloß, Froheneck, vor den Toren der Festung Straßburg, beschrieben wird: *»Ein altes Ritterschloß, nach den Formen und Regeln der gotischen Baukunst errichtet«*, wo man im zugehörigen *»weitläufigen Park«* auf einem der unzähligen Wege *»jedesmal an eine dunkle Grotte oder an einen offenen Platz, oder an eine Felsenhöhle, oder an einen silberhellen Wasserfall gelangt.«*[98] Vergleichbare Schilderungen lassen sich auch im 1806 und 1807 in zwei Bänden anonym herausgegebenen Roman »Rodrich« finden, wo ein *»altes Bergschloß«* Schauplatz der wiederholt auf zeitgenössische Ereignisse anspielenden Handlung ist.[99] Die Verfasserin ist Caroline Fouqué (1773-1831), die unter anderem 1820 den Roman »Ida«

veröffentlichte. Im gleichen Jahr wurde in Coburg eine Oper, »Ida von Rosenau«, die zur Zeit der Kreuzritter spielt, aufgeführt.[100]

Jedenfalls hat die junge Herzogin die Ähnlichkeit der Rosenau mit den literarischen Schauplätzen und ihre romanhaften Züge schon bei ihrem ersten Besuch (wieder)erkannt und ihr Leben dort durchaus so empfunden. Dies legt die Beschreibung ihrer Erwartungen und Gefühle in ihren Briefen nahe.

Ihr betont gefühlsmäßiges Wahrnehmen der Wirklichkeit, ein Grundzug der sogenannten sentimentalen Dichtung, findet sich auch in den 1796[101] zunächst anonym erschienenen »Herzensergießungen eines kunstliebenden Klosterbruders« wieder. In dieser sehr einflußreichen Schrift der Romantik[102] wird von den beiden Autoren Wilhelm Heinrich Wackenroder und Ludwig Tieck programmatisch das intuitive Erfassen der Wirklichkeit, das unmittelbare Kunst- und Naturerlebnis als ein poetisches Verhältnis betont. Die von den Romantikern Wackenroder, Tieck und Novalis gerade in der fränkischen Landschaft[103] wiederentdeckte schöne Natur und die Hinwendung zum Mittelalter wurden hinsichtlich ihrer literarischen Form und ihrer Themen, weniger in ihrem erkenntnistheoretischen und ethischen Anspruch, von der romantischen Gebrauchsliteratur rasch aufgenommen. Die Romantik der Unterhaltungsliteratur beschäftigte sich allenfalls am Rande mit Fragen der Natur- und Welterkenntnis oder mit der Möglichkeit, ein christliches Reich wiedererstehen zu lassen; vielmehr stellte sie die malerische Natur, das heldische Rittertum und das sentimental-religiöse Erleben, die sich oft zu einer Verklärung vergangener Zeiten verdichteten, ohne anfangs ausgesprochen nationalen Charakter zu haben, in den Mittelpunkt der Ereignisse. Während die uns heute wesentlich erscheinenden Programmschriften der Frühromantik damals nur bei einem sehr kleinen Kreis von Lesern Interesse fanden, hat die weit verbreitete Unterhaltungsliteratur das Romantikverständnis der Zeit[104] – und eine Anlage wie die Rosenau geprägt.

VI.

Schöpfer der ›romantischen‹ Rosenau war Herzog Ernst I. In diesem Sinne rühmt ihn auch der beflissene Roepert, wenn er hervorhebt, daß »*Herzog Ernsts richtiger Blick die vielen natürlichen Schönheiten ihrer Lage auffaßte, und sein feiner Geschmack, seine Thätigkeit, sie in wenigen Jahren zu einem der lieblichsten Orte Deutschlands umschuf.*«[105] Die Wiederherstellung des Schlosses in zurückhaltend neugotischem Stil ab 1808 entspringt, ähnlich wie

Ernst I. (1784-1844), seit 1806 Herzog von Sachsen-Coburg-Saalfeld, ab 1826 Herzog von Sachsen-Coburg und Gotha; Radierung; »Coburgisches Taschenbuch für das Jahr 1821«

die festlichen Inszenierungen im altdeutschen Kostüm, dem zutiefst romantischen Gedanken von der Erneuerung der Gegenwart durch eine Wiederbelebung des Mittelalters. Diese Wiederbelebung wurde nicht als Wiederherstellung der mittelalterlichen Formen im Sinne einer Restaurierung aufgefaßt, sondern als behutsame Nachempfindung.[106] Damit vereinbar schien dem Herzog der Ausbau der Rosenau zu einem gleichzeitig durchaus ›modernen‹, bequemen Wohnschloß; ein Aspekt, der in vielen zeitgenössischen Romanen auftaucht. Im Gegensatz zu den Romanen, deren Handlung ausdrücklich im Mittelalter angesiedelt ist, werden bei denjenigen, die in der Gegenwart handeln, oft alte Burgen geschildert, die zu wohnlichen und freundlichen Landsitzen umgestaltet wurden.

In der Rosenauer Gartenanlage, deren Konzept weit entfernt ist vom aufgeklärten Weltverständnis der englischen Landschaftsgärten, wird ein weiterer, entscheidender Gedanke der Romantik umgesetzt. Deutlich wird dies in der Bemerkung Roeperts, »*daß Gärten nur verschönerte Landschaft seyn dürfen, wenn sie einen ganz reinen Eindruck auf das Gemüth machen sollen.*«[107] Wie schon in den »Herzensergießungen« beschrieben, vermag aus romantischer Sicht nur die Kunst und die Natur direkt auf das menschliche Gemüt einzuwirken. Die Kunst als höchste Ausdrucksform menschlicher Tätigkeit wirkt indirekt über die kontemplative Anschauung, während die Natur direkt über die Empfindung auf den Menschen einzuwirken vermag. Damit nahmen die Romantiker den zentralen Gedankengang von Jakob Böhme (1575-1624) auf, der in seinen Werken immer wieder von der Natur und der Kunst als den zwei Sprachen Gottes schreibt.[108]

Insofern unterscheidet sich die Naturauffassung der Romantiker auch von dem, was z.B. Hirschfeld in seiner »Theorie der Gartenkunst« (1779-1785)[109] als romantischen Empfindungsmodus ansah. Hirschfeld, der noch in der deutschen Aufklärung verwurzelt ist, orientierte sich bei seiner Vorstellung von dem, was er als romantisch bezeichnete, an den Werken der Literatur der sogenannten Empfindsamkeit, wenn er zum Beispiel anführt: »*Ein anderer ergötzt sich an dem Sonderbaren und verliert sich gern in abentheuerliche Romane und in fabelhafte Feenerzählungen*«.[110] Entsprechend sollte für ihn dieser Aspekt im Garten unter anderem durch künstlich geschaffene Höhlen oder Grotten gesteigert werden. In dieser sentimental-romantischen Tradition Hirschfelds, dessen Werke am Coburger Hof bekannt waren, steht die Anlage des Rosenauer Landschaftsparkes. Von Herzog Ernst I. und von Herzogin Luise wurde diese künstlich geschaffene Natur aber als unverfälschte Natur angesehen, in der unmittelbar romantisches Empfinden möglich wird.

Neben solchen frühromantischen Grundzügen wird auf der Rosenau eine weitere Komponente sichtbar: die Welt der Ritterlichkeit, des Rittertums, die

Turnier vor der Rosenau im August 1817; kolorierte Radierung von Conrad Wiesner 1820
nach einer Vorlage von Carl Heideloff; »Coburgisches Taschenbuch für das Jahr 1821«
(siehe Farbtafel 16)

sich in dem bereits erwähnten Turnier anläßlich der Hochzeit des Herzogs
ebenso manifestierte wie in der Bibliothek mit ihren Ritterromanen und
Gemälden oder der Turniersäule im Garten.

Dabei wurde das Turnier, wie Herzogin Luises Beschreibung deutlich
macht, als traditionelles, höfisches Spiel empfunden: »*Unterwegs kam ein*
Ritter in dunkelblau und rothem Waffenrock, einem Panzer und Helm an
unseren Wagen gesprengt und redete uns folgendermaßen an: Gott grüß
Euch, edle Frauen, erlaubt mir, Euch das Geleit zu geben zu dem Zelte des
Ritters Melchior von Wangenheim, der Euch seinen Gruß entbietet und Euch
einladet, in seinem Zelte einige Erfrischungen einzunehmen, bevor Ihr Euch
zum Kampfspiel und Reihentanz begebt, welches Ritter Ernst von Rosenau
Euch edlen Frauen zu Ehren giebt.«[111] Als Ritter von Rosenau ließ sich
Ernst I. später auch portraitieren.[112]

Das unmittelbare Vorbild für solche Inszenierungen hatte Ernst I. auf dem
Wiener Kongreß kennengelernt. Am 23. November 1814 fand dort in der
Spanischen Hofreitschule eine Redoute statt, bei der die Söhne des Hoch-
adels in altdeutschen Kostümen ein Ritterspiel vorführten.[113] Zu diesem
Zeitpunkt bezogen sich die Ritterturniere bereits auf Kaiser Maximilian I.,
der als ›letzter Ritter‹ zu dem(!) Ahnherren der Habsburger hochstilisiert
wurde. Seine Wurzeln hatte der Ritterkult in Wien hingegen in der Freimau-
rerei. Als ein Beispiel dafür kann die »Wildensteiner Ritterschaft« angeführt

werden, die um 1790 im niederösterreichischen Seebenstein gegründet worden war. Dort und in Laxenburg bei Wien fanden schon um 1790 Ritterspiele statt.[114] Aus dieser Tradition erwuchs der »*Rittergau*« von Laxenburg rund um die Franzensburg.[115] Herzog Ernst I. hat diese ›Ritterlandschaft‹ mit der neugotischen Parkburg, den Ritterfiguren und dem architektonisch gestalteten Turnierplatz besucht und erlebte dort die dem teilweise restaurativen Charakter des Kongresses[116] entsprechende, sich in Ritterspielen manifestierende Inszenierung der Geschichte der eigenen Dynastie als Legitimation des Hauses Habsburg. Sicher blieb Herzog Ernst I. davon nicht unbeeindruckt; er hat diese inszenierte Ritterwelt aber, abgesehen vom restaurativen Grundzug, auf seine Person, als Souverän eines Kleinstaates, uminterpretiert.[117]

Wie ist dieser allgemeine Hang zu einer verklärten Ritterwelt zu verstehen, da die Ritterschaft durch die 1803 erfolgte Auflösung des Heiligen Römischen Reiches als einst angesehener Stand aufgehört hatte zu existieren?

Eine erste Erklärung findet sich in den meisten der bis 1817 erschienenen Romanen und Balladen von Friedrich de la Motte Fouqué über Benedikte Naubert, Karol Woyda bis Walter Scott. Hier ist die Welt der Ritterlichkeit oder des Mittelalters Trägerin der Handlung. Dabei ist die Ritterlichkeit als ein Tugendkanon zu verstehen, der sich an der Artuslegende orientierte,[118] nach Ansicht der Autoren aber zeitlos sein sollte. Eine zweite findet sich in der kurzen Schrift »Auch eine Philosophie der Geschichte zur Bildung der Menschheit«, in der Johann Gottfried Herder 1774 den Gedanken einer in ständiger Entwicklung begriffenen Geschichte der Menschheit ausführte.[119] Nach Herders Verständnis der Weltgeschichte, die für das Gotikverständnis der Romantik so wichtig werden sollte, entwickelte sich im Mittelalter eine zwar gewalttätige, aber dennoch als fortschrittlich anzusehende Welt. Unter den Begriffen »*gothischer Geist und nordisches Rittertum*«[120] faßte er einen Tugendkanon zusammen, der auf Tacitus' »Germania« zurückgeht.[121]

Herders Ideen zu einer Weltgeschichte und seine grundsätzlich positive Darstellung des Rittertums wurden insbesondere im Gebiet des Reiches von einer breiten Öffentlichkeit aufgenommen. Dies bedeutete jedoch nicht, daß die Anhänger des ›Rittergeistes‹ die revolutionären Ereignisse von 1789 nicht begrüßt hätten. Wie viele zeitgenössische Romane zeigen, war die allgemeine Unzufriedenheit über die bestehenden Zustände in Frankreich wie im Reich sehr groß. Die anfänglich weitgehend friedliche, die Monarchie als Institution nicht gefährdende Revolution[122] schien einen gangbaren Weg auch zu einer Erneuerung des Reiches aufzuzeigen. Erst die Hinrichtung Ludwigs XVI. am 21. Januar 1793, die »grande terreur« unter Robespierre und der äußerst blutige Bürgerkrieg in der Vendée schreckten viele ab.[123] Umso größer wurde unter ihnen die Hoffnung auf die innere Erneuerung des Reiches auf christlicher Grundlage, durch die Hinwendung des einzelnen zu einer christlich-ritterlichen Lebensweise, wie sie von Romantikern wie Novalis und Fouqué propagiert wurde. Diese Hinwendung wurde vor allem von den

Vertretern der Reaktion, insbesondere des hohen Adels, die die Entwicklung in Frankreich als direkte Folge der Aufklärung verstanden, als eine Rückkehr zu den Verhältnissen von vor 1789 aufgefaßt. In dieser vorrevolutionären, antiaufklärerischen Tradition war auch der spätere Herzog Ernst I. groß geworden.[124] Daher sprach ihn die von Fouqué gefeierte Ritterlichkeit in geordneten monarchischen Verhältnissen besonders an.[125]

Die Zerstörung des Reiches durch Napoleon, so wurde das Ergebnis des Reichsdeputationshauptschlusses 1803 von vielen empfunden, und Napoleons rascher Griff nach der Kaiserwürde,[126] ließen auch die Hoffnungen auf eine Erneuerung des Reiches zunichte werden. Spätestens nach den Niederlagen des preußischen Heeres bei Jena und Auerstädt im Oktober 1806 wurde Napoleon selbst von hartnäckigen Anhängern der Revolution nicht mehr als möglicher Befreier, sondern nur noch als landhungriger Diktator, Zerstörer des Reiches und Demütiger Preußens gesehen.[127] In der zunehmend erhitzteren Rhetorik der Zeit mit Beiträgen u.a. von Arndt, Kleist, Jahn und Fichte wurden *»gotischer Geist und nordisches Rittertum«* als moralischer Standpunkt gegen das tyrannische Frankreich formuliert.[128] Aus dieser Verschiebung des Gedankens von einem christlich-universal gedachten Rittertum zu einem nationalen, ritterlichen Soldatentum entwickelte sich das neue, reaktionäre, adelige (!) Selbstverständnis des Ritters als des Beschützers der heiligen monarchischen Ordnung. Die Heilige Allianz von 1815, die wesentlich von der religiös schwärmerischen Juliane von Kruedener (1764-1824) inspiriert wurde, ist deutlicher Ausdruck dieses neuen, so völlig anderen Ritterverständnisses.[129] Es bezog sich nicht mehr auf einen allgemeinen Tugendkanon, sondern bedeutete nur noch die Verteidigung der Herrschaft (als gottgewollter Ordnung) und der eigenen Vorrechte, nicht aber die von den Romantikern ursprünglich ersehnte Erneuerung des Staates, die alle zu mündigen und freien Bürgern eines Reiches machen sollte.[130]

Seit dem Wiener Kongreß, besonders aber nach der Hunderttage-Herrschaft Napoleons, setzte sich diese reaktionär-restaurative Grundhaltung immer mehr durch und erreichte in den Karlsbader Beschlüssen von 1819 ihren vorläufigen Höhepunkt. Aus dieser Einstellung zur Geschichte als Aufrechterhaltung der überkommenen Ordnung ist auch die Ritterwelt Herzog Ernsts I. auf der Rosenau zu verstehen. Unter diesem Gesichtspunkt las er, vielfach unabhängig von den Absichten der Autoren, die Ritterromane. Von ihm wurden nur die äußeren ›romantischen‹ Formen, aber nicht mehr die politisch-philosophischen Grundgedanken der Romantik übernommen.

VII.

1845, ein Jahr nach dem Tod Herzog Ernsts I., besuchte Viktoria, Königin von Großbritannien und Irland, die den 1819 auf der Rosenau geborenen Albert – den zweitältesten Sohn von Herzog Ernst I. und Herzogin Luise –

fünf Jahre zuvor geheiratet hatte, Coburg. Wie einst Luise, die 1824 Coburg verlassen hatte und 1826 vom Herzog geschieden worden war,[131] äußerte sich nun Viktoria begeistert über die Rosenau, die sie als Ort der Kinderjahre des Prinzgemahls Albert und insofern als romantische Idylle wiedererkannte.[132] In Zeichnungen und Aquarellen hielt sie ebendiese, von Albert verklärt erinnerte romantische Rosenau wiederholt fest.[133] Ob sie wußte, daß der verehrte Zeichenlehrer ihrer Jugendjahre, Richard Westall,[134] Vorlagen für einige der Gemälde in der Bibliothek des Schlosses geliefert hatte – zu einer Zeit, als Feenreich und Ritterwelt in der Rosenau noch einem ursprünglichen, romantischen Lebensgefühl entsprachen?[135]

ANMERKUNGEN

1 Norbert H. Ott, Schloß Rosenau. Vom Rittergut zur herzoglichen Sommerresidenz, in: Jahrbuch der Coburger Landesstiftung 14, 1969, S. 61-154. Sabine Heym, Schloß Rosenau (Amtlicher Führer der Bayerischen Verwaltung der staatlichen Schlösser, Gärten und Seen), München 1990. Jeweils mit weiterführenden Literaturhinweisen.

2 Norbert H. Ott, Stilisiertes Leben. Die Feste auf der Rosenau unter Herzog Ernst I., die Huldigungsgedichte und die Hochzeit von 1817, in: Lautertaler Heimatgeschichte 3, 1974, S. 2-22; 4, 1974, S. 2-22. Die Angaben zum genauen Datum des Turniers (17., 18. oder 19.8.1817) sind widersprüchlich; vgl. Ott 1974, 3, S. 10, Anm. 28.

3 Paul von Ebart, Luise. Herzogin von Sachsen-Coburg-Saalfeld. Ein Lebensbild nach Briefen derselben, Minden o.J. (1903); hier S. 24, 90.

4 Staatsarchiv Coburg (StACo), Min E 752, Vertrag von Themar. Vgl. Harald Bachmann, Herzog Ernst I. und der Coburger Landtag 1821-1844 (Coburger Heimatkunde und Landesgeschichte II/23), Coburg 1973, S. 18-19.

5 Zit. n. Ott 1969, S. 79.

6 Anette Faber, Der neugotische Umbau von Schloß Ehrenburg nach den Plänen Karl Friedrich Schinkels 1810-1840, in: Jahrbuch der Coburger Landesstiftung 30, 1985, S. 281-394, bes. S. 298.

7 StACo, Min E 1465, fol. 83, 9.1.1808.

8 Faber 1985, S. 283, Anm. 25. Eberhard studierte 1793-1796 in Jena bevor er 1802 nach Coburg kam, wo er 1843 starb.

9 Auszüge aus dem Tagebuch der Herzogin Auguste von Sachsen-Coburg-Saalfeld, geb. Prinzessin Reuß-Ebersdorf, aus den Jahren 1805 bis 1821, Darmstadt o.J. (1893), S. 43 (11.7.1808). Ebd.: »*Unendlich freundlich waren jetzt die erleuchteten Zimmer und gewiß zum ersten Mal so hell seit den Jahrhunderten, die sie stehen...*«. Die Originaltagebücher werden in The Royal Library, Windsor Castle verwahrt; vgl. Louise Segscheider, Die Tagebücher der Herzogin Auguste von Sachsen-Coburg-Saalfeld, in: Jahrbuch der Coburger Landesstiftung 8, 1963, S. 185-192.

10 StACo, Min E 1465, fol. 90, 12.6.1809; Zahlungen an Tüncher, Glaser, Posamentier, Schlosser, Schreiner sowie für vier Marmortischplatten und Tapeten.

11 StACo, LA A 6154, 26.5.1810.

12 StACo, Min E 1465, fol. 124, 5.3.1812; zwischen dem 1.7.1811 und dem 1.1.1812 wurden 9.587 fl. für die Rosenau ausgegeben; 9.000 fl. waren genehmigt.

13 Das Schloß wird erstmals 1439 urkundlich erwähnt. Die Herren von Rosenau, Coburger Münzmeister, die seit der 2. Hälfte des 13. Jahrhunderts nachweisbar sind, stiegen im

15. Jahrhundert zu den reichsten Grundherren des Coburger Landes auf. Vgl. Ott 1969, S. 61-74 bzw. Armin Leistner, Wappenführende Geschlechter im Coburger Land, in: Jahrbuch der Coburger Landesstiftung 35, 1990, S. 1-76, hier S. 50-53.

14 Ott 1969, Kat. 10 (Aufrisse der Turmseite und eines Giebels der Rosenau, StACo, Pläne Großformat 219).

15 Anette Faber (Schirer), Neue Schinkel-Zeichnungen für Coburg, in: Jahrbuch der Coburger Landesstiftung 28, 1983, S. 263-268, hier S. 265 u. Anm. 9.

16 Vgl. Faber 1983. Faber 1985, Kat. 20a-24. Vgl. v.a.: »Perspektivische Ansicht des Platzes am Schloß Rosenau«, StACo Planslg. 2735 und »Wanddecorationen der nach dem Grundriß mit gleichen Buchstaben bezeichneten Zimmer«, StACo Planslg. 1846. Eine Entwurfsskizze zu Schinkels Terrassenanlage befindet sich in der Sammlung der Zeichnungen in der Nationalgalerie der Staatlichen Museen Berlin, 15b.70.

17 Faber 1983, S. 266, Anm. 11. Faber geht davon aus, daß die Fassaden nach Schinkels Entwurf ausgeführt wurden; dem widerspricht seine Vorstudie zur Terrasse der Rosenau, auf der die Fassade nicht näher ausgeführt ist und daß die Vorhangbogenfenster wohl zum vorgefundenen Baubestand gehörten.

18 Herbert Brunner/Lorenz Seelig, Coburg Schloß Ehrenburg (Amtlicher Führer der Bayerischen Verwaltung der staatlichen Schlösser, Gärten und Seen), München 1990, S. 15-16. Faber 1985, S. 282-283.

19 StACo, Bauamt 415, 1.3.1817: Vertrag »die Fontaine der Rosenau betr.« mit einem Vermerk vom 6.3.1817: *»Die nöthigen Bestimmungen hierzu haben S. Durchlaucht bereits mündlich auf der Rosenau gegeben.«*

20 Grundlegend: Adrian von Buttlar, Der Landschaftsgarten. Gartenkunst des Klassizismus und der Romantik, Köln 1989.

21 Ott 1969, Kat. 9 (StACo, Pläne Großformat 218).

22 Die Lauterburg war im Dreißigjährigen Krieg geplünderte und zerstört worden. An ihrer Stelle begann Erbprinz Ernst Ludwig von Meiningen den Bau des Jagdschlosses »Ludwigsburg«, das nie vollendet wurde und nachfolgend verfiel. Diese Ruine erhielt im Volksmund wieder den Namen Lauterburg. Vgl. Walter Schneier, Coburg im Spiegel der Geschichte. Von der Urzeit bis in die Gegenwart. Auf den Spuren von Fürsten, Bürgern und Bauern, 2. Aufl. Coburg 1986, S. 185. Paul Lehfeldt/Georg Voß, Bau- und Kunst-Denkmäler Thüringens 32. Herzogthum Sachsen-Coburg und Gotha, Jena 1906; Neudruck Coburg 1981, S. 425-428.

23 StACo, Min E 1465, fol. 85, 9.1.1809.

24 Vgl. Ott 1969, S. 88.

25 Vgl. Ott 1969, S. 88-89.

26 Herzogin Luise erwähnt in ihren Briefen 1817 nur den Wasserfall, die Felsengrotte, die Eremitage, die Turniersäule und die Terrasse vor dem Schloß mit dem Schalenbrunnen; vgl. Ebart 1903, S. 25, 39. Obgleich 1817 auch ein Wirtshaus in der Umgebung der Rosenau erwähnt wird (StACo, Bauamt 415, fol. 43), entstand das klassizistische Parkrestaurant erst nach 1821 (vgl. StACo, Bauamt 245, »Acten die Verpachtung des neuen Rosenauer Wirtshauses betreffend«). Der Bau der Schweizerei wurde erst 1827 begonnen; am 12.12.1833 wurde ein Vertrag mit einem Maler Conti über Dekorationen in einem Saal der Schweizerei geschlossen (StACo, Bauamt 263 u. LA A 6785). Ein Badehaus an der Itz war Ende Juli 1817 noch nicht fertig (StACo, Bauamt 415, fol. 43), ein sogenannter »Fishing Temple« wird vor 1817 ebenfalls nicht erwähnt. Noch später entstand das sogenannte Prinzengärtchen für die 1818 und 1819 geborenen Söhne Herzog Ernsts I. Diese zuletzt genannten Bauten und die Schweizerei hat Max Brückner um die Mitte des 19. Jahrhunderts in Aquarellen festgehalten (The Royal Library, Windsor

Castle, 20443-20446; vgl. Heym 1990, Abb. S. 31-34).

27 Vgl. neben Buttlar 1989 besonders auch Géza Hajos, Romantische Gärten der Aufklärung. Englische Landschaftskultur des 18. Jahrhunderts in und um Wien (Studien zu
Denkmalschutz und Denkmalpflege 14), Wien 1989, der den für Wien so einflußreichen
freimaurerischen Aspekt behandelt.

28 StACo, Bauamt 217, fol. 2-3, 26.4.1814. Ernst I. stellte 3.000 fl. aus seiner Privatkasse für
den weiteren Ausbau des Sommerschlosses zur Verfügung.

29 Hierzu ausführlich: Lorenz Seelig, Wiener Biedermeier in Coburg, in: Alte und moderne Kunst 178/179, 1981, S. 2-10 und ders., Wiener Architekturzeichnungen in Coburg,
in: Alte und moderne Kunst 186/187, 1983, S. 25-29.

30 Im einzelnen Seelig 1981. Aufgrund der im Staatsarchiv Coburg erhaltenen Lieferlisten
und Rechnungen (StACo, LA A 6640-6642) kann die ursprüngliche Einrichtung der
Räume weitgehend rekonstruiert werden. Leider blieb nur ein Bruchteil dieser Möblierung erhalten.

31 Vgl. Hans Ottomeyer, Von Stilen und Ständen in der Biedermeierzeit, in: Ausst.Kat.,
Biedermeiers Glück und Ende … die gestörte Idylle. 1815-1848, hg. v. Hans Ottomeyer
in Zusammenarbeit mit Ulrike Laufer, München 1987, S. 91-127, bes. S. 116, 122.

32 StACo, Bauamt 217, fol. 6-7, 4.5.1814.

33 StACo, Bauamt 415, fol. 27, 15.4.1817: Vertrag des Bauinspektors Eberhard mit Heideloff über die Vergoldung des Marmorsaales der Rosenau. Vgl. zu Franz Joseph Usinger und Hans Heideloff: Faber 1985, S. 305, Anm. 132, 133.

34 Im Mai 1817 wurden die Lüster bei Josef Danhauser bestellt, am 20.5.1817 legte dieser
einen entsprechenden Kostenvoranschlag über 3.280 fl. vor (StACo, LA A 6641, fol.
137-143); im Juli 1817 stellte Danhauser für insgesamt 11 Lüster »gotischer couvert gold«
und einen silbernen Lüster 961 fl. in Rechnung (StACo, LA A 6642, fol. 75); die Lüster
waren zu diesem Zeitpunkt noch nicht geliefert (StACo, Bauamt 425, fol. 43, 26.7.1817);
sie trafen erst im August 1817, teilweise zerbrochen und schlecht gearbeitet auf der Rosenau ein (StACo, LA A 6641, fol. 154-155, 22.8.1817).

35 Seelig 1983, S. 28.

36 StACo, LA A 6641, fol. 105: Zeichnung zu einem Spiegel des Marmorsaales.

37 StACo, Bauamt 415, fol. 25-26, 9./10.4.1817. Die Möbel für den Marmorsaal waren im
Juli 1817 noch in Arbeit; ebd., fol. 43.

38 Aquarell von Ferdinand Rothbart, um 1850, The Royal Library, Windsor Castle, 20466;
Heym 1990, Abb. S. 24.

39 Schloß Rosenau, blaues Gesellschaftszimmer, Inv.-Nr. R II/1; die Bezüge 1990 erneuert.
Vgl. auch Seelig 1981, Anm. 71.

40 Heinrich Kreisel/Georg Himmelheber, Die Kunst des deutschen Möbels 3. Klassizis-
mus/Historismus/Jugendstil, 2. neu bearb. Aufl. München 1983, S. 135-136, Abb. 588.

41 Ebart 1903.

42 Begründet wurde die Mode des Briefromans durch die in ganz Europa vielgelesenen
Werke »Pamela, Or Virtue Rewarded«, 2 Bde 1740 und »Clarissa; Or, The History Of A
Young Lady«, 7 Bde 1747/48, beide von Samuel Richardson (1689-1761), der seinerseits
stark von Anthony Ashley Cooper, Earl of Shaftesburys (1671-1713) Lehre des »moral
sense« beeinflußt war.

43 (Adolf Friedrich) v. R(oepert), Briefe über die Rosenau, in: Coburgisches Taschenbuch
für das Jahr 1821, Coburg o.J. (1820), S. 164-288. Das Buch widmete der Verleger Johann Gerhard Riemann Herzog Ernst I. In Auszügen publiziert bei Ott 1969, S. 113-
127. Der Geheime Konferenzrat Adolf Friedrich Albert Georg Freiherr von Roepert
war seit 1808 Mitglied des Herzoglichen Landesministeriums; sein Sohn Adolf Georg

Carl Friedrich war coburgischer Kammerherr. Vgl. Leistner 1990, S. 49.

44 Ebart 1903, S. 39.

45 Roepert 1820, S. 195.

46 Roepert 1820, S. 196. Zum Datum von Turnier und Hofball vgl. Ott 1974, 3, S. 10, Anm. 28; Roepert 1820, S. 177 nennt den 19.8.1817.

47 Vgl. Christoph Dittscheid/Wolfgang Einsingbach/Adolf Fink, Kassel. Löwenburg im Bergpark Wilhelmshöhe (Amtlicher Führer Verwaltung der staatlichen Schlösser und Gärten Hessen), Bad Homburg v. d. Höhe 1976. Josef Zynkan, Laxenburg, Wien 1969. Heinz Biehn, Residenzen der Romantik, München 1970, hier S. 56-63, 82-95. Kreisel/Himmelheber 1983, S. 137-140. Hajos 1989, bes. S. 88. Reinhard Zimmermann, Künstliche Ruinen. Studien zu ihrer Bedeutung und Form, Wiesbaden 1989, hier bes. S. 200, 214-216, 221, 242.

48 Ebart 1903, S. 40. Insgesamt 7 Gemälde, Öl/Leinwand, jeweils H. 93 cm x B. 81 cm.

49 Roepert 1820, S. 223, 224.

50 Hans Joachim Neidhardt, Gustav Heinrich Naeke – ein Nazarener aus Sachsen, in: Zeitschrift des deutschen Vereins für Kunstwissenschaft 47, 1993, S. 32-48. Prinz Johann Georg Herzog zu Sachsen: Gustav Heinrich Naecke (1785-1835). Ein Beitrag zur Kenntnis der frühen Nazarenerkunst, in: Festschrift zum 60. Geburtstag von Paul Clemen, Düsseldorf 1926, S. 466-470.

51 Roepert 1820, S. 224.

52 Friedrich Baron de la Motte Fouqué, Die Fahrten Thiodolfs des Isländers. Ein Ritterroman, 2 Bde, Hamburg 1815. Ausführlich zu Fouqué: Arno Schmidt, Fouqué und einige seiner Zeitgenossen, Zürich 1993 (erstmals erschienen Karlsruhe 1958). Leider wurde diese detailreiche Biographie ohne Quellennachweise verfaßt.

53 Fouqué, Thiodolf, 1815, 2. Teil, 25. Kapitel, S. 288-291.

54 Frauentaschenbuch für das Jahr 1817, hg. v. Friedrich de la Motte Fouqué, Nürnberg o.J. (1817), Taf. 7, u. li. bez. »H. Naeke del«, u. re. bez. »H. C. Müller sc.«.

55 Neidhardt 1993, S. 37; das Abreisedatum ist nicht belegt; Naeke traf aber Ende 1817 in Rom ein.

56 StACo, Bauamt 415, fol. 43, 26.7.1817 wird angemerkt, daß die Bibliothek noch nicht fertiggestellt sei, aber »sieben Gemälde schon vorrätig sind«.

57 Retzsch machte sich vor allem durch seine Illustrationen zu Goethes Faust und Shakespeares Dramen besonders in der angelsächsischen Welt einen Namen. Vgl. William Vaughan, German Romanticism and English Art, New Haven 1979, Kapitel IV.

58 Weigelt, Art. Josef Grassi, in: Allgemeines Lexikon der bildenden Künstler von der Antike bis zur Gegenwart, begr. v. Ulrich Thieme u. Felix Becker, 14, Leipzig 1921.

59 Abb. bei Ebart 1903 bzw. Kopie nach Grassi, Schloß Rosenau, rotes Gesellschaftszimmer, Inv.-Nr.: E XI/M492, re. u. sign. »Cp. E. v. Ebart«.

60 Kurt Karl Eberlein, Hartmann und Runge, in: Festschrift zum 60. Geburtstag von Paul Clemen, Düsseldorf 1926, S. 485-491.

61 Nach Neidhardt 1993, S. 34.

62 Die 5 ›Kupfertafeln‹ im Frauentaschenbuch für das Jahr 1816, hg. v. Friedrich de la Motte Fouqué, Nürnberg o.J. (1816) nach Zeichnungen von Retzsch illustrieren folgende Werke von Friedrich de la Motte Fouqué: »Der unbekannte Kranke«, »Das Schwert des Fürsten«, »Der Zauberer und der Ritter«. Zwei weitere Kupferstiche nach Retzsch illustrieren die Werke »Der Cypreßenkranz« von Caroline de la Motte Fouqué und »Der ewige Jude« von Franz Horn.

63 Das Frauentaschenbuch für das Jahr 1817, hg. v. Friedrich de la Motte Fouqué, Nürnberg o.J. (1817), enthält 9 ›Kupfertafeln‹ nach Zeichnungen von Naeke; neben dem sog.

Titelkupfer (Taf. 1) illustrieren die Darstellungen folgende Werke von Friedrich de la Motte Fouqué: »Das Fürstenkind« (Taf. 2), »Die Rheinfahrt« (Taf. 3-4), »Eginhard und Emma« (Taf. 5), »Die Fahrten Thiodolfs« (Taf. 6-7), »Rose« (Taf. 8), »Adler und Löwe« (Taf. 9). Im Frauentaschenbuch für das Jahr 1818, hg. v. Friedrich de La Motte Fouqué, Nürnberg o.J. (1818), ist Naeke mit 4 Illustrationen vertreten; neben dem sog. Titelkupfer (Taf.1), beziehen sich drei Tafeln auf das Trauerspiel »Die Pilgerfahrt« von Friedrich de la Motte Fouqué (Taf. 3-5). Im Frauentaschenbuch für das Jahr 1819, hg. v. Friedrich de la Motte Fouqué, Nürnberg o.J. (1819), ist Naeke letztmals mit 2 Illustrationen vertreten (Taf. 1, Titelkupfer; Taf. 2 »Saemundurs Sage«).

64 Hierzu ausführlich: Catherine Gordon, The Illustration of Sir Walter Scott: Nineteenth-Century Enthusiasm and Adaption, in: Journal of the Warburg and Courtauld Institutes 34, 1971, S. 297-317. Dies., Scott's Impact on Art, in: Apollo 98, 1973, S. 36-39. Adele M. Holcomb, Turner and Scott, in: Journal of the Warburg and Courtauld Institutes 34, 1971, S. 386-396, hier S. 387. Zur Biographie Scotts vgl. Edgar Johnson, Sir Walter Scott. The Great Unknown, London 1970.

65 Vgl. Gordon 1971, S. 302, Abb. 46d: Stich von Charles Heath nach Richard Westall.

66 Ebart 1903, S. 40.

67 Die Darstellung »Don Roderick and the Bishop« wiederholt exakt die Vorlage Westalls; vgl. Gordon 1971, S. 302, Abb. 46b: Stich von Samuel Noble nach Richard Westall. Im Vorwort zu »The Vision of Don Roderick« führt Scott diesen als *the last Gothic King of Spain* ein. Scott wurde durch den zunehmend erfolgreichen spanischen Befreiungskrieg gegen die französische Besatzung, der mit starker englischer Unterstützung geführt wurde, zu dieser Dichtung angeregt; vgl. Johnson 1970, 1, S. 368, 376. Nicht unerwähnt soll bleiben, daß damals das Rheinbund-Regiment der Herzöge von Sachsen, unter ihnen ein hoher Anteil Coburger Landeskinder, in Spanien auf der Seite Napoleons sehr hohe Verluste zu beklagen hatte; vgl. Schneier 1986, S. 204-205.

68 Herzogin Luise beschreibt die Gemälde folgendermaßen: »... *auf einem anderen sieht man einen Ritter, der in seinem verwundeten Knappen ein schönes, verkleidetes Mädchen entdeckt; weiter sieht man wieder einen Ritter, sich eines Knaben annehmend, den ein anderer böser Ritter entführt, nachdem er den Vater erschlagen hat.«*; Ebart 1903, S. 40. Auf welche Romane bzw. welche Vorlagen sich die Darstellungen beziehen, konnte bisher nicht eindeutig ermittelt werden. Vermutlich bezieht sich das von Herzogin Luise zuerst beschriebene Gemälde auf »The Lady of the Lake« (1810) von Walter Scott und die von Westall illustrierte Szene »Bruce raising the frightened Page (who is in fact the heroine, Edith)«; vgl. Gordon 1971, S. 303.

69 Ebart 1903, S. 40.

70 Walter Scott, Ballads and lyrical pieces, 4. Aufl. Edinburgh 1812; hier S. 73ff. »Thomas the Rhymer« (I – ancient, II – altered from ancient prophecies, III – modern). Johnson 1970, S. 55 berichtet, daß der junge Scott sich mit seinem ersten Geld eine eigene Ausgabe von Percys »Reliques« gekauft hat.

71 Ebenfalls von Thomas Percy beeinflußt veröffentlichte der für die deutsche Romantik so wichtige Ludwig Tieck 1803 in Berlin die »Minnelieder aus dem schwäbischen Zeitalter«.

72 Vgl. Ausst.Kat., Sir Walter Scott 1771-1971. A bicentenary exhibition, Edinburgh 1971, S. 53. Als ein weiteres Beispiel für die engen Wechselwirkungen zwischen der deutschen und englischen Romantik kann die Übersetzung von Scotts »Minstrelsy« durch Henriette Schubart, die Schwägerin von Clemens Brentano, 1817, angeführt werden.

73 Vgl. hierzu Gordon 1971, S. 7. Auch in der »Pocket Library of English Classics«, Zwickau 1819ff., Bd. VII (Vorwort) wird Scott als der populärste zeitgenössische engli-

sche Literat bezeichnet.

74 Gordon 1971, S. 300. Dies., Vorwort in: Ausst.Kat. The Lamp of Memory – Scott and the Artist, Buxton 1979. Frank Druffner, Walter Scotts Romanze in Stein. Abbotsford als pittoreske Dichterresidenz, Worms 1987. Ab 1816 übten Scotts Werke auch auf die populäre Literatur Frankreichs und auf die dortige Malerei einen kaum zu unterschätzenden Einfluß aus; vgl. Beth Segal Wright, Scott's Historical Novels and French historical Painting 1815-1855, in: Art-Bulletin 63, 1981, S. 268-287 bzw. Beth S. Wright/M. Paul Joannides, Les romans historiques de Sir Walter Scott et la peinture française, 1822-1863, in: Bulletin de la société de l'histoire de l'art français, 1982, S. 117-132, 1983, S. 95-115.

75 Zur engen Beziehung zwischen dem englischen Königshaus und Walter Scott vgl. Johnson 1970 und Ausst.Kat. Edinburgh 1971.

76 StACo, LA A 6847. Der im Schloß nicht mehr vorhandene Bücherbestand umfaßte etwa 600 Bände. Vgl. Jürgen Erdmann, Coburger Büchersammler, in: Landesbibliothek Coburg, hg. v. Jürgen Erdmann, Coburg 1982, S. 15-38, hier Anm. 20.

77 Die im Verzeichnis der Rosenauer Schloßbibliothek von 1846 aufgeführten Ausgaben »The Lay of the Last Minstrel, A Poem«, London 1812 (13. Aufl.!) und »The Vision of Don Roderick, the Field of Waterloo, and other Poems«, Edinburgh 1815 sind wie einige andere dort aufgeführte Scott-Ausgaben in der Landesbibliothek Coburg erhalten.

78 Heinrich Heine, Die romantische Schule. Kritische Ausgabe, hg. v. Helga Weidmann, Stuttgart 1994, S. 132. Das 1832 von Heine begonnene Werk erschien Ende November 1835 mit der Jahreszahl 1836 unter dem vorgenannten Titel. Ähnlich: Joseph Freiherr von Eichendorff, Geschichte der poetischen Literatur Deutschlands. Faksimilenachdruck der Ausgabe von 1857 mit einem Nachwort v. Wolfgang Frühwald, Paderborn 1987, 2, S. 137.

79 Vgl. Gerhard Schulz, Nachwort in: Friedrich de la Motte Fouqué, Romantische Erzählungen, München 1977, S. 513.

80 Ebart 1903, S. 40. Roepert 1820, S. 225 berichtet, daß sich im Erdgeschoß neben dem Marmorsaal und der Bibliothek in dem übrigen, etwas erhöhten Teil des Erdgeschoßes nach »*vorne heraus zwey freundliche Fremden-Zimmer und die Wohnstube des Castellans, hinten heraus die Kaffeeküche und ein noch nicht vollendetes Badezimmer von Berliner Fayance Mosaik*« befinden.

81 Ebart 1903, S. 7-8: »*Herrlich erhob sich Onkel Kühleborn in die Höhe gleich einer weißen Säule und stieg und fiel wieder mit gewaltiger Kraft, auch der lieblichen Undine weißer Schleier fiel wunderschön in tausend Falten vom Aquadukt herunter und dann floß die ganze holde Gestalt in das Bassin, um das Grabmal des schönen, doch treulosen Huldbrandt zu umschließen, keine Berthalda störte das fließende Wasser, es war hell und klar, als wie damals, wo Huldbrandt zum ersten Male Undine erblickte.*«

82 Vgl. Schmidt 1993, S. 205-206.

83 1821-1825 folgte ihm Friedrich Rückert als Herausgeber nach. Ausst.Kat., 200 Jahre Friedrich Rückert 1788-1866. Dichter und Gelehrter, hg. v. Jürgen Erdmann, Coburg 1988.

84 Ernst T. Hoffmann, Arien und Gesänge der Zauber-Oper, genannt Undine: In drei Akten. Von Friedrich Baron de la Motte Fouqué. Musik von Hoffmann, Berlin o.J. (1816). Schmidt 1993, S. 374-375. Zu den Bühnenbildentwürfen Schinkels vgl. Hermann G. Pundt, Schinkels Berlin, Frankfurt a.M./Berlin/Wien 1981, S. 115-116, 383, Abb. 50; U. Harten, Die Bühnenbilder K.F. Schinkels 1798-1834, Diss. Kiel 1974.

85 Schmidt 1993, S. 375. Das bis auf die Grundmauern abgebrannte Nationaltheater auf dem Gendarmenmarkt wurde als neues Schauspielhaus nach Plänen Schinkels 1819-1821 wiederaufgebaut; Pundt 1981, S. 142-149, 384.

86 Etwas überspitzt formuliert es Heinrich Heine 1836: »*... die ewige Rittertümelei miß-behagte am Ende den bürgerlich Gebildeten im deutschen Publikum, und man wandte sich ab von dem unzeitgemäßen Sänger. In der Tat, dieser beständige Singsang von Harnischen, Turnierrossen, Burgfrauen, ehrsamen Zunftmeistern, Zwergen, Knappen, Schloßkapellen, Minne und Glaube, und wie der mittelalterliche Trödel sonst heißt, wurde uns endlich lästig; ...*« ; Heine, Die romantische Schule, Ausg. 1994, S. 136.

87 StACo, LA A 6641, fol. 176, 19.10.1817; StACo, LA A 6642, fol. 76, Rechnung der Wiener Kunsthandlung Tranquillo Mollo v. 3.11.1817 über 80 fl. Vgl. Seelig 1981, Anm. 46, S. 10 Anhang.

88 Franz Horn, Die diamantene Kutsche, ein deutsches Mährchen, in: Frauentaschenbuch für das Jahr 1815, hg. v. Friedrich de la Motte Fouqué, Franz Horn, Caroline de la Motte Fouqué, Friedrich Kind, Ludwig Uhland u.a., Nürnberg o.J. (1814), S. 45-113.

89 Andere damals sehr bekannte, illustrierte Märchensammlungen stammten von Benedikte Naubert (1789) und Ludwig Tieck (1797). Vgl. Cary-Madeleine Fontaine, Das romantische Märchen. Eine Synthese aus Kunst und Poesie (tuduv-Studien Reihe Kunstgeschichte 15), München 1985.

90 Verzeichnis der Rosenauer Bibliothek 1846, Nr. 137: Johann August Musäus, Die deutschen Volksmärchen, 4. u. 5. Theil, Gotha 1805.

91 Ebart 1903, S. 37-38.

92 Ebart 1903, S. 90.

93 Friedrich Baron de la Motte Fouqué, Sängerliebe. Eine provenzalische Sage in drei Büchern, Wien 1816 (Nachdruck der Erstausgabe), S. 109.

94 Fouqué, Sängerliebe, 1816, S. 118.

95 Ebart 1903, S. 57.

96 Roepert 1820, S. 224.

97 Schmidt 1993, S. 436.

98 Karol Woyda, Graf Eugen von Rosenau, 2 Bde Berlin 1805; 1, S. 72. Die ersten beiden Abschnitte des Romans waren wie in einer Fußnote am Ende des zweiten Bandes angemerkt wird, bereits zu einem früheren Zeitpunkt in etwas veränderter Form erschienen.

99 (Caroline de la Motte Fouqué), Rodrich, Berlin 1806 u. 1807, bes. S. 75-82, wo ein der Rosenau ähnliches Schloß in einem Garten beschrieben wird. Leopold, der Bruder Herzog Ernsts I., besaß in seiner Bibliothek in Niederfüllbach einige frühe Ausgaben der deutschen Romantiker, darunter neben Werken von Ludwig Tieck und E.T.A. Hoffmann auch solche von Caroline de la Motte Fouqué. Vgl. Jürgen Erdmann, Die Niederfüllbacher Schloßbibliothek in der Landesbibliothek Coburg, in: Niederfüllbach – Ursprung und Wandel – Festschrift zur 900-Jahr-Feier 1976.

100 Hermann Schleder, Ida von Rosenau. Eine Oper, die auf dem Schloß Rosenau und vor dem Wirtshaus zu Oeslau spielt, in: 800 Jahre Oeslau, 1962, S. 103-107. Das Libretto schrieb der Porzellanmaler Johann König »*nach einer vaterländischen Geschichte*«; die Musik stammt von Andreas Späth. Freundl. Hinweis von Herrn Dr. Hartmut Wecker, Korbach. Vorlage für die »Ida« könnte der in Leipzig 1791 erschienene Roman »Ida von Schwaben. Enkelin der Kaiserin Gisela« von Gottlob H. Heinse gewesen sein. Idas Vater in Heinses Roman ist ein Herzog Ernst (!) von Schwaben.

101 Das Werk erschien im Herbst 1796 mit der Jahreszahl 1797 bei Johann Friedrich Unger in Berlin.

102 Vgl. zur Literatur der Romantik. Gerhart Hoffmeister, Deutsche und europäische Romantik (Sammlung Metzler 170), 2. durchges. u. erw. Aufl. Stuttgart 1990.

103 Jakob Lehmann, Franken – Wiege der Romantik, Bamberg 1976. Ders., Der Beitrag Frankens zur Literatur in der ersten Hälfte des 19. Jahrhunderts, in: Friedrich

Rückerts Bedeutung für die deutsche Geisteswelt (Schriftenreihe der historischen Gesellschaft Coburg 5), Coburg 1988, S. 9-21.

104 Selbst Eichendorff, der Fouqué nicht unkritisch sieht, bezeichnet ihn als »...*entschiedenen Partisan der Romantik, keiner hielt noch lange nach ihrem Untergange, bis zum letzten Athemzuge getreuer zu ihrer Fahne...*« und »*Hauptrepräsentanten*« der Romantik »*bei der Menge*«; Eichendorff 1857, zit. n. Reprint 1987, 2, S. 135, 139. Vgl. auch Schulz 1977, S. 513.

105 Roepert 1820, S. 263.

106 Aus romantischem Verständnis war es zwar naheliegend, sich in der Architektur die Gotik als Vorbild zu nehmen; dies war aber keineswegs zwingend. Daher konnten im Zeitalter der Romantik Klassizismus und beginnende Neugotik widerspruchslos nebeneinander bestehen. Vgl. hierzu: Eckart Kleßmann, Die deutsche Romantik, Köln 1979.

107 Roepert 1820, S. 216.

108 Durch die Neuauflagen einiger seiner Werke war das Interesse an Jakob Böhme wiedererwacht; z.B. Jakob Böhme, Die letzte Posaune an alle Völker, Berlin 1779 und ders., Morgenröthe im Aufgang: Das ist: Die Wurzel oder Mutter der Philosophiae, Astrologiae und Theologiae, Berlin 1780. Vgl. auch Wilhelm Heinrich Wackenroder und Ludwig Tieck, Herzensergießungen eines kunstliebenden Klosterbruders, Berlin 1797; Reclamausgabe Stuttgart 1994, S. 60-64.

109 Christian Cay Lorenz (Laurenz) Hirschfeld, Theorie der Gartenkunst, Leipzig I 1779, II 1780, III 1780, IV 1782, V 1785 (Reprint Hildesheim/ New York 1973).

110 Hirschfeld IV, S.38; zit. n. Wolfgang Schepers, Hirschfelds Theorie der Gartenkunst. 1779-1785 (Grüne Reihe. Quellen und Forschungen zur Gartenkunst 2), Worms 1980, hier S. 32-33.

111 Ebart 1903, S. 34.

112 Deutsch, 1822, Öl/Holz, Schloß Rosenau, Salon des Herzogs, Inv.Nr. R XI/22. Vgl. auch Ebart 1903, nach S. 34.

113 Ausst.Kat. München 1987, S. 604, Kat. 7.6.1.

114 Hajos 1989, S. 55-57, 86. Zimmermann 1989, S. 241-242.

115 Hajos 1989, S. 86-88, 231.

116 Die Restauration bezog sich nur auf die Wiederherstellung des französischen Königsthrones und auf die Verweigerung von Verfassungen, die den Monarchien eine modernere rechtliche Grundlage gegeben hätten. Hingegen wurden weder das Heilige Römische Reich wiederhergestellt, noch wurden die von Napoleon geschaffenen Königreiche aufgehoben.

117 Hierzu auch Ott 4, 1974, S. 11-13. Ein Turnierplatz wurde auch bei der Kasseler Löwenburg angelegt.

118 Fouqué wie Scott kannten sowohl »Le Morte D'Arthur« von Sir Thomas Malory (1485) als auch »Arthurian Romances« von Chrétien de Troyes (spätes 12. Jh.)

119 Eine Gesamtausgabe von Herders Werken in 24 Bänden, Wien 1813, befand sich in der Rosenauer Bibliothek; vgl. das Verzeichnis von 1846, Nr. 159.

120 Johann Gottlieb Herder, Auch eine Philosophie der Geschichte zur Bildung der Menschheit. Beytrag zu vielen Beyträgen des Jahrhunderts, o.O. 1774, S. 79.

121 Tacitus, Germania (De origine et situ Germanorum Liber), Übers. u. Nachw. v. Manfred Fuhrmann, Stuttgart 1981; 12-27: zu den Sitten der »guten Wilden«. Zu Herders Schrift und der Tacitusrezeption vgl. u.a. Zimmermann 1989, S. 203-206.

122 Vgl. François Furet/Denis Richet, Die französische Revolution, München 1981.

123 Auch Walter Scott reagierte erst auf den um sich greifenden Terror mit offener Ableh-

nung; Johnson 1970, S. 96. Ähnlich äußerte sich auch Fouqué; Eichendorff 1857, Reprint 1987, 2, S. 137.

124 Zur Jugend und Erziehung Ernsts I. vgl. Bachmann 1973, S. 3-21.

125 Zu Fouqués Ritterverständnis ausführlich: Christa Elisabeth Seibicke, Friedrich Baron de la Motte Fouqué. Krise und Verfall der Spätromantik im Spiegel seiner historisierenden Ritterromane (tuduv-Studien. Reihe Sprach- u. Literaturwiss. 16), München 1985.

126 Die durch Senatsbeschluß am 18.5.1804 erlassene neue Verfassung wandelte Frankreich in ein Kaiserreich um, die Krönung Napoleons folgte am 2.12.1804. Wohl als Reaktion darauf nahm Franz II., bis zu seinem Verzicht am 6.8.1806, Kaiser des Heiligen Römischen Reiches Deutscher Nation, bereits am 11. August 1804 als Franz I. die Würde eines erblichen Kaisers von Österreich an.

127 Vgl. Jean Tulard, Napoleon oder der Mythos des Retters, 2. durchges. Aufl. Tübingen 1979.

128 Vgl. z.B. Johann Gottlieb Fichte »Über den Begriff des wahrhaften Krieges« (1813) und »Reden an die deutsche Nation« (1808); Friedrich Ludwig Jahn »Deutsches Volkstum« (1810); Heinrich von Kleist »Katechismus der Deutschen, abgefaßt nach dem Spanischen, zum Gebrauch für Kinder und Alte« (1809); Ernst Moritz Arndt »Das preußische Volk und Heer« (1813), »Lieder für Deutsche« (1813). Antoinette, die Schwester Herzog Ernsts I., stand am Hof von St. Petersburg in direktem Kontakt zur preußischen Fraktion, die sich seit 1807 um den Freiherrn von Stein gebildet hatte und der seit 1812 auch Arndt angehörte; vgl. Bachmann 1973, S. 49.

129 Die Heilige Allianz war ein pietistisch inspirierter Bund zwischen dem Zaren Alexander I., Kaiser Franz I. von Österreich und König Friedrich Wilhelm III. von Preußen. Eine Gouache von Heinrich Olivier »Die Heilige Allianz«, 1815, stellt die drei Monarchen bezeichnenderweise in einem neugotischen Kirchenraum als geharnischte Ritter dar. Vgl. Rainer Schoch, Das Herrscherbild in der Malerei des 19. Jahrhunderts (Studien zur Kunst des 19. Jahrhunderts 23), München 1975, S. 125-127.

130 Vgl. Novalis (Friedrich von Hardenberg), Glauben und Liebe oder der König und die Königin, 1798.

131 Bachmann 1973, S. 65-66.

132 Vgl. Sir Robin Mackworth-Young, Queen Victoria and the Rosenau, in: Bayerland 82/8, 1980, S. 15-18. Elisabeth Roth, Beobachtungen zum Volksleben Coburgs im Tagebuch der Queen Victoria. Besuch im Schloß Rosenau im August 1845, in: Schönere Heimat 80/3, 1991, S. 153-158.

133 Jane Roberts, Royal Artists. From Mary Queen of Scots to the present day, London 1987, Abb. 37.

134 Roberts 1987, S. 89-90.

135 Für die Anregung zu diesem Aufsatz und lange Gespräche, die mir Einblicke insbesondere in den geistesgeschichtlichen Hintergrund des Themas eröffneten, danke ich herzlich Herrn Dr. Anton Hueber, München, der das Entstehen dieser Studie mit viel Geduld begleitet hat.
Für frdl. Unterstützung danke ich außerdem Herrn Dr. Jürgen Erdmann und seinen Mitarbeitern in der Landesbibliothek Coburg sowie Herrn Dr. Rainer Hambrecht und seinen Mitarbeitern im Staatsarchiv Coburg.

ABBILDUNGSNACHWEIS

S. 242: Staatsarchiv Coburg.
Alle übrigen: Bayerische Verwaltung der staatlichen Schlösser, Gärten und Seen, München.

MANFRED STEPHAN

Von der Fischerinsel zum
königlichen Refugium

Zur Entstehungsgeschichte der Roseninsel
im Starnberger See

DAS ATHENÄUMS-PROJEKT MAXIMILIANS II.

Die Idee zur Umgestaltung der Fischerinsel Wörth im Starnberger See in ein intimes Refugium zum ungestörten und erbaulichen Aufenthalt der Königsfamilie wurde im Zusammenhang mit der Projektierung des sogenannten »Athenäums« geboren. Kronprinz Maximilian von Bayern hatte die Gründung dieses später unter dem Namen »Maximilianäum«[1] bekannt gewordenen Erziehungsinstitutes für angehende höhere Staatsbeamte im Jahre 1840 beschlossen.[2]

Der Bestimmung eines geeigneten Institutsstandortes ging wie so oft, wenn Maximilian II. ein Projekt gedanklich skizziert hatte, eine langwierige, von zahlreichen Gutachten begleitete (und verzögerte) Entscheidungsphase voraus. Eine Reihe verschiedener Örtlichkeiten mit den Gebietsschwerpunkten Regensburg, München und Starnberger See waren in den Kreis möglicher Standorte aufgenommen worden.[3]

Es oblag Eduard Metzger (1807-1894), die in die Auswahl genommenen Gebiete rund um den Starnberger See konkret auf ihre Eignung als Athenäums-Standort zu prüfen. Als geeignetstes Areal erschien dem Architekten dabei der hügelige Landstrich südlich des Ortes Feldafing, nicht zuletzt wegen der dort nahe dem Ufer vorgelagerten Insel Wörth, die innerhalb des Gesamtkonzeptes eine spezielle Funktion übernehmen sollte: »(... Da im projectierten Gebäudecomplex (des Athenäums, M.S.) ein Pavillon für Seine Koenigliche Hoheit nothwendig zu errichten ist, so ließe sich hiezu vielleicht die Insel (Wörth, M.S.) selbst bestimmen und zur Prinzeninsel umwandeln, die gänzlich abgeschlossen, einem höchst reizenden zierlichen Gebäude, das ... der äußeren und inneren Erscheinung nach geordnet werden müßte, Raum gäbe, darin sich die höchsten Herrschaften heiter, und frei vor aller äußeren Neugierde bewegen könnten ...).«[4]

Damit hatte Metzger die Bestimmung der Insel bereits recht präzise vorformuliert. In die Tat umgesetzt wurde die Idee allerdings erst Jahre später und in Zusammenhang mit einem völlig anderen Projekt Maximilians II.

Denn entgegen der günstigen Beurteilung des Terrains (u. a. auch durch einen ebenfalls zur Sache befragten Pfarrer namens Daxenberger)[5] beschloß

Maximilian, das Athenäum am rechten Isar-Hochufer nahe der Münchner Praterinsel erbauen zu lassen. Die Erziehungsanstalt sollte an diesem exponierten, stadtnahen Standort neben ihrer eigentlichen Bestimmung den bereits 1832 vom Kronprinzen angedachten »Nationalbau«[6] verkörpern und den architektonischen Abschluß jener »Verbindung der Stadt mit der Isar von der Neuen Residenz aus über das Lehel«[7] – der Maximilianstraße – herstellen, die ab 1853 nach Pariser Vorbildern als großzügiger \Boulevard mit Blumenschmuckanlagen, Alleen und kleinen Plätzen zur Ausführung kommen sollte.

DER ERWERB DER INSEL WÖRTH

Mit der Entscheidung, die Erziehungsanstalt in München zu errichten, war das im Rahmen der Standortsuche bereits begutachtete und sehr positiv bewertete Areal am Westufer des Starnberger Sees bei Feldafing frei geworden für einen – bis dahin allerdings nur vage – geplanten Schloßbau. Ob dieses private und sicherlich bevorzugte Bauvorhaben nicht sogar ursächlich für die Verlegung des Maximilianeums nach München gewesen war – das in so glühenden Worten geschilderte Gebiet bei Feldafing eignete sich wegen seiner exzellenten Lage in der grandiosen Landschaft und seiner topographischen Beschaffenheit viel eher zur Errichtung eines Sommersitzes mit entsprechenden Gartenanlagen denn als Standort einer Schulungsstätte für angehende höhere Beamte – muß offen bleiben. Doch liegt die Vermutung nahe, daß man sich erst durch die Untersuchungen zum Athenäumsprojekt der besonderen Eignung des Geländes bei Feldafing für einen Sommersitz bewußt geworden ist.

Die von Eduard Metzger und seinem Architektenkollegen Ludwig Lange (1808-1868) parallel zu ihren Athenäums-Entwürfen gefertigten Pläne für einen »Kronprinzenpalast«[8] waren lange Zeit nur Theorie geblieben. Erst ab 1848 nahm das Vorhaben – möglicherweise beschleunigt durch die Inthronisation Maximilians im März d. J. – konkretere Formen an.

1848 erhielt Lange den Auftrag, »(... ein Gutachten darüber abzugeben, welcher von den beiden in dem mir zu diesem Zweck übergebenen Programm bezeichneten Punkten am Starnberger See, nämlich A dem der Insel Wörth gegenüberliegende, und B dem bei Garatshausen, wo das Bethaus steht, der geeignetste und vorzüglichste sei, um ein Palais in der Größe des hier in München erbauten Wittelsbacher Palastes, und umgeben mit Gartenanlagen, darauf zu gründen.« Und Lange meinte: »Wohl der glücklichste Punkt ist jenes aufsteigende Terrain, bei der Insel Wörth, unterhalb Feldafing ...).«[9] Ebenso positiv bewertete der damalige Hofgärtenintendant Ludwig Carl Seitz das in die engere Wahl genommene Gelände.[10]

Die von Eduard Metzger bereits 1842 geäußerte Idee zur Umgestaltung der Insel Wörth in eine »Prinzeninsel« mit einem »höchst reizenden Gebäude« zum »ungestörten Aufenthalt Seiner Majestät« erhielt angesichts der

Schloßbaupläne neuen Auftrieb, eignete sich die Insel über die eigentliche Bestimmung hinaus doch auch hervorragend als vorgeschobener Stützpunkt zur Beobachtung der Ausführungsarbeiten des Sommersitzes vor Ort. Das Schloß sollte ja – von der Insel aus gut einzusehen – unweit des Ufers gegenüber derselben auf einer Anhöhe entstehen.

Drei Jahre vor dem Beginn der umfangreichen Grundstückskäufe für Schloß und Park Feldafing erwarb der König 1850 Insel Wörth von der Fischerfamilie Kugelmüller zu einem Kaufpreis von 3000 Gulden.[11] Die zum Besitztum der Insel gehörigen 16 Tagwerk »gute 2 mädige Wiesen, welche am Gestande des Würmsee hin sich erstrecken«,[12] konnten später in den ab 1854 auf der Festlandseite ausgeführten Park eingegliedert werden.

DIE PLANUNG DER GARTENANLAGEN

Die Projektierung und Ausführung der gärtnerischen Anlagen um das geplante kleine Insellandhaus lag zunächst in den Händen des königlichen Hofgartenintendanten Ludwig Carl Seitz.[13] In einem Schreiben vom 25. März 1851 schlug dieser dem König vor: »Für die Insel Wörth würde sich um die Pflanzung in Einklang mit der großartigen Landschaft zu bringen nur eine hainartige passen. Die mit rother Farbe nach dem Plan entworfenen Sckitze stellt die auszuführende Grundpflanzung insoweit dar, als es ohne Vorlage des aldo zu erbauenden Landhauses möglich war«.[14]

Seitz plante die Verwendung von 4000 Bäumen und Sträuchern und in einzelnen Bereichen den Austausch des nährstoffarmen »Moorbodens«. Den Kostenaufwand veranschlagte er mit 3000 Gulden.[15]

FRANZ JAKOB KREUTER

Der Architekt und »Civil-Ingenieur« Franz Jakob Kreuter, der von Maximilian 1850 schon mit den Planungen zu einem Wintergarten auf dem Residenzgebäude betraut worden war, übernahm im selben Jahr auch die Projektierung des erwähnten kleinen Insellandhauses.

Ob nun aus Unzufriedenheit über die Leistungen des Hofgartenintendanten oder wegen seiner bekannten Geschäftstüchtigkeit – Kreuter versuchte darüber hinaus auch die Ausführung der gärtnerischen Anlagen an sich zu ziehen. Zu diesem Zwecke hatte er sich an den offensichtlich mit ihm bekannten oder befreundeten Generaldirektor der königlich-preußischen Hofgärten Peter Joseph Lennè (1789-1866) gewandt, der ihm noch im Jahre 1850 einen – wegen der Dringlichkeit allerdings nur skizzenhaften – Plan zur Gestaltung der Insel Wörth lieferte[16] (s. Abb. 1).

Damit diente er sich dem König an: »Da ich jetzt einen sehr guten Plan für die Anlage (der Insel Wörth, M.S.) besitze und vom Intendanten (Lennè, M.S.) höchstens für 30 fl. gearbeitet wurde, so würde ich mit größter Freude

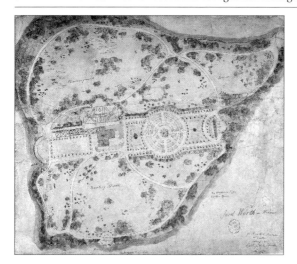

1. Entwurfsskizze zu den gärtnerischen Anlagen auf der Insel Wörth. Bezeichnung: »Insel Wörth im Würmsee für Herrn Civil-Architekten Kreuter entworfen von kgl. Preuß. Garten Director Lennè 1850« (siehe Farbtafel 17)

nun mehr auch die Ausführung der Gartenanlage übernehmen, da nun auf diese Art das Ganze aus einem Gusse und in Harmonie entstehen kann.«[17]

Kreuter fand keine sehr freundlichen Worte für die von Seitz veranlaßten Maßnahmen: »Als der treugehorsamst Unterzeichnete die Anlage der Insel übernahm, war von Seite der Hofgarten Intendanz beinahe noch nichts geschehen, es waren 47' Wege ausgehoben, die nicht gebraucht werden konnten, und 64 Bäume gesetzt (…). Für Auffüllung der Wege hat man den Bauschutt von der Kirchenruine weggenommen …).«[18]

Hofgartenintendant Ludwig Carl Seitz, der sich während seiner Amtszeit fachlich kaum profilieren konnte, wurde tatsächlich von der Aufgabe entbunden. Noch vor Beendigung der Arbeiten an der Roseninsel trat er im Jahre 1852 im Alter von 60 Jahren in den Ruhestand (s. Anm. 13).

Maximilian II., der der Gartenkunst weitaus mehr Interesse als sein Vater Ludwig I. entgegenbrachte, mußte die Einbeziehung Peter Joseph Lennès zur Gestaltung der gärtnerischen Anlagen auf der Insel Wörth gutheißen, stand doch zu dieser Zeit kein auch nur annähernd so profilierter Gartenkünstler in seiner Hofgartenintendanz zur Verfügung, der seine ehrgeizigen Pläne auf gartenarchitektonischem Gebiet in geeigneter Weise hätte umsetzen können. Und Lennès allseits gerühmte Garten- und Parkanlagen in Potsdam und Berlin kannte er aus eigener Anschauung.

Die Schöpfungen des preußischen Hofgärtendirektors entsprachen offenbar ganz dem Geschmack des Königs. Bis zum Dienstantritt des von Maximilian ab 1850 auf Ausbildungswanderschaft beorderten Hofgärtnersohnes Carl Effner (1831-1884, geadelt 1877) als Gartenarchitekt im Oktober 1854 bedachte er Lennè mit mehreren Folgeaufträgen wie den Planungen zu den Parkanlagen Feldafing und Hohenschwangau oder der Projektierung eines Grüngürtelsystems um die Haupt- und Residenzstadt München.

DER LENNÈSCHE GARTENPLAN

Der ab etwa den 1820iger Jahren auf dem Kontinent einsetzende »Blumen-
kult« und die Wiederentdeckung des Gartens als erweiterter Wohnraum im
Freien führte insbesondere in den bürgerlichen Villenanlagen zu einer Renaissance geometrischer Gartenbereiche, die in der Folge mehr und mehr neben die lange Zeit vorherrschenden, rein landschaftlichen Gestaltungsformen
traten und mit diesen zum sogenannten »gemischten Styl« vereint wurden.
Peter Joseph Lennès Plan zur Roseninsel stellte bereits ein ausgereiftes Beispiel dieser Entwicklung dar. Die regelmäßigen Partien nahmen dabei eine
Ausdehnung an, die sie gleichwertig neben die sie umgebenden landschaftlichen Bereiche treten ließ.[19]

Das kleine Landhaus lag eingebettet in einem Band regelmäßiger Gartenbereiche, das sich in Ost-West-Richtung als Inselhalbierende über die gesamten Breite des Eilandes zog.

Nördlich des »Casinos« plante Lennè einen aus drei rechteckigen Zierbee-
ten bestehenden »Blumengarten«. Ein Laubengang sollte von der Westseite
des Gebäudes – an einem von Bäumen gesäumten Rasenrechteck vorbei – zu
einem als Halbkreis geformten »Hafen« führen. An der Südseite des Casinos
grenzte der landschaftliche Bereich, den Lennè an dieser Stelle als »Bowling
Green« bezeichnete, unmittelbar an das Gebäude. Dieses »Bowling Green«,
das in der damaligen Fachsprache eine ebene, i.d.R. rechteckige und in manchen Fällen abgesenkte Rasenbahn bezeichnete, unterschied sich jedoch nicht
von den anderen landschaftlichen Partien des Planes.

Als zentrales und dominierendes Gestaltungselement sah Lennè östlich an
das Casino angrenzend ein kreisrundes, von Fliederhecken gefaßtes Rosarium vor, das »... nach dem sogenannten Rosenlabarinthe in Sanssouci pro-
jectiert ...« worden war.[20] In Sanssouci bildete der 1835 von Hermann Sello
angelegte Rosengarten einen Teil der gärtnerischen Anlagen um das Schloß
Charlottenhof.

Das Rosarium war nicht das einzige Zitat aus den höfischen Anlagen Sans-
soucis. Für das Inselschlößchen scheint das sogenannte »Gärtnerhaus«, das
sich unweit des Schlosses Charlottenhof in einem als »Römische Bäder«
bezeichneten Gebäudeensemble befindet, Pate gestanden zu haben. Diese
Gebäudegruppe wurde zwischen 1829-1840 von Karl Friedrich Schinkel und
seinem Schüler Ludwig Persius erbaut.[21]

War die Dringlichkeit der Aufgabe der Grund für das Kopieren bekannter
Vorbilder oder zeichnete der Bauherr selbst für die Zitate verantwortlich?
Schon 1838 hatte sich Kronprinz Maximilian in Potsdam aufgehalten, um
sich in der preußischen Residenzstadt persönlich über die neuesten Entwicklungen der Bau- und Gartenkunst zu informieren. Die entsprechenden Projekte des preußischen Hofes in und um Potsdam waren ihm also aus eigener
Ansicht wohlbekannt.[22]

Nicht zu vergessen hatte Maximilian die preußische Prinzessin Marie, eine Cousine Friedrich Wilhelms IV., zur Gattin. Vor diesem Hintergrund erscheint die bewußte Übernahme einzelner, die Erinnerung an Potsdam wachhaltender Gestaltungselemente aus den Anlagen von Sanssouci naheliegend.

Den östlichen Abschluß des Rosariums sollte ein erhöhter Sitzplatz mit einem vorgelagerten Blumenbeet bilden. Zu diesem Zweck wurde ein kleiner Hügel angeschüttet.[23]

Die regelmäßigen, auf das Casino gerichteten Gartenpartien dehnten sich als ein langgestrecktes Rechteck in Ost-West-Richtung über die gesamten Insel aus und halbierten diese annähernd. Nördlich und südlich der »Gartenachse« schließen sich die landschaftlichen Bereiche übergangslos an die regelmäßigen Partien an. Lediglich das Rosarium wird – wie das Charlottenhofer Vorbild- von einer Fliederhecke abgeschirmt, möglicherweise zum Schutz der Rosen vor ungünstigen Witterungseinflüssen. Mehrere geschwungene Wege »verweben« geometrische und landschaftliche Bereiche miteinander.[24]

Parallel zur sanft schwingenden Uferlinie führt ein Rundweg um die Insel. Diese »Führungslinie« leitet den Inselbesucher zu gezielt verteilten, von Gehölzgruppen gerahmten Ausblicken, die das attraktive Umland in einer für Lenné typischen Weise in Form malerischer Veduten in das Parkerlebnis mit einbezogen. Markante Gebäude wie die Kirche von Rottmannshöhe, das Schloß Allmannshausen oder das Schloß Ammerland setzten die »Spuren menschlichen Daseins«, wie sie beispielsweise auch Karl Friedrich Schinkel für landschaftliche Aussichten als vorteilhaft angesehen hatte.[25]

Solchermaßen gesteigerte, über die Reize des bis dahin vorherrschenden klassischen Landschaftsgarten hinausgehenden Effekte waren kennzeichnend für die Entwicklung der zeitgenössischen Gartenkunst gegen Mitte des 19. Jahrhunderts, die später zu den dekorativen Villengärten der Gründerzeit führte.

Die Ausblicke auf besonders reizvolle Landschaftsausschnitte erhielten durch ausgewählt situierte und besonders gestaltete Ruheplätze eine nochmals gesteigerte Inszenierung. Lenné sah zu diesem Zwecke zwei Aussichtspunkte vor: An der Nordostecke der Insel ein Lindenrondell, am südlichen Ufer in Form einer von »amerikanischen Schlingrosen« berankte Laube[26] (siehe Abb. 2), wobei diese Plätze als kleine, künstlich angeschüttete Rondelle über die Uferlinie in den See hinausragten und das Blickfeld panoramaartig erweiterten.[27]

Lenné bezeichnete in seinem Plan mit »Pleasureground«, »Forrest« und »Bowling green« verschiedene Gestaltungs- und Funktionsbereiche, die sich auf seinem Plan jedoch weder durch ihre Form noch durch eine besondere Pflanzenauswahl unterschieden. Wohl durch die große Eile der Planfertigung blieb die zeichnerische Differenzierung aus. Sie wurden allerdings auch später bei der Ausführung der Anlagen nicht realisiert.

Zu einigen – auf seiner Skizze nur flüchtig und verstreut dargestellten –

2. Die Rosenlaube am Südufer der Roseninsel, um 1870.

Gehölzgruppen nannte Lennè die zu verwendenden Gehölzarten. Es ist hinsichtlich der Artenverteilung als auch der Zusammensetzung der einzelnen Gruppen eine ähnliche »Systematik« wie in seinem Pflanzplan zum Magdeburger Volksgarten aus dem Jahre 1823 festzustellen. Lennè bemerkte diesbezüglich: »Was die Bepflanzungsmittel anlangt, so ist der Schmuck der Anlage nach dem Zwecke derselben die vorherrschende Rücksicht. Dem gemäß werden auf der Hügelfläche Wald- und Schmuckbäume und Sträucher im buntesten Wechsel ausschließlich gepflanzt ...).«[28] So zeichneten sich auch die Baum- und Strauchgruppen auf der Roseninsel durch ihre bunte Mischung verschiedener Arten aus. Blütensträucher wie Flieder, Ginster, Spiraea oder Traubenkirsche und ausländische Bäume wie amerikanische Eiche, kaukasische Flügelnuß, Gleditschie oder Trompetenbaum gaben der Bepflanzung einen ausgeprägt zierenden Charakter.

In dieser Hinsicht spielten Rosen auch außerhalb des eigentlichen Rosengartens eine wichtige gestalterische Rolle. Als Blütensträucher par excellence verteilten sie sich – zu zahlreichen kleinen Gruppen vereint – in den landschaftlichen Bereichen über die gesamte Insel. Lennè stellte die Rosengruppen (vermutlich Strauchrosen) als »blaugrüne Tupfen« dar, wie er in seinem Plan selbst anmerkte.

Mit den gärtnerischen Anlagen auf der Roseninsel entstand bayernweit
das erste Beispiel eines Gartens im sogenannten »gemischten Styl«, der in
Preußen durch die Protagonisten dieser Entwicklung Peter Joseph Lennè
und Gustav Meyer um die Mitte des 19. Jahrhunderts bereits fest etabliert
war. Diese Stilrichtung fand in Bayern erst mit dem Wirken des Lennè-
Schülers und späteren königlich-bayerischen Hofgärtendirektors Carl von
Effner ab etwa 1855 weitere Verbreitung. Effner avancierte mit seinem feinen
Gespür für ausgewogene Raumproportionen, farbliche Abstimmung der
Gehölzpflanzungen und dekorative, jedoch zurückhaltende Anordnung von
Blumenschmuck zu einem anerkannten Vertreter dieser Schule und führte
die Gartenkunst in Bayern – nach der Ära F. L. von Sckells – zu einer zweiten
Blüte. In diesem neuen, sehr dekorativen Gartentyp vereinigten sich mit dem
Geometrisch-architektonischen und dem Landschaftlichen die beiden
grundsätzlichen Ordnungsprinzipien der Gartenarchitektur, wobei das Wie-
deraufleben geometrischer Elemente auch in der Gartenkunst historistische
bzw. elektizistische Strömungen förderte.

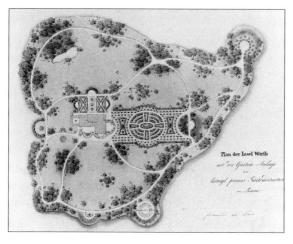

*3. Reinzeichnung der
Lennèschen Entwurfsskizze,
ausgeführt vermutlich noch
1850 durch Lennès Mitarbeiter
Gustav Meyer.
Bezeichnung: »Plan der Insel
Wörth mit der Garten-Anlage
vom königl. preuss. Garten-
director von Lennè.«
(siehe Farbtafel 18)*

DER GARTENPLAN VON GUSTAV MEYER

Neben Lennès Entwurfsskizze existiert ein von seinem Mitarbeiter Gustav
Meyer präzisierter und weiterentwickelter Schauplan zur Roseninsel (Abb. 3).
Dem darin dargestellten Casinobau-Grundriß zufolge ist dieser Plan ebenfalls noch im Jahr 1850 – offensichtlich zur Vorlage beim Bauherrn bestimmt
– entstanden.

Der Plan enthält nur geringfügige Änderungen gegenüber Lennès Erstent-
wurf: Die geometrische Gestaltung der westlichen Gartenseite am Casino
mit dem baumbestandenen Rasenviereck und dem Laubengang wurde aufgegeben und verlandschaftlicht. Zwei im Rasen liegende kleine Teppichbeete
übernahmen die schmückende Funktion.

276

Das entsprechend dem Charlottenhofer Vorbild von Lennè zunächst kreisrund geplante Rosarium erhielt aus unbekannten Gründen eine elliptische Form.

Um den Blick von der Gebäudeterrasse nach Süden auf das Panorama der Alpenkette nicht zu verstellen, versetzte man die am Ufer geplante Rosenlaube um einige Meter nach Osten. An ihrer Stelle trat ein mit kleinen Gehölzen regelmäßig gesäumtes Weg-Halbrondell.

Das Wegenetz übernahm Meyer im Wesentlichen aus dem Lennèschen Plan. Lediglich im Osten der Insel fügte er ein Stück Uferweg hinzu, so daß der Rundweg nicht mehr zwingend über den vorgesehenen Aussichtshügel am Rosarium, sondern alternativ auch an diesem vorbei entlang des Ufers führte. Meyer änderte auch Lennès Bepflanzungsschema nicht grundlegend, faßte aber die in Lennès Planskizze sehr zerstreut dargestellten Pflanzungen in der ihm eigenen Art zu kompakten, sich an den Wegen und Wegevereinigungen konzentrierenden Gehölzgruppen zusammen. Es entstanden wieder eindeutig definierte Bereiche von freien Wiesenflächen und dichten Gehölzgruppen, wie sie typisch für die Entwürfe der Lennè-Meyerschen Schule waren.

Ein kleiner, im Nordwesten der Insel dargestellter Teich (den der Lennèsche Plan noch nicht enthält) sollte noch erwähnt werden. Dieser ist zwar ausgeführt worden, doch schon nach wenigen Jahren gab Maximilian die Weisung, ihn wieder zu verfüllen, nachdem er schnell verlandet war und nur noch einige feuchte Stellen von dessen Existenz zeugten.[29]

AUSFÜHRUNG DER ANLAGEN

»Eure königliche Majestät haben allergnädigst geruht, den treugehorsamst Unterzeichneten am 15. März d. J. (1851, M.S.) mit der Anlage eines Rosengartens und am 20. April mit der übrigen Anlage der Insel nach einem von Gartendirektor Lennè in Potsdam entworfenen Plan zu beauftragen.«[30]

Nach der Auftragsvergabe an Kreuter schritten die Arbeiten schnell voran. Bereits am 20. April 1851 konnte der Architekt dem König vermelden: »Der Rosengarten ... wird Ende nächster Woche fertig ...«[31]

DAS ROSARIUM (s. Abb. 4)

Für die Bepflanzung des Rosariums veranschlagte Kreuter 360 Rosenhochstämme und 1000 »Centifolien«.[32] Über die Anordnung der Pflanzen gibt uns ein Reisebericht der Bayerischen Gartenbaugesellschaft aus dem Jahre 1863 genauere Auskunft: »... Am Parterre vor dem Casino bilden niedere Monat-Rosen zwischen einem schmalen Rahmen von Epheu gleichsam den Rasen und ein Wald von Stämmchen, in concentrischen Kreisen aufgestellt, vereinigt unendliche Abwechslung remontierender Spielarten ...«[33]

*4. Blick vom östlich gelegenen Aussichtshügel über das Rosarium zum Casinogebäude,
um 1870. Mittig des Gartenovals ist die Glassäule zu erkennen.*

DIE GLASSÄULE IM ROSENGARTEN

Die Hauptrechnung der königlichen Kabinettskasse Nr. 368 aus dem Jahre
1854/55 weist unter anderem den Transport und das Aufstellen einer Glassäule in der Mitte des Rosenrondells aus. Die Säule bestand aus einer Reihe
weißer und blauer Glasstäbe, welche freihängend um einen steinernen Säu-
lenkern angebracht waren. Den oberen Abschluß bildete ein Kapitell aus
Metallguß, eine »Jägerin mit Falken« darstellend.

   Das Vorbild dieser Säule ist wie andere bereits erwähnte Details der Anlagen auf der Roseninsel in den Garten- und Parkanlagen von Sanssouci zu suchen, wo eine entsprechende Säule im sogenannten Marly-Garten stand.[34]

   Tatsächlich soll die Säule ein Geschenk König Friedrich Wilhelm IV. von
Preußen zum Andenken an seinen Besuch auf der von ihm so bewunderten
Roseninsel gewesen sein.[35] Dies erscheint plausibel, da in den detailliert ge-
führten Rechnungsbüchern der Kabinettskasse Maximilians lediglich die
Transport- und Aufstellungskosten, nicht aber die Herstellungskosten der
Säulenteile erscheinen. Im übrigen ergaben sich durch die verwandschaftliche
Beziehung und den regen kulturellen Austausch, den die beiden Monarchen
untereinander pflegten, genügend Anlässe für ein derartiges Geschenk. Ob es
sich beider Säule um das Original aus dem Marlygarten in Potsdam-Sanssouci
oder um eine Replik davon handelte, ist ungeklärt.

   Der Rosengarten erhielt durch das Casino, den Aussichtshügel im Osten und den beiden Einfassungshecken aus Flieder einen vollkommenen Abschluß gegenüber den umliegenden Parkanlagen und steht somit im Gegensatz zu den übrigen Inselbereichen, die sich durch gezielt angeordnete Aussichten der Landschaft öffnen. Das Rosarium wurde zum »giardino secreto«, und nicht zuletzt dieses »Gartenzimmer« dürfte später mit dem Duft von hunderten von Rosen und dem Schimmer der Glassäule das besondere Gefallen Ludwigs II. gefunden haben. Gartenräume ganz ähnlicher Art ließ sich der Märchenkönig ja ab 1870 um das Schloß Linderhof einrichten.

Der landschaftliche Teil der Insel

Nachdem erste Pflanz- und Wegebauarbeiten Anfang 1850 noch unter der Regie der Hofgärtenintendanz durchgeführt worden waren, übernahm wie erwähnt ab März 1850 Franz Jakob Kreuter auch die Leitung der gärtnerischen Ausgestaltung der Insel, wobei er auf den schon beschriebenen, in seinem Auftrag für ihn erarbeiteten Plan Peter Joseph Lennès zurückgreifen konnte.

Ein skizzenhafter, undatierter und unsignierter »Plan der Bepflanzung der K. Insel Wörth«[36] – ein Arbeitsplan – zeigt insgesamt 23 mit römischen Ziffern bezeichneten Pflanzgruppen, deren Verteilung und Numerierung der unbekannte Verfasser aus dem Lennèschen Entwurf – allerdings vereinfachend zu kompakten Gruppen zusammengefaßt – übernahm. Eine Beschreibung der zu verwendenden Gehölzarten fehlt leider. Über einen Teil der ursprünglichen Bepflanzung gibt uns nur ein Brief Auskunft, in dem »zur Vollendung der Anlage der königlichen Insel Wörth«[37] folgende Pflanzen angefordert wurden:

»2 große Pawlownia imperialis«
»6 große Bignonia catalpa«
»6 große Tulpenbäume«
»25 große Platanen«
»2 hängende Linden«
»12 amerikanischen Trauerweiden«
»7 schöne Schlingpflanzen«
»10 canadische Pappeln«
»100 Stück neue englische Rosen«
»200 dito französische Rosen«

Diese Gehölze sollten aus Aarau in der Schweiz bezogen werden, da die königlichen Hofbaumschulen, die ansonsten die Pflanzen für die Parkanlagen lieferten, die aufgelisteten Arten in nicht genügender Größe und Anzahl zur Verfügung stellen konnten. Obwohl die überlieferte Pflanzenliste nicht den gesamten Umfang der verwendeten Pflanzenarten wiedergibt, läßt sich aus ihr dennoch der Trend zur dekorativen »Buntartigkeit« und zum »Exotismus« ablesen, der die zeitgenössische Pflanzenverwendung Mitte des 19. Jahrhunderts kennzeichnete.

Die Insel Wörth verdankte ihren Namen «Roseninsel« nicht nur dem geometrischen Rosarium im Zentrum der gärtnerischen Anlagen. Lennè sah im gesamten landschaftlichen Bereich etwa 25 Rosengruppen vor, die er auf seinem Plan als »blaugrüne Tupfen«, wie er selbst handschriftlich vermerkte, dargestellt hatte. In einem »Protokoll bei der Extradiction der königlichen Roseninsel« vom 28. Februar 1885 sind noch 17 Rosengruppen erwähnt.[38] Auch »an den Mauern und Balkonen des Casinos, an den Säulen des Gartenhauses und an alten Bäumen hoch hinauf in die Kronen wuchern Prairierosen (Kletterrosen, M.S.) in passender Gesellschaft mit Epheu«.[39]

Fertigstellung der Gartenanlagen

»(... Die Gartenanlage auf Wörth wurde im September 1851 vollendet, die Rechnungen geschlossen und abgeliefert. Auf den allerunterthänigsten Antrag einen Etat auszuweisen für die Besoldung des Gärtners und den Unterhalt des Gartens erfolgte bis heute keine Entschließung; der Gärtner sowie der Unterhalt des Gartens wurde das ganze Jahr hindurch aus meiner Privatkasse bezahlt ...).«[40] Die Oberaufsicht über den Inselgarten übernahm ab Frühjahr 1852 der auch an den Ausführungsarbeiten beteiligte kgl. Obergärtner Loewel.[41]

Aus obigem Brief Kreuters an König Maximilian geht weiter hervor, daß auch die Zahlungen bezüglich des Casino-Baues ausgeblieben waren, ein Umstand, den der Architekt als Grund für die verzögerte Fertigstellung des Gebäudes anführte.

Die Unstimmigkeiten zwischen König Maximilian und Franz Jakob Kreuter, die sich offensichtlich unter kräftiger Mithilfe des kgl. Hofsekretärs Hoffmann entwickelten, führten zur Entbindung von der Bauleitung: »Nachdem Eure Majestät den Bau des Wintergartens und die Vollendung des Casino auf Wörth den Herrn Voit und Riedel übertragen haben, so muß es wohl Eure Majestät unbekannt seyn, daß ich seit 3 Jahren nicht bezahlt worden bin ...). Daß die mir übertragenen Gebäude nicht vollendet wurden, ist nicht meine Schuld, denn die Vollendung derselben lag niemanden mehr am Herzen als mir, deshalb habe ich für die Insel Wörth einen Vorschuß von fl 4000 aus meiner Privatkasse geleistet, sodann das ofte Ändern der Pläne und die consequent durchgeführten Chikanen des Hofsekretärs, machten jedes Vortschreiten unmöglich.«[42] Entnervt von diesen Vorgängen nahm Kreuter noch im Sommer 1852 ohne Einverständnis des Königs eine vorteilhafte Berufung nach Wien an.[43]

Unter der Leitung von »Hofbau-Conducteur« Eduard Riedel konnte das Casino bis Ende 1853 weitgehend vollendet werden.[44]

KLEINARCHITEKTUREN

Nach der Fertigstellung des Casinos gab Maximilian II. im Mai 1854 den Bau eines Kiosks und einer Laube in Auftrag.[45]

Die Standorte der beiden Baulichkeiten waren bereits in Lennès Planskizze vorgesehen, die Gustav Meyer in der Reinzeichnung noch präzisierte. Sie lagen nicht weit voneinander entfernt unmittelbar am Südufer der Insel. Für den Kiosk, den Meyer in seinem Plan als Rosenlaube (s. Abb. 2) bezeichnete (und der tatsächlich mit Kletterrosen bepflanzt war), hatte man im Zuge der Ufermodellierung eigens eine kleine Halbinsel angeschüttet.

Die Tragekonstruktion des Kiosks bestand aus 20 Säulen, die, in zwei Kreisen angeordnet, ein zeltförmiges Schindeldach trugen. Die Felder zwischen den Säulen blieben offen und ermöglichten so einen freien Ausblick nach allen Seiten. Im Jahre 1865 mußte der äußere Säulenring erneuert werden. Zur Verwendung kamen 12 eiserne Säulen.[46] Die kurze Lebensdauer läßt darauf schließen, daß ursprünglich hölzerne Säulen verwendet worden waren.

Die oben genannte Laube befand sich ca. 40 Meter westlich des Kiosks. Sie markierte ebenfalls einen Aussichtsplatz am Südufer der Insel, war jedoch kleiner und einfacher gehalten. Ihr ellipsoider, zum See hin sich öffnender Grundriß läßt 13 Tragestützen erkennen.[47] Auch diese Laube dürfte aus einer Holzkonstruktion bestanden haben.

Zu erwähnen bleibt noch eine ab dem Jahre 1854 errichtete Uferschutzmauer aus unbehauenen Natursteinen (Tuff und Nagelfluh). Die Mauer umfaßte etwa 2/3 des Inselumfanges; das Nordufer als weniger gefährdeter Uferbereich blieb unbefestigt. Die Uferschutzarbeiten dauerten 1861 noch an, als man die Ostseite der Insel mit Nagelfluhsteinen sicherte.[48]

DIE ROSENINSEL NACH IHRER FERTIGSTELLUNG

Ein im Mai 1855 von »Hofgarten Conducteur« Mühlthaler gefertigter Bestandsplan der Roseninsel (s. Abb. 5) zeigt, daß die regelmäßigen Gartenpartien um das Casino im Vergleich zur Lennèschen Planung vereinfacht ausgeführt worden sind: Anstelle der kunstvoll gestalteten Blumenparterres im Umgriff des Gebäudes legte man einfache Rasenstücke an, deren Zierwert lediglich von einigen eingestreuten Teppichbeeten gesteigert wurde. Ein kleiner, an das Casino grenzender Sitzplatz, umgeben von einer Pergola und geschmückt mit einem Bassin, viel ganz weg.

Auch der Rosengarten erhielt nicht die auf Meyers Plan dargestellte ornamentale Feingliedrigkeit. So bedeckte man die das ellipsenförmige Rosarium flankierende Parterres flächig mit »Monatsrosen« und faßte sie mit einem Pflanzstreifen aus Efeu ein. Das geplante Teppichbeet unterhalb des Aussichtshügels, das an ein Schmuckbeet im Marlygarten zu Potsdam erinnerte, mußte ebenfalls einer simplen, einförmigen Bepflanzung aus Monatsrosen weichen.

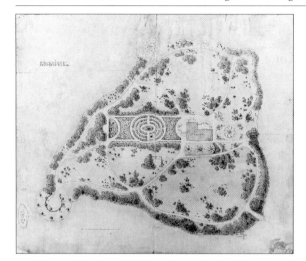

*5. Bestandsplan der
Roseninsel, gezeichnet von
Hofgarten-Condukteur
Mühlthaler im Mai 1855.
Bezeichnung: »Roseninsel«.
Rechts unten: »gez. Mühlthaler
24/5 1855«
(siehe Farbtafel 19)*

Die Gestaltung der landschaftlichen Bereich folgte hingegen weitgehend dem Lennèschen Konzept. Mühlthaler hat die parkartigen Partien sehr detailliert dargestellt: Markante Einzelbäume und Haine sind dreidimensional gezeichnet, vereinzelt kann man Nadelbäume erkennen. Mit blaßroten Farbtupfern markierte er die zahlreichen Rosengruppen, die über die ganze Insel verstreut lagen.

Nord- und Westufer erhielten eine dichte Abpflanzung, die nur nach Westen hin auf der Höhe des Casinos durchbrochen war und einen Blick auf den ab 1854 im Bau befindlichen Park auf der Festlandseite gestattete. Das Süd- und Ostufer wurde dem Plan zufolge lockerer bepflanzt. Insgesamt sieben Sichtfenster ermöglichten hier den Ausblick über den Starnberger See hinweg auf das Gebirgspanorama in südlicher oder auf einige markante Gebäude am gegenüberliegenden Ufer in östlicher Richtung.

DIE WEITERE AUSGESTALTUNG DER ROSENINSEL

Im Jahre 1855 erbaute man auf der Insel über der Ruine der alten Steinkirche ein Gärtnerhaus.[49] Vermutlich wurden dabei die noch vorhandenen Steine zum Bau des neuen Gebäudes mitverwendet, da die westliche Giebelmauer im Gegensatz zu den übrigen, aus Ziegeln errichteten Mauern aus Feldsteinen besteht.[50]

Die idyllisch gelegene und nunmehr »kultivierte« Roseninsel scheint zunehmend das Gefallen der Königsfamilie gefunden zu haben. Auch nach der Fertigstellung der Anlagen war man stets bemüht, die Ausstattung weiter zu verbessern. Im Jahre 1856 hatte Maximilian II. ein Dampfschiff in Auftrag gegeben, mit dem er von seinem Landsitz Berg aus Fahrten auf dem Starnberger See unternahm. Um nun auch an der neu gestalteten Roseninsel anlegen zu können, ließ man an ihrer Ostseite 1857 »einen Steg zum Einsteigen in das Dampfschiff« errichten.[51]

Zwei Jahre später gab der König »die Anfertigung und Instandsetzung einer Badhütte an der Roseninsel« in Auftrag[52]. Als Standort war eine Stelle vor dem Ostufer der Insel festgelegt worden. Wegen der geringen Wassertiefe im engeren Umkreis der Insel mußte das Badhaus in einiger Entfernung vom Ufer errichtet werden. Ein langer Holzsteg stellte die Verbindung zwischen der Insel und der Badehütte her.

Erwähnt sei noch ein um 1860 am Nordufer der Insel erbauter Landungssteg,[53] wo diejenigen Boote anlegten, die vom gegenüberliegenden, zu diesem Zeitpunkt weitgehend fertiggestellten Park aus die Roseninsel anliefen. Diese nur etwa 165 Meter entfernt liegende festlandseitige Anlegestelle war zur bequemen Umkehr der Pferdekutschen als Rondell ausgebildet und mit einem Kreis aus Platanen bepflanzt. Der Platz erhielt später die Bezeichnung »Glokkensteg«, weil der ankommende Besucher von hier aus mittels einer Glocke dem Inselgärtner signalisieren konnte, wenn er übergeholt werden wollte.

6. *Das Casino-Gebäude, geschmückt mit dekorativen Stauden, Klettergewächsen und Kübelpflanzen. Im Hintergrund ist eine von insgesamt fünf oder sechs Pyramidenpappeln zu sehen, die als Stellvertreter für die in diesen Breiten zu frostempfindlichen Zypressen – eine der prägendsten Baumarten italienischer Landschaften – stehen. Zustand um 1870.*

283

LUDWIG II. UND DIE ROSENINSEL

Die idyllische Insel mit ihrem Rosengarten, dem kleinen Park und dem Insel-schlößchen bot dem jungen König Ludwig II. die erwünschte Abgeschie-denheit, die er bald nach seiner Inthronisation im Jahre 1864 suchte. Am 16. Juni 1865 schrieb er von Schloß Berg aus an sein Hofsekretariat: »Ich wün-sche die Insel Wörth, Roseninsel genannt, sammt den darauf befindlichen Gebäuden und dem Inventar aus dem Rücklasse Meines in Gott ruhenden Herrn Vaters des Königs Maximilian II. von Bayern käuflich und zwar als mein Privateigentum zu erwerben, wie ich auch die Unterhaltskosten seit dem 1. Oktober 1864 trage ...). Die Kaufsumme betrug 25 000 Gulden.[54]

Die Betonung »... und zwar als mein Privateigentum« deutete bereits die Absicht Ludwigs an, die Insel als persönliches Refugium und intimen Begeg-nungsort zu nutzen, und nur ihm nahestehenden Personen gab der König die Ehre, mit ihm auf der Insel zu verweilen. Richard Wagner, die Zarin Maria Alexandrowna von Rußland und natürlich Kaiserin Elisabeth von Öster-reich[55] waren einige der wenigen Auserwählten, denen die Ehre eines ge-meinsamen Aufenthaltes mit dem König auf der Roseninsel zuteil wurde. Ludwig II. nutzte die Roseninsel intensiv und in einer ihm eigenen Weise als Zufluchtsort vor der von ihm so verabscheuten Realität, und illusionsstei-gernde Effekte wie z.B. die nächtliche Beleuchtung der Insel im August 1872 halfen dem Monarchen, dem Alltag für kurze Zeit zu entfliehen.[56]

Dieser bevorzugten Nutzung verdankte die Roseninsel den fortgesetzten kontinuierlichen Unterhalt, der Ludwigs Kabinettskasse mit immerhin etwa 1300 Gulden pro Jahr belastete.[57] Der nur wenige hundert Meter entfernt ge-legene und noch zu Lebzeiten seines Vaters fertiggestellte Park Feldafing hingegen fand nicht das geringste Interesse des jungen Königs und wurde noch im Laufe seiner Regierungszeit dem langsamen Verfall preisgegeben.[58]

Den guten Zustand des Inselgartens dokumentiert ein »Protokoll bei der Extradiction der königlichen Roseninsel«, durchgeführt im Februar 1885 von den kgl. Hofgärtnern Müller und Keckhut: »Die Rosen im sogenannten Ro-senparterre sind im guten Culturzustande und hinreichend eingedeckt (...). Die Außenrabatten um das Rosenparterre sind mit frisch aufgefahrener Moorerde belegt, und sollen in Zukunft mit Hydrangea paniculata bepflanzt werden (...). Die Schlingrosen um das Rosenparterre sind eingebunden und vollzählig vorhanden. Die Laube auf dem Hügel zum Rosenparterre ist gut unterhalten und der Epheu zur Deckung in gesundem Zustande vorhanden. Die drei Rosengruppen in den Gehölzpartien sind rigolt und gedüngt, und finden sich die zur Pflanzung nöthigen Rosen in einem Beete eingeschlagen vor. Ferner sind da 14 Rosengruppen, reichlich bepflanzt und in gutem Zu-stande.«[59]

SCHLUSS

Die Blütezeit der Insel endete mit dem Tod Ludwigs II. Der Obersthofmar-
schallstab, in dessen Zuständigkeit die Pflege der Insel danach fiel, entließ
1888 aus Kostengründen den Inselgärtner.[60] Damit setzte der langsame, aber
stetige Verfall der Roseninsel ein. Einem Bericht des Hofgärteninspektors
Kaiser zufolge waren bereits im Jahre 1898 ein Großteil der Rosen eingegangen.[61]

Der Verfall machte auch vor dem Casino nicht halt. Bezeichnend dafür
steht die Abgabe von 13 »Antiken« aus dem Inventar des Gebäudes, die im
Rahmen einer Rettungsaktion im Jahre 1911 an die königliche Vasensamm-
lung und an das königliche Antiquarium erfolgte. [62]

Die Roseninsel hatte sich durch ihre attraktive Lage, dem weithin bekannten Casino mit dem Rosengarten und nicht zuletzt auch durch die Verein-
nahmung durch Ludwig II. einen Ruf erworben, der nach dem Zusam-
menbruch der Monarchie im Jahre 1918 die Begehrlichkeiten privater
Kaufinteressenten weckte. Ferdinand Graf Zeppelin z.B. spekulierte auf einen Verkauf der Insel und wollte an erster Stelle möglicher Aufkäufer stehen.[63] Der Kauf kam nicht zustande.

1971 erfuhr die Insel eine – wenn auch nur kurzzeitige – historische »Belebung«: Der Märchenkönig kehrte auf die Insel zurück – allerdings nur als
Filmfigur während der Dreharbeiten zu Lucino Viscontis Filmepos »Ludwig II.« [64]

Nach Abschluß der Dreharbeiten begann die Bayerische Verwaltung der
staatlichen Schlösser, Gärten und Seen – nachdem die Roseninsel im Jahre
1970 vom Freistaat Bayern aus der Vermögensmasse des Wittelsbacher Aus-
gleichfonds erworben worden war – die gröbsten Mängel der Parkanlage zu
beheben. Die Wiederherstellung verlorengegangener Strukturen unterblieb,
so daß sich heute die ursprüngliche Attraktivität des einstigen königlichen
Refugiums nur erahnen läßt und sich vielmehr der romantisch-verwilderte
Charakter der Insel bis heute erhalten hat.

ANMERKUNGEN

1 Den Begriff »Maximilianäum« erwähnte wohl erstmals der Architekt Eduard Metzger in
   einem Brief an Kronprinz Maximilian vom 13. Februar 1843: »Ausserhalb Felderfing
   gegen Tutzing, beherrscht ein an Felderfing angrenzender Hügel sammt Anhöhe die
   ganze Gegend, sammt Seengebiet. Es ist der Ort ein auserlesener zur Gründung des
   Maximilianäums ...« Hauptstaatsarchiv München, Abt. Geheimes Hausarchiv (GHA),
   Nachlaß (NL) Maximilian II., Nr. 79/4/224.
2 Vgl. Hahn, August: Der Maximilianstil in München, München 1982, S. 12/13.
3 Als Orte am Starnberger See sind genannt: »Oberhalb Postenhofen in der Höhe von
   Felderfing«, »in der Nähe von Percha«, »gleich unterhalb Starnberg nächst dem Besitz

Sr. Koenigl. Hoheit des Prinzen Karl«, »ein Hügel mit Wäldchen unweit Postenhofen gegen Starnberg«, »über Gerezhausen gegen Inzing«, »Hügel oberhalb Tutzing gegen Bärnried«, »Anhöhe von Bärnried« und ein »Hügel unterhalb Ammerland«. GHA, NL Maximilians II., Nr. 79/4/223.

4 Brief Metzgers an den Kronprinz vom 18. Juli 1842, GHA, NL Maximilian II., Nr. 79/4/223. Auf den zum Inselbesitz gehörigen, auf dem Festland gegenüber der Insel liegenden Grundstücke sollte nach Metzgers Vorstellungen eine Badeanstalt für die zukünftigen Absolventen der Erziehungsanstalt errichtet werden.

5 Brief Daxenbergers an Eduard Metzger vom 18. Februar 1843, GHA, NL Maxilmilian II., Nr. 79/4/224.

6 Bereits 1832 äußerte der Kronprinz die Absicht, »(... auf der Isarhöhe bei München einen großen Nationalbau, einen Park, vielleicht auch einen herrlichen neuen Stadtteil mit ganz großartigen Kais anzulegen ...)«. Zit. nach Hahn, a.a.O. S. 11.

7 GHA, NL Maximilian II., Nr. 78/3/143.

8 Vgl. Hahn, a.a.O., S. 13.

9 GHA, Administration König Otto von Bayern, Nr. 1908.

10 Bericht Seitz' an den König vom 17. Dezember 1848, überschrieben mit: »Allerunterthänigster Antrag und Gutachten des Königlichen Hofgärten Intendanten über die Wahl eines günstigen Standpunktes auf dem linken Ufer des Starnberger Sees zur Erbauung eines Lustschlosses.« Darin heißt es: »Einen hierfür (zum Bau eines Lustschloßes, M.S.) geeigneten Höhepunkt bietet der hinter dem Hügel vis a vis der Insel Wörth terassenförmig sich erhebende Bergrücken dar, der wenngleich auch von allen Seiten kahl, eine äußerst günstige Lage für ein gothisches Lustschloß mit allen dazu erforderlichen Nebengebäuden hat, das großartige Panorama der ganzen Gegend, besonders aber der Gebirgskette darstellt, künstliche Terrassenbauten zu Gunsten des Palastes bedingt und überdies noch sanfte Erdbauten zuläßt, wodurch der königlichen Schöpfung der Charakter eines Sansouci, St. Germain oder St. Cloud aufgeprägt wird ...)«. GHA, Administration König Otto von Bayern, Nr. 1908

11 Staatsarchiv München, Kataster Nr. 20601.

12 GHA; Administration König Otto von Bayern, Nr. 1908.

13 Ludwig Carl Seitz (1792-1866) bekleidete von 1840-1843 das Amt eines königlichen Hofgärteninspektors und fungierte in diesem Zeitraum gleichzeitig als Vorstand der Hofgartenindendanz. Im Oktober 1843 ernannte man ihn zum Hofgartenintendanten. Seitz gelang es – vor allem unter König Ludwig I., der dem Gartenwesen so gut wie kein Interesse entgegenbrachte – kaum, sich fachlich zu behaupten und Akzente auf dem Gebiet der Gartenarchitektur zu setzen. 1852 schied er aus der Hofgartenintendanz aus.

14 GHA, Administration König Otto von Bayern, Nr. 1906. Die von Seitz erwähnte Skizze ist verschollen.

15 GHA, Administration König Otto von Bayern, Nr. 1906.

16 Bayerische Verwaltung der staatlichen Schlösser, Gärten und Seen (BSV), Plansammlung der Gärtenabteilung, Inv.Nr. C 29/1; Bezeichnung: »Insel Wörth am Würmsee«. Daß der Auftrag für die Planung von Kreuter kam, belegt ein Vermerk rechts unten auf Lennès Plan: »für Herrn Civil-Architekten Kreuter entworfen von kgl. Preuß. Garten Direktor Lennè 1850«.
Eine detailgetreue »Reinzeichnung« des Planes befindet sich im Stadtmuseum München, Inv.Nr. Z 47. Der Plan ist bezeichnet mit: »Copie des vom Koenigl. Preuß. Garten Direktor Lennè entworfenen Planes der Insel Wörth im Würmsee«.

17 Brief Kreuters an Maximilian II. vom 20. April 1851, GHA, Administration König Otto von Bayern, Nr. 1908.

18 Brief Kreuters an König Maximilian II. vom 25. August 1851, GHA, Administration König Otto von Bayern, Nr. 1908. Kreuter nannte darin auch die gepflanzten Baumarten: 7 Platanen, 11 Roßkastanien, 2 Linden, 4 Silberpappeln, 8 Eschen, 6 Prunus, 20 italienische Pappeln und 6 Fruchtbäume.

19 Vgl. Hennebo, Dieter: Vom »klassischen Landschaftsgarten« zum »gemischten Styl« – Zeittypische Gestaltungstendenzen bei Peter Joseph Lennè in: Volkspark und Arkadien, Katalog der gleichnamigen Ausstellung, Berlin 1989, S. 51.

20 Brief Kreuters an Maximilian II. vom 20. April 1851, GHA, Administration König Otto von Bayern, Nr. 1908.

21 Vgl. Generaldirektion der staatl. Schlösser und Gärten Potsdam-Sanssouci – Schlösser, Gärten, Kunstwerke, Potsdam 1989, S. 94-95.

22 Speziell an Charlottenhof schien Maximilian ein besonderes Gefallen gefunden zu haben. 1854 wandte er sich mit der Bitte an Peter Joseph Lennè, ihm einen Plan von dieser Anlage zukommen zu lassen. Der Generaldirektor erwiderte, daß die Gartenanlagen von Charlottenhof »in ihrer gegenwärtigen Vollendung« auf dem großen Plan von Sanssouci vorzufinden sind. »Separat-Pläne« dazu gebe es nicht. GHA, Administration König Otto von Bayern, Nr. 1908.

23 Kostenvoranschlag, »Die Insel Wörth im Starnberger See betreffend«, ohne Datum und Unterschrift, unter Punkt b, Rosengarten: »1 Hügel aufführen mit Bänken besetzen und bepflanzen fl. 150«. GHA, Administration König Otto von Bayern, Nr. 1908.

24 Vgl. Henebo, Dieter, a.a.O., S. 56.

25 Vgl. Brönner, Wolfgang: Die bürgerliche Villa in Deutschland 1830-1890, Düsseldorf 1987, S. 69.

26 Laut einem Eintrag in Lennès Plan aus dem Jahre 1850. BSV, Plansammlung d. Gärtenabteilung, Inv. Nr. C 29/1.

27 Da der Inselumriß, wie ihn Lennès Plan zeigt, von der ursprünglichen Form abweicht, muß er eine Umgestaltung der Uferlinie vorgenommen haben, deren beinahe dreieckige Form wohl nicht seinen ästhetischen Vorstellungen entsprach. Tatsächlich vergrößerte sich die Fläche der Insel durch künstliche Anschüttungen von 1,27 ha auf 1,72 ha. Im Zuge dieser Neuformung dürften auch die Aussichtsplätze angelegt worden sein. Das Schüttmaterial soll aus einer Geröllbank südlich der Insel stammen. Vgl. Schwab, Sigmund: Die Pfahlbauten im Würmsee, München 1876.

28 Lennè, Peter Joseph: Ueber die Anlage eines Volksgartens bei der Stadt Magdeburg in: Verhandlungen des Vereins zur Beförderung des Gartenbaues in den Königlich Preußischen Staaten, Berlin 1826, S. 147-162.

29 GHA, Administration König Otto von Bayern, Nr. 1908.

30 Brief Kreuters an Maximilian II. vom 25. August 1851. Abweichend davon schrieb er am 20. Mai 1851: »Eure Majestät hatten am 21. März d.J. allerhöchste Gnade, den treugehorsamst Unterzeichneten mit dem Bau eines Casinos und der Anlage eines Rosengartens auf der Insel Wörth zu beauftragen.« GHA, Administration König Otto von Bayern, Nr. 1908.

31 Brief Kreuters an den König, GHA, Administration König Otto von Bayern, Nr. 1908.

32 Laut einem Kostenvoranschlag, die »Insel Wörth im Starnberger See betreffend«, ohne Datum und Signat. GHA, Administration König Otto von Bayern, Nr. 1908.

33 Bericht über die Tätigkeit der bayerischen Gartenbaugesellschaft, Jahrgang 1863, Rubrik »Gesellschafts-Rundschau«.

34 Vgl. Generaldirektion der Staatlichen Schlösser und Gärten Potsdam-Sanssouci (Hrsg.): Peter Joseph Lennè – Pläne für Potsdam; Potsdam 1989, S. 109.

35 Vgl. Kistler, Ferdinand: Heimatbuch für Feldafing. Unkorrigierte Abschrift des hand-

287

schriftlichen Manuskriptes von 1929 (1940 ergänzt). Kapitel IV/A Die Roseninsel, S. 375. Die Abschrift befindet sich im Gemeindearchiv Feldafing.

36 GHA, Administration König Otto von Bayern, Nr. 1908.

37 GHA, Administration König Otto von Bayern, Nr. 1908. Von den aus den Hofbaumschulen abgegebenen Pflanzen sind lediglich 50 St. Pinus mariana und 50 St. Taxus in den Akten vermerkt.

38 GHA, Administration König Otto von Bayern, Nr. 1908.

39 Bericht über die Tätigkeit der bayerischen Gartenbaugesellschaft, Jahrgang 1863.

40 Brief Kreuters an König Maximilian II. vom 6. Oktober 1852. GHA, NL Maximilian II. Nr. 78/1/97.

41 GHA, Administration König Otto von Bayern, Nr. 1908.

42 Brief Kreuters an König Maximilian II. vom 5. Februar 1853. GHA, Nachlaß Maximilian II. Nr. 78/1/97.

43 Vgl. Hahn, a.a.O., S. 92, Anm. 11.

44 Die Hauptrechnung Nr. 366 (1852/53) der königlichen Kabinettskasse weist Dienstreisen Riedels in den Monaten Januar, April, Mai, Juli, Oktober, November und Dezember aus. Im darauffolgenden Jahr sind nur noch zwei Dienstreisen verzeichnet. GHA, Hauptrechnungsbücher der königl. Kabinettskasse Nr. 366 und 367.

45 Die Anordnung des Königs vom 17. Mai 1854 lautete: »Der hier rückfolgende Entwurf zu einem Kiosk auf der Insel Wörth soll zur sofortigen Ausführung kommen; ebenso auch die Herstellung einer Laube.« GHA, Administration König Otto von Bayern, Nr. 1908.

46 GHA, Hauptrechnung der königl. Kabinettskasse (HR) 380, 1865/66.

47 Lage und Grundriß der beiden Kleinarchitekturen erkennt man auf einem Bestandsplan des Zeichners Mühlthaler aus dem Jahre 1855. Der Plan befindet sich im Archiv der herzoglichen Verwaltung des Hauses Wittelsbach.

48 GHA, HR Nr. 370 und 374, 1856/57 und 1860/61.

49 GHA, HR Nr. 368, 1854/55.

50 Vgl. Hornung, Norbert: Die Roseninsel im Starnberger See, München 1975, S. 76.

51 GHA, HR Nr. 370, 1856/57.

52 GHA, Administration König Otto von Bayern, Nr. 1908.

53 GHA, Administration König Otto von Bayern, Nr. 1908.

54 GHA, HR Nr. 379, 1864/65.

55 Vgl. Kistler, a.a.O., Kapitel IV/A, S. 18.

56 GHA, HR Nr. 386, 1872. Eigenartigerweise hatte der König seinem Hofgärteninspektor Carl Effner die Ausführung der Beleuchtungsaktion übertragen. Effner weilte zu diesem Zweck am 20. und 23. August 1872 auf der Insel.

57 GHA, HR Nr. 379-400, 1864/65-1886.

58 Brief Ludwigs II. an sein Hofsekretariat vom 29. Juli 1864: »(… Die Wege des Parkes Feldafing sind fortan einfach zu unterhalten…). Die Aufforstung des noch nicht mit Parkanlagen versehenen Theils der Grundstücke ist geeignet zu bewerkstelligen«. GHA, Administration König Otto von Bayern, Nr. 1907.

59 GHA, Administration König Otto von Bayern, Nr. 1908.

60 GHA, Adminsitration König Otto von Bayern, Nr. 1908.

61 GHA, Administration König Otto von Bayern, Nr. 1908.

62 GHA, Administration König Otto von Bayern, Nr. 1908.

63 Brief Ferdinand Graf Zeppelins vom 18. August 1918 an den Obersthofmeisterstab. GHA, Administration König Otto von Bayern, Nr. 1908.

64 Registratur der BSV, Akt Nr. 223/345 I, Rep.Reg. 674/2.

MATTHIAS STASCHULL

Das Deckenfresko im Treppenhaus der Würzburger Residenz von Giambattista Tiepolo

Ein Beitrag zur Restaurierungsgeschichte

Über Schäden und Restaurierungen vor 1945 an den Fresken der Würzburger Residenz finden sich in der Literatur nur spärliche Hinweise. Max von Freeden gibt an, daß Caspar Carl Fesel im frühen 19. Jahrhundert Restaurierungen durchführt und bezieht sich auf die ›Materialien‹ des Carl Gottfried Scharold.[1] Der große Brand von 1896 im Dach des Mittelbaus mag durch eingedrungenes Löschwasser auch am Fresko des Treppenhauses Schäden verursacht haben, doch sind in den zeitgenössischen Berichten[2] keine notwendigen Restaurierungsmaßnahmen erwähnt. 1929 wurde durch den Malermeister Julius Manninger von einem schlanken Holzgerüst aus ein Stück Putz erneuert und farblich eingestimmt, das neben der kleinen Gewölbeöffnung des Kronleuchterseils abgebrochen war.[3]

1. Gesamtabbildung des Treppenhausfreskos (siehe Farbtafel 21)

Erst von Carl Lamb wissen wir, daß es schon vor 1945 verschiedene kleine Schadenstellen gab, » […] bei denen die al secco übermalten Partien abgebröckelt waren […]«.[4] Lamb sind die ersten, kurz vor der Zerstörung Würzburgs entstandenen Coloraufnahmen der Residenzfresken zu verdanken. Sie bildeten eine wesentliche Grundlage für die zum Teil rekonstruktive Restaurierung in den Jahren 1948/49. Zudem zeigen sie, daß bereits vor 1944 Reinigungs- und Festigungsmuster angelegt wurden[5]. Eine zeitliche Zuordnung zu früheren Restaurierungsmaßnahmen ist aber wohl erst möglich, wenn eine umfassende Auswertung aller infrage kommenden Archivalien vorliegt.

289

2. Treppenhaus mit Gewölbefresko
und dem historischen Kerzenlüster,
Blick auf die Europaseite bei Fotoaufnah-
men von Carl Lamb. Aufnahme 1944.

3. Eingerüstetes Treppenhaus für die
Fotodokumentation der Fresken durch Carl
Lamb, Blick auf die Amerikaseite.
Aufnahme 1944.

Kurt Gerstenberg schildert die Situation nach dem schweren Luftangriff:
»Ja, in diesen sonnenreichen Märzwochen 1945 strahlten die Decken und
Wandgemälde des großen italienischen Meisters in einer ganz ungewöhnlichen Lichtheit […]« aber »[…] nach wenigen Wochen gingen schwere wol-
kenbruchartige Regen über der Stadt nieder, und mit wachsendem Schrecken
mußten die Kunstfreunde feststellen, wie das Deckengemälde des Kaisersaals
die durchdringende Feuchtigkeit aufsaugte, so daß das lichte Himmelblau ein
sattes tiefes Preußischblau wurde und das Rosabraun sich in Braunrot ver-
dumpfte, und, da solche Wandlung gleichermaßen alle Farben traf, glich das
Kolorit mehr und mehr den erdig schweren Farben, mit denen Johann Zick
in der Sala terrena unter dem Kaisersaal seine Decke gemalt hat.«[6] Ähnlich
verschlimmerte sich der Zustand des Treppenhausgemäldes. Max von Freeden berichtete von schlauchartigen Körpern (wohl Pilzen), die sich infolge
der hohen Feuchtigkeit des Gewölbes bildeten und stalaktitartig von der
Decke hingen.[7] John Skilton, der als Offizier der Denkmalschutz-Abteilung
der amerikanischen Militärregierung von Juni bis Oktober 1945 in Würzburg eingesetzt war und unermüdlich und gegen große Widerstände Material
für ein Notdach über dem völlig durchnäßten Gewölbe beschaffte, ist auch
die Erhaltung der akut gefährdeten Tiepolofresken zu danken.

Bereits 1945/46 wurde das Dach über dem Kaisersaal, dessen eiserner
Dachstuhl das Feuer überstanden hatte, wieder gedeckt. Im Januar '48 drängt
der zuständige Baubeamte der Schlösserverwaltung, Otto Hertwig, daß die
Fertigstellung des eisernen Dachstuhls über dem Treppenhaus durch die Firma Noell mit größtem Nachdruck zu betreiben sei. Es waren wieder drei
feuchte Flecken am Deckenbild entstanden.[8] Beim Brand des Dachstuhls
über dem Treppenhausgewölbe war durch die große Hitze der Kalktuff
oberflächig zu Ätzkalk gebrannt und das infolge Regenwasser gelöschte
Kalkhydrat konnte durch den porösen Tuff des Mauerwerks bis in die

4. Starke Schäden infolge Feuchtigkeit, die Verlustflächen wurden 1949 von Johann Drobek sorgfältig rekonstruiert und retuschiert. Aufnahme 1944.

5. Befall der Malerei durch Mikroorganismen. Aufnahme 1944.

Freskoschicht dringen. »Es entstanden hierdurch glasartige dunkle Verkrustungen und Schleierbildungen, während die schon früher vorhandenen vereinzelten schwarzen Pilzbildungen sich zu großen Kolonien ausdehnten.«9 Mit Beschaffung der notwendigen Gerüste konnten 1947 die Sicherungs- und Restaurierungsarbeiten im Kaisersaal erfolgen. »Zunächst handelte es sich darum, die an Stellen schwerer Durchnässung teils blasig aufgestandenen, teils über zermürbtem Putz bereits in Fetzen hängenden Farbschichtfilme wieder zu kleben, was den Sommer über von den beiden Restauratoren Tutschek und Gramberger in mühevollster Kleinarbeit durch Hinterspritzen von Kalkkaseinwasser mittels Injektionsspritzen in der Hauptsache abgeschlossen werden konnte. Die schweren Pilzwucherungen wurden mit Glashaarbürsten beseitigt und ein Aufhellen der Schleier mit Barytwasser versucht.«10

Ende Mai 1947 wird das Tiepolofresko im Treppenhaus durch die Herren Dr. Stois (Doernerinstitut München) und Tutschek im Auftrag der Schlösserverwaltung untersucht. Im danach entstandenen Gutachten schreibt Dr. Stois: »Die hier entlang der Südseite über das bereits aufgeschlagene Gerüst unmittelbar zugänglichen Freskopartien weisen [...] zum Teil sehr starke und für den Bestand der Malerei gefährlich aussehende Zerstörungen auf. Sie bestehen in erster Linie im Aufstehen und (teilweise) Abfallen der Farbschichten nach Bildkonturen und einer ausgesprochen, zum Teil sehr lebhaften Pustel- und Blasenbildung [...] Das Auftreten von salzartigen, die Farben zum Teil verschleiernden Ausblühungen sowie das Auftreten von stellenweise massenhaft der Bildoberfläche aufsitzenden bräunlich-schwarzen, punktförmig-strahlig ausgebildeten Pilzwucherungen verstärkt hier das lebhaft fortgeschrittene Bild der Zerstörung.«11 Wand- und Mörtelproben zur Feststellung noch vorhandener Mauerfeuchtigkeit, Salze, Pilze sowie Pigmente wurden entnommen und analysiert. Eine Testreihe mit Kalk-Kasein-Filmen

*6. Feuchtigkeitsschäden
auf der Afrikaseite.
Aufnahme 1944
(siehe Farbtafel 20)*

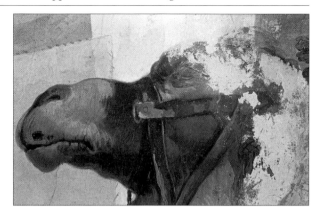

verschiedener Zusammensetzung zur Ermittlung eines geeigneten Festigungsmittels für die sich partiell vom Putzträger abhebende Malschicht ergab, daß dieses Bindemittel auch im Hinblick auf mikrobiologischen Befall für eine Restaurierung nicht zum Einsatz kommen sollte.[12]

Wie ein Schreiben des damaligen Präsidenten der Bayerischen Schlösserverwaltung Esterer belegt, wurde alles versucht, um auch mit Unterstützung der amerikanischen Militärregierung an Materialien für die Sicherung und Restaurierung der Fresken zu gelangen:

»Ich bitte in Ergänzung zu der bereits schon geleisteten höchst dankenswerten Hilfe zur Erhaltung dieser Kunstwerke auch diese verhältnismäßig geringfügige aber zur Wiederherstellung unerläßliche Farblieferung übernehmen zu wollen. […]

*7. Unsachgemäße Reinigungsproben am Schultertuch einer Figur der Amerikaseite vor 1944
(siehe Farbtafel 22)*

1. Veroneser Grüne Erde 2kg
2. Malachitgrün (Berggrün) 0,2kg
3. Azurit 0,2kg
4. Kobaldsmalte (Kobaldglas) 1kg
5. Coelinblau (Kobald-Zinnverbindung) 0,5kg
6. Ultramarin echt (Lapis Lazuli gemahlen) 0,1kg
7. Caput mortuum bläulich (Eisenoxydrot) 1kg
8. Zinnober echt (Bergzinnober) 0,5kg «.[13]

In Fortsetzung der Arbeiten im Kaisersaal, bei denen durch einen Gerüstunfall der erwähnte Restaurator Tutschek ums Leben kam, wurde 1948/49 das Fresko im Treppenhaus behandelt. Unter Leitung Johann Drobeks konnte vom Juni '48 bis zum Oktober '49 das riesige Gemälde wiederhergestellt werden. Seine Briefe an den Oberbaurat Otto Hertwig[14] geben Zeugnis vom sorgfältigen und umsichtigen Vorgehen Drobeks. Er

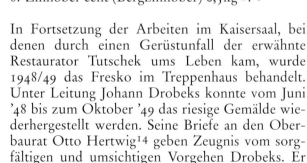

8. *Schroteinschüsse über der Nordwestkartusche, vielleicht von einer Taubenjagd nach 1945 (siehe Farbtafel 20)*

berichtet am 19. Juni 1948: »Eine Werkstatt ist im Entstehen [...] Die plastischen Figuren und Kartuschen, die in den 4 Ecken in das Deckenbild hereinragen – wollen wir erstmal in einer Ecke in Ordnung bringen. Damit der hiesige Kalk und die Farben auf nassem und trockenem Putz ausprobiert werden können, wird eine kleine bewegliche Rabitzputzfläche angelegt.« Drobek läßt chemische Untersuchungen entnommener Farbproben machen, bittet für die Bereitstellung schwer beschaffbarer Materialien um amerikanische Hilfe und erkennt, daß das in genanntem Gutachten vom Doernerinstitut empfohlene ›Immunin‹ (eine auf der Basis der Polyvinylacetate entwickelte Kunstharzemulsion) als Fremdkörper der Malerei Tiepolos schadet.[15] In seinem Julibrief des Jahres 1948 schreibt der Restaurator: »Die hellen Farben der notwendigen Ausbesserungen, die bis jetzt vorgenommen wurden brauchen kein Bindemittel. Die mit Kalk gemischten – im Sinterwasser eingeriebenen Farben binden so, daß sie mit dem Schwamm nicht mehr zu entfernen sind. Tiefere Töne binden wir vorläufig auch nur mit Sinter. [...] Die Europaseite wird bis in die Medaillonhöhe in einigen Tagen fertig. Bis auf Teile die noch feucht sind und nicht retuschiert werden dürfen. Darauf werden die großen Hintergründe vorgenommen.«

9. Studienkopie der »Asia« in Vorbereitung der Restaurierung 1949 von Johann Drobek. Temperamalerei auf Karton (siehe Farbtafel 23)

*10. Porträt des Malers G.B.Tiepolo
über der Südostkartusche. Erkennbar sind
Putzgravuren der figürlichen Umrisse,
aber auch abblätternde Seccomalschicht
(siehe Farbtafel 24)*

*11. Salze und Mikroorganismen
gefährden Partien der Malerei Tiepolos
(siehe Farbtafel 25)*

Im September ist die ganze Amerikaseite mit anschließenden Teilen der Längsseiten und größere Flecken in den Luftpartien restauriert. Weiter berichtet Drobek im Schreiben vom 17. September an Otto Hertwig: »Das obere Gerüst ist nun so aufgestockt, daß man von ihm fast die Scheitelhöhe des Gewölbes erreicht. Wir wollen uns jetzt hauptsächlich mit den oberen Teilen beschäftigen.« und am 18. Oktober 1948: »Die Behandlung der großen Flecken über der Afrikaseite wird Anfang des kommenden Monats soweit abgeschlossen sein, daß das obere Gerüst zur Weiterarbeit in die Scheitelhöhe des Gewölbes gerückt werden kann. Viele Teile – auch in den unteren Partien hatten lose – morsche Stellen die ordentlich aufgekratzt und neu verputzt werden mußten. Auch auf der gegenüber liegenden Seite wurden wo erreichbar die Salze entfernt und an den trockenen Teilen die losen Farben gefestigt.«

Im Juli des folgenden Jahres kann er mitteilen: »Sämmtliche Arbeiten bis zu den Darstellungen der Erdteile sind vom kleinen Gerüst aus fertiggestellt. Diese Woche gehen wir an die Wiederherstellung der Asienseite. Um für die unteren Arbeiten gute Sicht zu haben – bauen wir das kleine Gerüst ab.« Schließlich liest man im letzten Brief vom 18. Oktober 1949 an Otto Hertwig von der Schlösserverwaltung München: »Die Arbeiten an der Decke werden in diesem Monat abgeschlossen. Für eine größere Farbenprobe der Wandtönung würden diese Flächen vom letzten Anstrich gesäubert. Nach den Spuren der ursprünglichen Farben werden sie abgetönt. Grützner hofft die Ausbesserungen im Treppenhaus noch diesjahr vollenden zu können.«

In einer Blechbüchse, die sich 1995 über der Südostkartusche, also der ›Malerecke‹ (mit den Porträts Giambattista und Domenico Tiepolos sowie dem herrlichen Konterfei des Ignaz Roth) fand, lag ein zusammengefaltetes Stück Transparentpapier mit folgender Bleistiftinschrift: »Die Deckenmalerei hat durch die Kriegseinwirkung sehr gelitten. 1948-1949 wurden die Schäden beseitigt – Zum Ausbessern wurden Kalkfarben genommen. – die tiefen Töne wurden so schwach gebunden damit man sie wieder – wenn nötig entfernen kann. In der Hoffnung, dass Tiepolo die Menschen weitere hundert Jahre erfreut sind die Restauratoren Johann Drobek und Ludwig Gramberger Würzburg 26. Aug. 1949 «.

Zusammenfassend zur Restaurierung von 1948/49 läßt sich aus dem Artikel Otto Hertwigs folgendes zitieren: »Die Tatsache, daß die eigentliche Substanz des Farbauftrages fast völlig erhalten und nur durch die genannten verschiedenen Schädigungen schwer entstellt war, mußte es als richtig erscheinen lassen, sich nicht auf eine Konservierung des entstellten Zustandes zu beschränken, sondern auf eine Wiederherstellung der ursprünglichen Wirkung im Zusammenklang von Raumarchitektur und Freskoflächen auszugehen. Es war dies möglich, fast ohne daß Übermalungen vorgenommen werden mußten. Wo solche dennoch unvermeidlich waren, wurden sie so vorgenommen, daß das erhaltene Bilddokument bei Prüfung von der Nähe sogleich in seinem erhaltenen Umfang zu erkennen ist. Es wurde hierzu insbesondere der Grundsatz streng befolgt, dem Erhaltenen die bestmögliche Festigung und Bindung wiederzugeben, alle notwendig werdenden Farbaufträge aber nur schwach zu binden, so daß sie jederzeit von der festen Unterlage wieder entfernt werden können.«[16]

In den 1960er Jahren traten erneut Schäden zutage. Nach Auskunft des Restaurators Mühlberger wurden versalzte Stellen mit Kreiden pastellartig retuschiert und dunkle Partien »auf Niveau gebracht«.[17] Heinz Richter vom Landbauamt Würzburg war damals Bauleiter für die Residenz. Er berichtete, daß es sich um einen runden Feuchtigkeitsfleck über dem Schirmträger rechts der ›Afrika‹ gehandelt habe, der um 1968 behandelt wurde.[18] Danach sind keine weiteren Maßnahmen am Treppenhausfresko bekannt.

Zur Untersuchung der Maltechnik Tiepolos wurde von Mai bis November 1995 ein fahrbares Brückengerüst aufgestellt, mit dem alle Bereiche des Gemäldes erreicht werden konnten. Neben einer umfangreichen fotografischen Dokumentation sämtlicher Bildteile wurden erstmals die einzelnen Tagwerke und maltechnischen Phänomene, wie Putzgravuren, Ritzungen, Untermalungen, usw. minutiös dokumentiert. Dabei stellte sich heraus, daß

*12. Kopf der »Asia«
im Auflicht. An den
Schadstellen wird eine
ockerfarbene Unter-
malung sichtbar
(siehe Farbtafel 26)*

zahlreiche Gemäldepartien erheblich beschädigt sind. Vor allem als Spätfolge
der Nachkriegsdurchfeuchtung, aber auch durch das Schieferdach, das nach
fast einem halben Jahrhundert stellenweise nicht mehr dicht ist, wurden und
werden Schadsalze an die innere Oberfläche des Gewölbes transportiert; ihre
Auskristallisierung zerstört das Fresko. Auch durch Feuchtigkeit aktivierte
Mikroorganismen bewirken den Abbau von Bindemitteln, der zum Zerfall
von Malschichten führen kann. Auf der Grundlage sogenannter Othofotos,
die eine verzerrungsfreie Wiedergabe der Malerei auf der Gewölbeschale garantieren, ist eine maßstabsgenaue Kartierung aller Schäden an der Malerei
und am Freskoputz durchgeführt worden. Für die Vorbereitung der notwendig gewordenen Restaurierung sind die Kartierungen und Aufzeichnungen
zu den Schadensbildern sowie die gemachten chemischen Analysen zusam-
menhängend auszuwerten. Damit kann auch eine erste Aufwandseinschät-
zung erfolgen, die als Grundlage für eine Haushaltsunterlage dient. Die Er-

13. Kopf der »Asia«
im Streiflicht.
Eine Restaurierung
ist erforderlich
(siehe Farbtafel 27)

stellung der fundierten Restaurierungskonzeption erfordert zudem eine exakte raumklimatische Untersuchung des Treppenhauses über einen Zeitraum
von einem Jahr. Das 1995 verwendete Brückengerüst wird für die Gesamtre-
staurierung des Freskos wieder installiert. Sicher wird bis dahin noch etwas
Zeit vergehen, Zeit, die in Anbetracht des außerordentlichen künstlerischen
Wertes des Tiepolofreskos und der komplizierten Schäden für eine sorgfälti-
ge Vorbereitung der Restaurierung genutzt wird.

ANMERKUNGEN

1 Freeden/Lamb, ›Das Meisterwerk des Giovanni Battista Tiepolo‹, München 1956, S.116
  Anm.5. In ›Scharolds Materialien‹ (Universitätsbibliothek Würzburg: folio 205-215 u.
  folio 217) fand sich bisher leider noch kein Hinweis, ob Caspar Carl Fesel (oder sein Vater Christoph Fesel) an den Tiepolofresken gearbeitet hat. Christoph Fesel war Lehrling

bei Ignaz Roth in Würzburg, wo er möglicherweise 1753 Tiepolo noch persönlich kennenlernte. Caspar Carl Fesel war u.a. als Restaurator »mit belobter Geschicklichkeit« an der Schönbornkapelle tätig (Recherche von Caroline Becker).

2 Akten der Bayerischen Schlösserverwaltung (Oberhofmeisterstab Residenz Würzburg, Brandfälle Rep.F.238/4) im Bayerischen Hauptstaatsarchiv München.

3 Information aus einem nicht näher bezeichneten Sammelwerk im Würzburger Stadtarchiv mit Zeitungsausschnitten; hier: ›Riesengerüst im Treppenhaus der Residenz‹ mit einer Fotoaufnahme (bez.: Röder) und kurzem Text sowie handschriftl. Vermerk: »Monat Januar bis Mai 1929«.

4 Freeden/Lamb, ›Das Meisterwerk des Giovanni Battista Tiepolo‹, München 1956, S.115 Anm.4.

5 Sie dokumentieren handtellergroße Glanzspuren u.a. auf der roten Decke über der Brüstung der Asiendarstellung, die in der chemischen Analyse denaturierten Glutinleim oder Hühnereiweiß ergaben (Analyse 1995 von Prof.Dr.Kühn München). Auf dem grün über- lasierten Schultertuch des gelben Gewandes einer weiblichen Rückenfigur der Amerika- seite sind wischende und reibende Reinigungsversuche sichtbar, die Teile der Lasur verdorben haben. Im Zusammenhang mit der maltechnischen Untersuchung des Freskos wurden chemische Analysen von matt glänzenden Überzügen vorgenommen, die offenbar zur Festigung oberflächig abpudernder Malschicht partiell aufgebracht worden waren.

6 Gerstenberg, ›Die Fresken Tiepolos in der Residenz zu Würzburg‹, in: ›Das Kunstwerk‹, Baden-Baden 1946, Heft 1, S.7f.

7 Mündliche Information M.v.Freedens an den Autor.

8 Schreiben der Bay.Schlösserverw.v.29.1.1948 an das Landbauamt Würzburg (in der Registratur / Bauakt der BSV).

9 Hertwig, ›Die Wiederherstellung der Tiepolo-Fresken in der Residenz Würzburg‹, in: ›Österreichische Zeitschrift für Kunst und Denkmalpflege‹, VI.Jg. 1952, Heft 3-5, S.57.

10 Ebenda.

11 Doerner Institut München, ›Gutachterliche Äußerung über den Zustand und die Instandsetzung der Tiepolo-Fresken in der Residenz Würzburg‹ vom 4.8.1947, S.2 (in der Registratur / Bauakt der BSV).

12 Ebenda, S.10.

13 Schreiben der Bay.Schlösserverw.v.8.7..1948 an die Militärregierung für Bayern (in der Registratur / Bauakt der BSV).

14 Sechs Briefe Drobeks sind erhalten in der Registratur / Bauakt der BSV.

15 Bei der jüngsten Untersuchung des Freskos fanden sich in stark abschollendem Bereich der ockerfarbigen Brockatdecke der ›Europa‹ neben Proteinen auch Spuren eines Überzuges aus Polyvinylalkohol (Analyse von Prof.Dr.Kühn München, 1995)

16 Hertwig, ›Die Wiederherstellung der Tiepolo-Fresken in der Residenz Würzburg‹, in: ›Österreichische Zeitschrift für Kunst und Denkmalpflege‹, VI.Jg. 1952, Heft 3-5, S.58.

17 Fred Mühlberger, Restaurator der Firma Fuchs – Würzburg, hat vor 1970 im Treppenhaus der Residenz gearbeitet. Das Gerüst stand in Nähe der linken Tür zum Weißen Saal bei der Darstellung des ›Nil‹. Ursprünglich wollte man zur Festigung Kasein nehmen, doch wurde schließlich nur mit Pastellkreiden retuschiert (Tagebucheintrag vom 17.8.1995 nach telefonischer Mitteilung an den Autor).

18 Nach Auskunft von Heinz Richter (Würzburg) führte der zuständige Konservator der Bayerischen Schlösser- und Seenverwaltung Hager diese Maßnahmen selbst durch, während die Firma Fuchs aus Würzburg nur das Gerüst erstellte.

HEINRICH PIENING

VIS-Spektroskopie

Eine neue, zerstörungsfreie Untersuchung eingefärbter
Intarsien- und Marketerie-Hölzer an zwei Roentgenmöbeln
der Münchner Residenz

Seit dem 15. Jahrhundert wurde die Kunst der Intarsie, des Einlegen verschiedener Materialien in einen massiven Holzträger, zu immer größerer Perfektion entwickelt und gewann gegenüber der malerischen Gestaltung von
Holzoberflächen schnell an Bedeutung. Die gleichzeitige Verwendung von
edlen Materialien wie Perlmutt und Elfenbein und verschiedene Holzarten
erlaubte eine bis dahin nicht gekannte Gestaltungsmöglichkeit. Herrschten
anfänglich noch geometrische Muster vor, wurden diese sehr bald durch
bildliche Darstellungen ersetzt.

Technologisch sind zwei Entwicklungen für die Verfeinerung der Intarsi-
enarbeiten Ende des 16. Jahrhunderts von wesentlicher Bedeutung: Die Verwendung von Sägefurnieren und die Entwicklung der Laubsäge. Beides ermöglicht erst, kleinteilige Marketerien herzustellen. Hier werden Furniere
vorab ineinander gesetzt und anschließend auf ein Trägerholz aufgeleimt.

1. Rollbureau, David Roentgen 1773/75
(siehe Farbtafel 30)

2. Rollbureau, David Roentgen 1773
(siehe Farbtafel 31)

Dieses vergrößert wesentlich die gestalterischen Möglichkeiten und eine filigranere Ausgestaltung.

Wurden anfänglich als gestalterische Mittel eine geänderte Faserrichtung oder verschiedene Strukturen genutzt, reichte bald schon der natürliche Farbkanon verschiedener Holzarten nicht mehr aus, dem kreativen Vorstellungen der Intarsienschneidern Rechnung zu tragen. Vor allem Blau und Grün kommen als natürliche Holzfarben nicht vor. Seit Mitte des 16. Jahrhunderts wurden durch Pilzfarbstoffe (Xylindein von *Chlorocibolia spec.)*[1] grünblau gefärbte Pappel- und Weidenhözer verarbeitet. Die Färbung erfolgt durch die Besiedlung des abgestorbenen Holzes mit dem Pilz, wobei der Frabstoff sich in den Hyphen des Pilzes und nicht in den Holzfasern befindet. Da diese Hölzer jedoch selten waren und keine größeren Furnierflächen ergaben, wurde schon bald versucht, diese Farbtöne durch Indigo zu erzeugen, was mehr- oder weniger gelang.

Im Laufe der folgenden Jahrhunderte wurden eine Vielzahl verschiedener Rezepturen für die Färbung von Furnieren, Horn und Elfenbein entwickelt, um den Ebenisten neue Gestaltungsmöglichkeiten zu bieten. Rezepturenbücher des 17. und 18. Jahrhunderts zeigen eine Fülle verschiedener Rezepte und Mixturen.

Das farbige Erscheinungsbild einer Intarsie oder Marketerie unterliegt im Laufe der Jahre Veränderungen die durch Lichteinwirkung, klimatische Einflüsse, chemische Reaktionen oder Abnutzung hervorgerufen werden. Oft belegen nur Reste an geschützten Stellen, welche Farbenpracht ein Möbel einmal besessen haben muß. Schon Justi[2] unterscheidet in seinen holztechnischen Beschreibungen »Schönfärber« mit dauerhaften Farben und »Schlechtfärber« mit wenig beständigen Farben. Die Veränderung der Farbigkeiten an Intarsien war den Zeitgenossen also hinlänglich bekannt. Jede hochqualifizierte Möbelwerkstatt, in der farbige Intarsien hergestellt wurden, hatten ihre eigenen Rezepturen, die wie Staatsgeheimnisse gehütet wurden. Jede Werkstatt versuchte, möglichst beständige Farben zu verwenden. Im wesentlichen orientierte man sich bei den Färbungen an den Ergebnissen der Textilfärber. Die Übertragbarkeit der Methoden auf Holz ist jedoch stark begrenzt, da Holzinhaltstoffe wie Lignin die Anlagerungsprozesse der Farbmittel an die Holzfaser – vergleichbar der Anlagerung an Textilfasern – weitgehend einschränken.

Von besonderer Qualität in der Ausführung und der Nyancierung der Farben sind die Marketerien aus der Werkstatt von Abraham und David Roentgen. Viele Zeitgenossen haben versucht, ähnliches zu schaffen. Eine derartige Perfektion blieb jedoch unerreicht.

David Roentgen selbst beschreibt im Entwurf der berühmten Hamburger Lotterie von 1769 seine marketierten Möbel wie folgt: » Ein Bureau mit einem Aufsatz auf das künstlichste, mit Chinuesischen Figuren, a la Mosaique eingelegt, der Gestalten daß ich mich ohne Scheu, in Ansehung der guten Zeichnung, der Schattierung und der Couleuren der Critique eines Kunst-Mahlers frey unterwerfen darf. Das allerwunderbar- und seltsamste hierbey aber ist, daß alle Figuren von lauter Hölzern gemacht, und zwar von solcher zusammengesucht = und choisirten Hölzern, daß die selben eine vollkommende Mahlerey präsentieren, welche mit dem Hobel, ohne dadurch etwas an ihrer Schönheit zu verlieren, können überfahren und abgehobelt werden ...«.3

Einige Belege der ursprünglichen Farbigkeit sind glücklicherweise erhalten geblieben und zeigen, daß David Roentgen durchaus nicht übertrieben hat. Ein Beispiel dafür ist die Mittelplatte eines Verwandlungstisches von 1778, im Besitz des Bayerischen Nationalmuseums.4 Zwei weitere Beispiele, die für diese Untersuchung herangezogen wurden, befinden sich in der Residenz München.5

Die Identifizierung der erhaltenen Farbmittel ist von großem Interesse. Sie kann zur Beantwortung einer Reihe unterschiedlicher Fragestellungen sowohl kunsthistorischer als auch arbeitstechnologischer Art führen und ist eine wichtige Grundlage für eine fachgerechte Restaurierung. Systematische Untersuchungen können eine wichtige Hilfe bei der zeitlichen Einordnung und der Zuordnung zu einer bestimmten Werkstatt darstellen, da die Farbrezepte recht charakteristisch für eine Werkstatt bzw. deren Mitarbeiter in einem bestimmten Zeitraum sind.

Wie bereits erwähnt sind relativ viele Färberezepte als Quellen überliefert. Stürmer[6] und Vuilleumier[7] haben sich hiermit intensiv auseinandergesetzt. Bisher unveröffentlichte Rekonstruktionsversuche an den Fachhochschulen Köln und Hildesheim haben gezeigt, welche farbige Wirkungen durch diese Rezepte erzielt werden können.

Es gibt jedoch kaum analytische Beweise für deren Verwendung. Die Gründe hierfür sind vielfältig. Niemand käme ernsthaft auf die Idee, Proben aus einer intakten Oberfläche zu entnehmen. Zudem ist die Analyse der meist organischen Farbstoffe mit erheblichem labortechnischen Aufwand (z.B. durch Gaschromatographie/Massenspektrometrie oder Hochdruck-flüssigkeitschromatographie) und Kosten verbunden. Bei Restaurierungsmaßnahmen ist es gelegentlich möglich, Proben von Rückseiten gelöster Furniere zu erhalten. Es sind also eher Zufallsfunde. Rezepturen konnten bisher kaum ermittelt werden. Eine Identifizierung der wichtigsten Grundbestandteile einer Färbung wäre jedoch schon ein wesentlicher Fortschritt.

Ein neues Verfahren

Da Proben in der Regel nicht entnommen werden können, ist es sinnvoll, zerstörungsfreie Verfahren zu erproben. Das können reflexspektroskopische Verfahren sein. Diese Methoden zeigen durch Absorbtion und Reflexion in den verschiedenen Wellenlängenbereichen (Ultraviolett, Visuell, Infrarot) charakteristische Spektren, die eine weitgehend sichere Identifizierung von farbigen Substanzen ermöglichen. Die meisten dieser Methoden sind jedoch mit größeren Apparaturen und Rechnern verbunden, was eine bewegliche Nutzung vor Ort erschwert. Die Verfahren sind bisher nicht oder nur ansatzweise für gefärbte Hölzer erprobt worden. Wichtige Vergleichsspektren aus dem Bereich der Holzfärberei, die zur Identifizierung notwendig sind, fehlen.

Seit einigen Jahren ist an der Fachhochschule in Köln im Fachbereich Restaurierung und Konservierung von Schriftgut, Grafik und Buchmalerei ein Reflexions-Farbspektrometer in der Erprobung. Derartige Spektrometer werden in der Automobil- und Druckindustrie zur präzisen Sicherung von Standardfarbtönen eingesetzt. Zur Klärung kunsttechnologischer Fragen wurde die Methode bisher selten verwendet. Die Größe des Gerätes und des Meßfeldes überstieg die in diesen Einsatzbereichen notwendige Flächengröße. Erst der von der Firma Gretag entwickelte Gerätetyp SPM 100 erfüllt durch seine sehr kleine, handliche Bauweise die Vorraussetzungen für einen mobilen Einsatz an Kulturobjekten. Durch die von Prof. Dr. Fuchs weiterentwickelte Software wurden die Einsatzmöglichkeiten verfeinert und liefern eindeutig zuordnungsfähige Daten für die Identifizierung einzelner farbiger Substanzen. Seine umfangreiche Spektrensammlung von Pigmenten und Pflanzenfarbstoffen aus dem Bereich der Buchmalerei ermöglicht einen rasche und zielgerichtete Anwendung der VIS-Reflexspektroskopie.

Die Methode erlaubt in gewissem Umfang eine semi-quantitative Analyse von Mischungen verschiedener Farben, d.h. es kann festgestellt werden, ob sich eine Farbton aus eine oder mehreren Farbstoffen zusammensetzt. Es ist jedoch nicht möglich, alle Farbmischungen zu differenzieren. Weiß oder sehr helle Fartöne sowie dunkelbraun bis schwarz sind aufgrund der sehr dicht beieinander liegenden Spektren nicht eindeutig unterscheidbar. Transparente Überzüge hatten sich im Vorfeld nicht als wesentlich störend herausgestellt.

Das hier eingesetzte Spektrometer besteht aus einem Handscanner und einem Laptop. Der Scanner erlaubt Messungen in einem Feld von 3 mm Ø. Durch das Licht einer kleinen Glühbirne (2 Watt) wird das Messfeld für eine halbe Sekunde beleuchtet und das reflektierte Spektrum digitalisiert als Datei gespeichert. Dieses Spektrum enthält, ähnlich eines Fingerabdrucks, wesentliche, charakteristische Informationen des jeweiligen Farbstoffs. Es enthält

Aussagen über den Spektralbereich, den Farbwert[8] und die Intensität. Durch die mathematische Diskussion der aufgenommenen Spektralkurve als erste oder weitere Ableitung erhöht sich der Wert der Aussage erheblich. Die sich aus der Ableitung ergebenen Wendepunkte erleichtern eine eindeutige Zuordnung.

Anwendung

Im Rahmen der technologischen Untersuchungen für die Veröffentlichung »Die Möbel der Residenz München, Band II, Die Deutschen Möbel des 18. Jahrhunderts« bot sich die Möglichkeit einer intensiven Beschäftigung mit den im Besitz der Schlösserverwaltung befindlichen Möbeln aus der Roentgenwerkstatt (Abb. 1,2; Inv.-Nr.: ResMü. M 158 / M156). In Zusammenarbeit mit Prof. Fuchs[9] von der Fachhochschule Köln und der Werkstatt für Möbelrestaurierung der Bayerischen Verwaltung der Staatlichen Schlösser, Gärten und Seen München sollte erstmalig die VIS-Refelxspektroskopie für Farbmessungen an Holzobjekten erprobt werden. Bisher lagen keinerlei Erfahrungen aus diesem Bereich vor.

Die beiden Roentgenmöbel sind derzeit in einem guten Zustand, zeigen jedoch einige Spuren der Überarbeitung. Teile der Dekorfurniere sind verblasst und zeigen nur noch Reste ihrer früheren, intensiven Farbigkeit. Im Inneren, und somit lichtgeschützt, sind jedoch Zeugnisse der ehemaligen Farbenpracht erhalten. Von erstaunlichem farblichen Nuancenreichtum zeigen sich die Blumenmarketerien der Innenschubkästen. (Abb. 3). Die Farben reichen von einem leuchtenden Blau zu einem intensiven Grün und von Gelb zu Rot in diversen Variationen bis zu einigen Violettönen.

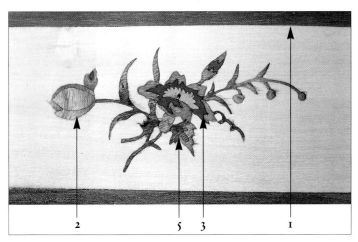

3. *Rollbureau, David Roentgen 1773/75, ResMü. M 158, Detail des Innenschubkastens unten rechts (siehe Farbtafel 29)*

4. Rollbureau, David Roentgen 1773/75, ResMü. M 158,
Detail aus dem Rollzylinder (siehe Farbtafel 28)

Folgende Fragen sollten geklärt werden:

1. Ist eine sichere Identifizierung diverser Farb- und Beizstoffe auf Holz möglich?
2. Ist es möglich, Einzelbestandteile einer Farbmischung zu erkennen und zuzuordnen?
3. Besteht die Möglichkeit, auch die Farbstoffe stark verblasster Färbungenen zu erkennen?

Zur Beantwortung dieser Fragen wurden verschiedene Meßbereiche auf der äußeren Marketrie und an den Innenschubkästen der Rollbuereaus Inv.-Nr: ResMü. M 158, 156 (Abb. 1-4) ausgewählt und die Messungen (Scans) aufgenommen.

Auswertung
Die Auswertung der Messungen (Scans) erfolgte an den Rechnern der Fachhochschule Köln und wurden von Professor Fuchs durchgeführt.

304

5. Rollbureau, David Roentgen 1773, ResMü. M 156 (siehe Farbtafel 29)

Fast alle Messungen ließen eine eindeutige Interpretation und Identifizierung der Farbstoffe zu. Es zeigte
sich, daß die Eigenfarbe des Holzes
nur einen geringen Einfluß bei der
Interpretation der Messungen hat.
Weil die Hölzer einen sehr hellen Ei-
genfarbton haben, wird er bei der
Messung nur unspezifisch erfasst
und ergibt keine signifikanten Verschiebungen in den Spektren. Die ge-
stellten Fragen konnten deshalb eindeutig beantwortet werden.

Als Farbstoffe konnten eindeutig
identifiziert werden:
Indigo (Grafik 1), Gelbholz[10] (Grafik 2), Rotholz (Grafik 3). Die Mar-
kierungen in der Abbildungen bezeichnen die Messpunkte.

Zu den genannten Farbstoffen befanden sich entsprechende Vergleichsspektren in der Datenbank der Fachhochschule Köln. Im Falle des
Rotholzes (Pernambouc *Guilandia
spp)* zeigte sich eine große Überein-

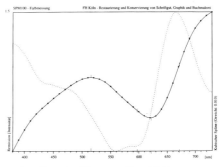

*Grafik 1: Rollbureau, David Roentgen
1773/75, ResMü. M 158, Blau der Einfassung des Innenschubkastens*

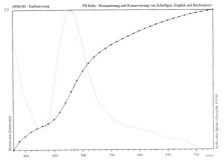

*Grafik 2: Rollbureau, David Roentgen
1773/75, ResMü. M 158, Gelbe Blüte links,
Innenschubkasten*

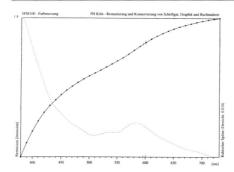

Grafik 3: Rollbureau, David Roentgen
1773/75, ResMü. M 158, Rote Blüte,
Innenschubkasten

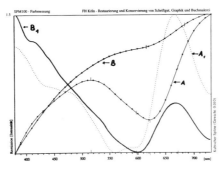

Grafik 4: Rollbureau David Roentgen
1773/75, ResMü. M 158, Intensitätsver-
gleich der Spektren der blauen Einfassung
A/A1 (Grafik 1) und dem hellblauen Gewand der Dame B/B1 (Abb. 4)

stimmung mit einer bei Stöckel be-
schiebenen Rezeptur[11].

Trozt erheblicher Intensitätsschwan-
kungen in den Farbtönen zeigen die
Spektren eine wesentliche Überein-
stimmung. Beispielhaft werden ein
dunkles und ein sehr helles Blau dargestellt (Grafik 4, dazu Abb. 3 und
4). Die Kurven A1 und B1 zeigen jeweils die Graphen der ersten Ableitung.

Das Blattgrün (Abb. 3, Markierung
5) ist in Grafik 5 dargestellt und zeigt
sich nach einem Vergleich mit den
Grafiken 1 und 2 als Mischung aus
Gelbholz und Indigo, weil die charakteristischen Kurvenbestandteile
(Banden) beider Grundsubstanzen
nebeneinanderstehen. Die auf der
Ordinate angegebene Intensität läßt
auf die quantitative Verteilung der
einzelnen Bestandteile schließen.

Der Vergleich zweier, im Frabton
fast gleicher Grünfarbtöne (Grafik
6), der Blätter des einen Sekretärs
(Abb. 3, Markierung 5) und der In-
nenkannte des rechten Schubkastens
des anderen Sekretärs (Abb. 5) zeigen ein überraschendes Bild. Wie
schon gezeigt, handelt es sich im ersten Fall um ein Mischung aus Gelbholz und Indigo (B/B1), im zweiten

jedoch um ein Kupfergrün (A/A1). Das Kupfergrün zeigt eine große Ähnlichkeit mit einer Grünspan-Rezeptur von Cröker.[12]

Die Verwendung eines in der Zusammensetzung völlig anderen Farbstoffs
zur Erzielung eines fast gleichen Farbtons bietet Raum für Spekulationen.
Der eine Sekretär ist datiert 1773. Die verwendete Grünspanrezeptur entspricht traditionellen Überlieferungen.[13] Die an dem Sekretär (Inv.-Nr.: Res-
Mü. M 158, Abb. 1) nachgewiesenen Farbrezepturen entsprechen dagegen

neueren Entwicklungen, da sie in ihren Farbnuancierungen wesentlich differentzierter einsetzbar sind. Zudem sind diese Rezepturen erheblich anwendungsfreundlicher. Eine derartige Weiterentwicklung bei den Farbrezepturen innerhalb der Roentgenwerkstatt fällt zudem in den Zeitraum kurz nach der Werkstattübernahme durch David Roentgen. Eine Rezepturenänderung könnte somit als Innovationsprung in der Werkstattentwicklung angesehen werden. Alternativ könnte es sich jedoch auch um eine Ergänzung oder nachträglichen Veränderung unter Verwendung einer historischen Farbrezeptur handeln.

Wie die Ergebnisse zeigen, kann die VIS-Reflexspektroskopie ein wichtiges und interessantes Hilfsmittel bei der Identifizierung von Farb- und Beizstoffen im Bereich der Möbelforschung und -restaurierung sein. Sie kann wichtige Hinweise für die werkstattbezogene Zuordnung von intarsierten Möbeln und deren zeitliche Einordnung liefern. Wichtig ist jedoch eine möglichst breite Anwendung der Technologie und einer möglichst umfassende Sammlung gesicherter Vergleichsspektren, denn je größer der Fundus, desto sicherer die Zuordnungsmöglichkeit.

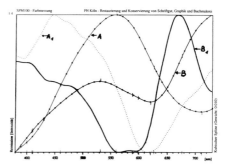

Grafik 5: Rollbureau, David Roentgen 1773/75, ResMü. M 158, Grünes Blatt der linken Blume des Innenschubkastens. Der linke, gelb gezeichnete Teil der Kurve entspricht, wenn auch mit geringerer Intensität, der des Gelbholzes (Grafik 2). Der rechte, blaue Teil ist identisch mit der Kurve des Indios (Grafik 1). (siehe Farbtafel 32)

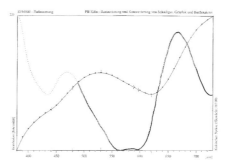

Grafik 6: Vergleich der grünen Spektren von Rollbureau, David Roentegen 1773, Inv.-Nr.: ResMü. M 156, oberer Rand des linken Schubkasten A/A1 (Kupfergrün) und des Blattgrüns B/B1 wie in der in Grafik 5 dargestellten Farbmischung.

ANMERKUNGEN

1 Michaelsen, H.; Unger, A.; Fischer, Ch.: Blaugrüne Färbung an Intarsienhölzern des 16. bis 18. Jahrhunderts. Restauro, 1/1992 S. 17 ff.
2 Justi, Joh. Heinr. Gottlob von:Vollständige Abhandlung von den Manufacturen und Fabriken. Erster Theil, welcher die allgemeinen Grundsätze und Betrachtungen in sich enthält. Kopenhagen 1758, vol.1 p.123

3 Greber, J.M. : Abraham und David Roentgen, Möbel für Europa, Werdegang, Kunst und Technik einer Deutschen Kabinettmanufaktur, Starnberg 1980, Bd. 1, S. 90, Badische Generallandesarchiv, Karlsruhe.

4 Fabian, D.: Die Entwicklung der Einlegekunst in der Roentgenwerkstatt. Schriften zur Kunstwissenschaft d. Int. Akademie f. Kulturwissenschaft, Bad Neustadt 1981, Jahrg. 36, 57 S.13

5 Inventarnummern: ResMü. M257, M???

6 Stürmer, Michael: Furniere und Farben der Ebenisten im 18. Jahrhundert. in: Maltechnik Restauro, Jahg. 84, 1/1978

7 Vuilleumier, Ruth: Historische Holzbeizen. Maltechnik Restauro, Jahrg. 84 , 7/ 1978

8 Darstellung des Ergebnisses einer additiven Farbmischung in Form einer linearen Vektorengleichung

9 Herrn Professor Dr. Robert Fuchs sei an dieser Stelle herzlich für seine Arbeit und seine spontane Bereitschaft hierzu herzlich gedankt.

10 Fisetholz (Rhus Cotinus).

11 Stöckel, H.F.A.: Praktisches Handbuch für Künstler,... 2. Nürnberg 1799, Reprind Rottenburg 1981, S. 190, § 272. Sehr ähnliche Rezepturen sind in älteren Quellenschriften benannt. Diese Rezeptur wurde rekonstruiert und befand sich als Probe in den Dateien.

12 Cröker, Johan Melchior: Der Wohl Anführende Mahler, Jena 1736, Nachdruck Mainz 1982

Fuchs, Robert: In dubio pro libro – Zerstörungsfreie Untersuchunggen an illuminierten Handschriften und kolorierten Graphiken. Arbeitskreis Archeometrie und Denkmalpflege, Tagungsband der Mineralogischen Gesellschaft, Oldenburg 1994

13 Vgl. Anm. 11, 12.

GÜNTER SCHELLING

Zu einem fachlichen Anforderungsprofil an Baufachleute in der Bayerischen Schlösserverwaltung

INHALT

Einleitung – Der Baudenkmalpfleger – Die Ausbildung im Rahmen des Architekturstudiums – Aufbaustudiengänge – Berufsbezeichnung Architekt – Fortbildungsmöglichkeiten – Die speziellen Aufgaben bei der Schlösserverwaltung – Überlegungen zu einem fachlichen Anforderungsprofil – Frühere Verhältnisse – Schlußbemerkung. Anmerkungen.

EINLEITUNG

Der Bayerischen Verwaltung der staatlichen Schlösser, Gärten und Seen sind Liegenschaften nicht nur von großem wirtschaftlichen Wert, sondern auch von hoher kultureller Bedeutung anvertraut, die sie sachgerecht zu betreuen hat[1]. Daß dies »unter Wahrung kultureller und denkmalpflegerischer Belange« geschieht, ist ausdrücklich gefordert[2]. Zu ihren Aufgaben gehört deshalb, neben der fiskalischen Verwaltung,
– die fachgerechte Erhaltung und Pflege von Denkmälern, zu denen entsprechend der Begriffsbestimmung im Bayerischen Denkmalschutzgesetz[3] die meisten Liegenschaften der Schlösserverwaltung zu zählen sind, die historischen Gärten nicht ausgenommen,
– wo angezeigt die Einrichtung und der Betrieb von denkmalgerechten (oder wenigstens denkmalverträglichen) Nutzungen, zu denen nicht ausschließlich solche von musealer Art zu rechnen sind,
– die Erforschung bzw. wissenschaftliche Bearbeitung der Denkmäler, ihrer immobilen und mobilen Ausstattung und der in ihnen ausgestellten Sammlungen, sowie die damit verbundene Öffentlichkeitsarbeit im weitesten Sinn,
und anderes. Über viele Jahrzehnte hat es sich dabei als vorteilhaft erwiesen, daß es in dieser Einrichtung die Voraussetzungen gibt, um über die reine Verwaltung hinaus auch die spezifischen Fachaufgaben im eigenen Haus zu lösen. Die Schlösserverwaltung verfügt hierzu unter einem Präsidium neben den für organisatorische, Personal-, Haushalts- und allgemeine Liegenschafts-Angelegenheiten zuständigen Stellen über je eine Museums-, eine

Bau- und eine Gärtenabteilung, in welchen die entsprechenden Fachleute und Spezialkräfte wirken[4]. Dementsprechend gibt es hier neben dem Verwaltungspersonal (z.B. Juristen) auch Kunsthistoriker, Baufachleute, Gartenfachleute, Restauratoren usw. Ihrer Ausbildung entsprechend sind sie – gemäß den geltenden beamtenrechtlichen oder tarifrechtlichen Normen – im sog. höheren bzw. gehobenen Dienst oder in den entsprechenden Gruppen des Bundesangestelltentarifs beschäftigt.

Im Blick auf künftige Neueinstellungen soll nachfolgend die Position der Baufachleute – speziell der in einem Architekturstudium ausgebildeten – innerhalb der Schlösserverwaltung (einschließlich ihres Bauamts in München) näher untersucht werden, wobei dem eine kurze Betrachtung der heutigen Aus- und Fortbildungssituation auf den Gebieten der Architektur und der Denkmalpflege unbedingt vorausgehen muß. Daraus soll dann versucht werden, Aussagen zu einem fachlichen Anforderungsprofil abzuleiten.

Ausdrücklich sei betont, daß hier speziell die Bayerische Verwaltung ins Visier genommen worden ist; zu beurteilen ob bzw. inwieweit die folgenden Ausführungen auf andere Baufachleute mit vergleichbaren Aufgaben Anwendung finden können, muß dem Urteil des Lesers überlassen werden.

DER BAUDENKMALPFLEGER

Entsprechend seinen spezifischen Aufgaben ließe sich die Position eines kompetenten, zu verantwortlicher Tätigkeit befähigten Baufachmannes bei der Schlösserverwaltung am einfachsten mit dem Begriff »Baudenkmalpfleger« etikettieren. Bei angestrebter Beamtenlaufbahn hätte ein solcher Fachmann nach abgeschlossenem Studium der (Bau-)Denkmalpflege ein Referendariat bzw. einen Vorbereitungsdienst zu absolvieren und mit einer erfolgreichen Staatsprüfung abzuschließen, um dann endgültig in den höheren bzw. gehobenen Bauverwaltungsdienst aufgenommen zu werden. Für ein Angestelltenverhältnis wäre lediglich der Abschluß des Studiums an einer Technischen Universität bzw. an einer Fachhochschule zu verlangen.

Aber: Es gibt bis heute in Deutschland an keiner Universität, Fachhochschule oder Akademie einen Grundstudiengang, der zielgerichtet zum (diplomierten) Denkmalpfleger oder Baudenkmalpfleger führen würde[5]. An sich wäre so etwas nicht uninteressant angesichts der Tatsache, daß heute bereits die Hälfte dessen, was die Bauwirtschaft in Deutschland beschäftigt, Maßnahmen zur Erhaltung oder Instandsetzung bestehender Bausubstanz sind, und daß von diesen Maßnahmen ein nicht unerheblicher Teil die Baudenkmäler des Landes betrifft. (Daß unsere Hochschulen größtenteils aus dieser Tatsache keine Schlüsse ziehen, und daß dort die angehenden Architekten zumeist noch so ausgebildet werden, als ob es auch künftig nur »Neubauten auf der grünen Wiese«, allenfalls solche in einem umgehenden baulichen Bestand zu errichten gelte, ist ein immer deutlicher zutage tretender

Mangel, auf dessen Gründe und Auswirkungen hier jedoch nicht näher einzugehen ist).

Speziell für die Schlösserverwaltung kann aber dahingestellt bleiben, ob für ihre Aufgaben die Ausbildung in einem »Diplomstudiengang (Bau-) Denkmalpflege« optimal wäre; in Konkurrenz zu Architektur und zu Kunstwissenschaft könnte diese – zu Recht oder zu Unrecht – leicht in den Ruf der »Schmalspurigkeit« geraten. Gehen wir also weiterhin davon aus, daß in Deutschland der Weg in die Denkmalpflege im allgemeinen nur über das Studium der Kunstgeschichte oder, was für die Baudenkmalpflege naheliegt, über das der Architektur zu finden ist. Das gilt für die spätere Mitarbeit in einem Denkmalamt, einer Denkmalschutzbehörde oder aber in einem freien, auf die Betätigung im baulichen Bestand ausgerichteten Architekturbüro ebenso wie in der Schlösserverwaltung.

DIE AUSBILDUNG IM RAHMEN DES ARCHITEKTURSTUDIUMS

An dieser Stelle sei kurz geschildert, was auf einer Tagung des Deutschen Nationalkomitees für Denkmalschutz (DNK) über den Umgang mit historischer Bausubstanz (1988 in Berlin) in zwei Referaten als für das Berufsfeld des Denkmalpflegers notwendige Ausbildungsinhalte vorgestellt worden ist[6]:

G.T. Mader listet auf:
- Denkmalerkenntnis und Denkmalkunde, bezogen auf alle historischen Disziplinen, die bei Baudenkmälern eine Rolle spielen können.
- Methoden der Bestandserfassung und Dokumentation wie Bauaufnahmemethoden, Befundbeobachtungs- und Untersuchungsmethoden zur historischen Entwicklung eines Objektes unter Beachtung des Grundsatzes des geringsten Eingriffes,
- Quellenkunde, soweit für Stadtbaugeschichte, Bau- und Sozialgeschichte erforderlich,
- Methoden der Auswertung und Beweisführung aufgrund der Befunderkenntnis und Quellenlage, Erarbeitung des denkmalpflegerischen Sicherungskonzeptes,
- Sicherungstechnologien und -methoden, Sicherungsentwurf für alle Bereiche, vom konservierend-restauratorischen bis zum statischen Arbeitsgebiet, einschl. der Materialkenntnisse,
- denkmalpflegerische Bauleitung und Planung der Arbeitsabläufe,
- Arbeitsweisen in den einzelnen Restaurierungsfachgebieten.

I. Schild fordert, um Architekten zum Einstieg in die Denkmalpflege zu befähigen, für ihre Ausbildung (im Diplomstudiengang Architektur an Technischen Universitäten und Fachhochschulen):
- Einführung in die Ziele, Probleme und Methoden der Denkmalpflege,
- mindestens einmal während des Studiums die Gegenüberstellung mit ei-

nem historischen Bau in Form einer Bauaufnahme, verbunden mit der baugeschichtlichen Einordnung des Typus und dem Versuch einer Bauanalyse,

– mindestens einmal einen Entwurf, in welchem Kreativität nicht nur (wie bei einem Neubau) in der Auseinandersetzung mit einem Nutzungsprogramm gefordert ist, sondern wo als wichtigste Bindung die weitestgehende Bewahrung des Bestandes auferlegt wird,

– dazu dann als weitere Lehrinhalte eine baugeschichtliche Basis, die Kenntnis der Haustypologie sowie die Beherrschung von Baukonstruktion, Bauphysik und technischem Ausbau usw. im Baudenkmal.

Der Unterschied in den beiden Programmen liegt bei näherer Betrachtung nicht so sehr im Gesamtinhalt, sondern in der Aufgliederung und Formulierung, und das ist mit der unterschiedlichen Perspektive beider Autoren leicht zu erklären[7].

In einem im September 1994 auf der Mitgliederversammlung des Verbandes Deutscher Kunsthistoriker gehaltenen Referat[8] sagte H.K.L. Schulze, daß Kunsthistoriker für viele der Aufgabengebiete, die sie in der Denkmalpflege erwarten, nicht speziell ausgebildet sind. Er glaubte auch feststellen zu können, daß jetzt die Architekten stärker in den Bereich der praktischen Denkmalpflege vordringen bzw. ein Vakuum ausfüllen, aus dem sich die Kunsthistoriker wegen des zunehmenden Anteils komplexer nicht-kunsthistorischer Tätigkeiten zurückziehen[9]. Andererseits seien die Verhältnisse bei der Bereitstellung von Volontärstellen – für den jungen Kunsthistoriker die klassische Form der Einführung in eine berufliche Praxis und somit auch in die Denkmalpflege – als unzureichend anzusehen.

Sind aber die Gegebenheiten auf der Seite der Baufachleute besser? Anders als beim Kunsthistoriker hat beim Architekten zur Denkmalpflege immer ein gewisses Spannungsverhältnis bestanden, dessen Entwicklung sich an der Baugeschichte ab dem 19. Jahrhundert und an der Geschichte der Denkmalpflege unschwer nachvollziehen läßt[10]. Es hat dazu geführt, daß die Denkmalpflege bis zum Beginn der 70er Jahre unseres Jahrhunderts in der Architektenausbildung an den Hochschulen nur mehr eine unbedeutende Rolle gespielt hat, und daß jene Architekten, die sich hauptsächlich mit denkmalpflegerischen Aufgaben befaßt haben, innerhalb ihres Berufsstandes ein mäßiges Ansehen hatten. Über dieses Spannungsverhältnis sowie über die Notwendigkeit einer intensiveren Ausbildung auf dem Gebiet des Umgangs mit bestehender Bausubstanz, die Denkmäler eingeschlossen, ist mindestens seit dem Denkmalschutzjahr 1975 viel gesagt und geschrieben worden; auch über die Tatsache, daß fehlende Kenntnisse von historischen Baukonstruktionen usw. zu vermehrten Bauschäden geführt haben. Das soll aber hier nicht ausgebreitet werden, und deshalb sei nur in einer Anmerkung[11] auf einige Aufsätze hierzu hingewiesen.

In ihrer im Auftrag des Arbeitskreises Theorie und Lehre der Denkmalpflege e.V. um das Jahr 1990 vorgenommenen Untersuchung über die heutigen Lehrangebote zur Denkmalpflege an den deutschen Technischen Universitäten, Fachhochschulen und Akademien kommen J. Eberhard und N. Schöndeling[12] zu folgenden Ergebnissen:

– In den meisten Hochschulen wird auch heute noch das Fach Denkmalpflege – wenn überhaupt – nur als Wahlfach oder als sog. Wahlpflichtfach angeboten, d.h. es muß nicht belegt werden, um ein Architekturstudium erfolgreich abschließen zu können.

– Das Fach Bauaufnahme, das den ersten Einstieg in die Auseinandersetzung mit historischer Bausubstanz vermitteln soll, gibt es ebenfalls zumeist nur als Wahlfach oder Wahlpflichtfach.

– Das dritte für die Denkmalpflege wichtige Lehrfach, die Baugeschichte, erlaubt aus Zeitgründen zumeist nur die Beschäftigung mit Werken der großen, auch kunsthistorisch bedeutsamen Architektur. Die bürgerlichen Profanbauten und die weniger bedeutenden Sakralbauten, die für die meisten Studierenden den wesentlichen Teil einer späteren Betätigung denkmalpflegerischer Art bilden werden, müssen hintanbleiben.

In der Untersuchung wird daher gefordert, die drei genannten Fächer innerhalb eines jeden Architekturstudiums zu Pflichtfächern zu machen – nicht etwa um damit quasi nebenbei Denkmalpfleger hervorzubringen; vielmehr sollen dadurch alle Studierenden der Architektur für historische Bausubstanz genügend sensibilisiert werden. Das soll sie dazu bewegen, sich später einschlägig fortzubilden, um sich dann auch denkmalpflegerischen Bauaufgaben widmen zu können.

In einer anderen, an der Universität Augsburg entstandenen Studie, welche das Thema im Licht der Berufsbildungs- und Forschungspolitik untersucht, wird von H. Reul[13] ebenfalls dargelegt, daß die gegenwärtige Ausbildung von Architekten an den deutschen Hochschulen nicht ausreicht, um sie zu kompetentem Handeln im Bereich der Denkmalpflege zu befähigen.

AUFBAUSTUDIENGÄNGE

In beiden Untersuchungen wird auch auf Ersatzmaßnahmen eingegangen, nämlich auf die Aufbaustudiengänge (auch Ergänzungs-, Nachdiplomierungs-, Postgraduierten-, Vertiefungs- oder Zusatzstudiengänge), welche ausgehend von Bayern, an manchen deutschen Technischen Universitäten oder Fachhochschulen eingerichtet worden sind: So nach der Technischen Universität München (seit 1979) an der Universität Bamberg (seit 1981, in Verbindung mit der Fachhochschule Coburg), an der Fachhochschule Köln (seit 1986) sowie neuerdings an der Fachhochschule Trier[14]. Aber alle diese Einrichtungen wollen und können nicht unmittelbar zum Denkmalpfleger ausbilden; vielmehr sollen sie diejenigen speziellen Fachkenntnisse und Fertigkeiten vermitteln, welche es dem Absolventen ermöglichen, später innerhalb eines entsprechend strukturierten freien Büros oder in einer Fachbehörde in die denkmalpflegerische Praxis hineinzuwachsen.

Übrigens hatte sich schon 1975/1976 das Bayerische Staatsinstitut für Hochschulforschung und Hochschulplanung im Auftrag des Deutschen Nationalkomitees für Denkmalschutz (DNK) in der umfangreichen Studie eines Autorenteams zur Berücksichtigung des Problemkreises Denkmalpflege/Stadterhaltung im Hochschulstudium[15] auch mit der Frage nach der Ausbildung von Denkmalpflegern befaßt. Man kam damals zum Ergebnis,

– daß ein eigener Diplomstudiengang Denkmalpflege nicht sinnvoll sei, daß Denkmalpflege aber für die Studiengänge Architektur, Kunstgeschichte und Stadtplanung an einigen Hochschulen als Schwerpunkt (d.h. als Studienrichtung) angeboten werden solle,

– daß für alle anderen Studiengänge bzw. Berufe der Schwerpunkt einer möglichen Beschäftigung mit der Denkmalpflege in der Zeit nach dem Hauptstudium liegen solle, also z.B. durch ein Aufbaustudium oder in Form beruflicher Fort- bzw. Weiterbildung, und schließlich

– daß, wenn »nach allgemeiner Überzeugung für die Denkmalpflege das gemeinsame Handeln vieler dafür Bezahlter, Engagierter und Interessierter erforderlich ist, ... Ausbildungsformen gefunden werden (müssen), in denen nicht nur die *Fächer* interdisziplinär zusammengeführt werden, sondern vor allem die *Menschen* verschiedener Amts- und Tätigkeitsbereiche, denen es um Denkmalpflege geht oder gehen sollte«.

Der letztgenannte Gedanke würde es wohl verdienen, über die Hochschulgrenzen hinaus auch in der Praxis beachtet zu werden, aber das Denken in bestehenden Strukturen ist halt sehr fest eingewurzelt. Und auch eine klar definierte, schwerpunktmäßige Studienrichtung Denkmalpflege innerhalb des Diplomstudiengangs Architektur ist bis jetzt nirgendwo in Sicht. Nur an wenigen Hochschulen des In- und Auslands (z.B. an den Technischen Universitäten München und Wien) besteht die Möglichkeit, sich nach dem Vorexamen im Rahmen bestimmter Einzelfächer des Hauptstudiums auch Themen aus dem Bereich der Denkmalpflege zuzuwenden. Es gibt allerdings heute eine ganze Reihe von Hochschullehrern, die es verstehen, auch im enggesteckten Rahmen der Pflicht-, Wahlpflicht- oder Wahlfächer Denkmalpflege und Bauaufnahme bei ihren Studenten ein echtes Interesse an den Zeugen unserer baulichen Vergangenheit und am richtigen Umgang mit ihnen zu wecken.

Die Zulassungsvoraussetzungen zu einem Aufbaustudium sind an den einzelnen Hochschulen in Deutschland etwas unterschiedlich. Man kann davon ausgehen, daß ein abgeschlossenes Universitätsstudium (der Architektur oder der Kunstgeschichte) bzw. ein Fachhochschulstudium im Fachbereich Architektur in jedem Fall zur Teilnahme berechtigt. Darüber hinaus hängt die Zulassung z.B. von Bauingenieuren oder Landschaftspflegern sowie von Bewerbern, deren Fachrichtung als Grundlagen- oder Vollzugswissenschaft mit der Denkmalpflege in gewisser Beziehung steht (z.B. Chemie oder Journalistik), von der jeweiligen Hochschule und ihren Möglichkeiten ab.

Auch die Inhalte solcher Aufbaustudiengänge sind untereinander nicht ganz deckungsgleich, sondern weisen unterschiedliche Schwerpunkte auf. So legt man in München auf die Bewältigung praktischer Planungsaufgaben (z.B. zur Anpassung eines Baudenkmals an eine geänderte Nutzung) und auf das Entwerfen im historischen Umfeld besonderen Wert; in Bamberg spielt die klassische Denkmalpflege (also die Erfassung und wissenschaftliche Erforschung der historischen Bausubstanz und ihre konservatorische Erhaltung) die herausragende Rolle, und in Köln ist die Ausbildung besonders auf die spätere praktische Tätigkeit in einer Fachbehörde oder einem entsprechend spezialisierten Planungsbüro ausgerichtet. Man kann aber wohl sagen, daß diese Schwerpunkte nach wenigen Jahren beruflicher Praxis an Bedeutung verlieren werden, sodaß für die Auswahl der Hochschule durchaus auch andere Kriterien mitentscheidend bleiben dürfen.

Abgesehen von den erwähnten Schwerpunkten dient ein Aufbaustudium dem Erwerb bzw. der Vertiefung von Kenntnissen und Fertigkeiten etwa auf folgenden Teilgebieten:
– Geschichte, Recht und Organisation der Denkmalpflege; soziale und wirtschaftliche Grundlagen,
– Stadtbaugeschichte und -analyse; Vertiefung der Kenntnisse in Bau-, Kunst- und Kulturgeschichte,
– historische Baukonstruktionen und Handwerkstechniken; Konservierungs- und Restaurierungstechniken,
– denkmalgerechte Untersuchungs- und Bauaufnahmeverfahren,
– praktische Denkmalpflege: Gebäudedenkmalpflege (Substanzsicherung, Bauunterhaltung, Bauinstandsetzung) einschl. Arbeitsdokumentation; Inventarisierung,
– Entwerfen im historischen Umfeld; bestandsschonende Umnutzung,
– Bauphysik und denkmalgerechte Haustechnik,
– Bauforschung, Archäologie und Bodendenkmalpflege
– und andere.
Alle Studiengänge in Deutschland dauern bisher zwei Semester (also ein Jahr) und werden mit einer Prüfung abgeschlossen (schriftlich, mündlich und Abschlußarbeit). Ein zusätzlicher akademischer Grad wird nicht verliehen. Nur an der Fachhochschule Köln wird ein mehrmonatiges Vorpraktikum verlangt. Vereinzelte Bestrebungen, die Dauer des Aufbaustudiums (wahlweise) auf vier Semester auszudehnen, um bei den Studieninhalten besser differenzieren zu können (z.B. zwischen praktischer Denkmalpflege und Bauforschung), blieben bisher ohne Erfolg; angesichts der politischen Bestrebungen, die Studiendauer zu verkürzen, erscheinen sie derzeit ziemlich aussichtslos.

In der zitierten Untersuchung von H. Reul (vgl. Anm. 13) wird auch eine

1989 vorgenommene Umfrage erwähnt, in welcher dem Resultat des Denkmalpflege-Aufbaustudiums an der Technischen Universität München nachgegangen worden ist. Obwohl es die Absolventen im ganzen als nützlich beurteilt haben, betrug der Anteil derjenigen, die später überwiegend in der Denkmalpflege tätig geworden sind, nur etwa 40 %. Weil ein zweisemestriger Jahreskurs aus technischen Gründen nicht mehr als 20 – 25 junge Diplom-Ingenieure, Kunsthistoriker oder andere Interessenten aufnehmen kann, und nicht alle den Kurs mit Erfolg abschließen, bedeutet das, daß aus einem Jahreskurs vielleicht sechs bis acht Absolventen für eine berufliche Betätigung in der Denkmalpflege gewonnen werden können. Und diese teilen sich auf private Büros, Denkmalschutzbehörden, Landesamt für Denkmalpflege usw. auf. Für die anderen Aufbaustudiengänge in der Denkmalpflege (Bamberg, Köln usw.) liegen dem Verfasser keine vergleichbaren Angaben vor; die Verhältnisse dürften aber von denen in München nicht sehr verschieden sein. Man kann sich also im Bedarfsfall nicht darauf verlassen, ohne weiteres den Absolventen eines Aufbaustudiengangs gewinnen zu können.

BERUFSBEZEICHNUNG: ARCHITEKT

Dem aufmerksamen Leser wird nicht entgangen sein, daß bisher vermieden worden ist, den diplomierten Absolventen eines Architekturstudiums als Architekt zu bezeichnen. Das hat seinen Grund darin, daß dieser Titel in Deutschland geschützt ist und die Eintragung in eine Liste voraussetzt, die bei der für das jeweilige Bundesland zuständigen Architektenkammer[16] geführt wird. Die Kammer ist kein privatrechtlicher Berufsverband, sondern eine Körperschaft des öffentlichen Rechts, also ein Teil der mittelbaren Staatsverwaltung. In Bayern gilt die Pflichtmitgliedschaft für jeden, der die Berufsbezeichnung Architekt (auch Innen- bzw. Landschaftsarchitekt) führen möchte, gleich ob er freischaffend, angestellt, beamtet oder in der Bauwirtschaft tätig ist. (Die unberechtigte Führung des Titels kann als Ordnungswidrigkeit mit Geldbuße geahndet werden).

Die Eintragung in die Architektenliste setzt nicht nur die erfolgreiche Ablegung der Abschluß-(Diplom-) Prüfung an einer Technischen Universität, Fachhochschule oder Akademie voraus, sondern dazu auch den Nachweis einer mindestens dreijährigen praktischen Tätigkeit in allen (!) beruflichen Aufgaben der jeweiligen Fachrichtung. Diese entsprechen inhaltlich dem Leistungsbild der gesetzlichen Honorarordnung für Architekten und Ingenieure (HOAI)[17] und umfassen Leistungen von der Vorplanung über Entwurfsplanung, Genehmigungsplanung, Ausführungsplanung, Vorbereitung der Vergabe (= Ausschreibung) und Mitwirkung bei derselben (= verantwortliche Prüfung der Angebote) sowie Objektüberwachung (= Bauleitung). Es leuchtet ein, daß es einem jungen Diplom-Ingenieur, der in ein Bauamt oder in ein beliebiges Architekturbüro eintritt, schwerfallen wird, dort in wenigen Jahren mit allen geforderten Berufsaufgaben beschäftigt zu werden; bei einer Denkmalbehörde erscheint das kaum möglich.[18]

Hier liegt eine zusätzliche Schwierigkeit für solche Nachwuchskräfte, die sich der Baudenkmalpflege zuwenden wollen; mindestens sind sie auf das verständnisvolle Entgegenkommen ihres Arbeitgebers bei der Aufgabenzuteilung angewiesen. Andererseits: Zu den Pflichtaufgaben der Architektenkammer gehört es u.a. für die berufliche Fortbildung ihrer Mitglieder zu sorgen. Die Bayerische Architektenkammer unterhält zu diesem Zweck in München eine Akademie für Fort- und Weiterbildung. Auch bietet der Pflichtbezug des Kammerorgans »Deutsches Architektenblatt« durch aktuelle fachliche Beiträge ein Mindestmaß an Fortbildungsmöglichkeit für jeden Architekten. Deshalb sollte die Kammermitgliedschaft seiner Beamten oder Angestellten vom öffentlichen oder privaten Arbeitgeber als auch im eigenen Interesse liegend angesehen werden.

FORTBILDUNGSMÖGLICHKEITEN

Es bleibt noch die Frage, wie sich der bereits im Beruf stehende Baufachmann (Architekt) auf dem Gebiet der Baudenkmalpflege fortbilden kann. Die institutionellen Möglichkeiten hierzu sind leider begrenzt und meist auch mit Kosten verbunden:

- Die erwähnte Akademie für Fort- und Weiterbildung der Bayerischen Architektenkammer bietet (für Mitglieder, sowie für Nichtmitglieder als Gastteilnehmer) Seminare oder Vertragsveranstaltungen grundsätzlich auch zu denkmalpflegerelevanten Themen an, ggf. im Zusammenwirken mit dem Bayerischen Landesamt für Denkmalpflege[19]. (Solche Akademien gibt es auch bei anderen Architektenkammern in Deutschland).
- Ein- oder mehrtägige Seminare zu einschlägigen Einzelthemen veranstaltet das Bayerische Landesamt für Denkmalpflege (BayLfD) in seinem kürzlich neu eingerichteten Bayerischen Bauarchiv in Thierhaupten b. Augsburg[20].
- Die beschriebenen Aufbaustudiengänge an den genannten Hochschulen können jeweils auch von Personen genutzt werden, die bereits im Berufsleben gestanden haben oder stehen.
- Das Weiterbildungs- und Beratungszentrum für Denkmalpflege und behutsame Altbauinstandsetzung e.V. in Dresden bietet ebenfalls, wohl in Zusammenhang mit der Technischen Universität, ein ergänzendes Studium zur Baudenkmalpflege an, und zwar in fünf Kursen von je sechstägiger Dauer[21].
- Das Deutsche Zentrum für Handwerk und Denkmalpflege (ZHD) e.V. in Fulda veranstaltet seit einigen Jahren unter Beteiligung der Hessischen Architektenkammer und des Landesdenkmalamtes auch Lehrgänge zur Architektenfortbildung in der Baudenkmalpflege; es handelt sich dabei um

eine Reihe von Kursblöcken von jeweils fünftägiger Dauer, die auch einzeln belegt werden können.

– Das Deutsche Nationalkomitee für Denkmalschutz (DNK) veranstaltet (etwa einmal im Jahr) Fachtagungen zu einschlägigen Spezialthemen. Sie dauern zwei oder drei Tage, finden jeweils an einem anderen Ort statt und waren bisher (im Gegensatz zu den vorgenannten Einrichtungen) gebührenfrei.

– Meist gebührenpflichtig, und zwar nicht unerheblich, sind die Seminarangebote von Einrichtungen der Wirtschaft; in der Mehrzahl kostenfrei bieten auch Produkthersteller Informationsveranstaltungen an. Kritisch wahrgenommen, können auch solche Treffen unter dem Aspekt der Fortbildung in der Baudenkmalpflege positiv gesehen werden.

Ein förmliches Kontaktstudien-Angebot für Berufstätige an einer deutschen Hochschule, das für eine Fortbildung in der Baudenkmalpflege geeignet wäre, ist dem Verfasser derzeit nicht bekannt[22]. Zu erwähnen sind aber schließlich auch die nicht wenigen Vortragsveranstaltungen[23] z.B. an Universitäten und Fachhochschulen, bei Architektenkammern und -verbänden, Denkmalämtern usw., welche fallweise auch für die Fortbildung in der Baudenkmalpflege nützlich sein können.

Schließlich sei noch erwähnt, daß die Bayerische Architektenkammer anstrebt[24], in den nächsten Jahren zwei Änderungen herbeizuführen, welche auch die Aus- und Fortbildungsmöglichkeiten derjenigen Architekten etwas verbessern könnten, die sich in der Baudenkmalpflege betätigen wollen:

– Die Einschaltung eines gelenkten Praktikums (ähnlich einem Referendariat) in der Zeit zwischen Studienabschluß und Eintrag in die Architektenliste. Dabei sollen die erfahrungsgemäß »schwachen« Bereiche wie Konstruktion, Ausschreibung, Objektüberwachung, Baurecht, Organisation sowie Termin- und Kostensteuerung vertieft werden.

– Die Einführung einer permanenten Fortbildungspflicht für alle Architekten (wie sie schon z.B. für die Ärzte besteht).

Im Blick auf die Baudenkmalpflege wäre es allerdings erforderlich, daß die einschlägig interessierten bzw. für die Denkmalpflege verantwortlichen Stellen die Initiative der Kammer deutlich unterstützen, damit sie einen angemessenen Einfluß auf die Inhalte der Fortbildung nehmen können.

Soviel zum heutigen Stand der Aus- und der Fortbildung von Baufachleuten bzw. Architekten in der Baudenkmalpflege.

DIE SPEZIELLEN AUFGABEN BEI DER SCHLÖSSERVERWALTUNG

Welches sind nun die Aufgaben, die einen Bachfachmann in der Schlösserverwaltung bzw. deren Baudienststellen erwarten?

Der Geschäftsverteilungsplan gibt über die denkmalpflegerischen Komponenten der Aufgaben nur wenig Auskunft. Er nennt z.B. für die vier Referate der Bauabteilung, welche in regionaler Aufteilung für eine bestimmte Gruppe von Schloß- usw. Objekten verantwortlich sind,

– Beratung, Anleitung und Überwachung der (jeweils örtlich zuständigen Land-)Bauämter (vgl. Anm. 4) bei der Planung und Ausführung (lies: von baulichen Maßnahmen aller Art),

– Nutzungsplanungen, Bauplanungen (insbes. Grundlagenermittlung, Vorplanungen, in besonderen Fällen auch Entwurfsplanungen),

– Mitwirkung bei der baufachlichen Prüfung von Bauunterlagen; baufachliche Stellungnahmen,

– Mitwirkung bei baugeschichtlichen Untersuchungen und Fortschreibung der Baugeschichte,

– Behandlung von Bauleitplanung und Bauvorhaben bei Planfeststellungsverfahren, von nachbarlichen Bauanträgen und Voranfragen, sowie von Bauvorhaben Dritter auf Grundstücken der Schlösserverwaltung.

Für das Bauforschungsreferat, für das Technische Referat und für die Leitung derjenigen Restaurierungswerkstätten, welche der Bauabteilung unterstehen, gibt es entsprechende, knappe Angaben. Der Leiter der Abteilung schließlich ist auch für allgemeine Fragen der Denkmalpflege, der Baukunst und Bautechnik und für den Vollzug des Denkmalschutzes zuständig; außerdem obliegt ihm die fachliche Aufsicht über das Bauamt der Schlösserverwaltung in München und über (derzeit 17) Land- bzw. Staatliche Hochbauämter, soweit diese für die Schlösserverwaltung tätig sind. Er ist ferner für alles verantwortlich, was mit dem vielschichtigen Komplex »Bauhaushalt« zusammenhängt. Von seinen weiteren Funktionen sei noch die Zuständigkeit für die Aus- und Fortbildung aller bautechnischen Dienstkräfte der Schlösserverwaltung genannt.

Über die speziell baudenkmalpflegerischen Aufgaben sagt der Geschäftsverteilungsplan also wenig aus. In der Wirklichkeit zeigt sich aber, daß auf den Baufachmann in der Schlösserverwaltung eigentlich alles zukommen kann, was im weitesten Sinn zur Baudenkmalpflege gerechnet werden kann: Etwa

– Aufgaben der praktischen Denkmalpflege an Bauten aller Stilepochen ab dem Mittelalter, und vor allem aus sehr unterschiedlichen konstruktiv-technischen Epochen,

– Fragen der Baugeschichte und der Bauforschung, beginnend mit dem Mittelalter,

– die Betreuung von restauratorischen Befunduntersuchungen sowie von Restaurierungsmaßnahmen,

– naturwissenschaftliche und spezielle technische Fragestellungen aus Bauphysik, Baustoffkunde, Haustechnik und Sicherheitsfragen in historischen Gebäuden,

– die rechtlich gesicherte und gestalterisch kompetente Wahrnehmung denkmalschützender Interessen der Schlösserverwaltung bei Bauvorhaben

Dritter oder städtebaulichen Planungen in der Nähe eigener Baudenkmäler
– und anderes mehr.

Die in einem vorausgegangenen Architekturstudium erworbenen Kenntnisse und Fähigkeiten zum Entwerfen von Neubauten kann dieser Baufachmann bei der Schlösserverwaltung dagegen kaum trainieren. Er muß sie trotzdem pflegen und auf dem Laufenden halten, weil sie bei jeder Baumaßnahme im Bestand (z.B. anläßlich einer Umnutzung) nötig sein können. Oder aber weil sie beim fachlichen Dialog mit Behörden, Bauherren oder Architekten, die in der Nähe von Objekten der Schlösserverwaltung planen, gefordert sind. Auch die dienstlich veranlaßte beratende Mitwirkung am Preisgericht für einen städtebaulichen oder einen Bauwettbewerb kann vorkommen.

Auf der anderen Seite verlangen auch die baubezogenen Verwaltungsaufgaben große Aufmerksamkeit, durch das Wirksamwerden der Europäischen Union in noch erhöhtem Umfang. Die Einbindung denkmalpflegerischer Maßnahmen in das Korsett der (grundsätzlichen am Neubau ausgerichteten) öffentlich-rechtlichen Vorschriften aller Art, besonders zum Bau-, Verwaltungs- und Haushaltsrecht, stellt hohe Anforderungen nicht nur an das Wissen, sondern auch an die Flexibilität des Baufachmannes bei der Anwendung und – im Interesse der Bewahrung der Identität des Denkmals – bei der sorgfältigen Auslotung der Grenzen, die z.B. in der Sicherheit für Personen und für das Bauwerk begründet sein können.

Auch wenn er selten zum Schreiben kommen wird, darin also keine große Routine erwerben kann, soll der Baufachmann in der Schlösserverwaltung gegebenenfalls in der Lage sein, die Probleme oder Ergebnisse seiner Arbeit genauso elegant darzustellen, wie es z.B. ein Kunsthistoriker tun wird.

Befindet sich der Baufachmann bereits im Beamtenverhältnis oder will er dahin übernommen werden, d.h. soll er später einmal Leitungsaufgaben übernehmen, so wird er hoffentlich bereits in der Referendarzeit mit einigen Grundinformationen oder Ausbildungsgegenständen in Berührung gekommen sein, welche auch für die fachliche Arbeit auf dem Gebiet der Baudenkmalpflege von Bedeutung sind; von diesen seien nur genannt:
– Grundlagen in den Techniken der Ideengewinnung, der Problemlösung, der Planung (Disposition) und der Entscheidung,
– Einübung in die Funktionen des Führens oder Leitens, und zwar nicht nur innerhalb eines hierarchischen Aufbaus, sondern auch als kollegialer Moderator einer Arbeitsgruppe. Denn verantwortungsbewußt kann man an einem Baudenkmal im fachlichem Bereich in der Regel nur im Team arbeiten. (Team je nachdem aus Architekt, Bauforscher, Kunsthistoriker, Restaurator, naturwissenschaftlichem und technischem Spezialist – bis hin zum ausführenden Handwerker. Dessen Erfahrungen sind in der Denkmalpflege sehr wichtig, können aber meist nur durch gezielten Abruf ein-

geholt werden, denn der Handwerker ist es im allgemeinen nicht gewohnt, sich im Kreis von »Akademikern« ungefragt zu Wort zu melden),
– Entwicklung kommunikativer Fähigkeiten, um Ideen oder Erkenntnisse in verständlicher und überzeugender Weise darzustellen – im Umgang mit Vorgesetzten, Mitarbeitern, Medien und dem Bürger,
– Entwicklung von Verhandlungsgeschick und angemessenem Durchsetzungsvermögen. Das Aufgabegebiet soll nicht nur fachlich beherrscht, sondern überzeugend auch »nach oben« und »nach außen« (z.B. gegenüber anderen Abteilungen, Dienststellen, Partnern, Bürgern oder Medien) vertreten werden können, in für wichtig anzusehenden Fällen nötigenfalls mit der gebotenen Festigkeit und Ausdauer.

Daß zur Planung, Ausführung und Abwicklung größerer baudenkmalpflegerischer Maßnahmen außerdem viele der Kenntnisse und Fertigkeiten nötig sind, die für die Realisierung eines Neubauvorhabens von einem Architekten erwartet werden, sei abschließend hinzugefügt. »Die über Bayern verstreuten Schloßmuseen und Museumsschlösser, Burgen, Parkbauten etc. werden fachlich, d.h. museologisch, zentral, also vom Sitz der Verwaltung in München aus betreut« schreibt G. Hojer in einem Beitrag für die in Anm. 1 genannte Festschrift (S. 76). Das ist eine seit 1918 bestehende Eigenheit der Schlösserverwaltung. Sie hat dazu geführt, daß sich die vor allem aus hochqualifizierten Kunsthistorikern zusammengesetzte Museumsabteilung dieser Verwaltung bevorzugt den museologischen Aufgaben zu widmen hat. Heute besteht sie aus neun Referaten, von denen acht »die gesamte museologische Fürsorge für die Museumsschlösser auf bayerischem Gebiet« obliegt, die also von München aus die Funktionen von konservatorisch verantwortlichen Museumsdirektoren für die einzelnen Objekte wahrzunehmen haben. (An Ort und Stelle gibt es lediglich Verwaltungsstellen ohne museumsfachliche Kompetenz). Auch das neunte, das (seit 1981 bestehende) Restaurierungsreferat der Museumsabteilung ist mit der mobilen Ausstattung der Schlösser und des reichhaltigen und wertvollen sonstigen Museumsgutes völlig ausgelastet.
Dies soll erklären, warum – parallel zu der schon erwähnten allgemeinen beruflichen Aufgabenverlagerung bei den Kunstwissenschaftlern (vgl. Anm.8) – die Kunsthistoriker der Schlösserverwaltung immer mehr genötigt sind, sich bei der Mitwirkung oder Mithilfe an baudenkmalpflegerischen Aufgaben rar zu machen. Im gleichen Maß steigt natürlich die Verpflichtung der Baufachleute, sich ihrerseits aktiv und rechtzeitig um die Erkennung, Bewertung und Berücksichtigung auch der kunsthistorischen Belange zu bemühen. Logisch erscheint deshalb auch die heutige Regelung im Geschäftsverteilungsplan, wonach der Leiter der Bauabteilung für die Denkmalpflege an den Bauwerken sowie für den Vollzug des Denkmalschutzgesetzes zuständig ist. Und konsequent war, daß das 1988 neueingerichtete Bauforschungsreferat der Bauabteilung zugeordnet und entsprechend besetzt wurde.

Trotzdem ist der Baufachmann in der Schlösserverwaltung gut beraten, wenn er die grundsätzliche Notwendigkeit der Zusammenarbeit mit dem Kunsthistoriker bei denkmalpflegerischen Maßnahmen nie aus dem Blick verliert.

Längst folgt auch die Schlösserverwaltung der in Art. 5 des Denkmalschutzgesetzes enthaltenen Sollbestimmung über die Nutzung der Baudenkmale; aus zum Teil leidvoller Erfahrung nicht in jedem Fall überzeugt, manchmal vom Finanzministerium oder vom Rechnungshof angeschoben. Hier ergibt sich für die Baufachleute eine besondere Verantwortung. Bei ihnen liegt ja das theoretische Wissen und die praktische Erfahrung, womit sie gegebenenfalls die Gefahren für das Denkmal oder das Risiko späterer Folgeschäden bei einer bestimmten Nutzungsabsicht frühzeitig aufzeigen und glaubhaft machen können. Und sie können andererseits durch vorausgehende Untersuchungen, dann aber auch durch gebührende Qualität bei der Planung und bei der Ausführung sicherstellen, daß dem Denkmal aus der neuen Verwendung kein Schaden erwächst.

An der Art und Weise, wie er seiner Verantwortung nachkommt, zeigt sich der Wert eines Baufachmanns für die Denkmalpflege. Die Verantwortung bezieht sich dabei nicht nur auf die materielle Erhaltung des Denkmals und gegebenenfalls seiner Funktionsfähigkeit, sondern vor allem auch auf die Bewahrung als ein Zeugnis seiner Geschichte. Nicht nur ein zerstörender Eingriff anläßlich einer (z.B. durch Nutzung veranlaßten) baulichen Maßnahme, sondern auch ein Fehler bei der Sanierung, Restaurierung oder konservierenden Bauunterhaltung können die Aussagefähigkeit und so den Wert eines Denkmals entscheidend beeinträchtigen. Solche Maßnahmen dürfen daher nicht vorschnell, d.h. ohne gewissenhafte Vorbereitung ins Werk gesetzt werden: Denkmalschutz und Denkmalpflege können nur erfolgreich sein, wenn man genau kennt, was es zu schützen oder zu pflegen gilt, und wenn man hierzu klare Wertvorstellungen besitzt. (Das erfordert z.B. auch ein angemessenes Interesse für landesgeschichtliche Zusammenhänge). Die Pflicht zu ausreichenden Voruntersuchungen gilt ebenso auch bei haustechnischen Maßnahmen, etwa bei der Verlegung von Leitungen. (Hier kann z.B. durch das unvorbereitete Einschlitzen – anstelle der unbedenklicheren Aufputzinstallation – die bisher verborgene Malerei unter einer überdeckenden, jüngeren Putz- oder Farbschicht so geschädigt werden, daß von ihr nur mehr Fragmente übrigbleiben). Und ob bei einem für unumgänglich erachteten, verändernden baulichen Eingriff die Gestaltungselemente des Vorhandenen kopierend übernommen, ob neutrale Formen beigefügt, oder ob einer bewußt kontrastierenden, das Neue betonenden Gestaltungsidee gefolgt wird, das bedarf in jedem Fall gründlicher Überlegung. Dabei sind im Zweifel die eigenen, persönlichen Vorlieben stets der Bewahrung der geschichtlichen und künstlerischen Aussagefähigkeit unterzuordnen. Die »Vier-Augen-Methode«, d.h. die Beratung mit erfahrenen Kollegen, auch wenn diese nicht »zuständig« sind und einem die Verantwortung nicht abnehmen, ist dem Alleingang immer vorzuziehen²⁵.

Werden diese Dinge, aus welchen Gründen auch immer, nicht genügend beachtet, so kann das schlagartig oder in einem längeren Prozeß zum Identitätsverlust des Denkmals führen. Der verantwortungsbewußte Baudenkmalpfleger ist also gefordert, das Denkmal laufend zu beobachten, sich mit ihm ständig auseinanderzusetzen. Und weil sich die Rahmenbedingungen für das Denkmal wie auch die Denkmalpflege selbst im Lauf der Zeit verändern, muß er mit seinem Wissen stets auf dem neuesten Stand bleiben: Eine permanente Fortbildung ist angesagt.

Da der Baufachmann in der Schlösserverwaltung weitgehend eigenverantwortlich zu arbeiten hat, legt ihm auch die für diese Verwaltung geltende Sonderregelung zum erleichterten Vollzug des Denkmalschutzgesetzes²⁶ äußerste Gewissenhaftigkeit auf.

ÜBERLEGUNGEN ZU EINEM FACHLICHEN ANFORDERUNGSPROFIL

Ein Baufachmann in der Schlösserverwaltung sollte daher möglichst folgende Voraussetzungen erfüllen:

1. Er müßte das Studium der Architektur erfolgreich abgeschlossen haben (nach den geltenden Bestimmungen für den »höheren Dienst« in der Regel an einer Technischen Universität, für den »gehobenen Dienst« an einer Fachhochschule). Will er in das Beamtenverhältnis übernommen werden, so kommen Referendarzeit bzw. Vorbereitungsdienst und die entsprechenden Staatsprüfungen hinzu.

2. Während des Studiums sollten die Fächer Bau- und Kunstgeschichte, Bauaufnahme und Denkmalpflege (die unter diesen oder ähnlichen Bezeichnungen wenn nicht als Pflichtfach, so doch als Wahlpflicht- oder als Wahlfach heute wohl überall angeboten werden) mit Erfolg belegt worden sein.

3. Nach Möglichkeit sollte sich der Bewerber während des Studiums bzw. bei der bisherigen Berufsausübung auch mit Gegenständen der Denkmalpflege und/oder verwandten Aufgaben (wie Altbausanierung oder Bauforschung) befaßt haben; zumindest sollte er ein echtes Interesse an solchen Aufgaben glaubhaft machen können. Eine vorausgegangene berufliche Praxis in einem guten Architekturbüro, in einem Bauamt oder in einer Denkmalfachbehörde wäre ein besonderer Vorteil.

4. Der Bewerber sollte erkennbar positiv auf den Hinweis reagieren, während der Tätigkeit in der Schlösserverwaltung alle gebotenen Bildungsmöglichkeiten auf dem Gebiet der Baudenkmalpflege nutzen zu müssen, wenn nötig auch außerhalb der Dienstzeit, und zwar
   - sowohl im Sinne einer nachgeholten Ausbildung zur Beseitigung eventueller fachlicher Defizite,

– als auch als laufende Fortbildung, um auf allen relevanten Teilgebieten seines Faches ständig auf der Höhe der Entwicklung zu bleiben.
(Als Instrumente dieser Bildungsmöglichkeiten sind Seminare, Vorträge, Fachtagungen und das Literaturstudium anzusehen, letzteres einschließlich der Fachzeitschriften).

5. Der Bewerber sollte geeignet und bereit erscheinen, seine in der Berufsausübung und durch Fortbildung gewonnenen Kenntnisse und Erfahrungen seinen Mitarbeitern zur praktischen Anwendung weiterzuvermitteln, damit sie für die Schlösserverwaltung umfassend wirksam werden können. Im Gegenzug zu 4 und 5 sollte die Verwaltung hierbei – in ihrem eigenen wohlverstandenen Interesse – jede mögliche Unterstützung bieten.

Auch das erfolgreich abgeschlossene zweisemestrige Aufbaustudium der Denkmalpflege wäre in diesem Zusammenhang natürlich ein besonderer Vorteil; angesichts der (wie schon gesagt) geringen Zahl der Absolventen wird man es aber nicht zur zwingenden Einstellungsvoraussetzung machen können. Für eine Promotion zum Dr.-Ing. gilt das gleiche, und an Bewerber mit einem abgeschlossenen (Zweit-) Studium der Kunstgeschichte wird man kaum denken können.

Darüber hinaus gibt es aber eine Reihe von Eigenschaften bzw. Fähigkeiten, auf die bei der Bewerberauswahl im Hinblick auf die künftigen Aufgaben geachtet werden sollte, auch wenn sie vor einer Einstellung schwer zu beurteilen sind, und überdies kaum jemals vollzählig und in gleich starker Ausprägung auftreten werden. Sie betreffen gleichermaßen die fachliche und die menschliche Kompetenz:

– Verläßlichkeit, Verantwortungsbereitschaft sowie klare Wertvorstellungen,
– geistige Beweglichkeit, Phantasie und Kreativität,
– gut entwickelte gestalterische Fähigkeiten und ein richtiges Gefühl für Proportionen, Formen und Farben, für Material sowie für Konstruktionen und ihre Statik,
– Initiative, Entschlußkraft, Leistungsbereitschaft und Belastbarkeit,
– Dispostionsvermögen,
– Lernfähigkeit (die nötige Lernbereitschaft wurde bereits genannt),
– Fähigkeit und Bereitschaft zur Zusammenarbeit, nach innen (im Team) und nach außen,
– überzeugendes Auftreten, Verhandlungsgeschick und Durchsetzungsvermögen,
– Kommunikationsfähigkeit sowie angemessene Ausdrucksfähigkeit in Wort, Schrift und zeichnerischer Darstellung.

Die Reihenfolge bedeutet dabei keine Rangfolge.

Schließlich darf es nicht als Nachteil angesehen werden, wenn ein Bewerber auch Interesse an den Fragen seines Berufsstandes erkennen läßt. Eigentlich zweier Berufsstände: dem des Architekten und dem des Denkmalpflegers. Die Berechtigung zur Führung des Architektentitels (bzw. die ernsthaft angestrebte Kammermitgliedschaft) sollten hier ebenso positiv gesehen werden wie gute Verbindung zu Einrichtungen aus dem Bereich der Denkmal- und der Kulturpflege. Und eine ehrenamtliche Mitwirkung in einem oder beiden Berufsfeldern – in angemessenem Umfang und ohne Beeinträchtigung der dienstlichen Belange – käme erfahrungsgemäß auch der hauptberuflichen Tätigkeit des Baufachmanns und somit der Schlösserverwaltung zugute: Einmal direkt über die entstehenden Kontakte, und zum anderen, weil sie das Gesichtsfeld weitet und damit auch die berufliche bzw. dienstliche Motivation des Beamten oder Angestellten fördert.

Frühere Verhältnisse

Ja, und welche Voraussetzungen haben diejenigen Männer und Frauen mitgebracht, die in den Jahren nach dem Zweiten Weltkrieg die vielen beschädigten Baudenkmäler der Schlösserverwaltung erfolgreich wiederhergestellt haben, und die zum Teil bis heute für deren baulichen Zustand verantwortlich sind?

Die meisten unter ihnen hatten Architektur bzw. das Hochbauwesen studiert. Sie kamen aus dem Kreis der freien Architekten oder aus Bauämtern; vielfach waren es auch interessierte Berufsanfänger. Fast alle waren hoch motiviert, aber kaum einer hatte eine Ausbildung, die im Sinne heutiger Vorstellungen als eine tragfähige Grundlage für die verantwortliche Betätigung an einem Baudenkmal gelten würden. Ihre fachliche Kompetenz haben sie nach und nach erworben

– durch die praktische Mitarbeit in einem Team von Baufachleuten, von denen ein Teil bereits über Erfahrungen mindestens auf Einzelgebieten (wie in der Konstruktion oder im Handwerklichen) verfügte,
– durch besondere Aufgeschlossenheit für die jeweils anstehenden Fragen bau- bzw. kunstgeschichtlicher Art, und die Bereitschaft zur aktiven Zusammenarbeit mit Kunsthistoriker und Restaurator,
– und durch ebensolche Aufgeschlossenheit für Handwerker und Kunsthandwerker, aus deren (wenn damals auch teilweise noch verschüttetem) Erfahrungsschatz wertvolle Hilfen für die heranstehenden Aufgaben zu gewinnen waren.

Baufachleute, welche durch eine solche Schule gegangenen sind, und die in der Praxis eine große Fülle und Vielgestalt von Aufgaben zu bewältigen hatten, waren zumeist hochmotiviert und später – die nötige persönliche Flexibilität vorausgesetzt – auch imstande, sich in ein mittlerweile gewandeltes Denkmalverständnis einzufühlen. Sie konnten nicht nur mit der Entwicklung in der Methodik der allgemeinen Denkmalpflege Schritt halten, sondern konnten sie auf so manchem Einzelgebiet (z.B. der Restaurierungstechnik oder der denkmalverträglichen technischen Gebäuderestaurierung) auch vorantreiben. Das »learning by doing« ist in diesem Fall also mit gutem Erfolg betrieben worden. Das gilt, soweit es von hier noch zu überblicken ist, auch für diejenigen Baufachleute, die damals in den Landbauämtern die Ziele der Schlösserverwaltung in die Realität umgesetzt haben.

Für die nächste Zukunft kann das aber zur Gewinnung kompetenter Fachleute in der Denkmalpflege nicht ausreichen.

SCHLUSSBEMERKUNG

Soweit der Versuch über ein fachliches Anforderungsprofil an künftige Baufachleute in der Bayerischen Schlösserverwaltung. Der Verfasser konnte sich dabei auch auf langjährige eigene Erfahrungen[27] stützen.

Nicht eingegangen werden konnte auf mögliche Konsequenzen, die sich ergeben können

– aus den schon lange andauernden Bemühungen um eine Studienreform,
– aus der gegenwärtigen politischen Diskussion um eine »Verschlankung« der Verwaltung und eine Reform des Öffentlichen Dienstes,
– und nicht zuletzt aus den Veränderungen, denen sich der Berufsstand der Architekten als Folge der europäischen Integration heute gegenübersieht, und die nicht ohne erhebliche Rückwirkungen auch auf die Ausbildung in diesem Beruf bleiben werden[28].

Aber wahrscheinlich müssen auch bei der Schlösserverwaltung einschlägige personelle Entscheidungen (für welcher dieser Beitrag eine kleine Hilfe sein wollte) längst vorher getroffen werden.

ANMERKUNGEN

1 Näheres zur Geschichte, zu den Aufgaben und zur Arbeitsweise dieser Verwaltung siehe: Festschrift »Die Bayerische Verwaltung der staatlichen Schlösser, Gärten und Seen – 75 Jahre im Dienste des Freistaates Bayern 1918-1993«. München 1993.
2 Verordnung über die Bayerische Verwaltung der staatlichen Schlösser, Gärten und Seen. Vom 22. Juni 1957 (BGVB Nr. 12/1957, S. 128).
3 Gesetz zum Schutz und zur Pflege der Denkmäler (Denkmalschutzgesetz – DSchG). Vom 25. Juni 1973 (GVBl. S. 328), jetzt i.d.F. vom 23. Juli 1994 (GVBl. S. 622); hier Art.1.
4 Daß auch der organisatorische Unterbau der Schlösserverwaltung wo notwendig mit Fachleuten ausgestattet ist, bzw. daß sie sich bei den baulichen Aufgaben außerhalb der Region München einer geregelten, engen Querverbindung zu den Landbauämtern bzw. Staatl. Hochbauämtern in Bayern bedienen kann, soll hier nicht weiter ausgeführt werden; siehe dazu Anm. 1.
5 Die Frage nach der Ausbildung zum Denkmalpfleger wurde u.a. auf der Jahrestagung 1976 der Vereinigung der Landesdenkmalpfleger (Bad Homburg v.d.H. 31.Mai bis 4.Juni 1976) eingehend diskutiert. Ein Votum für einen eigenen (Diplom-) Studiengang Denkmalpflege kam dabei nicht heraus. (Siehe hierzu den Tagungsbericht in: Deutsche Kunst und Denkmalpflege 35, 1977, s. 89-93). Ein grundständiges Studium der Denkmalpflege (8-10 Semester) gibt es z.B. in Polen (Univ. Torùn/Thorn) sowie in Italien (Univ. Viterbo und Udine); an der Fachhochschule Mainz (Fachbereich Architektur und Innenarchitektur) bietet man neuerdings innerhalb des Grundstudiums eine praxisorien-

tierte Ausbildung mit dem Studienschwerpunkt Altbausanierung und Denkmalpflege an.

6 Gert T. Mader: Aus- und Fortbildung von Architekten für Aufgaben der Denkmalpflege, in: Das Baudenkmal in der Hand des Architekten. Schriftenreihe des Deutschen Nationalkomitees für Denkmalschutz (DNK), Heft 37, Bonn o.J. (1989), S. 57-69, und Ingeborg Schild: Aus- und Fortbildung von Architekten für Aufgaben der Denkmalpflege, ebd S. 45-56.

7 Dr.-Ing. Gert T. Mader ist Abteilungsleiter im Bayerischen Landesamt für Denkmalpflege (BayLfD); Prof. Dr.-Ing. Ingeborg Schild lehrte an der Architekturfakultät der Technischen Hochschule Aachen.

8 Abgedruckt in: Kunstchronik 48, 1995, S. 316-317.

9 Man könnte hinzufügen: In Gegenbewegung dazu, »daß seit 1945 die Architekten Terrain aufgegeben hatten, in das dann die Denkmalpfleger einsickerten«; so Hartwig Beseler, wie Anm. 10, dort S. 8.

10 Siehe hierzu u.a. Hartwig Beseler: Stadt – Architekten – Denkmalpfleger. Statt Architekten Denkmalpfleger? in: Deutsche Kunst und Denkmalpflege 35, 1977, S. 2-10.

11 Außer den in Anm. 6, 8, 10, 12, 13 u. 15 genannten Texten seien als Beispiele erwähnt:
   – August Gebeßler: Denkmalpflege und Architekten, in: Architekten und Denkmalpflege. ICOMOS Heft des Deutchen Nationalkomitees XII, München 1993, S. 9-15.
   – Veit Geißler: Denkmalpflege und Architektenausbildung, in: das bauzentrum 1991, Heft 7, S. 80-82.
   – Georg Mörsch: Der Architekt und die Denkmalpflege – Bilanz und Ausblick, in: Das Baudenkmal in der Hand des Architekten. Schriftenreihe des Deutschen Nationalkomitees für Denkmalschutz (DNK), Heft 37, Bonn o.J. (1989), S. 70-74.
   – Günter Schelling: Die Rolle der Aus- und Fortbildung bei der Behebung und Verhinderung von Bauschäden an bestehenden Gebäuden. Unveröff. Typoskript, erstellt für ARGEBAU-Arbeitskreis Schäden an Bauwerken, 1988.
   – Peter C. von Seidlein: Denkmalpflege und Baugestaltung aus der Sicht des Architekten, in: aw – Architektur + Wettbewerbe, Nr. 148/1991, S. 2-4.
   – Friedrich Spengelin: Denkmalpfleger und Architekt. Harmonie und (notwendiger) Dissens, in: Deutsche Kunst und Denkmalpflege 39, 1981, S. 11-17.
   – Horst Thomas: Architekten in der Denkmalpflege, in: Deutsches Architektenblatt 26, 1994, S. 1417-1430.
   – Horst Thomas: Zum Selbstverständnis von Architekten in der Denkmalpflege, in: das bauzentrum 1995, Heft 7, S. 132-137.
   – Johannes Wetzel: Der Architekt in der Verantwortung gegenüber dem Denkmal, in: Architekten und Denkmalpflege. ICOMOS Hefte des Deutschen Nationalkomitees XII, München 1993, S. 17-20.

12 Jürgen Eberhard und Norbert Schöndeling: Architekten für die Denkmalpflege, in: Deutsches Architektenblatt 24, 1992, S. 745-746.

13 Horst Reul: Denkmalschutz und Denkmalpflege – mehr als Kulturpolitik. Eine Untersuchung zum Handlungsfeld Denkmalpolitik im Lichte der Berufsbildungs- und Forschungspolitik. (Erstellt am Lehrstuhl für Politikwissenschaft der Philosophischen Fakultät der Universität Augsburg). Stuttgart 1993.

14 Auch an der Technischen Universität Berlin ist eine solche Einrichtung geplant. Im Ausland gibt es Aufbaustudiengänge u.a. in Antwerpen sowie an den Architekturfakultäten der Universitäten Mailand, Rom und Neapel (nach frdl. Mitt. von Dipl.-Arch. Ingrid Brock, Rom/Bamberg). An der Ecole Polytechnique (= Techn. Hochschule) Lausanne wird ein viersemestriges Aufbaustudium Denkmalpflege angeboten (nach dankensw. Mitt. von Prof. Dr. Georg Mörsch, Zürich). Siehe auch Prof. Dr.-Ing. Otto Meitinger:

Der Aufbaustudiengang Denkmalpflege an deutschen Hochschulen. (Referat auf der dt.-ital. Tagung »Denkmalpflege als Aufgabe von Staat und Kirche«, Villa Vigoni Feb. 1994), in: Denkmalpflege-Informationen, (BayLfD), Ausg. B Nr. 100 vom 25.07.1995.

15 Bayerisches Staatsinstitut für Hochschulforschung und Hochschulplanung (Hrsg.): Berücksichtigung des Problemkomplexes Denkmalpflege/Stadterhaltung im Hochschulstudium. 2. Aufl. München 1976.

16 Für Bayern: Bayerische Architektenkammer, begründet durch das Bayerische Architektengesetz (BayAG) vom 30. Juli 1970, heute gültig in der Fassung der Bekanntmachung vom 26. November 1990 (GVBl. S. 513).

17 Verordnung über die Honorare für Leistungen und Ingenieure (HOAI). Vom 17. September 1976 (BGBl. I S. 2805); 5. Novellierung am 1. Januar 1996.

18 Deshalb sind z.B. beim Bayerischen Landesamt für Denkmalpflege nur ganz wenige der Baufachleute zur Führung des Architektentitels berechtigt; bei der Schlösserverwaltung (einschl. dem Bauamt in München) sind es immerhin etwa die Hälfte.

19 Die Möglichkeiten für solche Themen sind dort allerdings begrenzt, einerseits weil derzeit zu viele für den Berufsstand höchst wichtige Fragen (Stichwort: EU und die Folgen) der Vermittlung durch die Akademie harren, andererseits weil die Raumverhältnisse noch für eine gewissen Zeit unzureichend sind. Ein umfassendes Seminarprogramm zur Baudenkmalpflege, das kürzlich von einer (szt. unter Vorsitz des Verfassers tätigen) Arbeitsgruppe der Kammer im Benehmen mit dem Landesamt für Denkmalpflege ausgearbeitet worden ist, mußte deshalb zurückgestellt werden.

20 Lt. Denkmalpflege-Informationen (BayLfd), Ausg. B, Nr. 101 vom 21. März 1995 und Nr. 103 vom 21. Dezember 1995.

21 Lt. Denkmalschutz-Informationen (DNK) 19, 1995, Nr. 3, S. 52-53.

22 Lediglich auf das Thema Gebäudesanierung begrenzt gibt es seit 1993 am Institut für Kontaktstudien in der Fachhochschule Hamburg einen Kontaktstudiengang.

23 In manchen Fachzeitschriften wie »Deutsches Architektenblatt« oder »die bausubstanz« werden regelmäßig Veranstaltungen zur Fort- und Weiterbildung angekündigt.

24 Nach dem am 30. Juni 1995 von Kammerpräsident Prof. Peter Kaup bekanntgegebenen Aktionsprogramm, abgedruckt in: Deutsches Architektenblatt 27, 1995, S. BY 189.

25 So auch gefordert in Art. 11 der Charta von Venedig, 1964.

26 Gemeinsame Bekanntmachung der Staatsministerien des Innern, für Unterricht und Kultus und der Finanzen. Vom 24. März 1975 (MABl. S. 447, KMBl. S. 1181 und FMBl. S. 279).

27 Erfahrungen aus vier Jahrzehnten einschlägiger Tätigkeit in der Schlösserverwaltung, darunter 12 Jahre als Vorstand des Bauamtes in München und 17 Jahre als Leiter der Bauabteilung der Schlösserverwaltung (bis 1989).

28 Einen Überblick zu diesen Problemen gibt Harry Hirsch: Das Berufsbild des Architekten. Die Entwicklung des Architektenberufs – auch unter dem Einfluß europäischer Entscheidungen, in: das bauzentrum 1996, Heft 4, S. 130-136.

Veröffentlichungen von
Gerhard Hojer

SELBSTÄNDIGE SCHRIFTEN UND AUFSÄTZE

Rückblick auf die Petel-Ausstellung im Bayerischen Nationalmuseum. In: Die Kunst und das schöne Heim, Jg. 63, Heft 2, 1964, 112-114.

Die frühe Figuralplastik Egid Quirin Asams. Diss. München 1964, Bonn 1967.

Der Figurenschmuck des Ferdinand Dietz für die Bamberger Seesbrücke. In: 26. Bericht des Bayerischen Landesamtes für Denkmalpflege, München 1967, 170-195.

Kunst des Mittelalters. In: Das Rheinische Landesmuseum Bonn, 1967, 76-79.

Rezension: Henry Russell Hitchcock, German Rokoko. The Zimmermann Brothers, London 1968. In: Kunstchronik, Jg. 23, 1970, 177-184.

Schleißheim. Neues Schloß und Garten. Amtlicher Führer. Bayerische Verwaltung der staatlichen Schlösser, Gärten und Seen. Koautor Luisa Hager, München 1970 (und weitere Auflagen).

Cosmas Damian Asams gemalte Dekoration der Bibliothek von St. Emmeram in Regensburg (Thurn und Taxis Studien, Bd. 7), Kallmünz 1971.

Schloß Linderhof. Amtlicher Führer. Bayerische Verwaltung der staatlichen Schlösser, Gärten und Seen, München 1971 (und weitere Auflagen).

Zur Situation an der Maximilianstraße in München. Koautor Willibald Sauerländer. In: Kunstchronik, Jg. 24, 1971, 113-118.

Architektur 1700-1800. In: Bayern. Kunst und Kultur, Ausstellungskatalog, München 1972, 121-128.

Die Baugeschichte des Schlosses Nymphenburg. In: Fee Schlapper, Schloß Nymphenburg, München 1972, 108-116.

Nymphenburg. Schloß, Park und Burgen. Amtlicher Führer. Bayerische Verwaltung der staatlichen Schlösser, Gärten und Seen, München 1972 (und weitere Auflagen).

Schloß Neuschwanstein. Amtlicher Führer. Bayerische Verwaltung der staatlichen Schlösser, Gärten und Seen. Koautor Michael Petzet, München 1972 (und weitere Auflagen).

Neues Schloß Herrenchiemsee. Amtlicher Führer. Bayerische Verwaltung der staatlichen Schlösser, Gärten und Seen. Koautor Michael Petzet, München 1972 (und weitere Auflagen).

Die Klosterkirche Mariä Himmelfahrt zu Rohr. Ein Frühwerk Egid Quirin Asams. In: Konstantin Mach, Bayerns Assunta – Marienkirche und Kloster in Rohr, Rohr 1973.

München – Maximilianstraße und Maximilianstil. In: Die deutsche Stadt im 19. Jahrhundert, Festschrift für Nikolaus Pevsner, München 1974, 33-65.

Residenz München. Amtlicher Führer. Bayerische Verwaltung der staatlichen Schlösser, Gärten und Seen. Koautor Herbert Brunner, München 1975 (und weitere Auflagen).

Ehemaliger Landkreis Scheinfeld. Bayerische Kunstdenkmale, Kurzinventar, Bd.35, München 1976.

Königliches Porzellan aus Nymphenburg. In: Weltkunst, Jg. 44, 1976, 1782-1783.

Max II. Emanuel. Der Blaue Kurfürst. In: Charivari, Jg. 2, 1976, Heft 4, 22-29.

Die Münchner Residenzen des Kurfürsten Max Emanuel. In: Kurfürst Max Emanuel. Bayern und Europa um 1700. Ausstellungskatalog, München 1976, Bd.1, 142-169.

Designs for the Dream King. The Castles and Palaces of Ludwig II. of Bavaria. Koautor Simon Jervis, Ausstellungskatalog, London 1978.

Kurfürst Max Emanuel. Der Blaue König. Koautor Hans Rall, (Aus bayerischen Schlössern), München 1979.

Der Fund barocker Aquarelle in der Accademia di San Luca. Cosmas Damian Asam und die Wurzeln seines Stiles in Rom. Der Concorso Clementino von 1713. In: Weltkunst, Jg. 50, 1980, 114-118.

Projekte für Kurfürst Max IV. Joseph. Die Münchner Residenz um 1800. In: Weltkunst, Jg. 50, 1980, 690-694.

Vom Redoutenhaus zum Ständesaal. Das erste bayerische Parlamentsgebäude in München. In: Weltkunst, Jg. 50, 1980, 1014-1016.

Residenzmuseum München. Koautoren Elmar D. Schmid und Lorenz Seelig (museum), Braunschweig 1980.

Das Onyx-Service in der Münchner Residenz und seine Vorlagen. Die Skulpturen der Münchner Glyptothek in Abbildungen aus der Zeit König Ludwigs I. In: Weltkunst, Jg. 50, 1980, 1976-1979.

Schloß Lustheim. Meissner Porzellansammlung, Stiftung Ernst Schneider. Koautoren Rainer Rückert und Georg Himmelheber, München 1981.

Palladio-Rezeption in Bayern. In: Palladio 1508-1580, Ausstellungskatalog, Hrsg. Bayerische Architektenkammer in Verbindung mit der Bayerischen Verwaltung der staatlichen Schlösser, Gärten und Seen, München 1981, 19-24.

Revolution der Architektur. Andreas Gaertners Entwürfe für die Münchner Residenz zwischen 1804 und 1806. In: Weltkunst, Jg. 51, 1981, 2979-2981.

Das Kasino König Maximilians II. von Bayern. Die Roseninsel im Starnberger See. In: Weltkunst, Jg. 52, 1982, 1875-1877.

Die Schönheitsgalerie König Ludwigs I. (Aus bayerischen Schlössern), München ^{1}1979, ^{2}1983.

Bayerische Residenzen in historischen Photographien. Koautor Elmar D. Schmid, Dachau 1983.

Schlösser – Von der Repräsentation zur Präsentation. In: Museumskunde, Bd. 49, 1984, 162-168.

Der Kaisersaal der Residenz. In: Süddeutsche Zeitung vom 8.11.1985.

Die Amalienburg. Rokokojuwel im Nymphenburger Schloßpark (Aus bayerischen Schlössern), München/Zürich 1986.

Die Kaiserikonologie der Reichen Zimmer in der Münchner Residenz. In: Wahl und Krönung in Frankfurt am Main, Kaiser Karl VII. 1742-1745, Ausstellungskatalog, Hrsg. Rainer Koch und Patricia Stahl, Historisches Museum Frankfurt am Main, Frankfurt/Main 1986, Bd 1, 141f.

König Ludwig II. – Ein Bauherr des Historismus. In: Elmar D. Schmid, Lorenz Seelig u.a., König Ludwig II.-Museum Herrenchiemsee, München 1986, 11-30.

Cosmas Damian und Edig Quirin Asam. Ein Führer zu ihren Kunstwerken, München 1986.

Antiquitäten und Antiken. Zur Sammlungsgeschichte des Antiquariums. In: Ellen Weski und Heike Frosien-Leinz, Das Antiquarium der Münchner Residenz, Katalog der Skulpturen (Bayerische Verwaltung der staatlichen Schlösser, Gärten und Seen, Kataloge der Kunstsammlungen), München 1987.

Die Prunkappartements Ludwigs I. im Königsbau der Münchner Residenz. Architektur und Dekoration (Bayerische Verwaltung der staatlichen Schlösser, Gärten und Seen, Forschungen zur Kunst- und Kulturgeschichte, Bd. II), München 1992.

Das gepeinigte Dornröschen. Schlösser zwischen Attraktion und Deformation. In: Museum und Denkmalpflege, Bericht über ein internationales Symposium, veranstaltet von den ICOM- und ICOMOS-Nationalkomitees der Bundesrepublik Deutschland, Österreichs und der Schweiz vom 30. Mai bis 1. Juni am Bodensee, Hrsg. Hermann Auer, Deutsches Nationalkomitee des Internationalen Museumsrates ICOM, München 1992, 23-32.

Die Museumsabteilung. Werden – Organisation – Wirken. In: Die Bayerische Verwaltung der staatlichen Schlösser, Gärten und Seen, 75 Jahre im Dienste des Freistaates Bayern 1918-1993, Hrsg. Bayerische Verwaltung der staatlichen Schlösser, Gärten und Seen, München 1993, 71-110.

Die bayerische Schlösserverwaltung – Zukunftsaspekte einer ungewöhnlichen Museumslandschaft. In: Die Bayerische Verwaltung der staatlichen Schlösser, Gärten und Seen, 75 Jahre im Dienste des Freistaates Bayern 1918-1993, Hrsg. Bayerische Verwaltung der staatlichen Schlösser, Gärten und Seen, München 1993, 111-118. Revidierte und erweiterte Fassung eines Vortrags, gehalten am 22.6.1993 zur Eröffnung der Ausstellung »das biblisch gemäl« in Schloß Neuburg an der Donau.

Das Jagdschloß des Märchenkönigs. Das Schachenhaus Ludwigs II. Koautoren Elmar D. Schmid und Gregor M. Schmid, München 1993.

Königshaus am Schachen. Amtlicher Führer. Bayerische Verwaltung der staatlichen Schlösser, Gärten und Seen, Koautor Elmar D. Schmid, München 1994 (und weitere Auflagen).

Illicitum non sperandum. Eine nach Landshut zurückgekehrte Allegorie des Hermannus Posthumus. Mit einem Exkurs über Architektur und Dekoration des Bischofspalastes in Trient. In: Der Italienische Bau, Materialien und Untersuchungen zur Stadtresidenz Landshut (Bayerische Verwaltung der staatlichen Schlösser, Gärten und Seen, Ausstellungskataloge), München 1994.

Schlösser: Wert – Wertung – Verwertung. In: Journal der Bayerischen Verwaltung der staatlichen Schlösser, Gärten und Seen, München 1995, 116-119. Als Referat gehalten am 16.9.1994 in Potsdam auf der Tagung des Arbeitskreises Schlösser und Gärten in Deutschland.

Der Beginn des an der Antike orientierten Klassizismus. Anton Raphael Mengs. Königin Semiramis erhält die Nachricht vom Aufstand in Babylon. In: Neues Schloß Bayreuth, Anton Raphael Mengs. Königin Semiramis erhält die Nachricht vom Aufstand in Babylon (Patrimonia 49), Hrsg. Kulturstiftung der Länder in Verbindung mit der Bayerischen Verwaltung der staatlichen Schlösser, Gärten und Seen, Berlin/München 1995, 5-34.

Geleitwort. Zur Kunst & Antiquitäten Messe Nürnberg 1995. In: Weltkunst, Jg. 65, Heft 9, 1995.

Der gemalte Himmel. Deckenbilder in Bayerns Schlössern. In: Der Himmel auf Erden. Tiepolo in der Residenz Würzburg. Ausstellungskatalog (Bayerische Verwaltung der staatlichen Schlösser, Gärten und Seen, Kataloge der Kunstausstellungen), Hrsg. Peter O. Krückmann, München/New York 1996, Bd. II, 11-28.

331

Von Gerhard Hojer herausgegebene Reihen

Bayerische Verwaltung der staatlichen Schlösser, Gärten und Seen.
Kataloge der Kunstsammlungen, Hrsg. Gerhard Hojer.

Schmid, Elmar D., Lorenz Seelig u.a., König Ludwig II.-Museum Herrenchiemsee, München 1986.

Weski, Ellen und Heike Frosien-Leinz, Das Antiquarium der Münchner Residenz. Katalog der Skulpturen, München 1987.

Helmberger, Werner und Valentin Kockel, Rom über die Alpen tragen. Fürsten sammeln antike Architektur. Die Aschaffenburger Korkmodelle, Landshut/Ergolding 1993.

Miller, Albrecht, Bayreuther Fayencen, Landshut/Ergolding 1995.

Hojer, Gerhard und Hans Ottomeyer (Hrsg.), Die Möbel der Residenz München. Bd. 1, Brigitte Langer, Die französischen Möbel des 18. Jahrhunderts, München/New York 1995.

Hojer, Gerhard und Hans Ottomeyer (Hrsg.), Die Möbel der Residenz München. Bd. 11, Brigitte Langer und Alexander Herzog von Württemberg, Die deutschen Möbel des 16. bis 18. Jahrhunderts, München/New York 1996.

Bayerische Verwaltung der staatlichen Schlösser, Gärten und Seen.
Ausstellungskataloge, Kataloge der Kunstausstellungen, Hrsg. Gerhard Hojer.

Stierhof, Horst H., Das Walhnhaus. Der Italienische Bau der Stadtresidenz Landshut, Landshut/Ergolding 1994.

Der Italienische Bau. Materialien und Untersuchungen zur Stadtresidenz Landshut, Landshut/Ergolding 1994.

Krückmann, Peter O. (Hrsg.), Der Himmel auf Erden. Tiepolo in der Residenz Würzburg. 2 Bde., München/New York 1996.

Bayerische Verwaltung der staatlichen Schlösser, Gärten und Seen.
Forschungen zur Kunst und Kulturgeschichte, Hrsg. Gerhard Hojer.

Bd. 1, Sigrid Sangl, Das Bamberger Hofschreinerhandwerk im 18. Jahrhundert, München 1990.

Bd. 11, Gerhard Hojer, Die Prunkappartements Ludwigs I. im Königsbau der Münchner Residenz. Architektur und Dekoration, München 1992.

Bd. 111, Horst H. Stierhof, »das biblisch gemäl«. Die Kapelle im Ottheinrichsbau des Schlosses Neuburg an der Donau, München 1993.

Bd. iv, Arno Störkel, Christian Friedrich Carl Alexander. Der letzte Markgraf von Ansbach-Bayreuth, München 1995.

Abbildungsnachweis

ALBRECHT MILLER: Bayerisches Landesamt für Denkmalpflege (Abb. 2); Autor (Abbildungen 3-9) – KLAUS ENDEMANN: Germanisches Nationalmuseum, Nürnberg (Abb 2); Bayerisches Landesamt für Denkmalpflege, München (Abb. 7); Deutsches Kunsthistorisches Institut, Florenz (Abb. 8); Bayerisches Landesamt für Denkmalpflege, München (Abb. 14); Landeskirchliches Archiv, Nürnberg (Abb. 15); Kunsthistorisches Museum, Wien (Abb. 16) – HORST H. STIERHOF: Autor (Abbildungen 1, 2, 4-7); Bayerisches Hauptstaatsarchiv, München (Abb. 3) – LORENZ SEELIG: Bayerisches Nationalmuseum, München (Abbildungen 1-12); Bayerische Staatsbibliothek, München (Abbildungen 13-20) – BURKARD V. RODA: Staatsbibliothek Bamberg, A. Steber (Abb. 1) – BRIGITTE LANGER: K. Gundermann, Würzburg (Abb. 4); Musée des Arts Décoratifs, Paris (Abb. 5); Sotheby's, London (Abb. 14) – CHRISTOPH GRAF V. PFEIL: Bayerische Staatsbibliothek, München (Abbildungen 6-9); Richard-Wagner-Archiv, Bayreuth (Abb. 11); Stadtmuseum Bayreuth (Abbildungen 13, 15, 17); Roswitha Schwarz, Köln (Abb. 18) – RAINER HERZOG: Staatsarchiv Nürnberg (Abb. 1); Staatsarchiv Bamberg (Abb. 3); Bayerisches Hauptstaatsarchiv, München (Abb. 5); Bayerisches Landesvermessungsamt, München (Abb. 7); Stadtarchiv Kulmbach (Abbildungen 9, 10) – WERNER HELMBERGER: Autor (Abbildungen 4, 14, 15, 18) – SABINE HEYM: Staatsarchiv Coburg (Abb. S. 242) – MANFRED STEPHAN: Wittelsbacher Ausgleichsfonds, München (Abbildungen 2-6) – HEINRICH PIENING: Autor (Graphiken 1-6)

Nicht aufgeführte Abbildungen stammen aus dem Archiv der Bayerischen Verwaltung der staatlichen Schlösser, Gärten und Seen.

Farbtafeln

ENDEMANN · Abb. 19

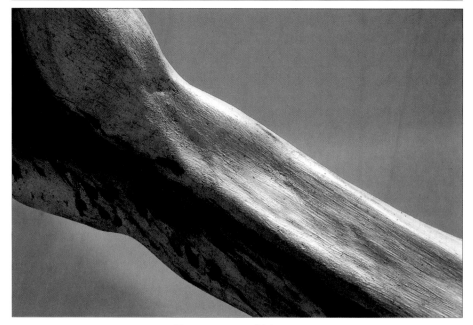

ENDEMANN · Abb. 21

ENDEMANN · Abb. 20

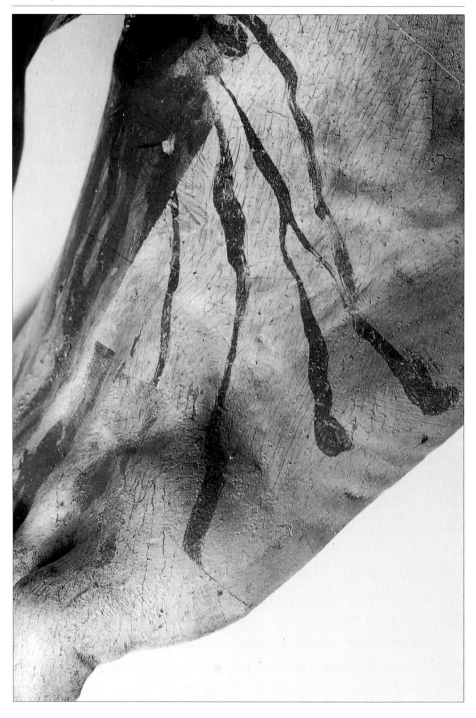

ZIFFER · Abb. 11

ENDEMANN · Abb. 22

ZIFFER · Abb. 1

ZIFFER · Abb. 9

LANGER · Abb. 9

Langer · Abb. 11

Langer · Abb. 3

GRAF V. PFEIL · Abb. 2

GRAF V. PFEIL · Abb. 18

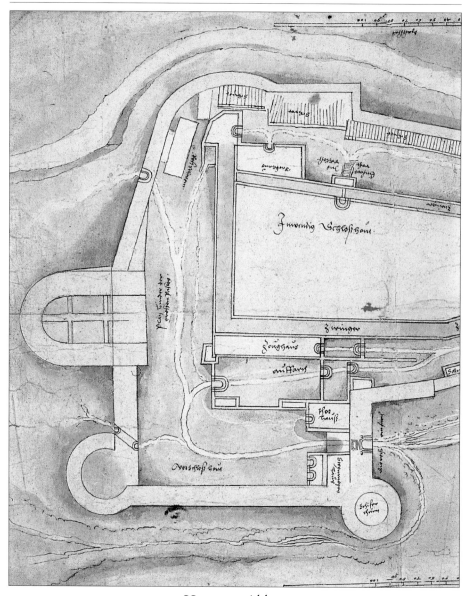

Herzog · Abb. 1

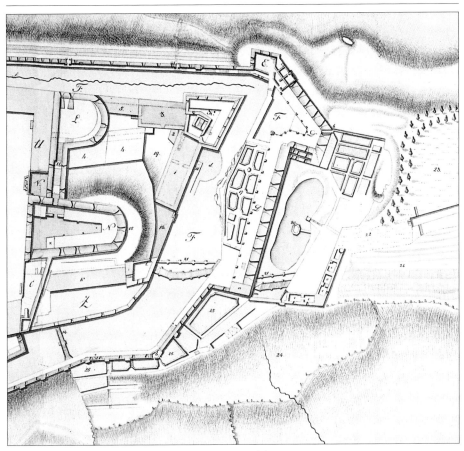

HERZOG · Abb. 5

Helmberger · Abb. 3

Schmid · Abb. 1
Schmid · Abb. 2

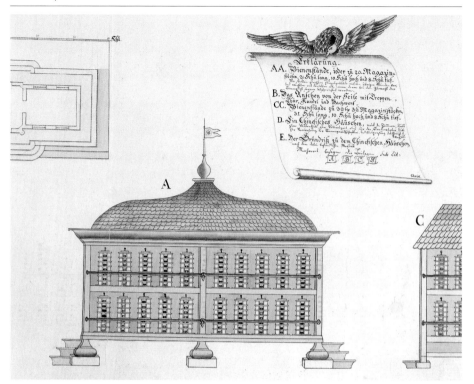

HELMBERGER · Abb. 2

HELMBERGER · Abb. 18

HEYM · Abb. S. 249

HEYM · Abb. S. 246

Heym · Abb. S. 245

Das Turnier bey der Rosenau!

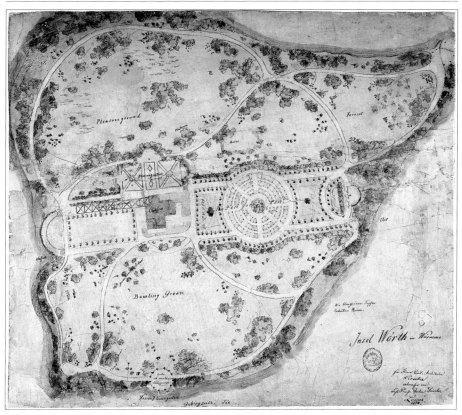

STEPHAN · Abb. 1

HEYM · Abb. S. 257

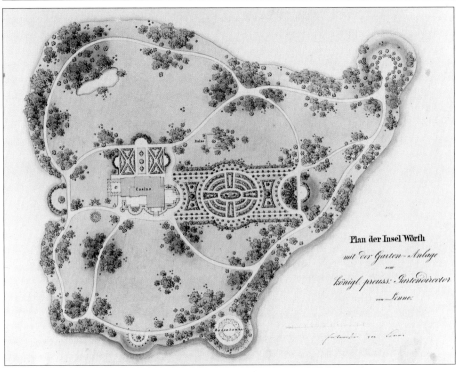

STEPHAN · Abb. 3

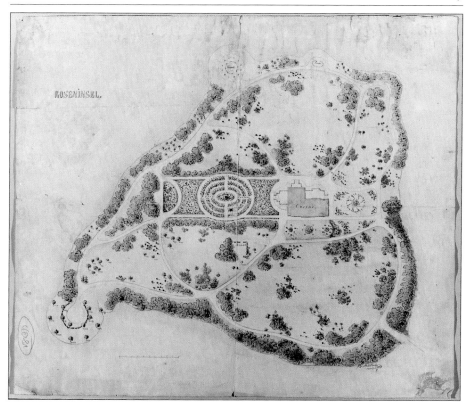

STEPHAN · Abb. 5

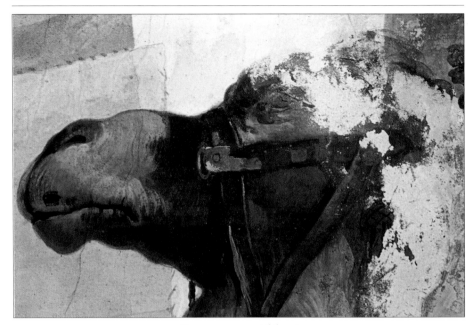

Staschull · Abb. 6

Staschull · Abb. 8

Staschull · Abb. 1

STASCHULL · Abb. 9

STASCHULL · Abb. 7

STASCHULL · Abb. 10

STASCHULL · Abb. 11

Staschull · Abb. 12

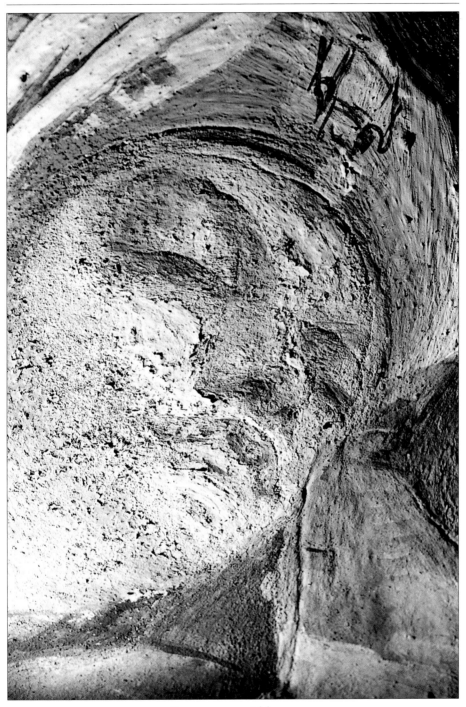

STASCHULL · Abb. 13

Piening · Abb. 3

Piening · Abb. 5

PIENING · Abb. 4

PIENING · Abb. 1

Piening · Abb. 2

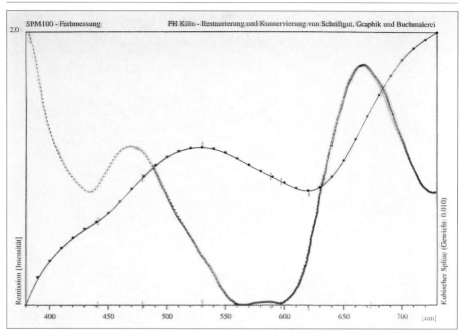

PIENING · Graphik 5